北京建城之始，其名曰蓟。……春秋时期，燕并蓟，移治蓟城。蓟城核心部位在今宣武区……

……及辽代，建南京，又称燕京，为陪都。金朝继起，于贞元元年即公元1153年，迁都燕京，营建中都，此乃北京正式建都之始，其城址之中心，在今宣武区广安门南。

# 北京宣南歷史地圖集

中石題

主 编
侯仁之 岳升阳

项目主持
中共北京市宣武区委宣传部
北京市宣武区档案馆

學苑出版社

## 《北京宣南历史地图集》

**主　编**

侯仁之　岳升阳

**项目主持**

中共北京市宣武区委宣传部　北京市宣武区档案馆

**编委会**

**顾　问：**戴　逸　黄宗汉　尹钧科　唐晓峰　唐大生　王　刚　韩光辉

**主　任：**丁　力

**副主任：**张秀敏　鹿　陈

**委　员：**（以姓氏笔画为序）

于得祥　刘崇誉　刘　荻　叶泰棋　曲新川　孙兴亚　李　强　周永欣

侯兆年　俞美尔

**地图与图表制作**（以姓氏笔画为序）

于常虹　马保春　王雪梅　文　涛　叶泰棋　刘文丰　刘　荻　陈　平

陈喜波　杜书明　李先一　张龙凤　张燕冰　吴艳辉　应洁如　林玉军

苗　水　岳升阳　赵寰熹　侯兆年　俞美尔　贾敬禹　曹　寅　鲍　宁

蔡英红

**资料提供**

北京市档案馆　北京市宣武区档案馆　北京市古代建筑研究所

北京市测绘设计研究院

**题　签**　欧阳中石

今日北京城起源于蓟
蓟城之中心在宣武区

——侯仁之

# 北京建城记

侯仁之

北京建城之始，其名曰蓟。《礼记·乐记》载，孔子授徒曰：“武王克殷反商，未及下车而封黄帝之后于蓟。”《史记·燕召公世家》称：“周武王之灭纣，封召公于北燕。”燕在蓟之西南约百里。春秋时期，燕并蓟，移治蓟城。蓟城核心部位在今宣武区，地近华北大平原北端，系中原与塞上来往交通之枢纽。

蓟之得名源于蓟丘。北魏郦道元《水经注》有记曰：“今城内西北隅有蓟丘，因丘以名邑也，犹鲁之曲阜、齐之营丘矣。”证以同书所记蓟城之河湖水系，其中心位置适在今宣武区广安门内外。

蓟城四界，初见于《太平寰宇记》所引《郡国志》，其书不晚于唐代，所记蓟城“南北九里，东西七里”，呈长方形。有可资考证者，即其西南两墙外，为今莲花河故道所经；其东墙内有唐代悯忠寺，即今法源寺。

历唐至辽，初设五京，以蓟城为南京，实系陪都。今之天宁寺塔，即当时城中巨构。金朝继起，扩建其东西南三面，改称中都，是为北京正式建都之始。惜其宫阙苑囿湮废已久，残留至今者惟鱼藻池一处，即今宣武区之青年湖。

金元易代之际，于中都东北郊外更建大都。明初缩减大都北部，改称北平；其后展筑南墙，始称北京；及至中叶，加筑外城，乃将古代蓟城之东部纳入城中。历明及清，相沿至今，遂为我人民首都之规划建设奠定基础。

综上所述，今日北京城起源于蓟，蓟城之中心在宣武区。其地承前启后，源远流长。立石为记，永志不忘。时在纪念北京建城之三千又四十年。

1995年10月撰文　2002年7月再作修改

# 北京建都记

侯仁之

北京古城肇兴于周初之分封，初为蓟。及辽代，建南京，又称燕京，为陪都。金朝继起，于贞元元年即公元1153年，迁都燕京，营建中都，此乃北京正式建都之始，其城址之中心，在今宣武区广安门南。

金中都以辽南京旧城为基础，扩东、南、西三面有差，而北面依旧。城池呈方形，实测四面城墙，东长4510米，西长4530米，南长4750米，北长4900米。四面城垣各开三门，北城垣复增一门，共十三门。城内置六十二坊，前朝后市，街如棋盘。

皇城略居全城中心，四面各一门。正南宣阳门内有街直通皇宫应天门前之横街，两侧建千步廊，廊东有太庙，西有中央衙署。宫城位居皇城东偏，宫室建筑分为三路，结构严谨。中路殿宇九重，前有大安、仁政两殿，为常朝之所，后有后宫，为帝、后所居。主殿大安殿建于三层露台之上，规模宏伟。东路有东宫、寿康宫、内省诸建筑，西路有蓬莱院、泰和宫等建筑。宫城内西南隅凿鱼藻池，建鱼藻殿，以为宫城之内苑，故址即今白纸坊桥西之青年湖。宫城迤东置太子东宫，迤西为同乐园，有瑶池等湖泊。

中都城之扩建，将西湖即今之莲花池下游河道纳入城中，导流入同乐园湖泊及鱼藻池，又经皇城前龙津桥下，转而向南，流出城外。公元1990年，在右安门外大街迤西之凉水河北岸发现其水关遗址，已就地建为辽金城垣博物馆。中都近郊建有行宫多处，其最著名者为万宁宫，故址在今北海公园处。元朝继起，就其址规划扩建大都城，遂为今日北京城奠定基础。

公元1990年两厢道路改造，市文物研究所沿宣武区滨河路两侧，探得金中都宫殿夯土十三处，南北分布逾千米，并作局部发掘，从而确定应天门、大安门和大安殿等遗址位置。公元2003年为金中都建都850周年，应宣武区人民政府之约，撰文以记北京建都之始，刊石于金中都大安殿故址之前。

2002年7月30日

# 序 一

戴逸

北京市宣武区的同志持《北京宣南历史地图集》求序，我对历史地理并无研究，何况是侯先生的大作，本不敢妄加涂鸦。但当时我毫不犹豫，愉快地接受了下来，其原因，一在于“人缘”，二在于“书缘”。

说起“人缘”，此书作者侯仁之先生与岳升阳先生都是我的熟人。侯先生应是我的师辈。1946年我考入北京大学史学系学习，侯先生其时在燕京大学执教。他专攻历史地理学，造诣精深，我当年缘悭，没有听过他的课，但读过他的文章，深受教益。新中国建立以后，上个世纪50年代之末，吴晗先生主编《中国历史小丛书》，这套书是普及读物，但影响很大，行销全国，作者中有很多知名学者，而侯先生是该书编委会的成员，我也接受了吴晗先生的邀请，忝列编委会之末座。编委会经常开会，侯先生工作十分负责，经常参加编委会议，审定稿件，发表意见。编委会每年举行两三次，因此我经常得见侯先生，亲聆教言，逐渐熟悉交谈。我还记得侯先生给我介绍了瑞典学者奥斯瓦尔德·喜仁龙所著《北京的城墙和城门》一书。喜仁龙研究得精细、深入，给我印象极深。侯先生待人和蔼，很健谈，学问渊博，识见卓越，语言精警，使我极为倾服。

《中国历史小丛书》编委会现已风流云散，多数编委已物故，我所知存世者可能只有任继愈、马少波、侯仁之等先生和我。但当年编委会开会的情景却并没有淡褪，谈笑风生，各抒己见，热烈而又亲密友好。多年以来，听说侯仁之先生年高体弱，深居简出，想不到他勤奋依然，伏枥奋蹄，精心编绘了这册《北京宣南历史地图集》，精密而厚重，在学术上作出了重大贡献。

再一个“人缘”是侯先生的助手和合作者岳升阳先生，我多年前第一次和他见面，是在讨论“宣南文化”的座谈会上。当时听他发言，觉得这位青年学者不同凡响，具有深厚的知识内蕴，学养俱优，只知道他是侯先生的助手，感到毕竟是名师出高徒。以后开会接触较多，进一步感到他为人厚重，研究深入，必能做出优异成果。最后才知道原来他是我在北京大学同窗学友岳麟章的哲嗣。讶异之余，为麟章学兄有此宁馨儿而感到高兴。麟章在北大学习时，勤奋攻读，成绩优秀，常名列前茅。且当年参加学生运动极为积极，一度曾在北京郊区搞秘密活动，后来又长期离开历史专业，在其他革命岗位上工作。我曾读过他辗转北京郊区进行革命活动的一篇回忆文章，印象很深，细节已记不清楚。此文叙事清晰，文笔生动，如行云流水，颇有史家法度。岳升阳先生既得名师指点，又承家教，加上自己的刻苦努力，故有能力协助我国历史地理学界泰斗侯先生完成他晚年的巨著。

除了上述“人缘”，还要谈谈“书缘”，即侯仁之、岳升阳合作完成的《北京宣南历史地图集》。此书经过长期研究，广泛调查，缜密考证，精心绘制，历时八年之久，详细著录了宣南地区从周代迄至民国各个历史时期的山川地望、宫苑官署、会馆寺庙、名人故居、园林学校、街市商肆、人口分布，共图60余幅。在中国历史地图的制作中，还从来没有对一个城市的一个地区如此大力投入，做如此长时段的精密研究，复原了这个重要地区的原貌，发挥了“观图识城”、“观图知史”的作用，这是历史地理学研究的一大创新。宣武区方圆不过十余里，与全国面积比较，不过是“弹丸之地”，侯老和岳先生何以情有独钟，投入如许大力，为它绘制详细精密的地图，这就不能不说到宣南在中国文化史上的独特地位。

“山不在高，有仙则名”。北京是中国的古都，是中国的政治与文化中心，尤其是辽朝在此建立都城以后，历经金、元、明、清与民国，近千年以来，中国文化之源脉与精华均荟萃于宣南。北京的文化在此孕育，在此生成，在此酝酿，在此成熟，放射出灿烂的光辉，又从宣武地区传播到全国，泽及各地。文化的成长、发展需要众多哲人才士的努力，需要汲取各地和各民族的文化因素。只有在宣南地区最具备这样的条件，因为北京作为中国首都的年代最长，五方杂处，八面来风，会聚全国的精英。封建时代的科举，都在北京会试，全国举人都要晋京应试，他们从卢沟桥经广安门，走进宣南地区。这里会馆林立，商业繁盛，为举子们适宜的栖身之所。清朝曾规定：满人居内城，汉人居外城，故汉族的京官文士、平民商人，麇集于南城，使南城成为文化的荟萃之所。文化的生成、发展，最忌闭塞，必须开放交流才能促使文化的繁荣。各个地区和各民族的文化在这里会聚、交流、融合、提高，成长为优秀文化，辐射和影响全国。以清朝的戴震为例，他早年在皖南受教于江永，学力甚深，但僻处一隅，孤陋寡闻，尚不能当“大师”之称。后只身来北京，居住在宣南的歙县会馆，穷困潦倒，饘粥不继，往访钱大昕。两人晤谈后，英雄相惜，互相推重。钱大昕把他介绍给新科进士王鸣盛、朱筠、纪晓岚、王昶、卢文弨等人，朝夕讲论，学业更进，又进入秦蕙田、纪晓岚、王安国家中，教读修书，得见更多书籍，收有段玉裁、王念孙等学生，以上诸人均为乾嘉知名学者。戴震在其中脱颖而出，以后又在四库馆编书，创立皖派学术，风靡全国，成为有清一代最杰出的学术大师，这和他长期在宣南的活动很有关系。在宣南地区的长期活动和交游，使戴震眼界宽广，胸怀旷达，学力大进，方才能有之后辉煌的成就。历数《清史稿》中《儒林》《文苑》《艺术》《畴人》四传中约七八百人，有清一代的文化精英，悉在其中。估计多数人物曾在宣南地区居住或活动过。人杰则地灵，宣南之所以被全国瞩目，即在于此。其文脉悠久，底蕴深厚，亦由于此。研究近千年来中国文化之孕育和生成，应该对宣南的自然条件、社会背景、屋宇街市、人文氛围、民风习俗有所了解。观此而识彼，鉴往以知来。我们可以从《北京宣南历史地图集》中了解近千年中国文化孕育生成的大环境，获得很多重要的历史和地理信息。

《北京宣南历史地图集》得以完成和问世，还要感谢宣武区委和区政府的历届领导。他们对宣武区在历史上的突出地位十分了解和珍惜，千方百计保护和宣传宣南文化的历史遗存，曾经组织文章，出版书籍，修复古迹，召开座谈会。我就曾多次受邀参加座谈。这次区领导又特辟专项研究课题，投入巨额资金，请侯仁之、岳升阳先生牵头，历八年之久编绘这本地图。由于领导、专家和各方面的团结合作，才能完成这一巨大文化成果，以图表方式表达宣南文化的发展和传承。这是北京市的一项重大文化举措，对弘扬中国的传统文化做出了积极贡献。

执笔构思，浮想联翩，信笔书写，聊作序言。

2008年10月8日

# 序 二

## 研究保护北京历史文化遗产的又一大成果
## ——《北京宣南历史地图集》

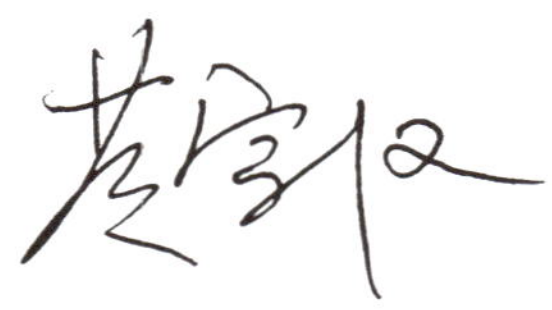

《北京宣南历史地图集》由著名历史地理学家侯仁之主编并委托北京大学岳升阳博士执笔和具体组织制图及编辑事宜。历经八年艰苦努力，在北京市宣武区领导的大力支持下，终于面世出版。这部巨著编辑成书，是宣南地域文化研究的又一大成果，而成果之应用，既见于宣南文化博物馆之展陈，又落实于宣南文化遗产的保护工作上。这些都在说明宣武区历届领导一贯重视与学术界合作，从理论和实践相结合的高度上，千方百计保护宣南这片文化宝地。

北京的历史文化源远流长，侯老穷毕生之精力，剖析其源流，取得累累硕果。在纪念北京建城3040年和建都800年的时候，侯老先后建议在宣武区广安门外护城河畔建造纪念碑，记述北京城史，并亲撰《北京建城记》称："北京建城之始，其名曰蓟。""蓟城核心部位在今宣武区。"继之又撰《北京建都记》称："北京古城肇兴于周初之分封，初为蓟。及辽代，建南京，又称燕京，为陪都。金朝继起，于贞元元年即公元1153年，迁都燕京，营建中都，此乃北京正式建都之始，其城址之中心，在今宣武区广安门南。"备受侯老关注，视之为北京建城、建都肇始之地的现今宣武区，明清时为北京外城西南一隅，大致涵盖宣武门南部及广安门内外一带，清代士人习称之为"宣南"。上世纪90年代初，宣武区领导从区情出发，为未来的发展进行文化定位，时任区委书记的刘敬民同志积极倡导研究和保护宣南文化遗产，组织编纂《宣南鸿雪图志》，并在该书序文中强调指出："北京城有多古老，宣武区就有多古老；宣南文化是北京文化的缩影。继承和发展'宣南文化'是一项长期而艰巨的跨世纪系统工程。"著名规划与建筑学家吴良镛在北京日报发表文章阐述："许多研究北京地域文化的学者认为，北京地域文化的源头在宣南，至少可以说，宣南是北京士人文化和平民文化重要的一处集中地。"著名历史学家戴逸在《清代宣南士人文化》一文中高度评价："宣南地区文化历史积淀非常深厚，全国数一数二，所以对宣南文化研究很有意义。"此后，他又在《宣武文史集粹》一书中精辟概括："宣南文化诚集粹北京历史文化的精华。"学术界的领军人物勾勒了宣南文化的基本轮廓，综合起来看，似可界定宣南文化是北京历史文化的源头和缩影，乃其精华所在。而诸多专家从历史文物、市井街区、戏曲民俗、工商百业等不同角度，对宣南文化细化研究的成果，则显其内涵愈益丰满，但是从历史学和文化地理学相结合，采用绘制地图、图表的方式反映宣南文化的面貌，尚付阙如。有鉴于此，征得侯老同意，在他主编的经典之作《北京历史地图集》的基础上，由岳升阳博士牵头，宣武区档案局（馆）协助，组织各方力量，做进一步的广泛调查研究，并精心加以绘制成图，这样就使宣南文化的方方面面，一一跃然纸上，让人一目了然。在北京地域文化研究中，在区县范围内根据地区特色，采取编制地图集的方式做如此过细的研究尚属创新之举。它不仅具有深刻的学术意义，而且在大力宣传宣南文化上也会起到很好的作用，可以收到“看图识城”之效。

我因参与出版《北京宣南历史地图集》的策划工作，是始作俑者之一，故应命做一简略的序言。我热切期望，《北京宣南历史地图集》的出版，对进一步深入研究保护北京历史文化名城能产生良好的影响，发挥积极的推动作用，特别希望能促进宣武区上上下下在保护宣南历史文化遗产上，再努一把力，再上一层楼，做到好上加好！

2008年9月12日

# 序 三

## 大力弘扬宣南文化　打造首都文化强区

宣武区是北京建城和建都的肇始之地，3000多年的悠久历史孕育出了内涵丰富、形式多样、特色鲜明的宣南文化。她不仅在北京文化史上占有重要地位，而且是北京文化的缩影，是我国传统文化的优秀部分。

历届宣武区委区政府始终把继承和发展宣南文化作为一项重要的工作来抓。此次委托侯仁之先生主编的《北京宣南历史地图集》（以下简称《图集》），是继《宣南鸿雪图志》之后又一部反映宣南文化的重要研究成果，它在编排体例、内容选择和表达形式等方面进行了探索。这册《图集》通过地图的直观形式，较为全面地展示出宣南地区的历史文化特征和地理景观面貌，勾勒出它们的空间分布关系和演变脉络。其内容上起北京城起源，下至民国时期，分为沿革和专题两大部分，共有图60余幅。《图集》以清代、民国时期为重点，内容涵盖了政治、经济、文化、城市建设、地貌变迁以及社会生活、民俗等诸多方面。

宣南地区位于北京外城西部，是北京旧城的重要组成部分，同时又是一个相对独立的城市街区，有着自身发展的历史。它是北京城市的起源地，也是北京建都之始的地方，金、元、明、清诸朝成为京师的重要组成部分，体现出京师文化的特征。清代实行旗、民分治，北京外城西部成为汉族士人聚居之所，一度成为全国学术和文学活动的中心，创造出独特的区域文化特征，并对全国产生影响。在近代城市变革过程中，宣南成为北京城内领风气之先的地方，宣南是近代报馆的中心，最先发展起近代民办教育，也是士人为社会变革而开展活动的地方。在近代城市风貌的演变中，宣南不但出现了密集的近代建筑，而且实施了近代城市规划的实践。对于上述特点，《图集》中都有专门的图幅加以描绘。

《图集》成书历时八年，各有关单位和工作人员付出了艰辛的努力。著名的历史地理学家侯仁之老先生亲自担任主编；著名的历史学家戴逸教授认为编辑出版《图集》是历史地理学研究的一大创新，并亲自作序；原北京市政府文化顾问黄宗汉先生最先提出编辑"宣南历史地图集"的倡议，参与了前期策划工作；北大环境学院岳升阳博士担任《图集》项目课题负责人，牵头并亲自完成了相关考察、研究、测绘、修改等工作；孙兴亚、刘获、于得祥等几位老同志在地图的审核、校勘中也做了大量工作。与此同时，《图集》的顺利完成还得到了北京市社科规划办、北京市档案馆、北京市古代建筑研究所、北京市测绘设计研究院等单位的大力支持，在此一并表示感谢。

宣南文化不仅仅是宣武区域形象的代表，也是宣武区域发展的精神之魂和动力之源。区委、区政府充分认识到宣南文化对区域发展的重要推动作用，提出“文化立区、文化兴区、文化强区”理念，在《宣武区“十一五”期间国民经济和社会发展规划纲要》等一系列文件中多次强调并大力推动文化事业和文化产业的发展，通过对几千年文明的充分挖掘、整理、利用来形成区域发展的不竭动力，不断提升地区核心竞争能力。其一，通过文化品牌提升地区形象。宣南文化中的众多资源和遗产是享誉国际的知名品牌，代表了中国传统文化的精髓，对国内外文化学、城市学、史学研究者、爱好者，对国内外游客等具有强大的吸引力，宣南文化已经成为宣武地区和北京文化的“形象代言人”。通过文化资源的进一步挖掘，文化产业的进一步培育，文化品牌的进一步宣传，从更深层次上提升地区形象，创造发展机遇。其二，通过文化引导培育人文精神。将宣南文化中传统文化与现代地域文化、艺术文化、商业文化、群众文化、社区文化的结合，构建与时俱进的人文精神体系，内化成人们的道德信念，引导人们的观念和行为；外化为区域政策和规范，引导区域的健康发展。宣南人文精神的继承与发扬有利于提高宣武区发展主体参与建设的积极性，形成区域发展的内生动力。其三，通过文化产业发展提升地区竞争力。宣南文化中丰富的资源为宣武区大力发展艺术品交易业、文艺演出业、新闻出版业、文化旅游业及相关产业提供了深厚的创意源泉。通过合理规划和改造，在保护的基础上进行开发利用，无疑将产生巨大的经济社会效益。

党的十七大指出，中华文化是中华民族生生不息、团结奋进的不竭动力，要全面认识祖国传统文化，使之与当代社会相适应、与现代文明相协调，保护民族性、体现时代性。宣武区将进一步按照北京城市总体规划的要求，紧紧抓住北京加快南城发展政策的实施和发展文化创意产业的难得机遇，结合自身“国家新闻媒体聚集地之一、宣南文化发祥地和传统商业区”的功能定位，遵循宣南文化“在弘扬中传承，在创新中发展”的原则，大力推进宣南文化资源的挖掘研究与传承发展，将文化建设作为推动区域经济社会发展的新引擎，整体推进以六大文化聚集区为核心的“宣南文化园”的建设，为进一步弘扬、发展宣南文化，打造首都文化强区提供直接的动力和源泉。

2008 年 11 月 15 日

# 目录


凡例　图例

北京市图　宣武区图

## 城市的形成与沿革

9　蓟城起源图　战国蓟城位置图
10　西汉蓟城位置图　战国、汉代蓟城遗迹分布图
11　西晋蓟城位置图　北魏蓟城位置图
12　隋大运河图　隋涿郡城位置图
13　唐幽州城郊图
14　辽南京城图　辽南京城位置图
15　金中都大兴府图
16　金中都城图
17　元南城略图　元大都路图
18-19　明北京城址变迁图　明顺天府图
20-21　明北京外城西部图
22-25　清乾隆十五年宣南图（2幅）　清顺天府图
26-27　民国外城西部图
28　民国郊区图　民国京兆地方图

## 城市文化

31　先农坛图
32-39　会馆分布图（4幅）
40-47　寺庙分布图（4幅）
48-49　戏曲、曲艺史迹分布图　清中叶韩家潭地区梨园史迹图
报国寺地区梨园史迹图
50-53　名人故居分布图（2幅）
54-55　休闲游乐场所图
56-57　庙会分布图
58-59　香会分布图
60-63　近代学校、教育机构分布图（2幅）
64-67　近代新闻出版业分布图（2幅）
68　宣南戊戌维新史迹分布图

## 城市经济

71　明代商业区分布图　清代商业区分布图
72-79　民国商业分布图（4幅）
80-81　1935年大栅栏、观音寺商业街图　1947年琉璃厂商业街图
82-83　金融业分布图　施家胡同金融业分布图　大栅栏地区金融业分布图

84-85 天桥图（2 幅）
86-87 手工业和近代工业分布图
88-89 牛街图

**官署、建筑、市政及其他**

92-93 明、清、民国时期官署及官办机构图
94-95 医疗、慈善、消防机构图
96-99 近代建筑分布图（2 幅）
100-101 历代墓葬分布图
102-103 历史时期河道、坑塘分布图
104-105 明、清、民国时期人口图
106 香厂新市区图
107 清代、民国时期下水道分布图
108 民国时期公共交通图

**附图**

110-111 乾隆京城全图（外城西部）
112-113 1937 年实测北平内外城地形图（宣南部分）
114-115 1946 年北平市内外城地图（宣南部分）

**附表**

117 会馆
124 寺庙
129 戏曲、曲艺史迹 · 艺人住所、班社、北京梨园公益会下属班社、正乐育化会下属班社、戏院、店铺、茶馆
134 名人故居
141 庙会　香会
142 近代学校、教育机构 · 小学、中学、大学、其他
164 近代新闻出版业 · 报刊、杂志、通讯社、印刷所
180 宣南戊戌维新史迹　民国商业 · 店铺、商会
186 金融业 · 典当业、保险业、银号、钱庄、银行
189 天桥 · 店铺、戏院、艺人活动和居住场所、医疗保健
195 手工业和近代工业
198 牛街
199 明、清、民国时期官署及官办机构
201 医疗、慈善、消防机构
202 近代建筑
204 历代墓葬

**后记**

# 凡 例

1．“宣南”为清代北京宣武门外一带街区的泛称，因被当时士大夫阶层所认同而成为特定的历史地域概念。本图集之“宣南”泛指宣武区所辖区域。

2．本图集所述宣南历史文化的内容，仅限于1949年以前。

3．本图集中，“城市的形成与沿革图”的内容，以《北京历史地图集》第一集为依据绘制，仅对个别河道位置做了调整，并增加了部分道路。《金中都城图》以民国时期的地图作为参照。

4．本图集中，“专题图”的比例尺有两种。大比例尺图以现代地形图为底图，方位角度与地形图相同；小比例尺地图与地形图的方位角度稍有出入。

5．本图集中，除有特殊年代要求，绝大多数“专题图”反映的是20世纪40年代后期的城市面貌。

6．本图集中，“专题图”不局限于某一特定年份，一般综合了某个时段的内容。如《会馆分布图》的内容涵盖了明、清、民国三个时期；《民国商业分布图》内容涉及整个民国时期；《天桥图》选取了1947—1949年时段的内容。

7．本图集中，“专题图”凡内容所涉及的位置及年代，均有附表予以说明。文献依据从略。

8．本图集中，“专题图”中的各项内容，凡有位置而不知具体地点者，标于街道中央；凡无法确定位置者，概不收录。凡以门牌确定位置者，皆依20世纪50年代门牌位置酌定。

9．本图集中，凡同一图幅中的同一地点有多个同类项目时，只用一个图标，项目名称并列其旁。

10．本图集中，凡同一人物有多处居所者均予标出，同一会馆或店铺有多处分号者，亦尽可能予以标出，未能标出者列于表中。

11．本图集中的《戏曲、曲艺史迹分布图》，对于1949年以前已有一定名气，而生活至1949年以后的人物，在其史迹的选取标准上适当从严。今健在者未选取。

12．本图集中，用于参照的现代地理要素统一用棕色表达。

# 图 例

## 城市形成与沿革

- 古代都城
- 古代省级行政中心
- 古代县级行政中心
- 古代城市
- 古代陵墓
- 狐奴山 古代山峰
- 古代省级界
- 古代地级界
- 古代县级界
- 古代河流、湖泊
- 古代运河

- 城区
- 地级行政中心
- 县级行政中心
- 村镇
- 省级界
- 高速公路
- 铁路
- 公路
- 河流、湖泊

## 城市文化、经济、官署、建筑、市政及其他

- 街区
- 宫殿
- 外围街区
- 工厂
- 寺庙
- 学校、医院
- 娱乐场所
- 衙署、机关
- 苑囿、公园
- 水面
- 城墙

- 道路
- 铁路
- 会馆
- 墓葬、义地
- 寺庙标志
- 近现代建筑
- 针叶树
- 阔叶树
- 学校
- 官署
- 派出所

# 北京市图

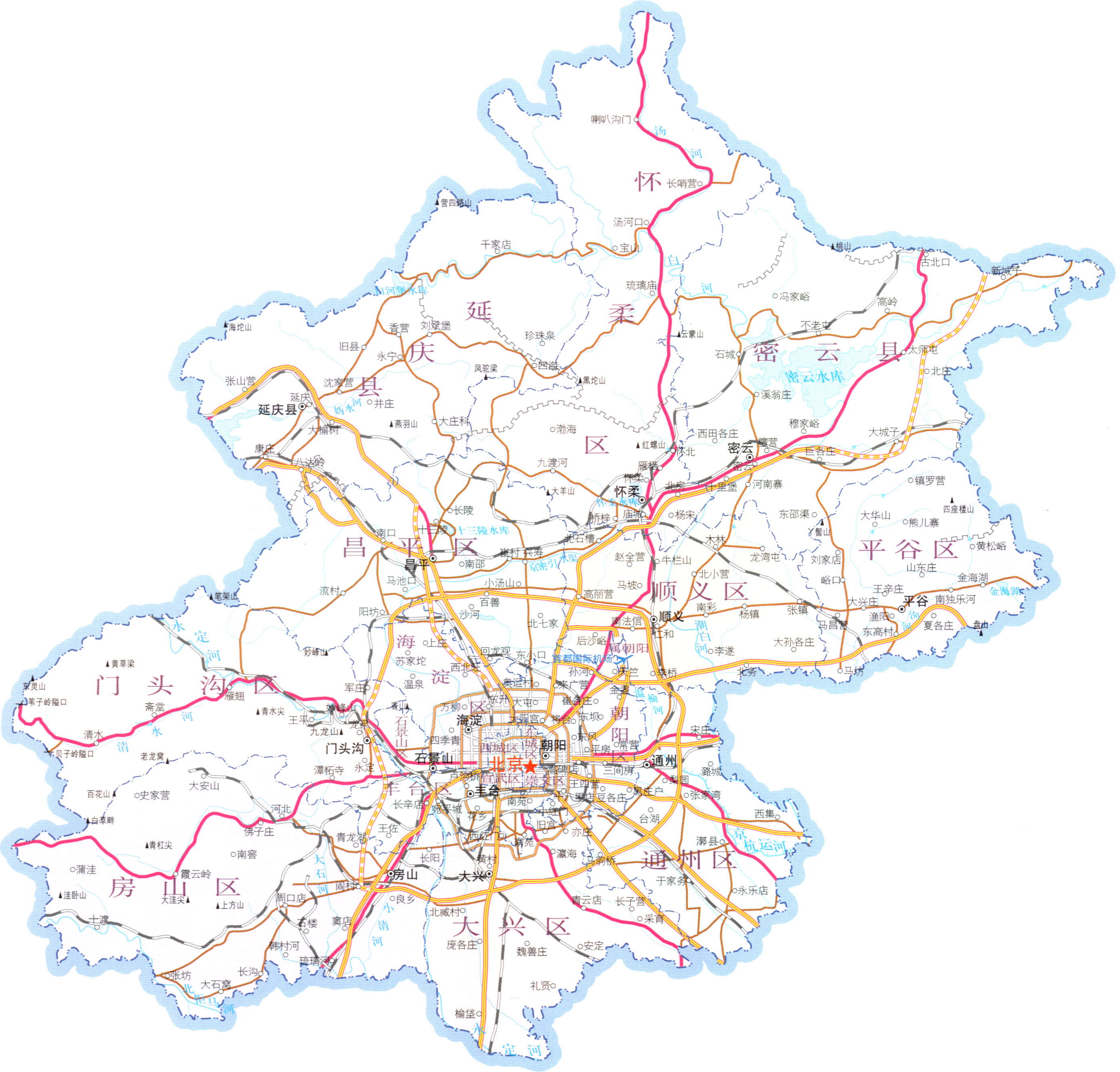

喇叭沟门
汤河
怀
长哨营
营西路山
千家店
汤河口
宝山
白
河
琉璃庙
雾灵山
古北口
新城子
冯家峪
高岭
不老屯
延
柔
海坨山
香营
刘斌堡
珍珠泉
云蒙山
旧县
永宁
庆
石城
密
云
县
太师屯
密云水库
凤驼梁
四海
黑坨山
北庄
张山营
沈家营
县
溪翁庄
延庆
延庆县
妫水河
井庄
燕羽山
大庄科
穆家峪
大城子
渤海
区
西田各庄
大榆树
红螺山
檀营
康庄
怀北
密云
巨各庄
八达岭
九渡河
雁栖
怀柔
北房
十里堡
河南寨
镇罗营
大羊山
长陵
杨宋
四座楼山
十三陵
十三陵水库
东邵渠
大华山
熊儿寨
桥梓
庙城
南口
昌
平
区
北石槽
木林
平
谷
区
崔村
兴寿
赵全营
牛栏山
黄松峪
刘家店
昌平
南邵
龙湾屯
山东庄
峪口
北小营
金海湖
马池口
小汤山
马坡
顺
义
区
王辛庄
笔架山
流村
百善
高丽营
南彩
大兴庄
平谷
南独乐河
金海湖
杨镇
张镇
阳坊
沙河
顺义
渔阳
马昌营
东高村
夏各庄
永定河
北七家
后沙峪
南法信
仁和
海
上庄
潮白河
大孙各庄
妙峰山
黄草梁
苏家坨
回龙观
东小口
首都国际机场
李遂
淀
西北旺
孙河
天竺
马坊
门
头
沟
区
东灵山
军庄
温泉
奥运村
来广营
金盏
北务
雁翅
斋堂
清水
永定河
青水尖
王平
妙峰山
香山
万柳
太阳宫
崔各庄
朝
阳
区
九龙山
海淀
将台
东坝
宋庄
门头沟
四季青
东风
常营
石景山
石景山
朝阳
平房
通州
清
水
老龙窝
潭柘寺
永定
北京
三间房
梨园
潞城
百花山
史家营
大安山
丰台
丰
台
区
崇文区
王四营
张家湾
长辛店
宛平城
南苑
豆各庄
马驹桥
西集
河北
花乡
旧宫
亦庄
台湖
白草畔
佛子庄
王佐
西红门
漷县
京杭运河
青红尖
南窖
青龙湖
瀛海
长阳
黄村
通
州
区
蒲洼
霞云岭
房山
大兴
于家务
房
山
区
阎村
大
石
河
良乡
青云店
永乐店
长子营
洼卧山
大洼尖
上方山
周口店
北臧村
大
兴
区
采育
十渡
石楼
窦店
小
清
河
庞各庄
安定
魏善庄
韩村河
琉璃河
长沟
张坊
大石窝
北拒马河
礼贤
榆垡
永
定
河

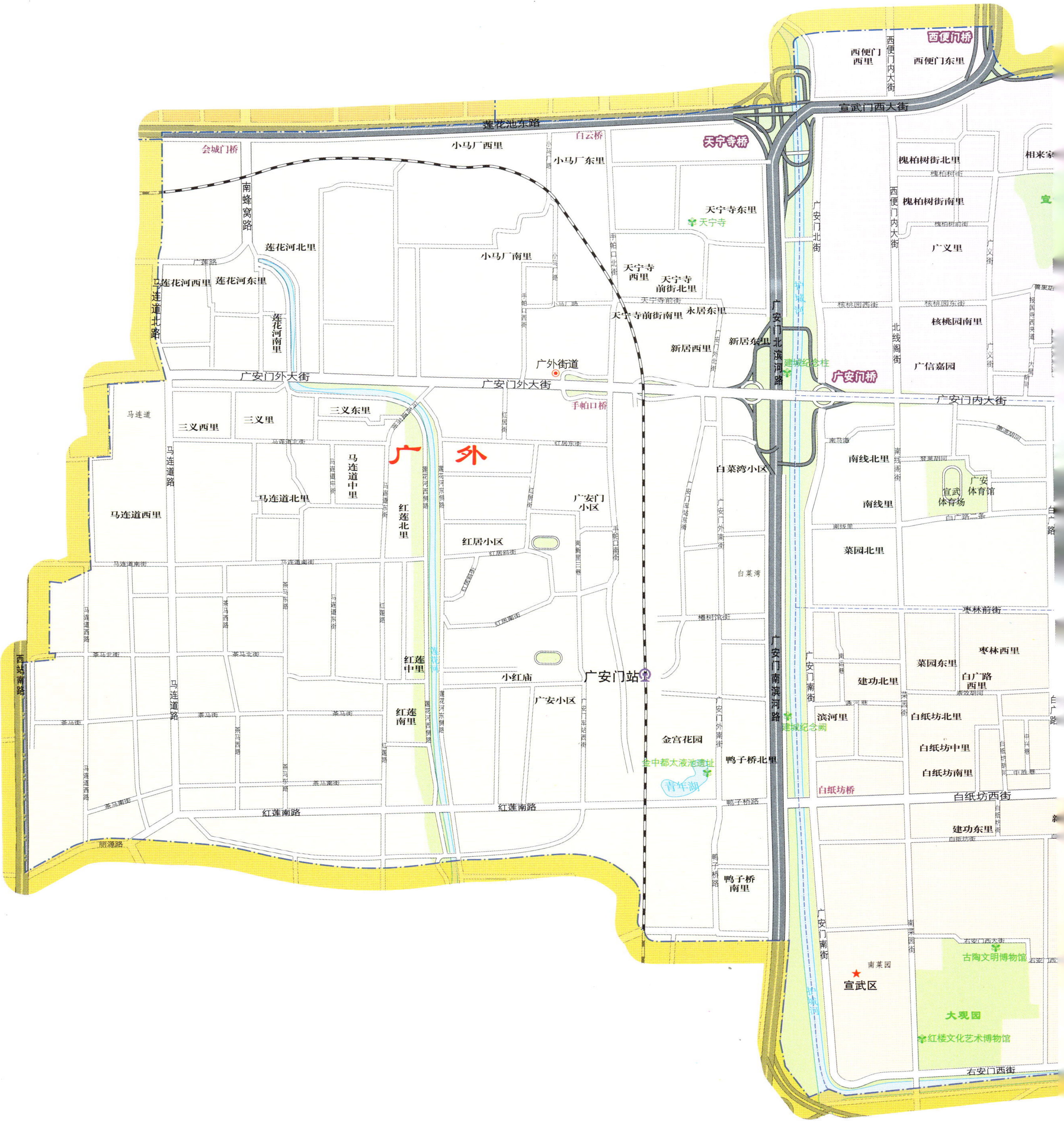


宣武区位于北京市中心城区的西南部，总面积19.04平方公里。东以前门大街、天桥南大街、永定门内大街为界，毗邻崇文区；西以马连道北路为界，与丰台区接壤；南以永定门西滨河路、右安门东城根、右安门西城根为界与丰台区相连；北以前门西大街、莲花池东路为界，与西城区、海淀区接壤。全区划分为大栅栏、天桥、椿树、陶然亭、广安门内、牛街、白纸坊、广安门外八个街道办事处，辖108个社区居委会，至2007年末，全区户籍人口总数为52.7万人。

# 宣武区图

宣武门西大街
宣武门东大街
前门西大街
宣武门外东里
和平门外西里
宣武门外西里
长椿街东里
三庙大院
广内街道
内
康乐里
权盛里
长椿苑
长椿街
宣南文化博物馆
长椿苑
椿树
椿树园
椿树街道
宣武门外大街
国际传媒大道
京报馆旧址
少年美术馆
南新华街
大栅栏
东南园
大栅栏街道
前门大街
珠市口基督教堂
纪晓岚故居
珠市口西大街
广安门内大街
骡马市大街
湖广会馆
戏剧博物馆
康有为故居
牛街
牛街街道
宣武图书馆
牛街东里一区
牛街东里二区
礼拜寺
法源寺西里
法源寺
佛教图书文物馆
春风小区
谭嗣同故居
菜市口大街
北京市技术交流馆
虎坊路
永安路
友谊医院
先农里
天桥北里
天桥街道
陶然亭街道
南横西街
南横东街
双槐里
陶然居
平原里
四平园
红土店
红土店南里
黑窑厂西里
陶然亭
天桥
富力信然广场
天桥南里
天桥南大街
太平街
万寿公园
右安门内大街
新安北里
白纸坊东街
纸坊
光源里
宏建北里
信建里
陶然亭路
朱雀门
先农坛北里
北京古代建筑博物馆
先农坛
永定门内大街
步行街
姚家井
陶然亭湖
云绘楼清音阁
陶然亭公园
慈悲庵
光明里
先农坛体育场
宏建南里
育仁里
右安东里
永定门西街
永定门
宣武区文化馆
右安门东街
右安门东滨河路
永定门西滨河路

明清北京城宣武门城楼（1958）

# 城市的形成与沿革

金中都南城垣水关遗址

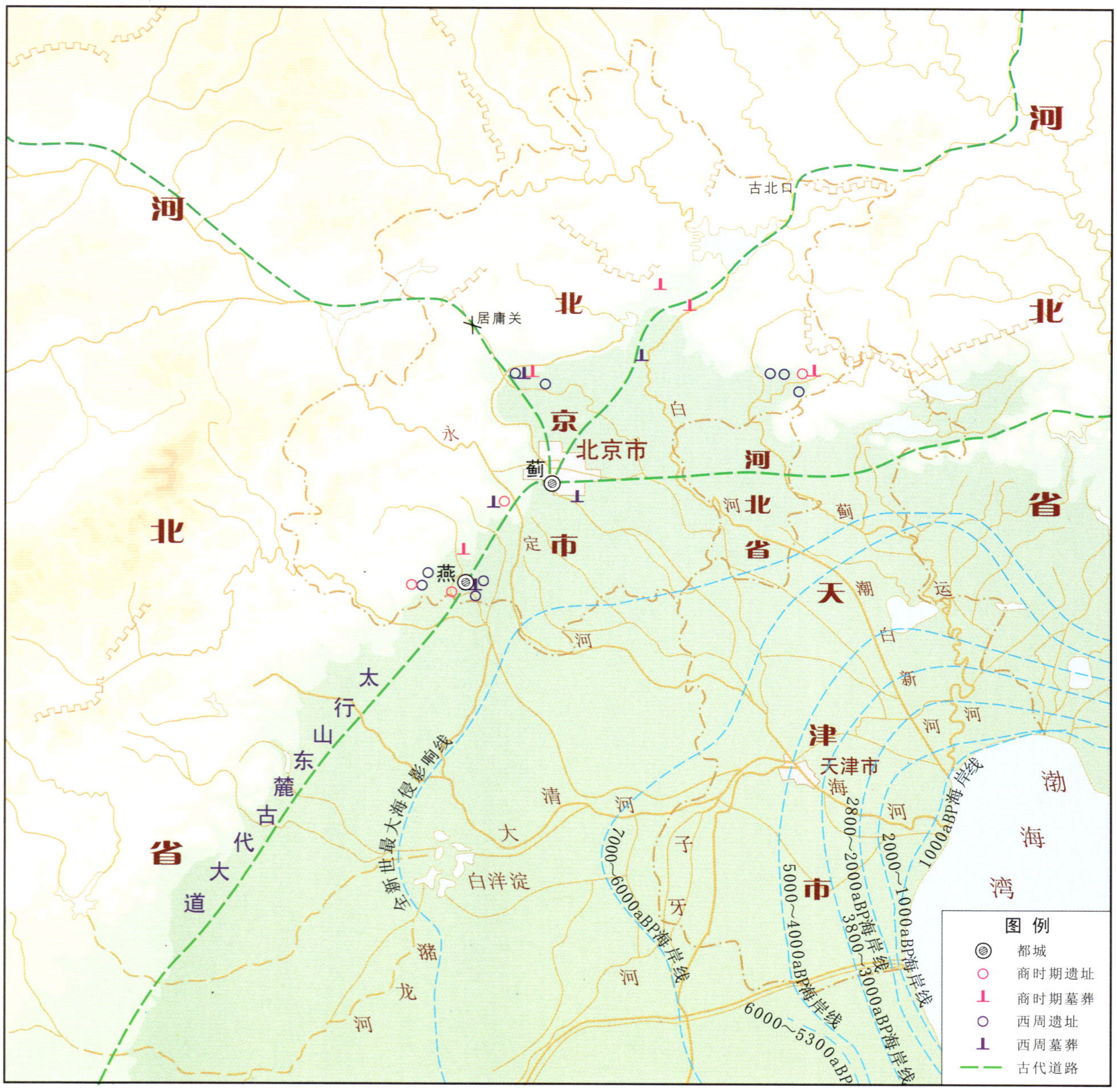


## 蓟城起源图

## 战国蓟城位置图

公元前11世纪，周武王姬发灭商，建立周朝，封黄帝之后于蓟，此为北京建城之始。商周时期，太行山东麓的南北大道是农耕文化区与游牧文化区之间的重要孔道。大道的北端位于永定河畔，由此北行，大道分途，通往东北和西北方向，越过燕山山脉的不同山口，与北方的游牧区域相连接。蓟城即选址于大道北端永定河畔的渡口处。此一地理条件使蓟城虽屡经王朝更替、战争摧残，却历久不衰，最终发展成为全国的首都。

蓟城位于蓟丘，“因丘以名邑”（《水经注》）。永定河从石景山出山后曾流经八宝山南北两侧，在八宝山以东至益庄之间形成低缓的长形高地，蓟丘是高地中段一处地势较高的土丘。距今两三千年前，蓟丘北面有古高梁河，南面有古漯水，蓟城选址其上，呈两水夹一城之势，既有丰沛的水源，又临交通要津，遂得以长期发展。

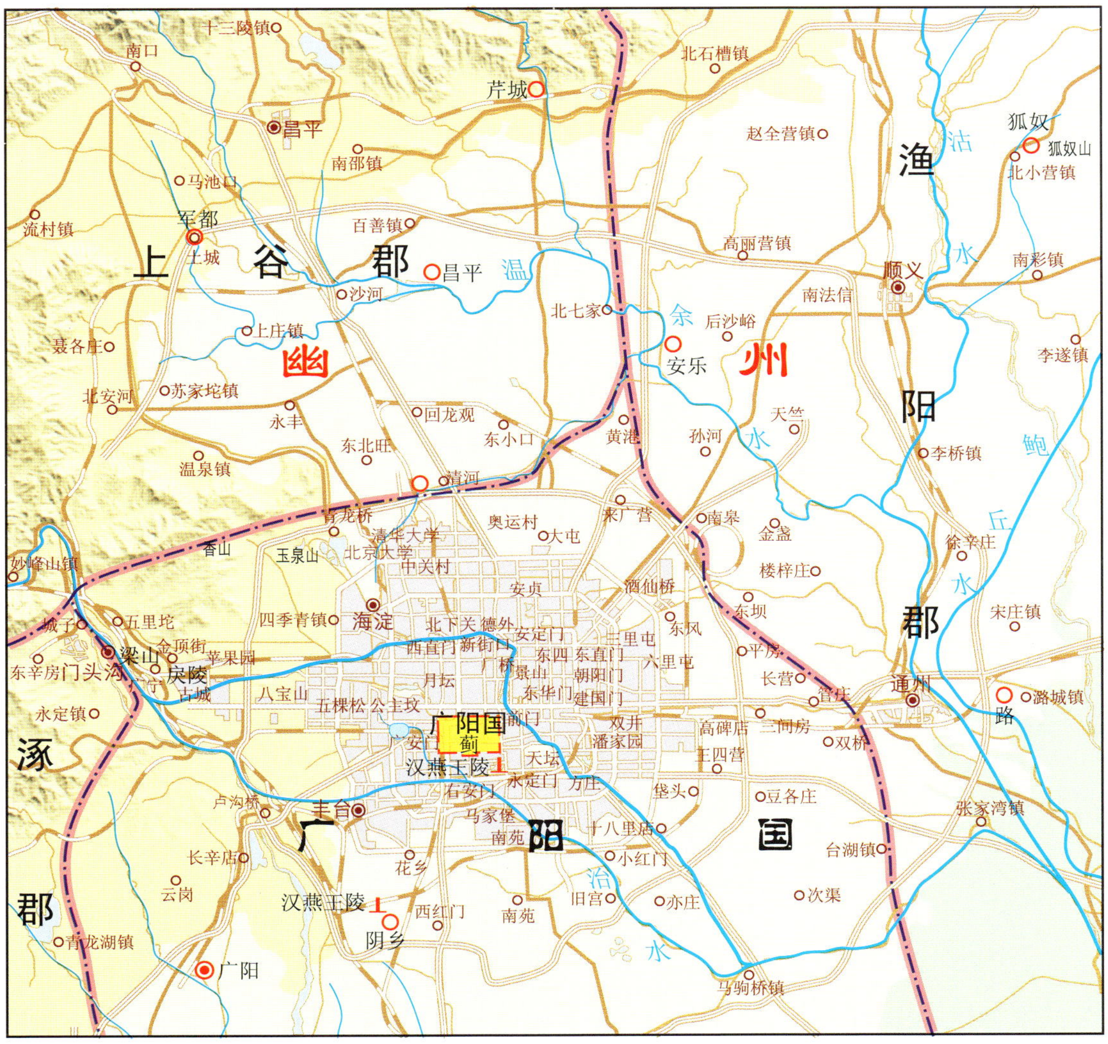


# 西汉蓟城位置图

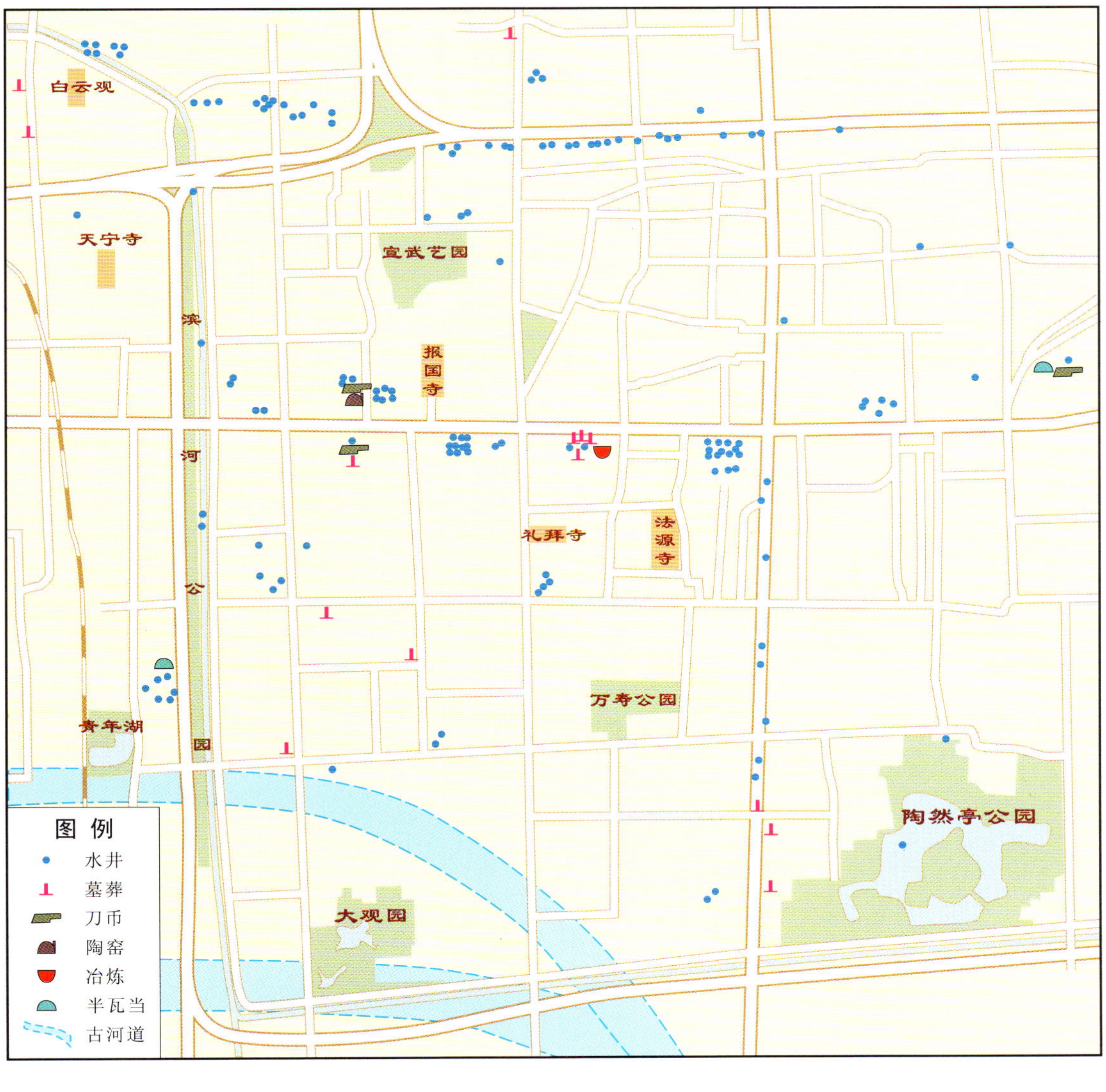


# 战国、汉代蓟城遗迹分布图

战国时期（前475－前221），燕国逐渐强大，为“战国七雄”之一。蓟城作为燕国上都，是当时南北商业贸易的重要都会之一。蓟城的核心部位在今北京市宣武区，多年来的考古调查显示，战国至西汉时期的蓟城，城址范围东至琉璃厂、南至南横街、西至广安门外铁路附近、北至白云观北侧；东西宽而南北窄，略呈不规则的长方形，或与燕下都相似。在此区域中，出土了大量战国至西汉时期的陶井和同时代的文化堆积层。

北京地区的陶井主要存在于战国至西汉时期，系由陶制井圈层层垒筑而成，井圈大者直径超过一米，小者直径不及0.6米，井圈埋置深及砂层。陶井分布最为密集的地区在广安门内一带，宣武门两侧原护城河一带也有较为密集的分布。广安门附近分布有大面积的战国至西汉时期的文化层，曾出土刀币、布币、半瓦当等战国遗物。

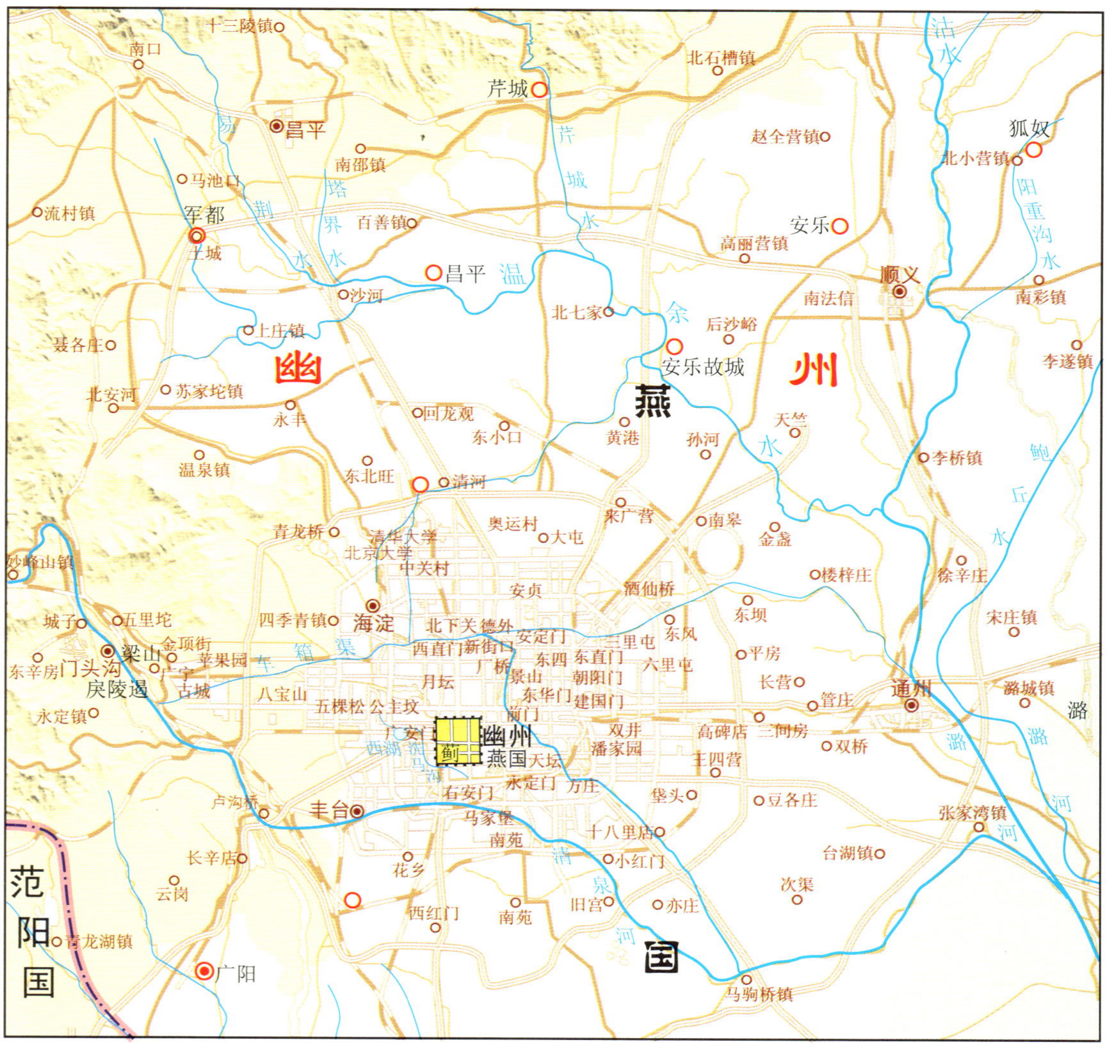


# 西晋蓟城位置图

# 北魏蓟城位置图

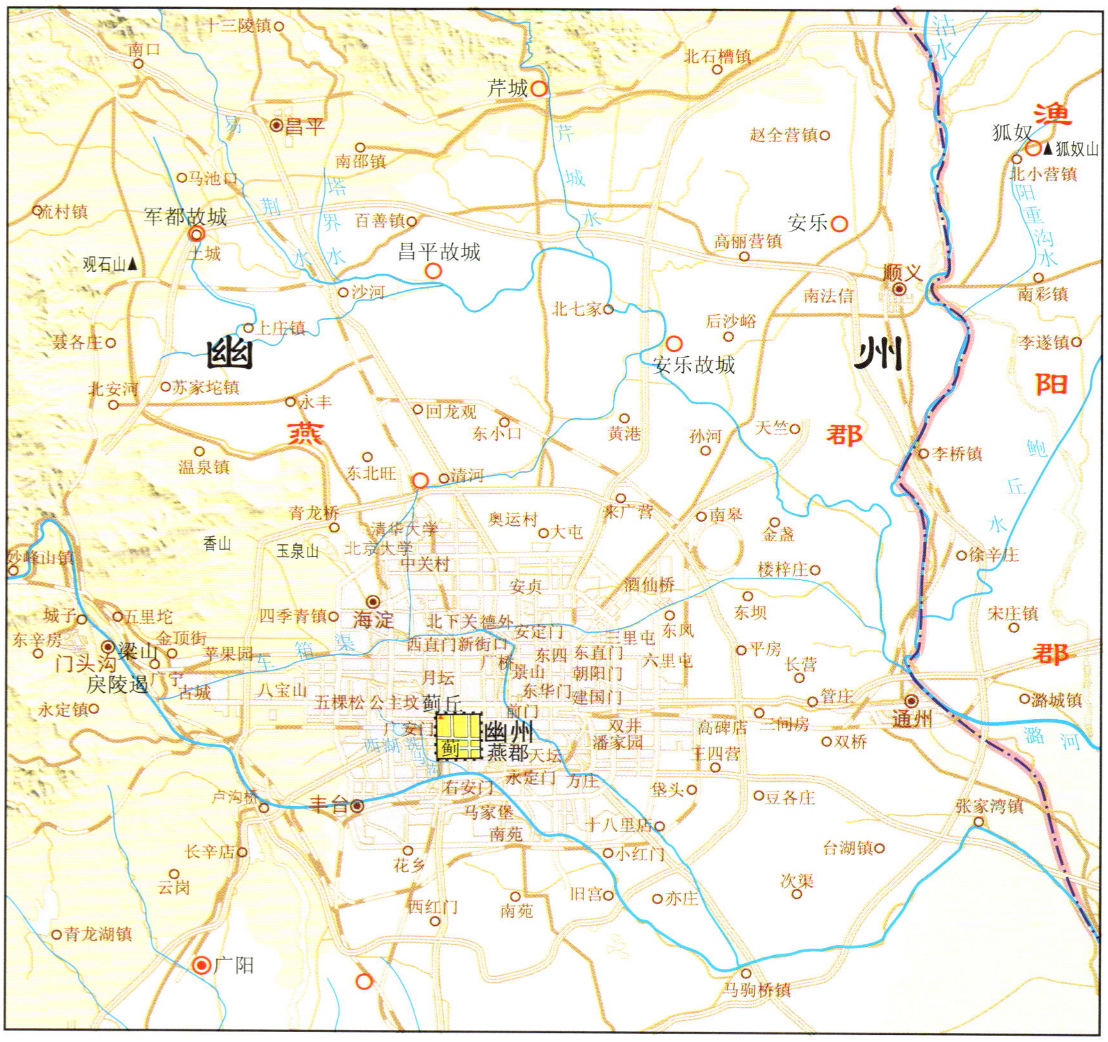


汉代以后，蓟城城址面积缩小，但核心部位仍在广安门一带。北魏郦道元在《水经注》中首次记述了蓟城名称的来源："今城内西北隅有蓟丘，因丘以名邑也。"蓟城之名沿用至唐。今天的广安门内大街、南横街和牛街最晚在此时已经形成。这一时期，统治蓟城的王朝有曹魏、西晋、后赵、前燕、前秦、后燕、北魏、东魏、北齐、北周，诸国皆以蓟城为幽州治所。其中，前燕慕容儁于公元352年建都蓟城，五年后迁都于邺。魏晋十六国时期，佛教传至蓟城，蓟城内出现了最初的佛教寺院。

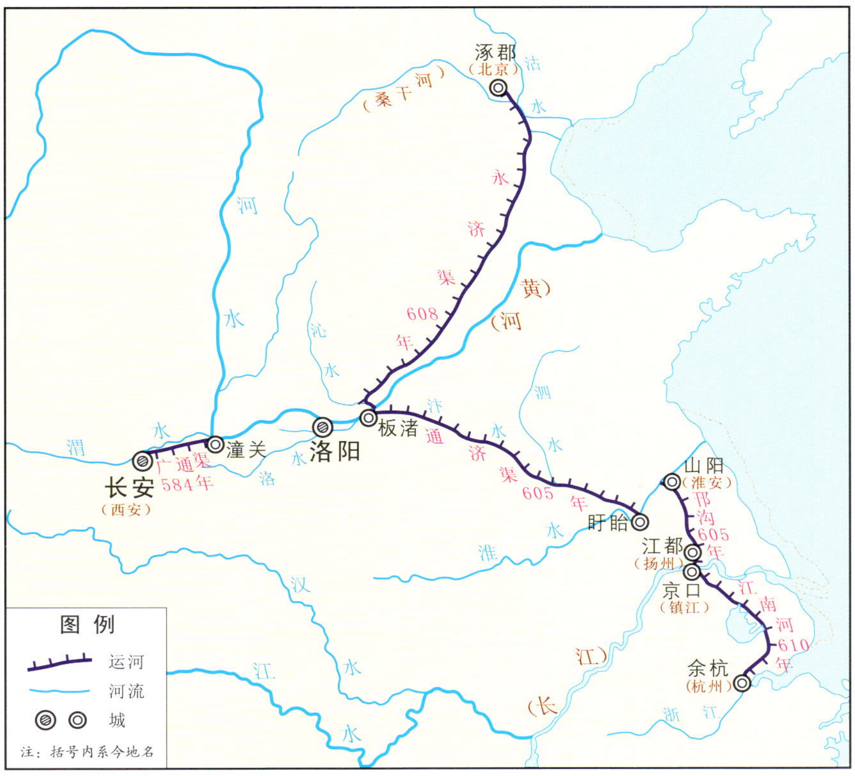


# 隋大运河图

隋（581–618）大业三年（607）蓟城成为涿郡治所，是隋朝北方重镇。炀帝在蓟城建临朔宫，凿通永济渠，依托蓟城三次用兵东北，以求域内统一。永济渠开凿于大业四年（608），引沁水南达于河，北通涿郡，长2000余里，与先后开通的通济渠和江南河一起，构成跨越南北的大运河系统。永济渠北端终点在今宣武区内。

# 隋涿郡城位置图

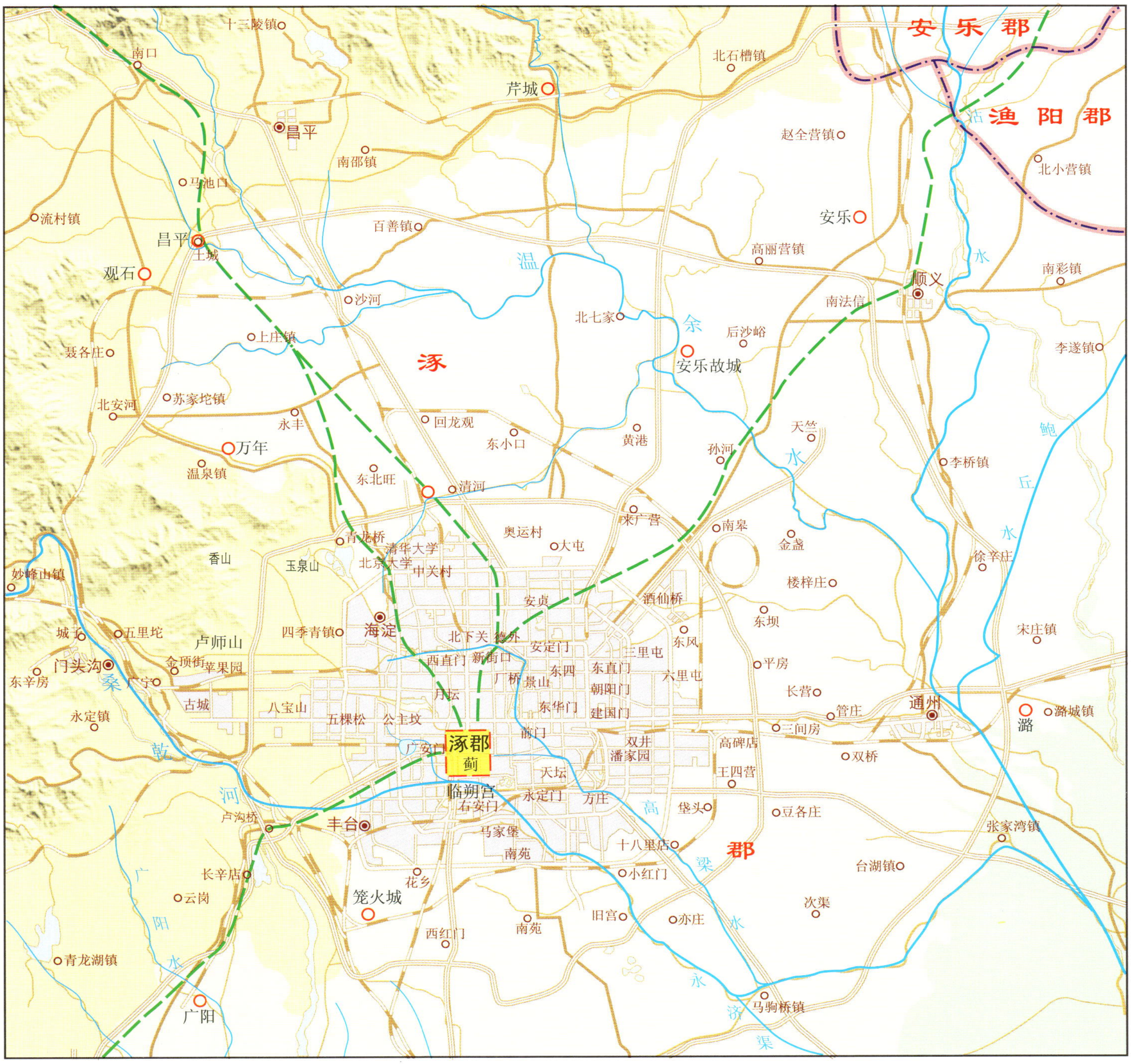

唐代（618–907）蓟城为幽州治所。蓟城南北九里，东西七里，开十门。其中大城设八门，每面两门，另外两门为子城东门与子城北门，子城在大城内西南隅。唐代实行里坊制，蓟城内有坊20多个，城外为乡，已知乡名十余个。唐太宗、高宗以蓟城为依托用兵东北，终于实现统一之业。贞观十九年（645），唐太宗李世民在幽州城内诏建悯忠寺（今法源寺），以悼抚东征阵亡将士。

安史之乱（755–762）时，蓟城为安禄山、史思明所据，唐至德二年（757），史思明称帝，以蓟城为燕京，以燕京子城为皇城。

唐代，蓟城先后为幽州大都督府、都督府治所，以及幽州、卢龙节度使治所。城内初为蓟县治理，武德六年（623）增设辽西县，与蓟县分治城之东、西部。唐建中二年（781）改辽西县为幽都县，东部为蓟县，西部为幽都县。

蓟城既是唐代的军事重镇，又是贸易中心，商业发达、店铺林立、行业众多。

唐天祐四年，朱温篡唐建立后梁（907–923）。后梁开平三年（909），封刘守光为燕王。乾化元年（911），刘守光在幽州称燕帝，年号应天，以蓟城为国都。乾化三年（913），燕为晋王李存勖所灭。龙德三年（923），李存勖建立后唐（923–930），灭后梁。后唐清泰三年（936），石敬瑭反后唐，建后晋，许割燕云十六州予契丹，蓟城转为契丹统治。

五代十国时期幽州政权更迭迅速，幽州政区划分基本沿袭唐末建置。因无新内容表达，本图集中未设本时期专图。

## 唐幽州城郊图

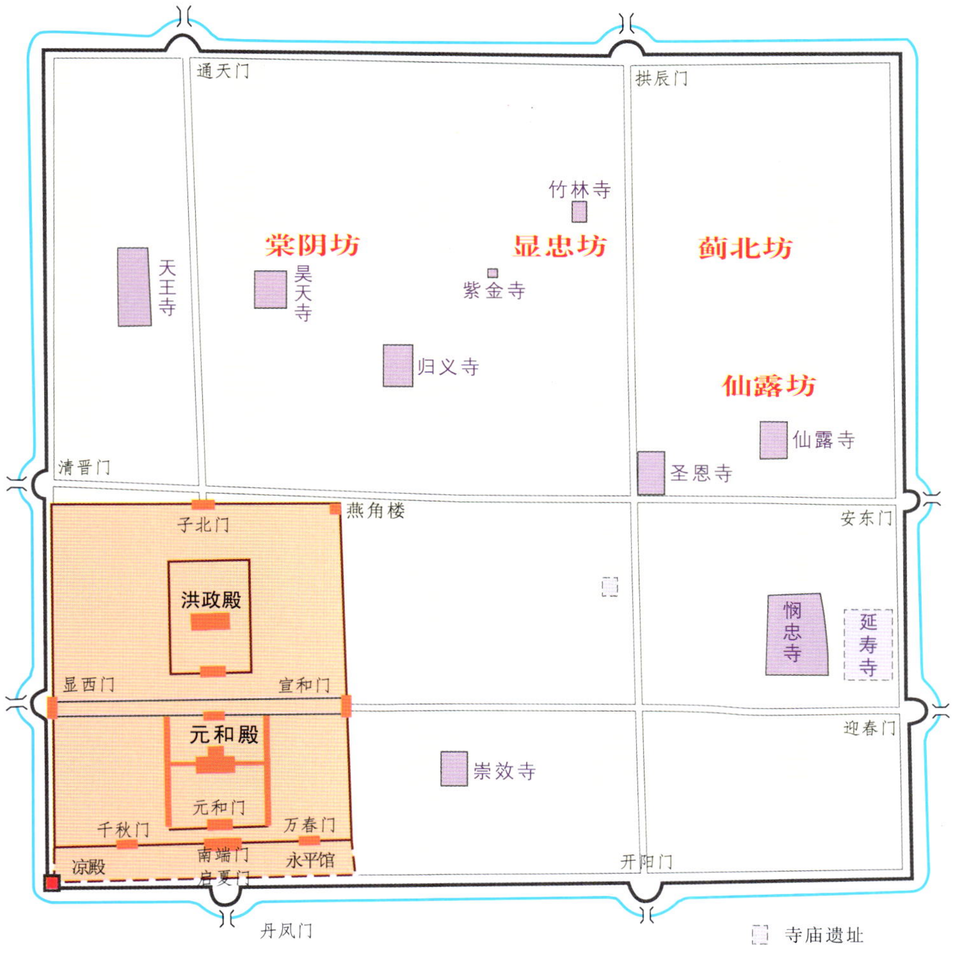


# 辽南京城图

# 辽南京城位置图

五代时契丹崛起于北方，公元916年，首领阿保机称帝，都临潢。公元938年，得燕云十六州后，升幽州为南京，又称“燕京”，为陪都之一。公元947年改国号为辽。辽开泰元年（1012）改幽都府为析津府。南京城属南京道析津府，分属析津、宛平两县。城郊人口约30万。

辽南京城大体呈矩形，周长约25里，高三丈，宽一丈五尺。南京城垣遗址至今没有考古发现，根据推测，城北垣在今白云观北侧与前老莱街一线，南垣在今白纸坊路附近，西垣在今广安门外小马厂附近，东垣在法源寺以东。城有八门，东为安东、迎春，南为开阳、丹凤，西为显西、清晋，北为通天、拱辰。大内在城西南隅，周长五里，大内西墙和南墙借用大城西垣和南垣。宫城有四门，东为宣和门，北为子北门，西门和南门与大城共用同一座城门。中有元和、仁政诸殿，又有景宗、圣宗二御容殿。西南城巅有凉殿，东北隅有燕角楼。

城内分为26坊，各坊有坊名、坊墙和坊门，居民包括汉、契丹、奚、渤海等族人。市场在全城的北部。佛教寺院遍布城中，天王寺塔保存至今，即今之天宁寺塔。

女真继辽之后，从混同江（今松花江）上兴起，首领阿骨打称帝，国号金（1115−1234），都会宁。天会三年（1125）南下灭辽。海陵王天德三年（1151），扩建辽南京城，三年竣工。贞元元年（1153），迁都燕京，改称中都。

金中都以辽南京城为基础，扩狭修短，改造而成。其宫室制度悉仿北宋东京汴梁，宫城居于城市中央，尽改辽南京宫城偏于一隅的布局。大城略成方形，实测周长1.869万米，东、西、南三面城垣各开三门，北垣复增一门，为四门，共13门。东为宣曜门、阳春门、施仁门，西为灏华门、丽泽门、彰义门，南为丰宜门、景风门、端礼门，北为通玄门、会城门、崇智门，北面复增光泰门。城内置62坊，前朝后市，街如棋盘。

皇城略居全城中心，四面各一门：东曰宣华，南曰宣阳，西曰玉华，北曰拱辰。正门宣阳门内御道直通宫城正门应天门前，与应天门前横街构成“T”型广场。御道东、西两侧建有千步廊，千步廊东为太庙（衍庆宫），西为三省六部。宫城呈长方形，周长九里30步。宫城建筑分为三路，中路殿宇九重，有大安、仁政二殿，建于三层露台之上，规模宏伟，为大朝、常朝之所。东路有东宫、寿康宫、内省诸建筑。西路有蓬莱院、泰和宫等建筑，又有鱼藻池和鱼藻殿。宫城之西为园林区，有同乐园、景明宫、瑶池等。

中都城属中都路大兴府，城东部属大兴县，西部属宛平县。

金中都共存在62年，贞祐三年（1215）中都城被蒙古骑兵所破，宫殿被毁，城市衰落。金中都是在古蓟城基础上成长起来的最后一个大城，也是北京城作为王朝都城的开始。

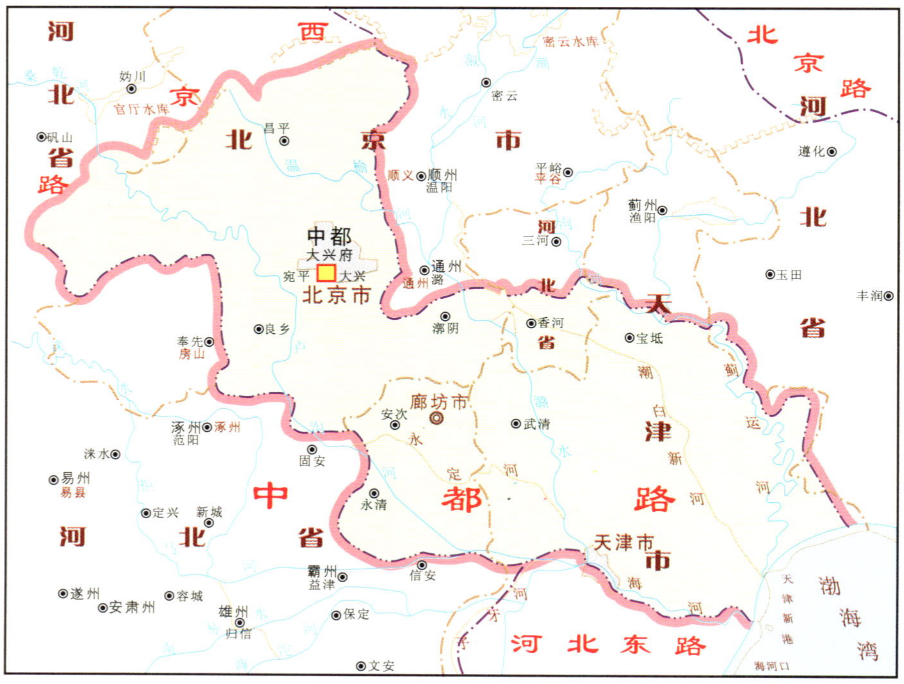


金中都大兴府图

# 金中都城图

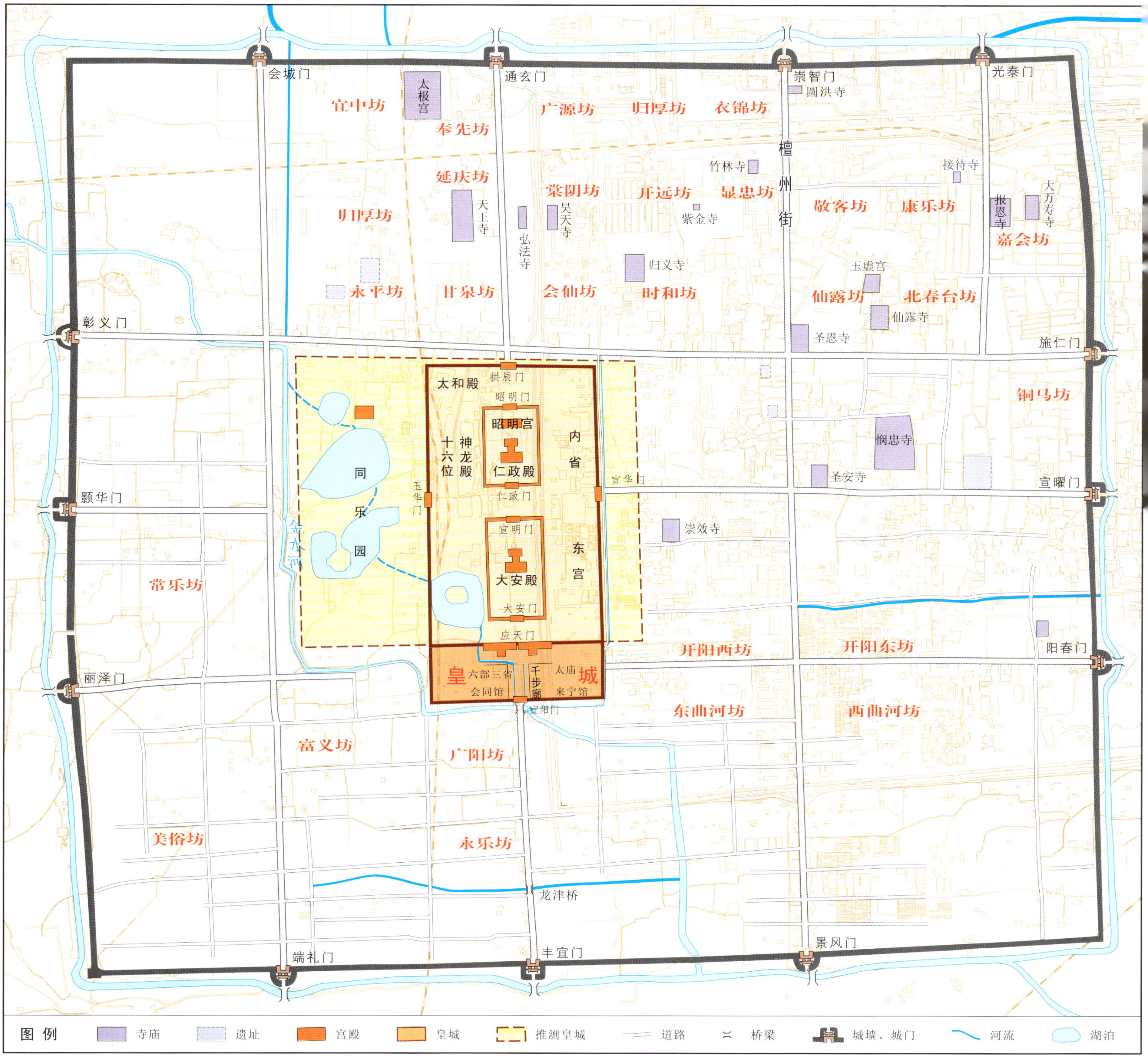
会城门
通玄门
崇智门
光泰门
彰义门
施仁门
颢华门
宣曜门
丽泽门
阳春门
端礼门
丰宜门
景风门
太极宫
圆洪寺
宜中坊
奉先坊
广源坊
归厚坊
衣锦坊
檀州街
竹林寺
接待寺
延庆坊
崇阴坊
开远坊
显忠坊
敬客坊
康乐坊
大万寿寺
报恩寺
嘉会坊
归厚坊
天王寺
弘法寺
昊天寺
紫金寺
归义寺
玉虚宫
永平坊
甘泉坊
会仙坊
时和坊
仙露坊
北春台坊
仙露寺
圣恩寺
拱辰门
太和殿
昭明门
昭明宫
十六位
神龙殿
仁政殿
内省
宣华门
玉华门
仁政门
同乐园
宣明门
东宫
大安殿
大安门
应天门
皇城
六部三省
会同馆
千步廊
太庙
来宁馆
宣阳门
金水河
铜马坊
悯忠寺
圣安寺
崇效寺
常乐坊
开阳西坊
开阳东坊
东曲河坊
西曲河坊
富义坊
广阳坊
美俗坊
永乐坊
龙津桥
图例
寺庙
遗址
宫殿
皇城
推测皇城
道路
桥梁
城墙、城门
河流
湖泊

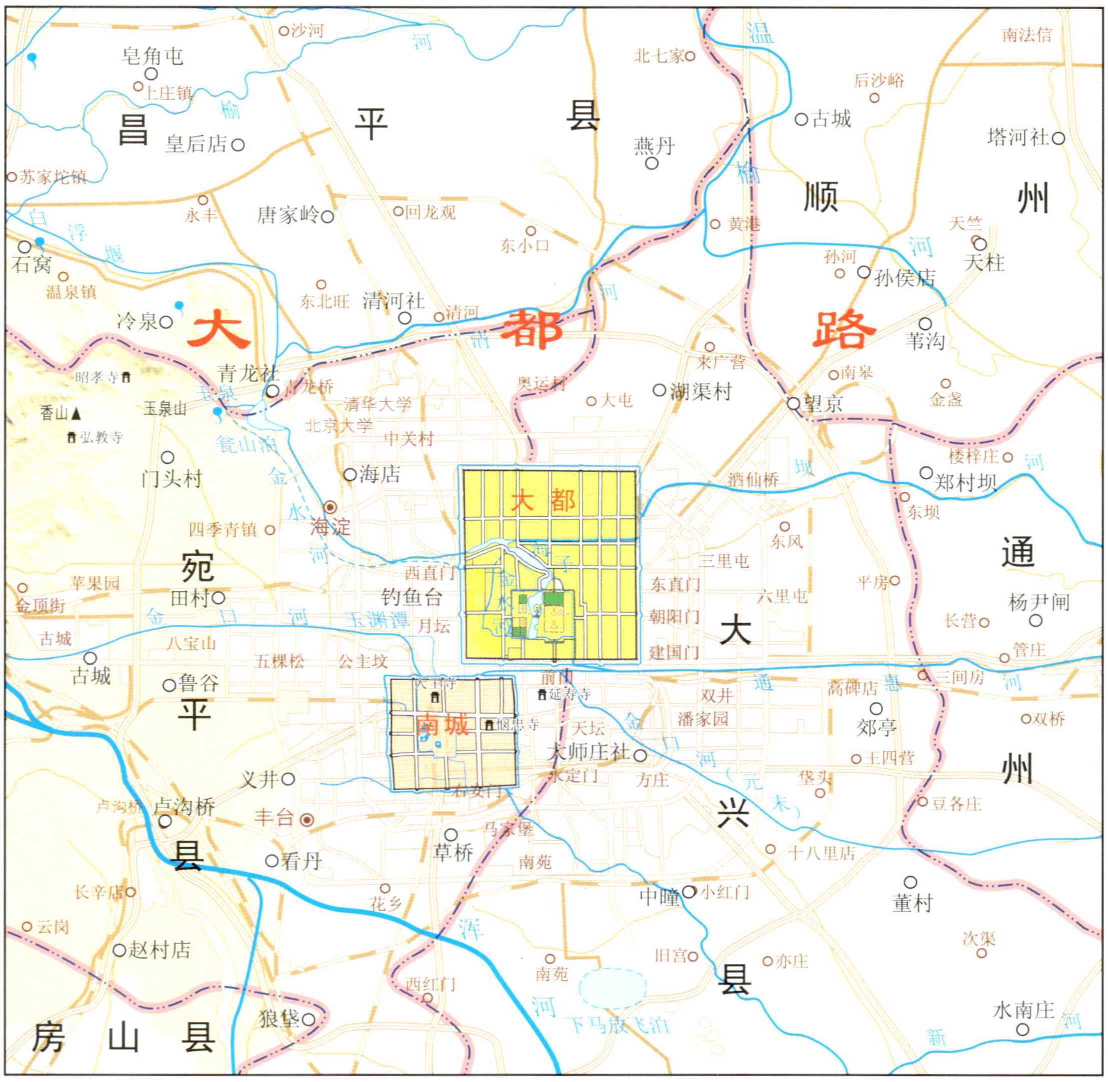


元南城略图

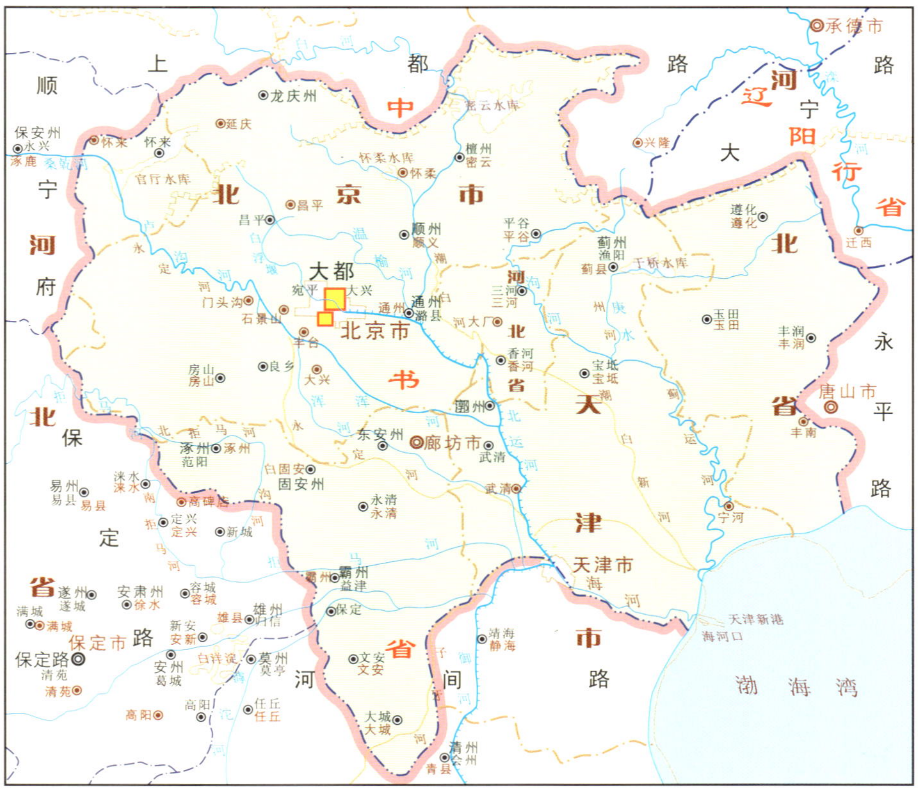


元大都路图

13世纪初，蒙古族崛起于北方草原。金贞祐三年（1215），成吉思汗率军攻占金中都，改“中都”名为“燕京”，设燕京路，总管大兴府。

元中统元年（1260），忽必烈在开平称帝，次年修燕京城。至元元年（1264）改“燕京路”为“中都”，四年（1267）忽必烈决定在中都旧城北营建新都城，八年（1271）改国号为大元，九年（1272）改“中都”为“大都”。

至元十一年（1276）新大城建成，与中都旧城形成南北两城的格局。至元二十二年（1285），诏旧城居民迁住新城。至元二十五年（1288），拆旧城城墙、填沟壕，旧城逐渐走向衰落。

大都南城有62坊，街道格局与金中都相似，城内有寺庙200多座。大德九年（1305），置大都南警巡院，治理南城之事。

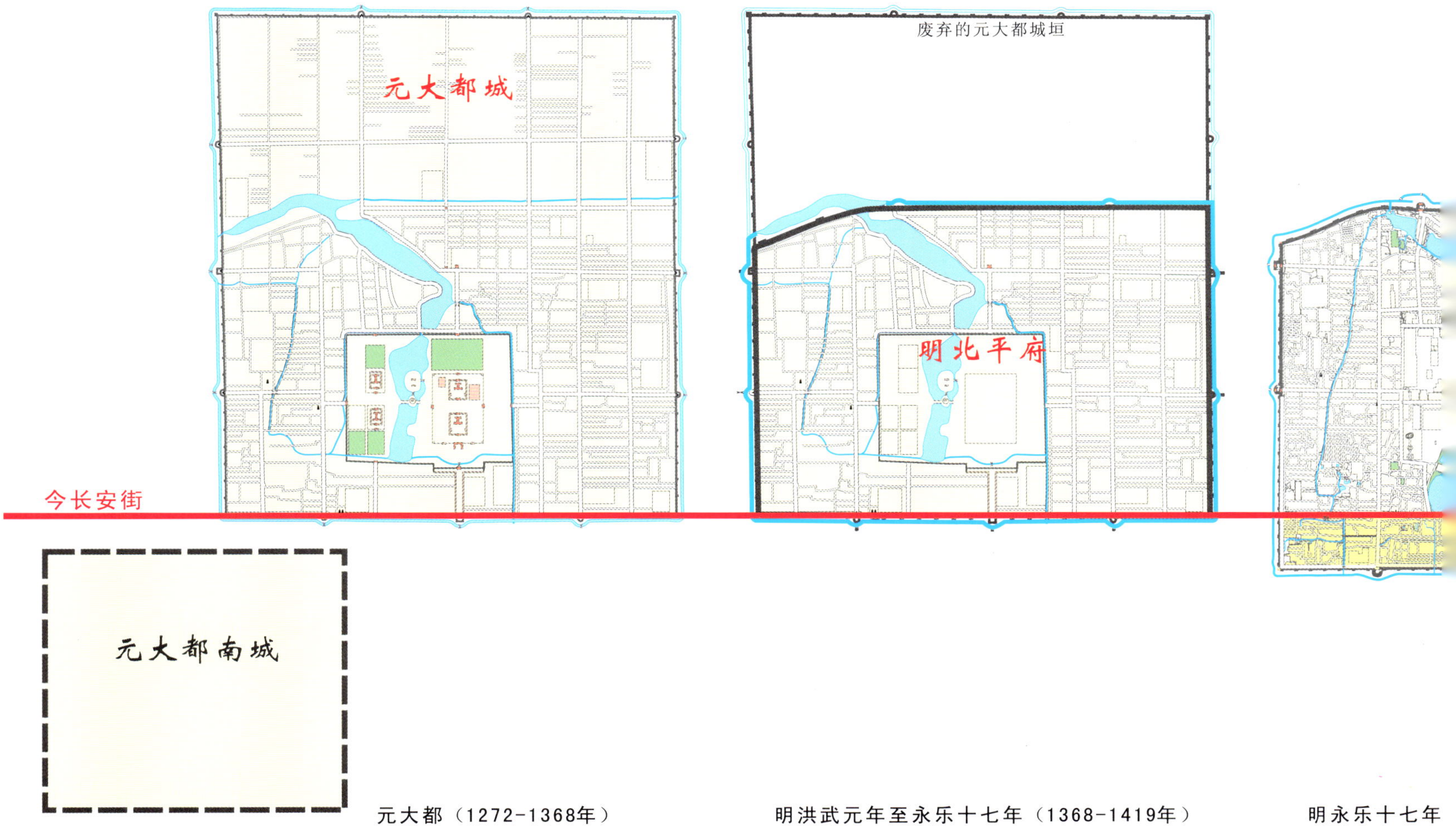


元大都（1272-1368年）　　明洪武元年至永乐十七年（1368-1419年）　　明永乐十七年

# 明北京城址变迁图

元至元二十八年（1368），朱元璋在应天（今南京）登基，国号大明，年号洪武。是年明军占领大都，改“大都”名为“北平”，同时缩小北平城，将北部城垣南退至今德胜门一线。

建文四年（1402），燕王朱棣夺取帝位，年号永乐，改“北平”为“北京”。永乐四年（1406）仿南京之制营建北京宫殿。十七年（1419），将位于今长安街一线的北京南城垣向南拓展约1.5里至今前门、宣武门一线，原大都南城东北部部分区域圈入北京城内。此时，在南城外中轴线两侧建天地坛和山川坛。十八年（1420）定都北京，升北京为京师。

明嘉靖九年（1530），仿照中国坛庙古制，改天地坛为天坛，分设日坛、月坛和地坛等郊坛于城之东、西、北三面。其中，山川坛（先农坛）位于今宣南地区。

嘉靖三十二年（1553），为防御蒙古俺答部扰掠，循南京旧制建外城，但仅完成城南一面。外城垣北部东西两端分别与内城东南角和西南角相接，总长28里。正南与正阳门相对为永定门，与崇文门相对为左安门，与宣武门相对为右安门，东城垣门为广渠门，西城垣门为广宁门。外城北部东西两端与内城衔接部，分设东便门和西便门。其中右安门、广宁门和西便门位于今宣南地区。

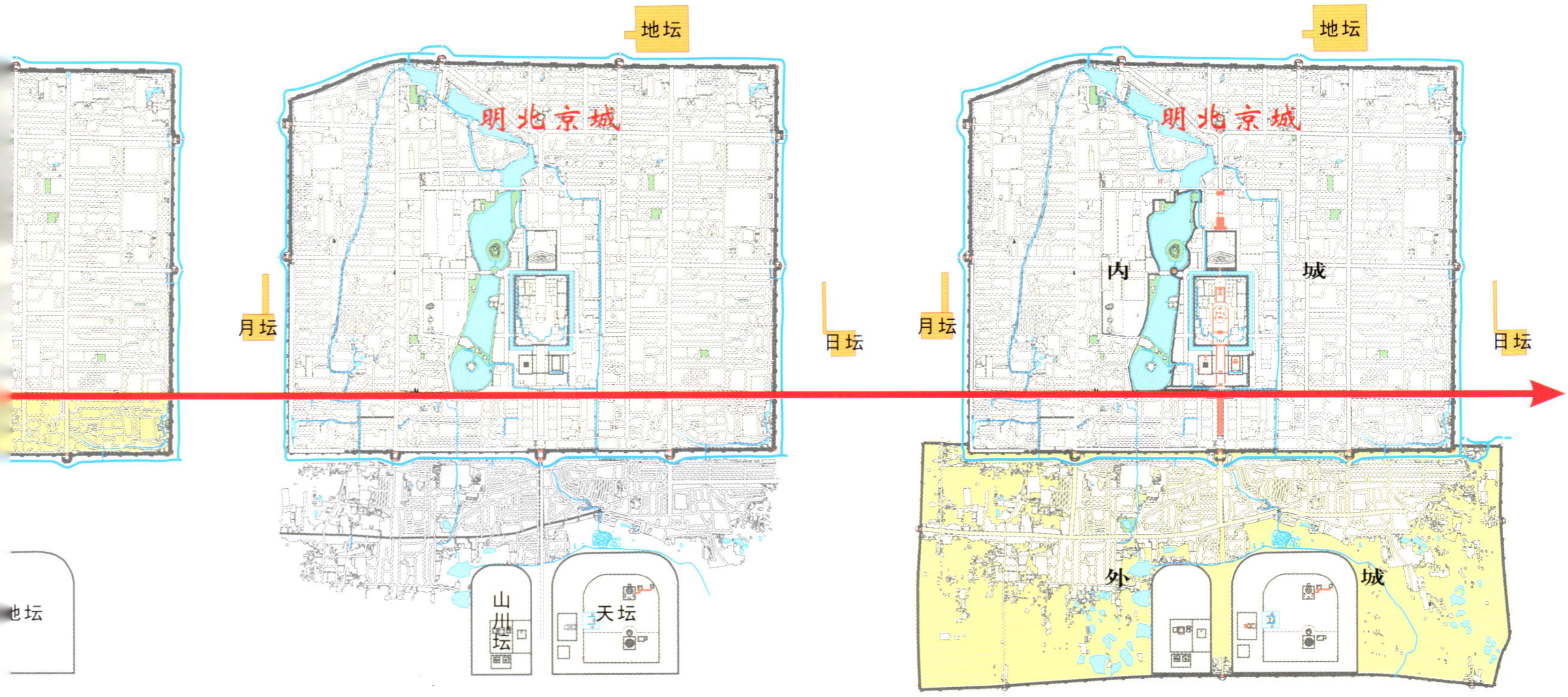


1419-1529年）　　明嘉靖九年至嘉靖三十一年（1530-1552年）　　明嘉靖三十二年后（1553年）

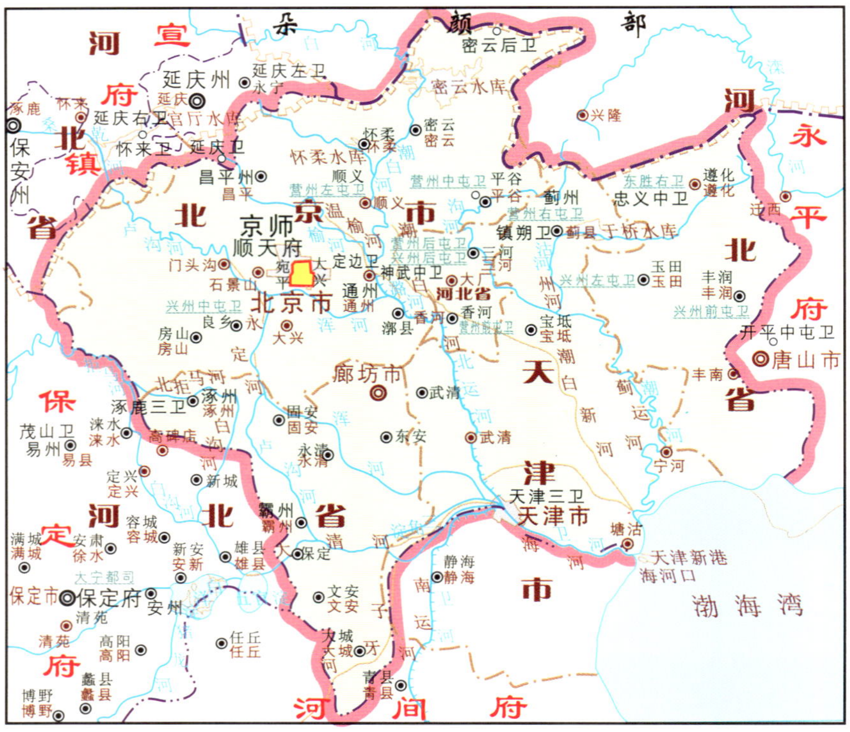


明顺天府图

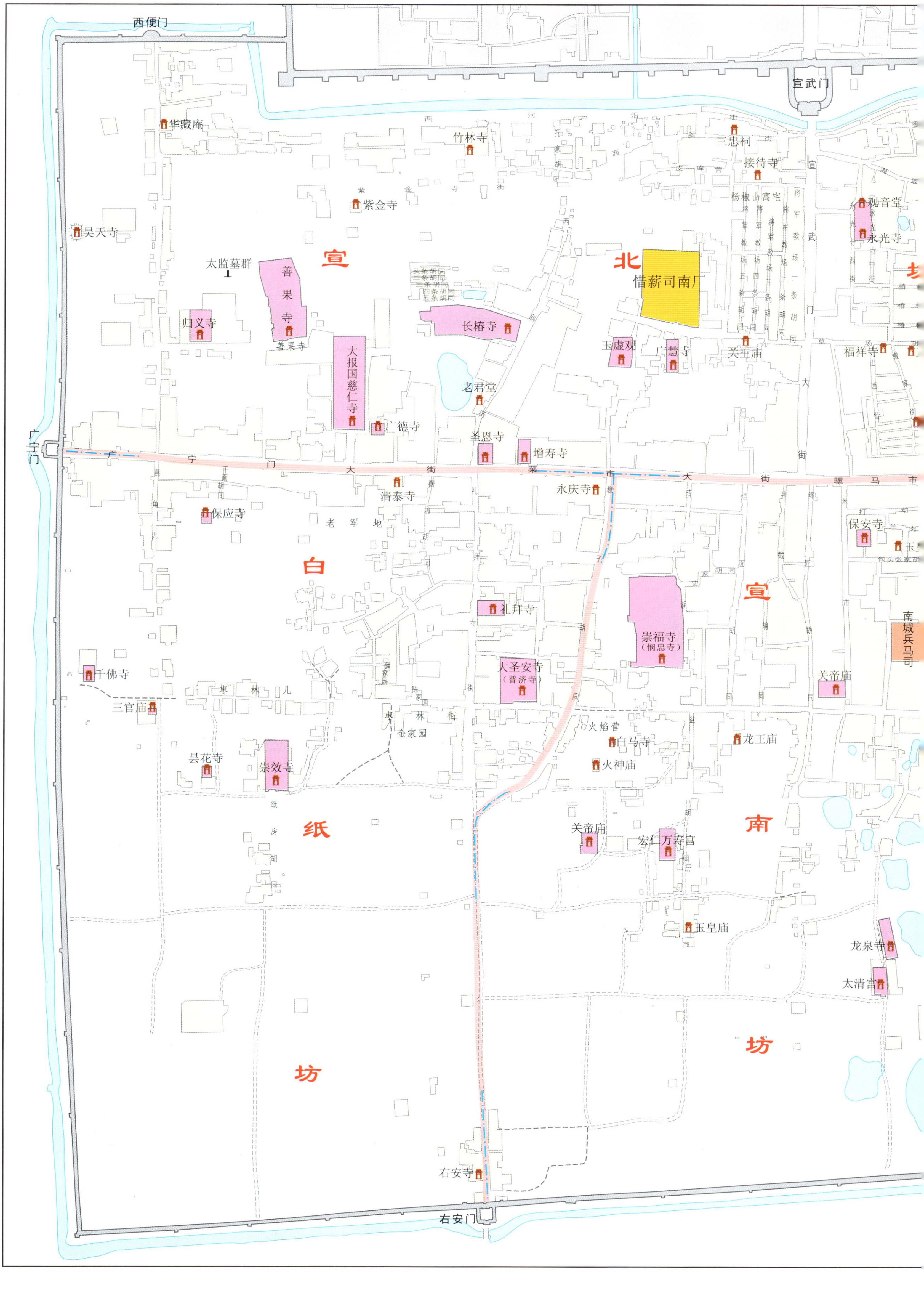
西便门
宣武门
华藏庵
竹林寺
三忠祠
接待寺
紫金寺
杨椒山寓宅
观音堂
永光寺
昊天寺
太监墓群
宣
北
惜薪司南厂
善果寺
善果寺
归义寺
长椿寺
大报国慈仁寺
玉虚观
广慧寺
关王庙
福祥寺
老君堂
广德寺
圣恩寺
增寿寺
广宁门
广宁门大街
菜市
大街
骡马市
清泰寺
永庆寺
保应寺
老军地
保安寺
白
宣
礼拜寺
崇福寺
（悯忠寺）
南城兵马司
千佛寺
大圣安寺
（普济寺）
关帝庙
三官庙
枣林儿
枣林街
金家园
火焰营
白马寺
龙王庙
昙花寺
崇效寺
火神庙
纸
南
关帝庙
宏仁万寿宫
玉皇庙
龙泉寺
太清宫
坊
坊
右安寺
右安门

## 明北京外城西部图

明洪武元年（1368）明军占领元大都，测得南城周围凡5890丈。明初仍延续前朝制保留有彰义门税关，但南城城市区域已经衰落，不再是完整的城市区域，而成为北平城外的关厢、郊垌之地。

自明永乐年间北京建都后，南部关厢地区发展迅速，城市区域在北京城前三门外扩展开来，至明朝中期，其发达程度已不逊于城内，前门外逐渐成为北京大型商业中心。旧南城靠近北京城的部分区域恢复了城市景观，中都时期形成的主要街道格局依然保留下来。嘉靖三十二年（1553）修筑外城后，本区域由关厢转变为城区，但其南部依然保留着郊野的形态，没有成为城市建成区。

明代北京城内共分36坊，内城28坊，外城八坊，分属东、西、南、北、中五城管辖。外城归南城管辖，外城西部为正西坊、正南坊、宣北坊、宣南坊、白纸坊。主要机构和设施有南城兵马司、琉璃厂、惜薪司南厂等。外城西部的斜街大多形成于此时。

# 清乾隆十五年宣南图（一）

P22 P24
P23 P25
本图分幅示意

清朝（1644–1911）定都北京，沿用明代旧城，城市街道格局、宫殿建筑未做大的改变。但城市的社会结构和管理体制发生很大变化。清朝实行旗、民分治的制度，内城尽为旗人所居，非旗人除获准居住内城者外，只能居住于外城。在外城，士绅官僚多居住于西部，商人多居住于东部。于是在外城西部形成具有特点的城市文化区域，今人为强调此特征，冠之以“宣南文化”的称谓。

清代外城仍设坊管理，仅将前明八坊合并为东、西、南、北、中五城，外城西部包括中城西部、北城和西城。光绪末年，在内外城各设十区，分隶内外城巡警总厅。外城西部为外右一区、外右二区、外右三区、外右四区、外右五区，其中外右五区包括外城东部的天坛在内。

本图以1955年1：5000地形图为底图，依据1940年复制版乾隆十五年（1750）《京城全图》内容绘制而成。图中注记以《京城全图》为准，缺失之处做了少量补充，图中个别错简之处亦做了调整。

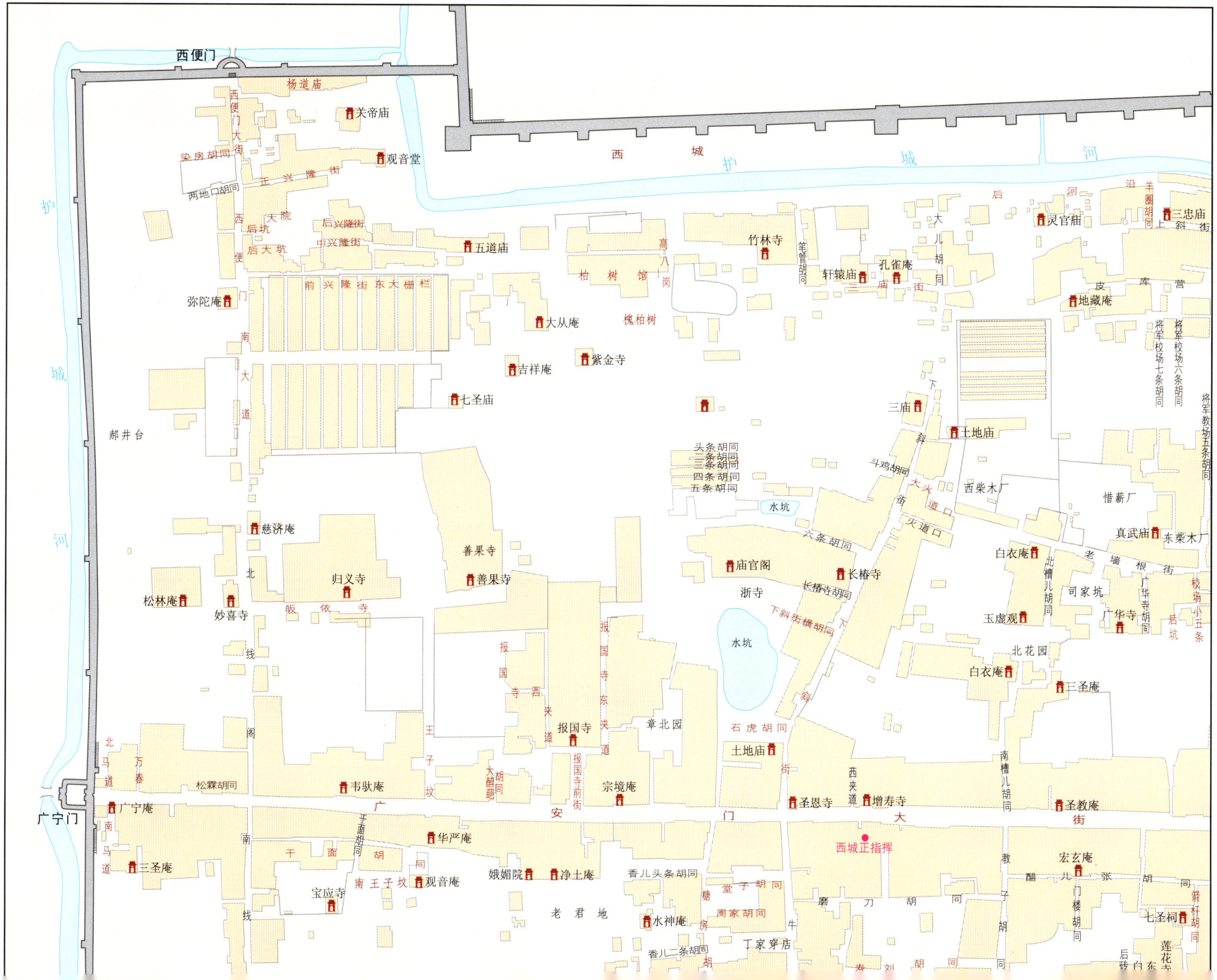

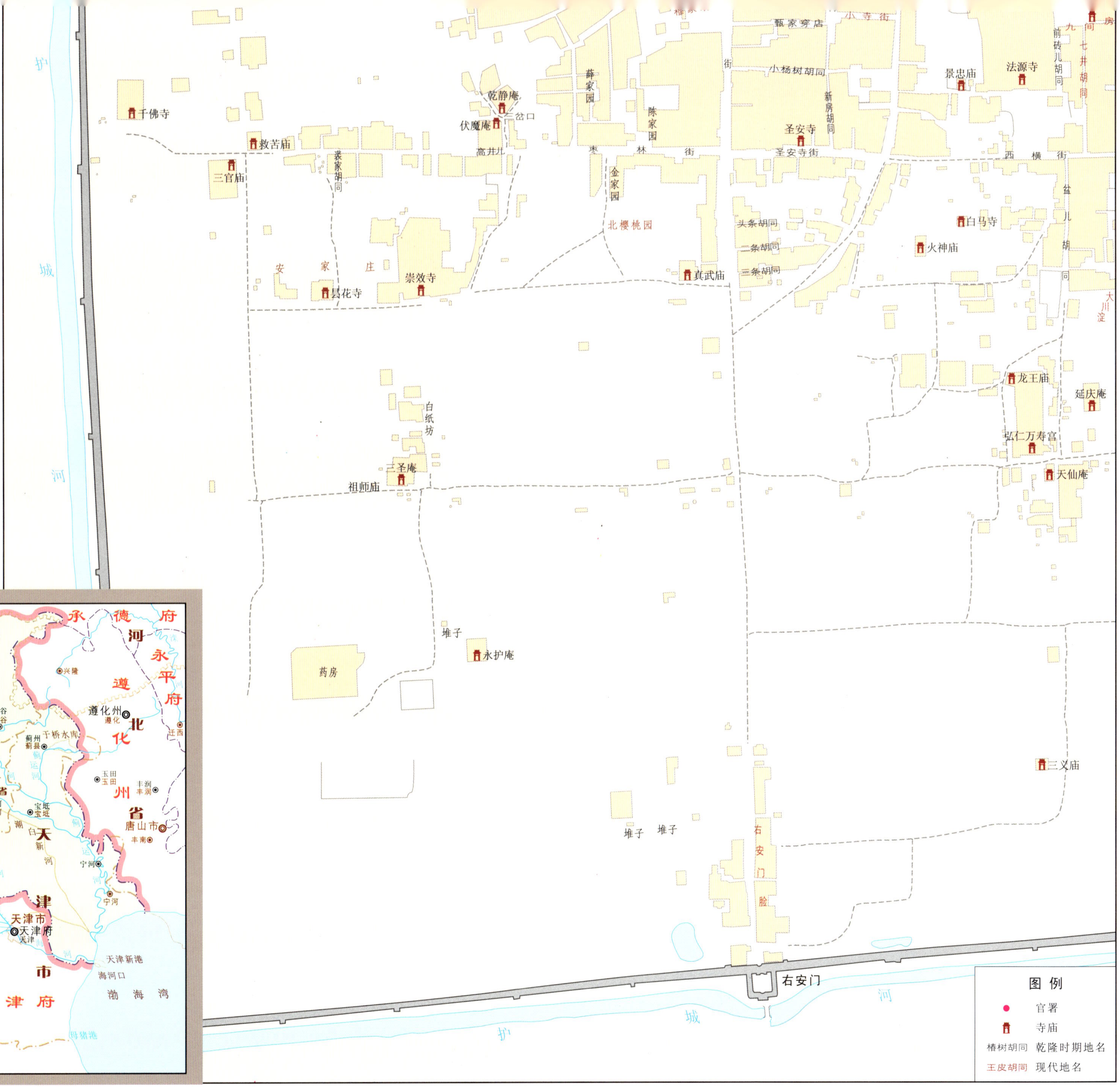
千佛寺
救苦庙
三官庙
乾静庵
伏魔庵
岔口
高井儿
袁家胡同
安
家
庄
昙花寺
崇效寺
白纸坊
三圣庵
祖师庙
药房
堆子
永护庵
薛家园
陈家园
林
街
金家园
北樱桃园
真武庙
头条胡同
二条胡同
三条胡同
甄家旁店
小杨树胡同
新房胡同
圣安寺
圣安寺街
小寺街
景忠庙
法源寺
西
横
街
盆
儿
胡
同
白马寺
火神庙
前砖儿胡同
九间房
七井胡同
大川淀
龙王庙
延庆庵
弘仁万寿宫
天仙庵
三义庙
堆子
堆子
右
安
门
脸
右安门
护
城
河
图例
官署
寺庙
椿树胡同 乾隆时期地名
王皮胡同 现代地名

# 清顺天府图

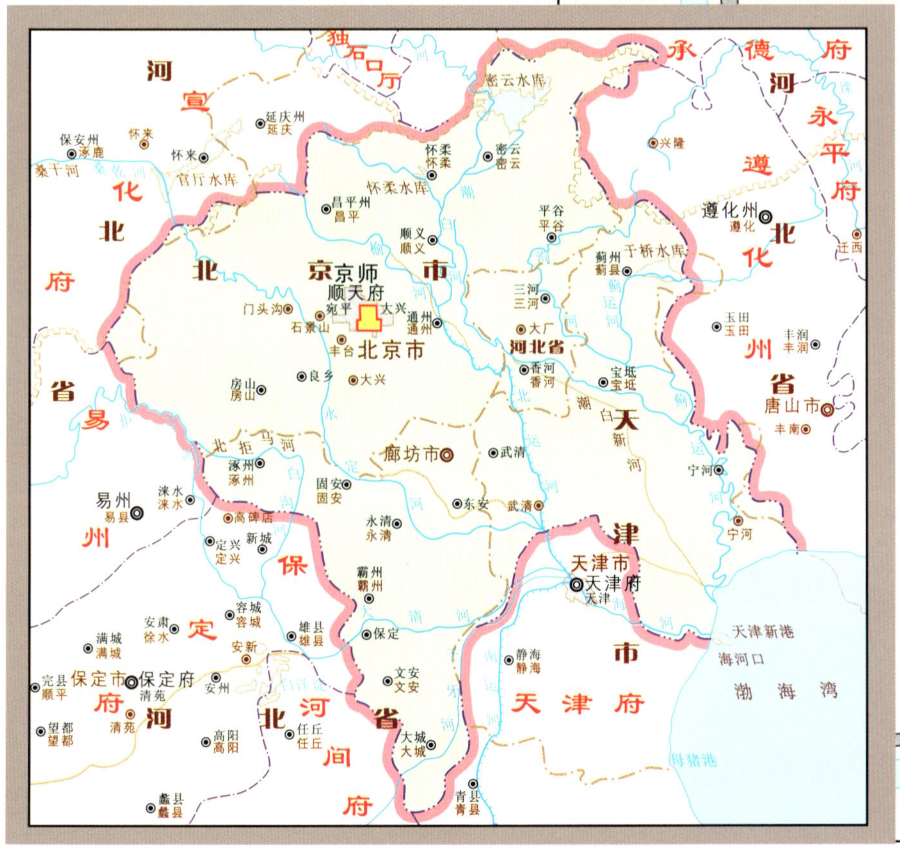
河
宣
化
北
府
省
易
州
保
定
河
北
间
府
独石口厅
承
德
府
河
永
平
府
遵
化
州
北
遵化州
唐山市
天
津
市
天
津
府
京师
顺天府
北京市
北
市
河北省
廊坊市
天津市
天津府
保定府
保定市
易州
渤海湾
天津新港

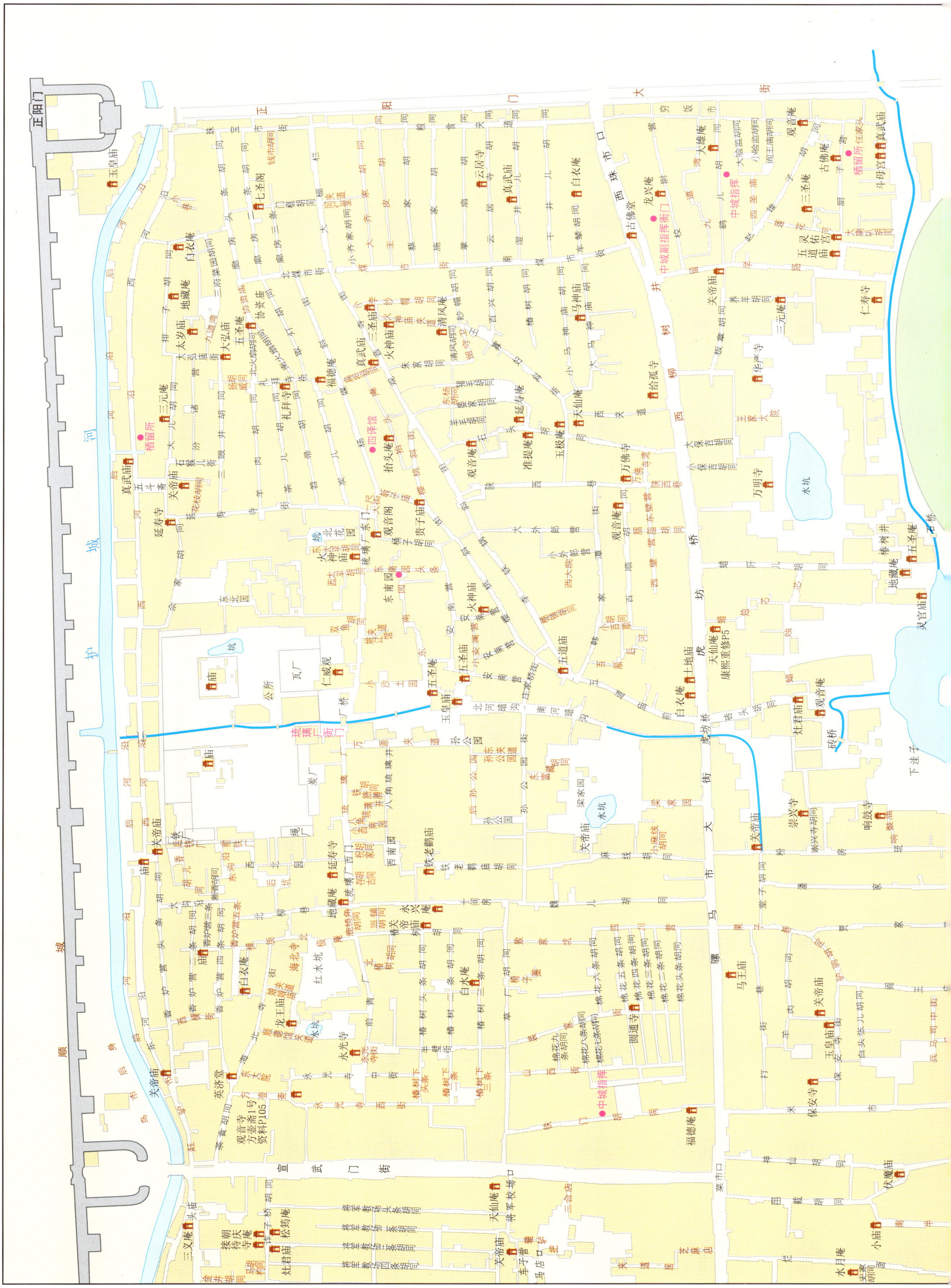
正阳门
正阳门大街
珠市口
玉皇庙
护城河
白衣庵
地藏庵
大岁庙
三元庵
栖留所
真武庙
关帝庙
延寿寺
福德庵
礼拜寺
火神庙
观音阁
四译馆
拾头庵
五道庙
土地庙
天仙庵
康熙重修P5
琉璃厂
仁威观
五圣庵
万明寺
水坑
灵官庙
观音庵
灶君庙
砖桥
崇兴寺
响鼓寺
马王庙
保安寺
伏魔庵
小庙
水月庵
中城指挥
英济堂
观音寺
宣武门街
菜市口
三义庵
松筠庵
接待寺
长庆寺
中城副指挥衙门
古佛堂
龙兴庵
大雄庵
古佛庵
斗母宫
仁寿寺
华严寺
玉极庵
准提庵
延寿庵
给孤寺
马神庙
云居寺
七圣阁
虎坊桥
骡马市大街

图例
官署
寺庙
乾隆时期地名
现代地名
永定门
先农坛
护城河
黑龙潭
陶然亭
水坑
兴林寺
苇塘
龙泉寺
太清观
松柏庵
观音庵
观音院
教场
本图分幅示意
P22
P24
P23
P25

清乾隆十五年宣南图（二）

# 民国外城西部图

1912年清帝退位，中华民国成立，民国政府迁至北京，北京仍然是全国的政治文化中心。民国初年北京内外城各设十区，直属京师警察厅。民国十七年（1928），国民政府迁都南京，改“北平”为“北平特别市”，十九年（1930）改为“北平市”。北平市辖内城六区、外城五区和近郊四区。外城西部包括外二区、外四区和外五区西半部。1937年“七七”事变后，日本侵略军占领北平，同年成立伪“中华民国临时政府”。次年伪“临时政府”改“北平市”为“北京”。民国二十九年（1940），伪“临时政府”改称为“华北政务委员会”。民国三十四年（1945）八月日本投降后，恢复北平名称。民国三十六年（1947），北平市辖内城七区、外城五区和近郊八区。今宣武区范围包括外二区、外四区、外五区西半部和郊四区的一部分（广安门外）。

民国时期，“旗、民分治”被彻底废除，北京城市结构发生重大变化，其影响及于宣南。民国初年，清代士人文化余蕴尚在，新型学子和大量官员、政客仍在宣南落脚，宣南成为报业的中心和新思潮的传播地。此后，随着学子、官员、政客落户内城；学校重心转至内城；香厂和先农坛北部开发为城市新区；天桥地区形成集商业、说唱为一体的平民市场，宣南城市结构随之变化，逐渐呈现出贫民化的趋势。但宣南仍是戏曲、曲艺的中心，前门外还保持着全市最大商业中心的地位。

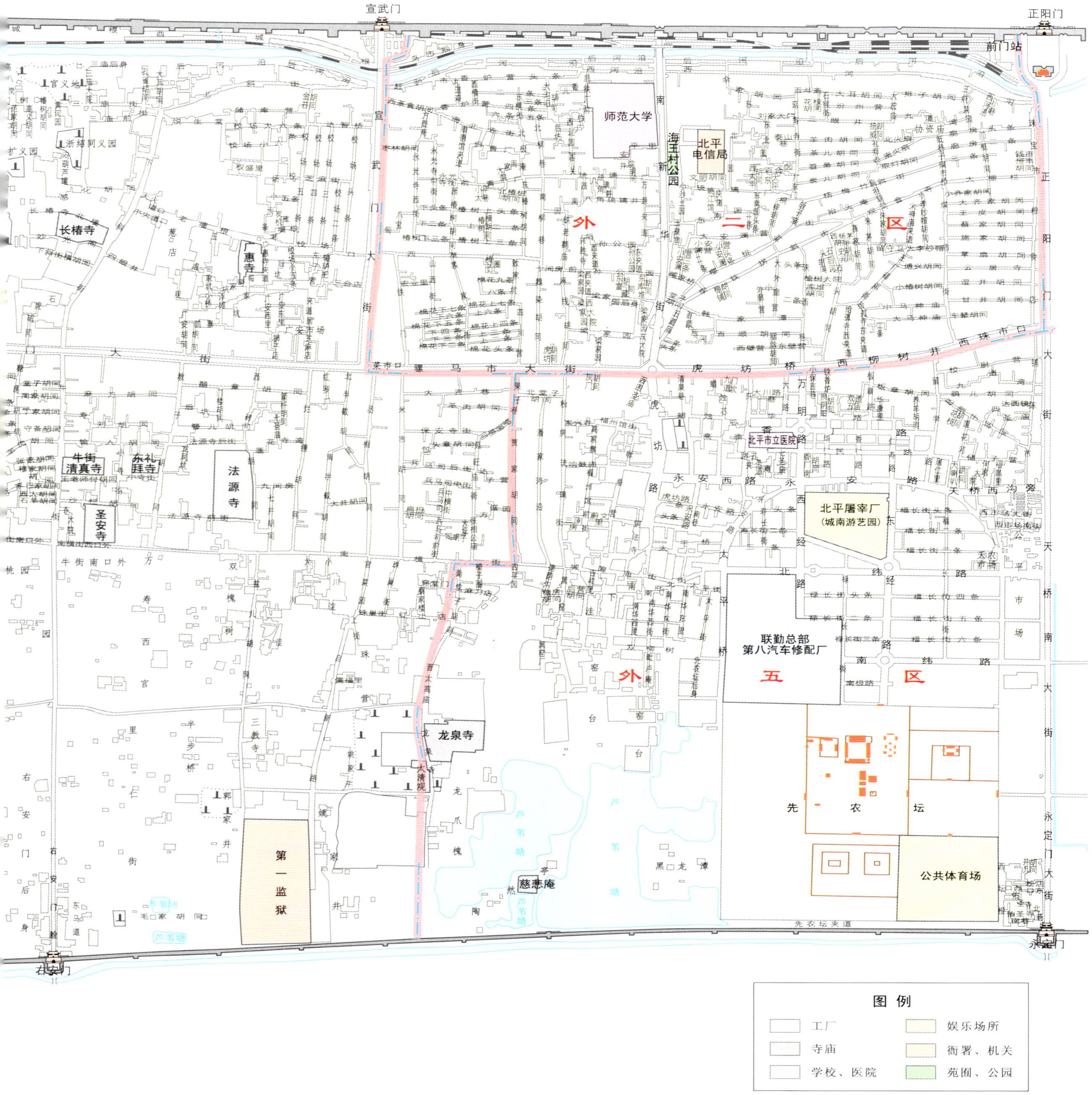
宣武门
正阳门
前门站
师范大学
北平电信局
海王村公园
外
二
区
长椿寺
广惠寺
浙绍同义园
大街
骡马市大街
虎坊桥
西珠市口
牛街清真寺
东礼拜寺
法源寺
圣安寺
北平市立医院
永安路
北平屠宰厂
（城南游艺园）
联勤总部
第八汽车修配厂
五
区
龙泉寺
大清观
第一监狱
慈悲庵
先农坛
公共体育场
先农坛夹道
天桥南大街
永定门大街
永定门
右安门
图例
工厂
寺庙
学校、医院
娱乐场所
衙署、机关
苑囿、公园

民国郊区图

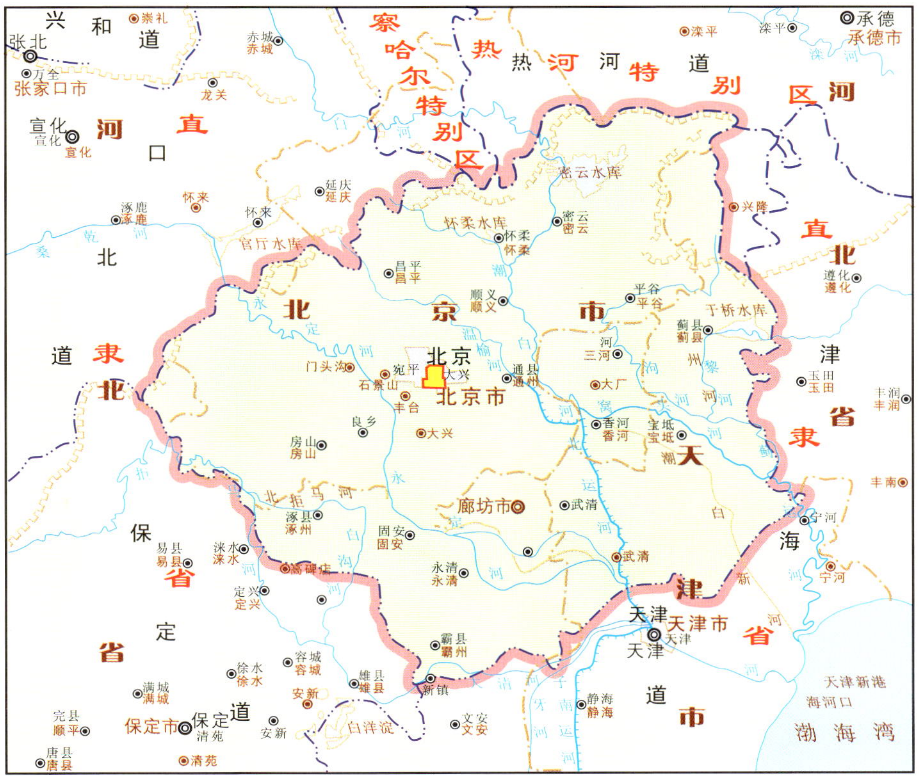


民国京兆地方图

# 城市文化

1、1920年初，毛泽东在陶然亭慈悲庵与辅社同仁合影

2、湖南会馆

3、“小金牙”罗沛霖拉洋片

4、富连成社

先农坛图

先农坛（又名山川坛），是明清皇帝祭祀先农、山川、神祇、太岁诸神的地方。明永乐皇帝迁都北京后，遵循南京祖制，在北京城南建天地坛和山川坛。山川坛始建于永乐十八年（1420），曾设坛13座，分别祭祀太岁、风云雷雨、五岳、四海、五镇、四渎、天寿山、京畿山川、都城隍、夏冬季与春秋季月将等神灵。嘉靖即位后，推行中国都城的郊祀古制，改天地坛为天坛，增建日坛、月坛和地坛。同时，改造山川坛，在坛内增建太岁殿、天神坛、地祇坛、先农坛。万历年间增建了神藏、斋宫等，至清统称其地为先农坛，乾隆年间对先农坛进行了修缮。

先农坛坐北朝南，占地约130万平方米，由内外两重坛墙环绕，外坛墙长约三公里， 为前方后圆形。内围墙呈方形。先农神坛位于内墙内西北隅，是一座砖石结构的方形平台，长宽各为15米、高1.5米。坛北正殿五间，供奉先农神牌位。

太岁坛，又名太岁殿，位于先农坛东北。明嘉靖八年（1529）曾设坛露祭，嘉靖十一年（1532）在坛内现址建太岁殿。殿南为拜殿，殿东南建燎炉，为焚祝帛用。民国时曾改太岁殿为忠烈祠，祭祀黄花岗72烈士。

神仓，位于太岁殿东，又称东院。原为明代旗纛庙，清乾隆十八年（1753）改建为神仓，是贮藏五谷祭品的处所。神仓前院正中为圆亭形神仓，前有方亭，为收谷亭，两侧为神谷仓，后院正中为瓷铜器库。

观耕台，位于太岁殿东南。台南向，呈方形，始建于明嘉靖年间，初为木构，清乾隆十九年（1754）台面改砌方砖，加筑石护栏。台北有具服殿。明、清时期，农历每年三月上亥日，皇帝率百官来先农坛，祭先农神，到观耕台东面的亲耕田躬耕。民国期间，观耕台上曾建一八角琉璃亭，具服殿曾于民国十六年（1927）改称“诵豳堂”。

神祇坛，在太岁殿正南。坐北朝南，四周红墙围绕。墙内有坛两座，东为天神坛、西为地祇坛，均建于明嘉靖十一年（1532）。天神坛北有石龛四座，分别是风、云、雷、雨四神。地祇坛南有石龛五座，分别为五岳、五镇、五山、四海、四渎神，坛东石龛两座，为京畿山川神，坛西石龛两座，为天下山川神。石龛均高三米。

庆成宫，位于内坛东门迤北，坐北朝南，初称斋宫，清乾隆二十年（1755）改称庆成宫。宫内正殿前有月台，台上设日晷、时辰牌亭各一座。后殿，又称寝殿，两侧有配殿。庆成宫是皇帝休息和犒劳随从百官的地方。

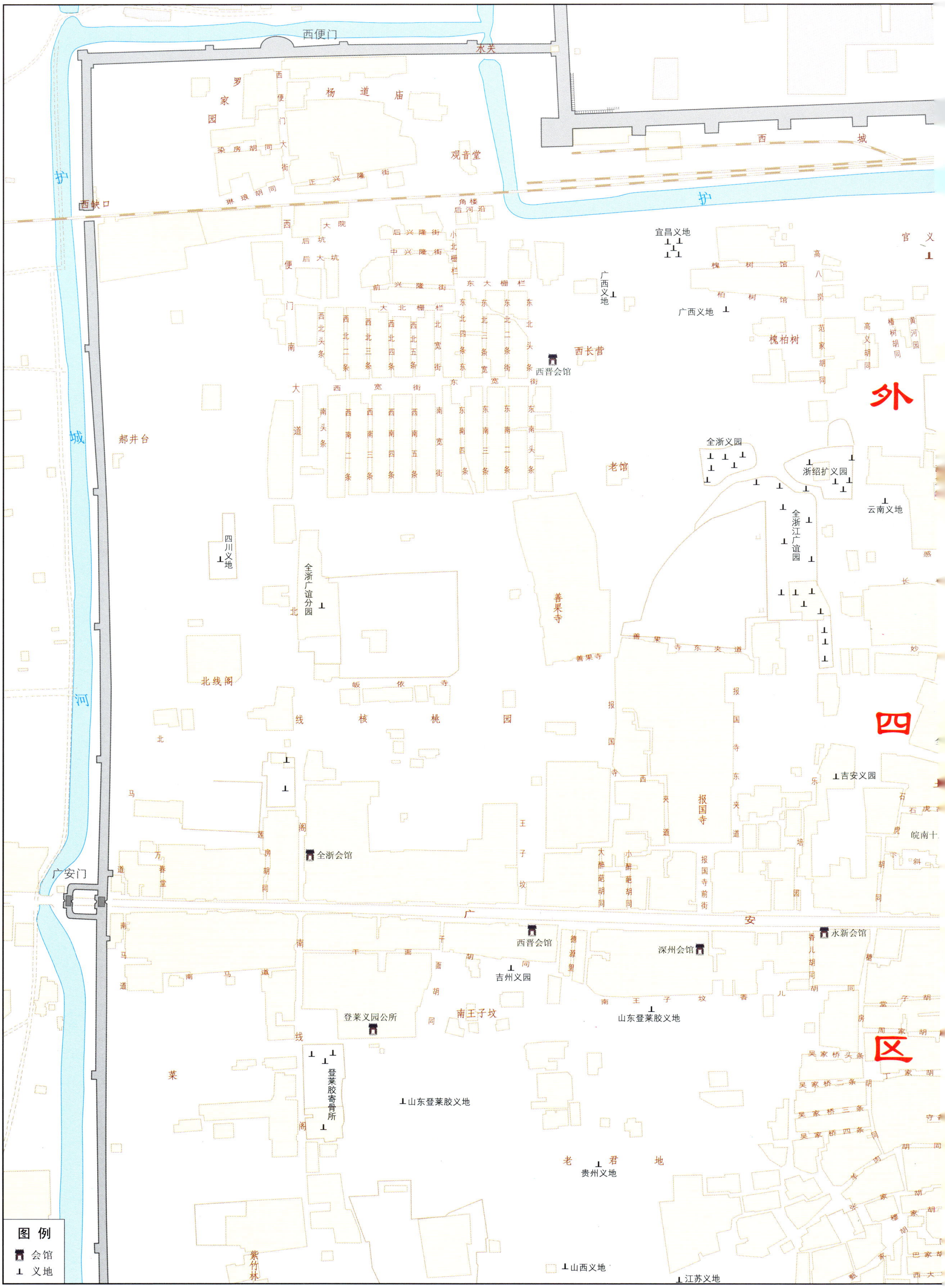
西便门
水关
杨道庙
罗家园
观音堂
染房胡同
琳琅胡同
正兴隆街
西缺口
护
城
河
西城
角楼
后河沿
大院
后坑
后大坑
后兴隆街
中兴隆街
前兴隆街
大北栅栏
东大栅栏
宜昌义地
广西义地
广西义地
槐树馆
柏树馆
高八岗
官义
槐柏树
西长营
西晋会馆
外
四
区
郝井台
老馆
全浙义园
浙绍扩义园
云南义地
全浙江广谊园
四川义地
全浙广谊分园
善果寺
善果寺东夹道
北线阁
饭依寺
线核桃园
报国寺
报国寺东夹道
报国寺西夹道
报国寺前街
吉安义园
皖南十
马
方春堂
莲房胡同
阁
王子坟
大醉葫芦胡同
小醉葫芦胡同
全浙会馆
广安门
广安
西晋会馆
深州会馆
永新会馆
香儿胡同
德寿里
吉州义园
南王子坟
南马道
南干面胡同
南王子坟香儿胡同
山东登莱胶义地
登莱义园公所
登莱胶寄骨所
菜
山东登莱胶义地
吴家桥头条
吴家桥二条
吴家桥三条
吴家桥四条
老君地
贵州义地
山西义地
江苏义地
紫竹林
图例
会馆
义地

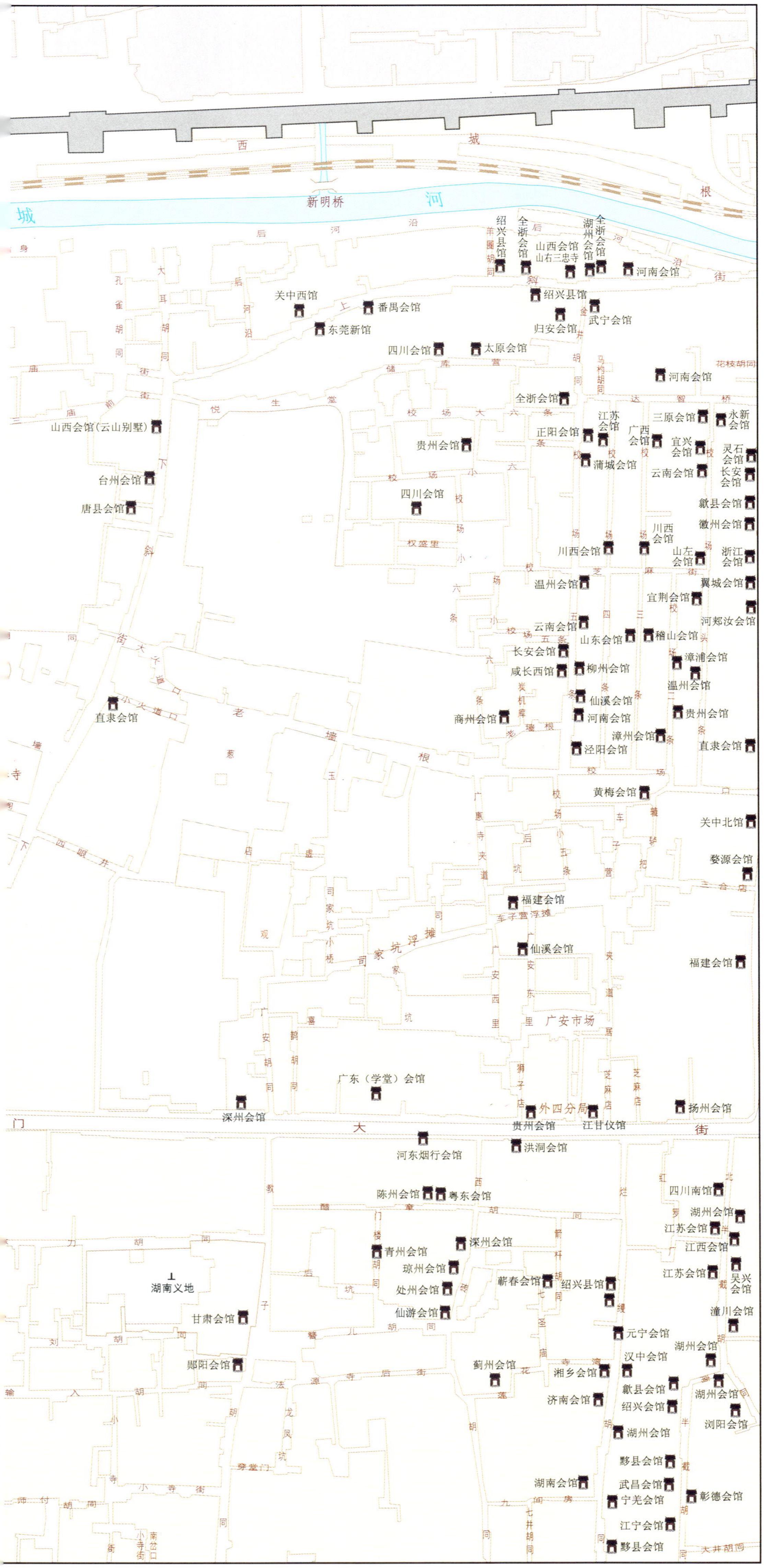


# 会馆分布图(一)

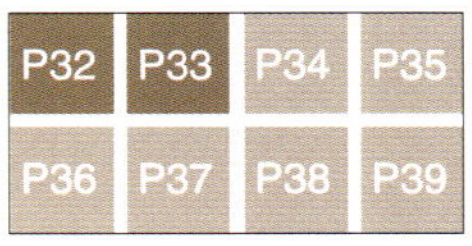


本图分幅示意

北京会馆诞生于明永乐年间(1403–1424),清代最为发达。作为首都,北京会馆以士人会馆为主,主要服务于参加科举考试的士人,也有专为官员服务的会馆。北京的商人会馆数量较少,在会馆中所占比重远不及沿海商业发达地区,这一现象体现出北京作为文化中心的特征。

清朝实行旗、民分治,汉族官员和进京赶考的士子多居住于外城。在外城,受城市功能分区的影响,商人多集中于中、东部,官员多居住于西部,因而士人会馆也具有集中于外城西部的特点。宣南地区是北京乃至全国会馆数量最多、最为集中的地区,清末民国年间有会馆 500 多座。

清代宣南会馆在地域来源上,多集中于文化、经济发达的省份。发达省份的会馆以府、县会馆为多,省馆较少。不发达地区则只有省馆,没有府、县会馆。

士人会馆是在京同乡士人的公共财产,在管理上体现出公有的原则。会馆的负责人由在京同乡人士推举产生,或由本籍京官轮流担任,资金来自捐助和房租。房屋在使用上,实行士子优先的原则。会馆又是同乡祭祀的场所,不但祭祀一般神灵,也祭祀本乡的神明和先贤。会馆是维系京师同乡人士情感的重要纽带。

宣南会馆的准确数量尚难确定,或因年代久远而湮没无闻,或因房产变动而使统计结果出现歧义,为了尽可能全面地反映会馆的情况,除标出主馆外,也标出部分附馆,并将见诸记载的会馆位置列表于图后,以备参考。(详见附表 117–124 页)

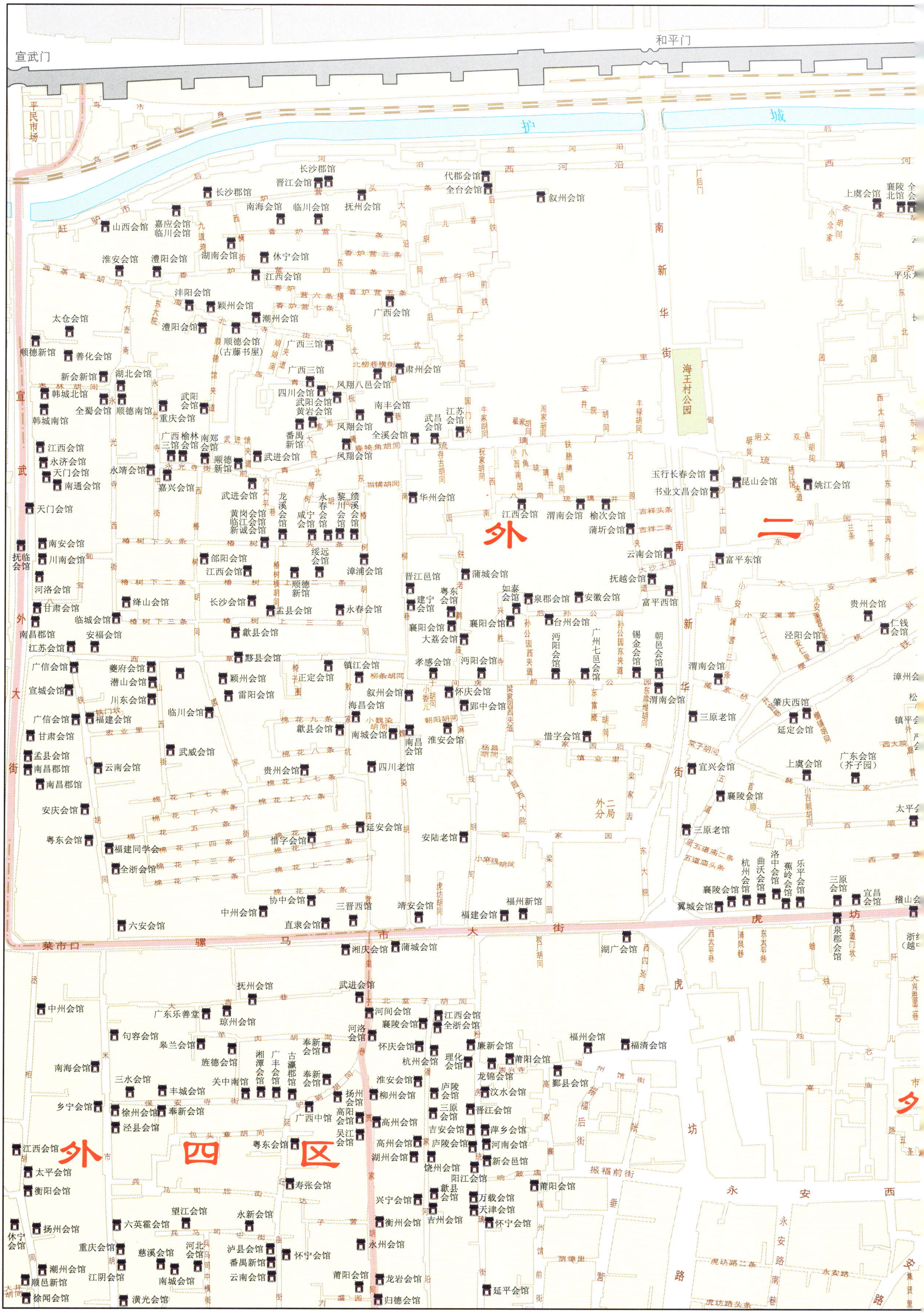
宣武门
和平门
护
城
平民市场
长沙郡馆
晋江会馆
长沙郡馆
南海会馆
临汾会馆
抚州会馆
代郡会馆
全台会馆
叙州会馆
上虞会馆
襄陵北馆
山西会馆
嘉应会馆
临川会馆
淮安会馆
澧阳会馆
湖南会馆
休宁会馆
江西会馆
泾阳会馆
颍州会馆
潮州会馆
广西会馆
太仓会馆
澧阳会馆
顺德会馆（古藤书屋）
广西三馆
顺德新馆
善化会馆
湖北会馆
新会新馆
韩城北馆
全蜀会馆
顺德南馆
武阳会馆
重庆会馆
韩城南馆
广西三馆
四川会馆
武阳会馆
黄岩会馆
凤翔八邑会馆
肃州会馆
南丰会馆
武昌会馆
江苏会馆
凤翔会馆
番禺新馆
全溪会馆
凤翔会馆
广西三馆
榆林会馆
南郑会馆
顺德新馆
武进会馆
江西会馆
永济会馆
天门会馆
南通会馆
永靖会馆
嘉兴会馆
武进会馆
天门会馆
黄冈会馆
临江会馆
新城会馆
龙溪会馆
咸宁会馆
永春会馆
黎川会馆
绩溪会馆
华州会馆
江西会馆
渭南会馆
榆次会馆
蒲圻会馆
玉行长春会馆
书业文昌会馆
昆山会馆
姚江会馆
南安会馆
抚临会馆
川南会馆
邵阳会馆
江西会馆
绥远会馆
漳浦会馆
晋江邑馆
蒲城会馆
云南会馆
富平东馆
抚越会馆
河洛会馆
甘肃会馆
临城会馆
绛山会馆
长沙会馆
顺德新馆
孟县会馆
永春会馆
建宁会馆
粤东会馆
如泰会馆
泉郡会馆
安徽会馆
富平西馆
贵州会馆
南昌郡馆
安福会馆
江苏会馆
歙县会馆
襄阳会馆
襄阳会馆
台州会馆
泾阳会馆
仁钱会馆
广信会馆
夔府会馆
潜山会馆
黟县会馆
正定会馆
镇江会馆
孝感会馆
汾阳会馆
广州七邑会馆
锡金会馆
朝邑会馆
渭南会馆
漳州会馆
宣城会馆
川东会馆
颍州会馆
雷阳会馆
叙州会馆
海昌会馆
怀庆会馆
郢中会馆
渭南会馆
肇庆西馆
广信会馆
福建会馆
临川会馆
歙县会馆
南城会馆
淮安会馆
南昌会馆
三原老馆
延定会馆
镇平会馆
甘肃会馆
惜字会馆
孟县会馆
武威会馆
南昌郡馆
云南会馆
贵州会馆
四川老馆
宜兴会馆
上虞会馆
广东会馆（芥子园）
南昌郡馆
襄陵会馆
安庆会馆
外二分局
太平会馆
延安会馆
粤东会馆
惜字会馆
安陆老馆
三原老馆
福建同学会
全浙会馆
杭州会馆
曲沃会馆
洛中会馆
蕉岭会馆
乐平会馆
三原会馆
协中会馆
福州新馆
襄陵会馆
冀城会馆
宜昌会馆
稽山会馆
中州会馆
三晋西馆
靖安会馆
福建会馆
六安会馆
直隶会馆
泉郡会馆
浙绍（越）
菜市口
骡
马
市
大
街
湘庆会馆
蒲城会馆
湖广会馆
虎
坊
抚州会馆
武进会馆
中州会馆
广东乐善堂
河间会馆
江西会馆
琼州会馆
襄陵会馆
全浙会馆
河洛会馆
句容会馆
皋兰会馆
奉新会馆
怀庆会馆
廉新会馆
福州会馆
福清会馆
旌德会馆
湘潭会馆
广丰会馆
古藤郡馆
杭州会馆
理化会馆
莆阳会馆
南海会馆
关中南馆
奉新会馆
淮安会馆
龙锦会馆
郾县会馆
三水会馆
丰城会馆
扬州会馆
柳州会馆
庐陵会馆
汶水会馆
乡宁会馆
徐州会馆
奉新会馆
高阳会馆
三原会馆
晋江会馆
泾县会馆
广西中馆
高州会馆
吉安会馆
萍乡会馆
江西会馆
吴江会馆
高州会馆
庐陵会馆
河南会馆
外
四
区
粤东会馆
湖州会馆
新会邑馆
太平会馆
饶州会馆
阳江会馆
振福前街
衡阳会馆
寿张会馆
歙县会馆
莆阳会馆
兴宁会馆
万载会馆
永
安
西
望江会馆
永新会馆
天津会馆
扬州会馆
六英霍会馆
衡州会馆
吉州会馆
怀宁会馆
休宁会馆
重庆会馆
慈溪会馆
河北会馆
泸县会馆
怀宁会馆
永州会馆
潮州会馆
番禺新馆
顺邑新馆
江阴会馆
南城会馆
云南会馆
莆阳会馆
龙岩会馆
延平会馆
徐闻会馆
潢光会馆
归德会馆
南
新
华
街
海王村公园
外
二
宣
武
门
外
大
街
外

# 会馆分布图（二）

| | | | |
|---|---|---|---|
| P32 | P33 | P34 | P35 |
| P36 | P37 | P38 | P39 |

本图分幅示意

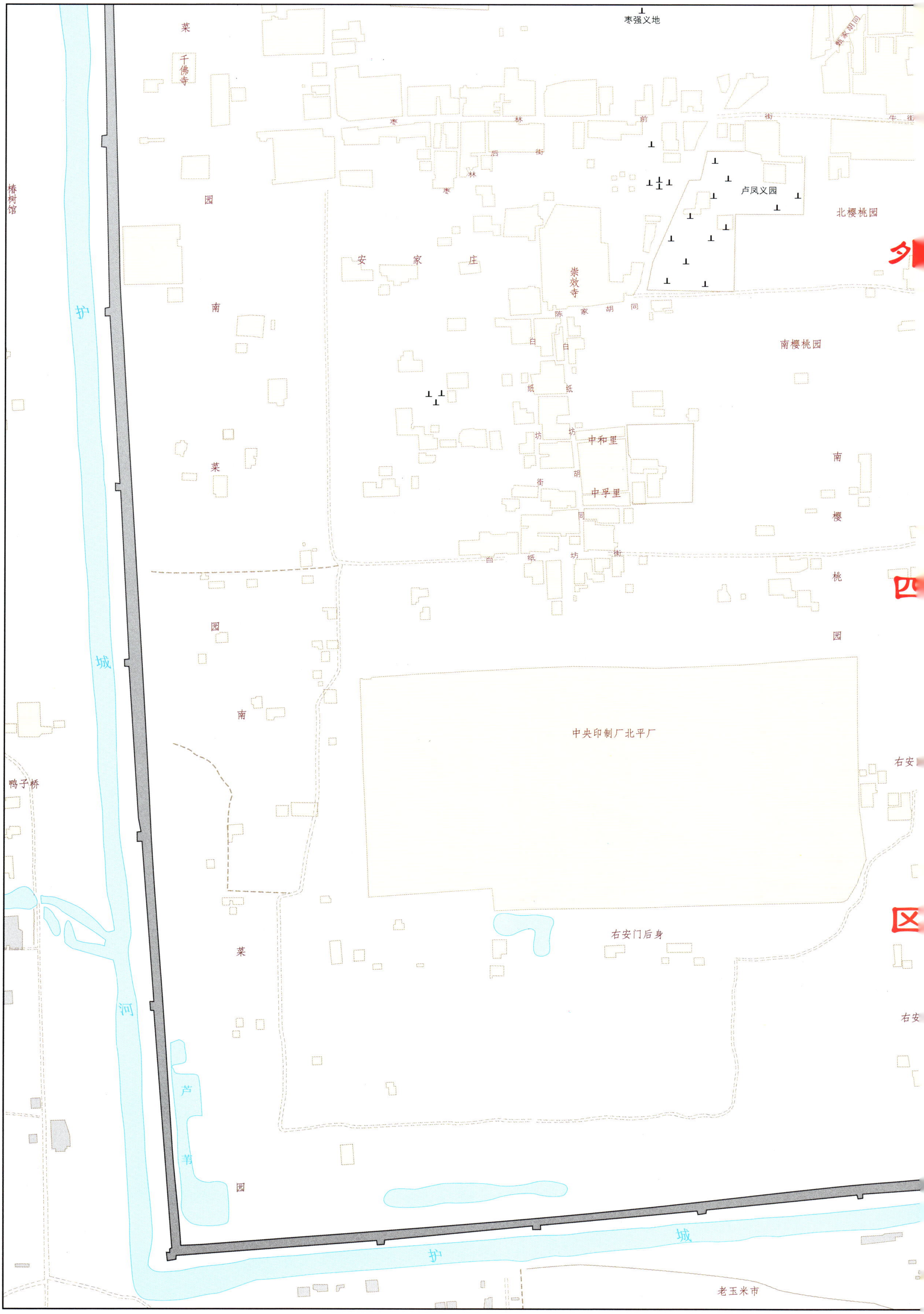
枣强义地
菜
千佛寺
园
南
菜
园
南
菜
园
椿树馆
枣林前街
后枣林街
安家庄
崇效寺
陈家胡同
卢凤义园
北樱桃园
南樱桃园
白纸坊
中和里
中孚里
白纸坊街
南樱桃园
中央印制厂北平厂
右安门后身
鸭子桥
护城河
芦苇园
护城
老玉米市
四
区

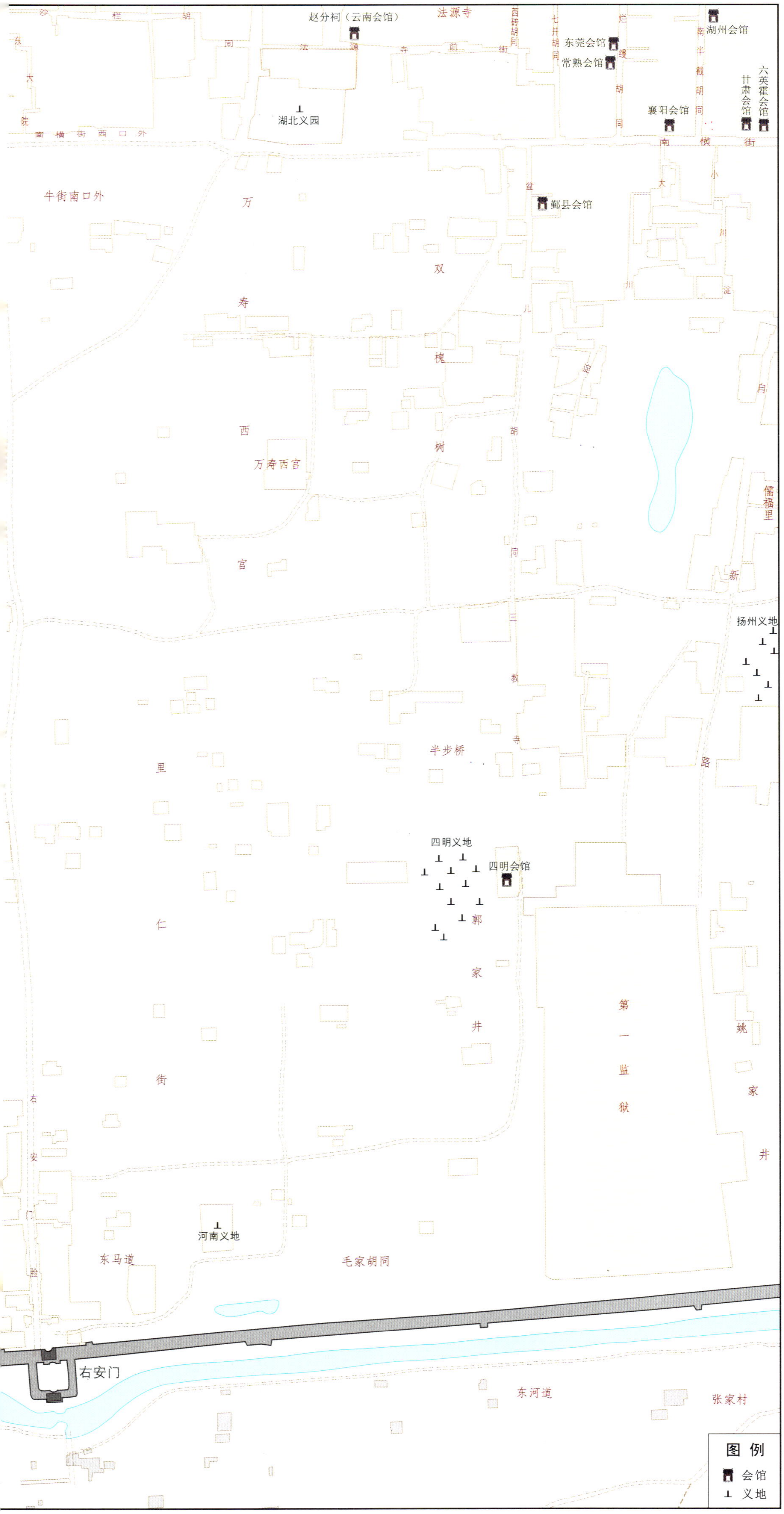


# 会馆分布图（三）

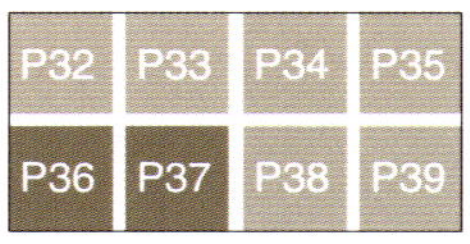


本图分幅示意

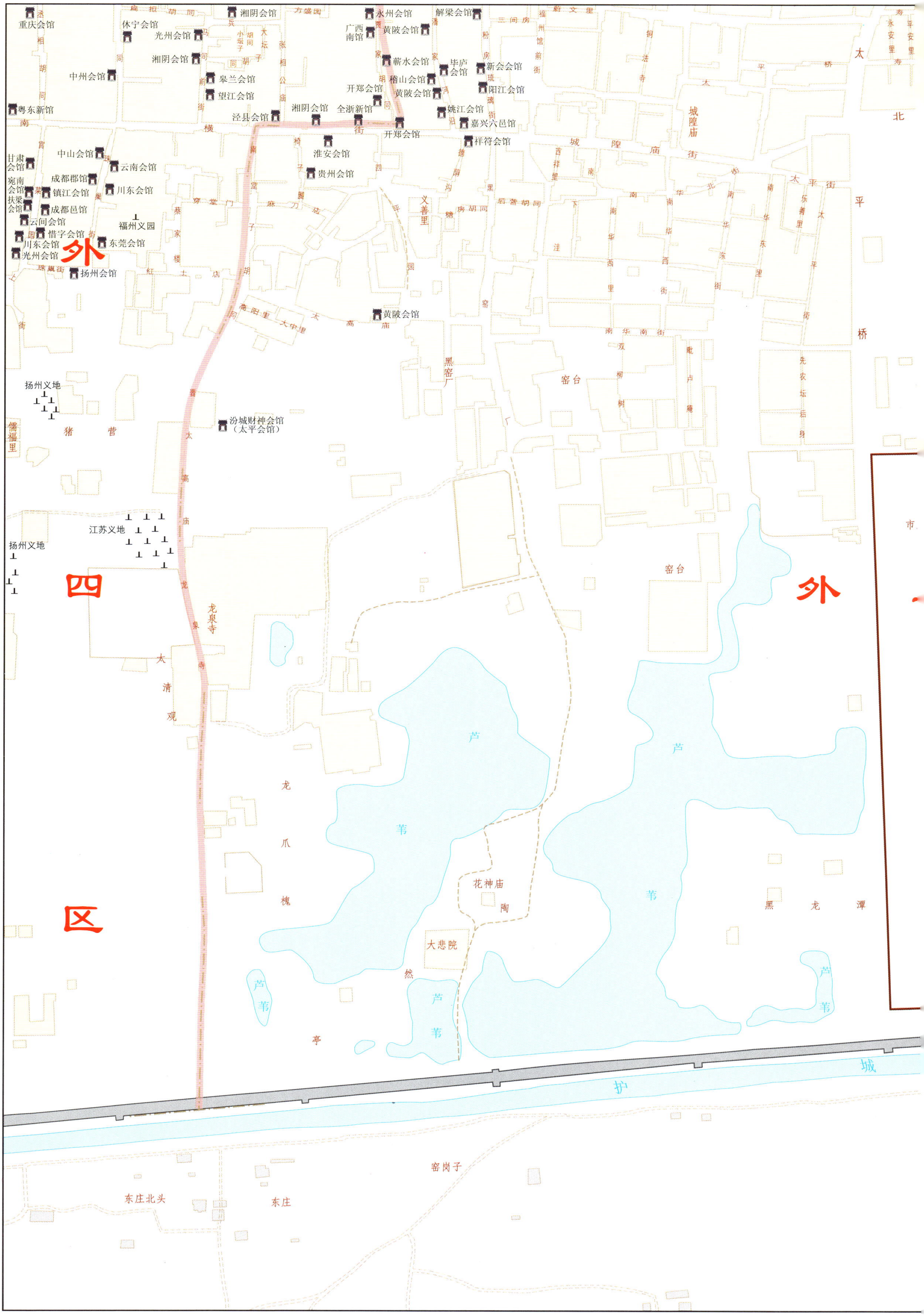
重庆会馆
休宁会馆
光州会馆
湘阴会馆
永州会馆
解梁会馆
广西南馆
黄陂会馆
中州会馆
湘阴会馆
蕲水会馆
毕庐会馆
新会会馆
皋兰会馆
稽山会馆
望江会馆
开郑会馆
黄陂会馆
阳江会馆
粤东新馆
泾县会馆
湘阴会馆
全浙新馆
姚江会馆
嘉兴六邑馆
开郑会馆
祥符会馆
中山会馆
淮安会馆
甘肃会馆
云南会馆
贵州会馆
宛南会馆
成都郡馆
扶梁会馆
镇江会馆
川东会馆
成都邑馆
云间会馆
福州义园
惜字会馆
川东会馆
东莞会馆
光州会馆
扬州会馆
黄陂会馆
城隍庙
太平街
太平桥
窑台
扬州义地
汾城财神会馆（太平会馆）
江苏义地
扬州义地
龙泉寺
太清观
窑台
芦苇
芦苇
龙爪槐
花神庙
陶然亭
大悲院
黑龙潭
芦苇
芦苇
芦苇
护城河
窑岗子
东庄北头
东庄
外四区
外

# 会馆分布图（四）

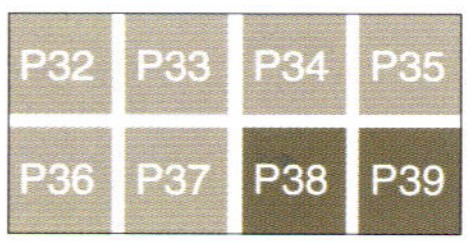


本图分幅示意

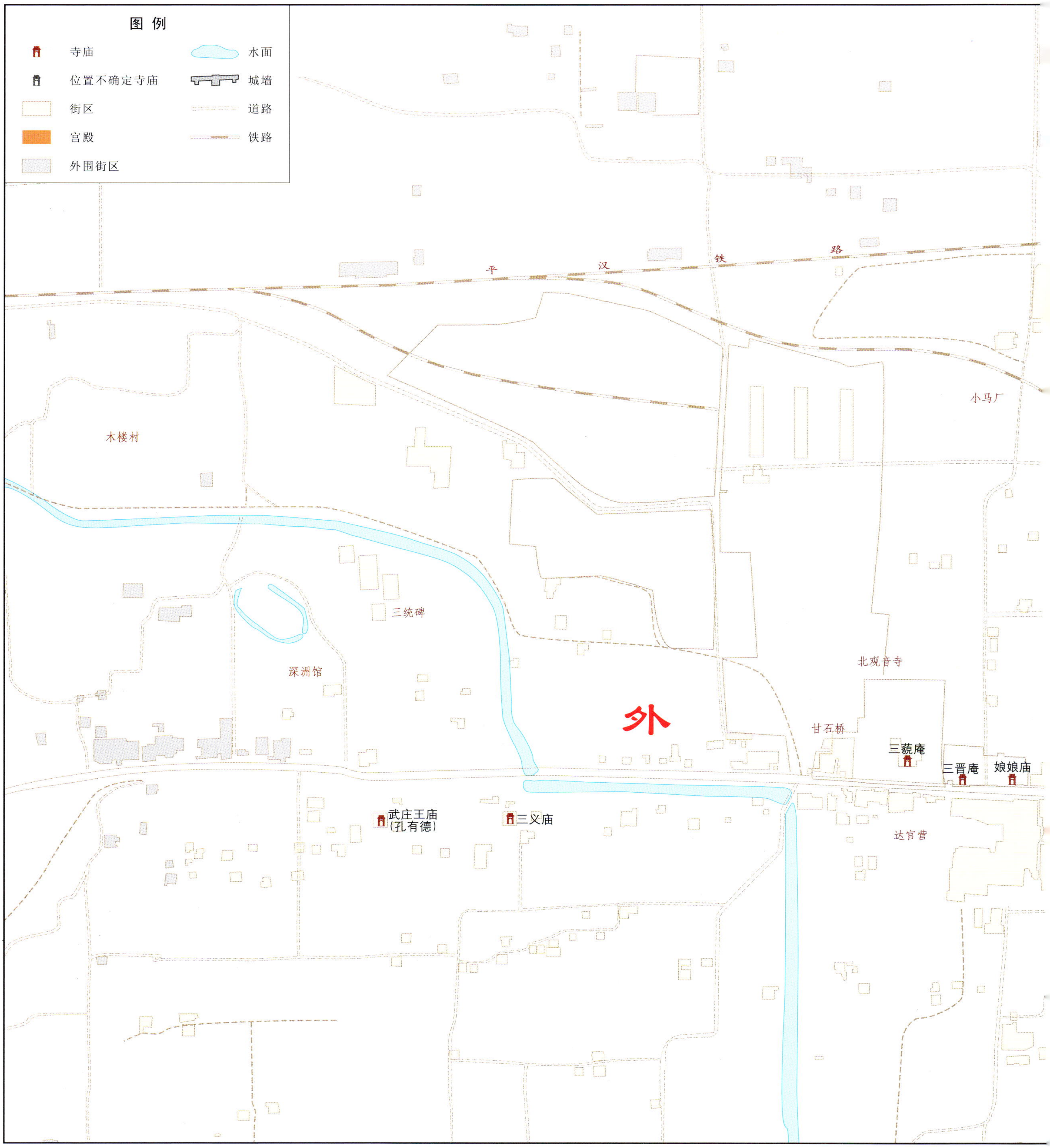


宣南地区的佛教寺庙约始于北朝时期，唐代兴建的悯忠寺（今法源寺），是北京现存始建年代最早的寺院。辽南京和金中都时期兴建了大量寺庙，辽代天王寺（今天宁寺）塔保存至今。元代南城寺庙更多达200多座。明代，除了皇家的郊坛山川坛外，还兴建起众多寺庙。慈仁寺（今报国寺）、长椿寺、善果寺等都是当时有名的佛寺。清代北京外城西部寺庙达300余座，分布于各街巷之中。一些大的寺庙成为市民踏青郊游的场所，官员、学人亦常诗歌唱和，流连其中。民国年间，新建寺庙较少，多沿用清代寺庙。

宣南有多处定期庙市，其中著名者有慈仁寺（今报国寺）庙市、土地庙庙市，江南城隍庙庙市等。

在宣南的众多会馆中，也设有祭祀场所，祭祀神明和地方先贤，发挥着寺庙的作用。（详见附表124—129页）

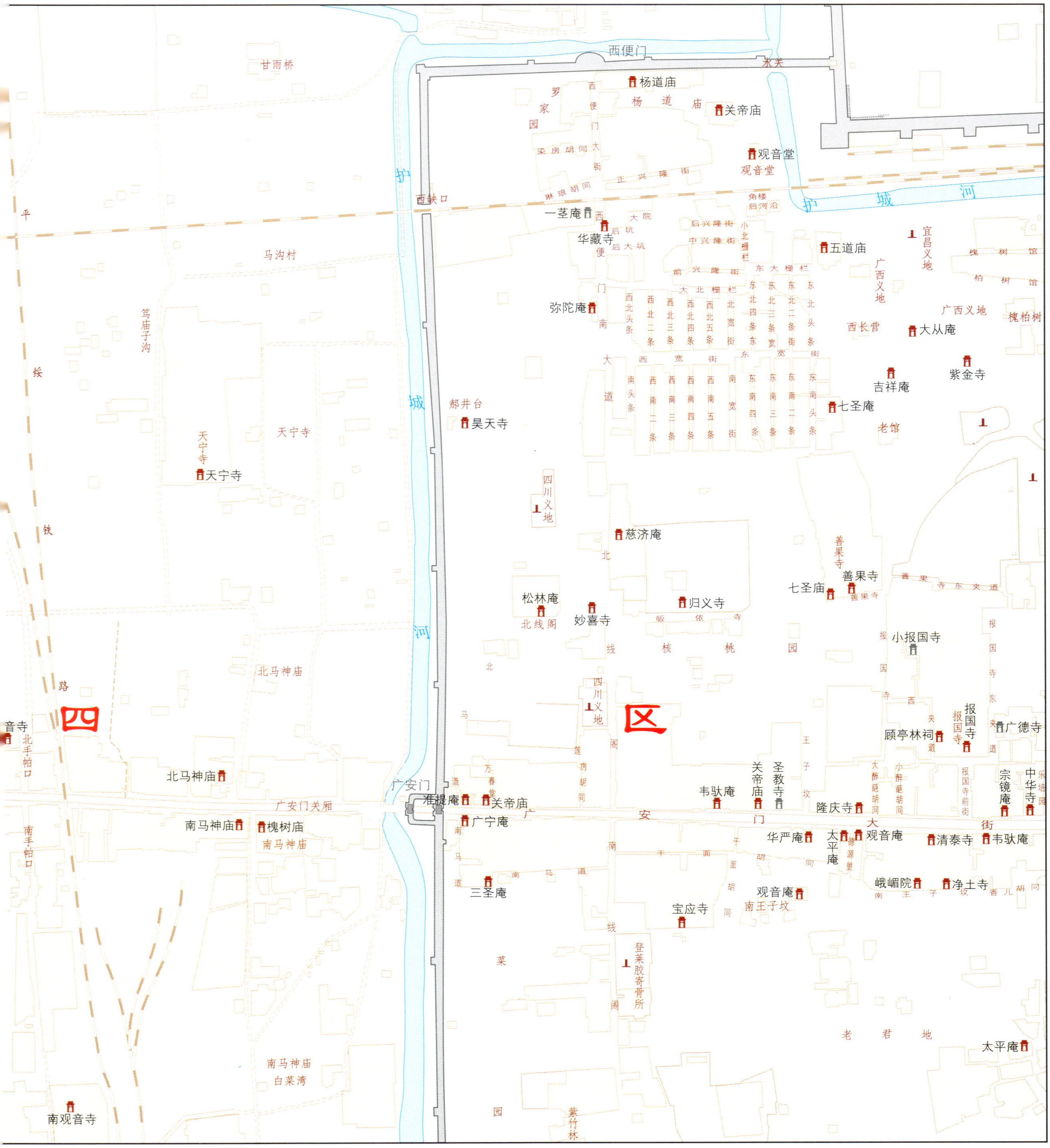


# 寺庙分布图（一）

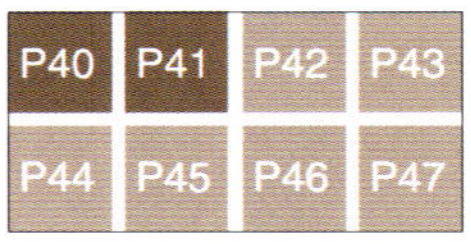


本图分幅示意

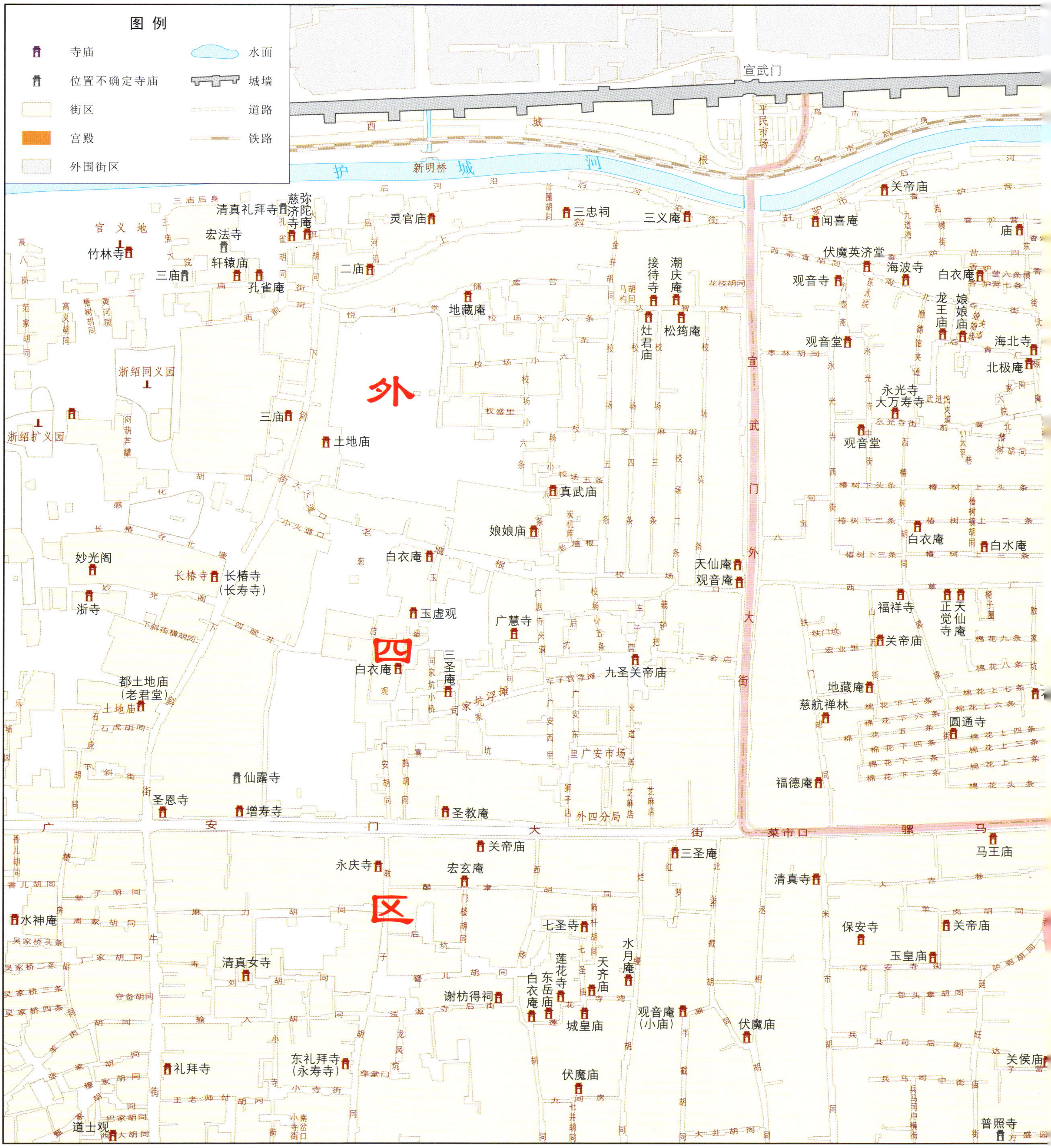
图 例
寺庙
位置不确定寺庙
街区
宫殿
外围街区
水面
城墙
道路
铁路
宣武门
护城河
新明桥
外四区
清真礼拜寺
慈济寺
弥陀庵
宏法寺
竹林寺
三庙
轩辕庙
孔雀庵
灵官庙
二庙
三忠祠
三义庵
接待寺
潮庆庵
地藏庵
灶君庙
松筠庵
关帝庙
闻喜庵
伏魔英济堂
观音寺
海波寺
白衣庵
龙王庙
娘娘庙
观音堂
海北寺
北极庵
永光寺
大万寿寺
观音堂
浙绍同义园
浙绍扩义园
三庙
土地庙
真武庙
娘娘庙
白衣庵
白衣庵
白水庵
天仙庵
观音庵
妙光阁
长椿寺
长椿寺（长寿寺）
浙寺
玉虚观
广慧寺
福祥寺
正觉寺
天仙庵
关帝庙
白衣庵
三圣庵
九圣关帝庙
都土地庙（老君堂）
土地庙
地藏庵
慈航禅林
圆通寺
广安市场
仙露寺
福德庵
圣恩寺
增寿寺
圣教庵
外四分局
广安门大街
菜市口
关帝庙
三圣庵
马王庙
永庆寺
宏玄庵
清真寺
水神庵
七圣寺
保安寺
关帝庙
玉皇庙
清真女寺
水月庵
天齐庙
莲花寺
东岳庙
白衣庵
谢枋得祠
观音庵（小庙）
城皇庙
伏魔庵
关侯庙
礼拜寺
东礼拜寺（永寿寺）
伏魔庙
道士观
普照寺
宣武门外大街

## 寺庙分布图（二）

P40 P41 P42 P43
P44 P45 P46 P47
本图分幅示意

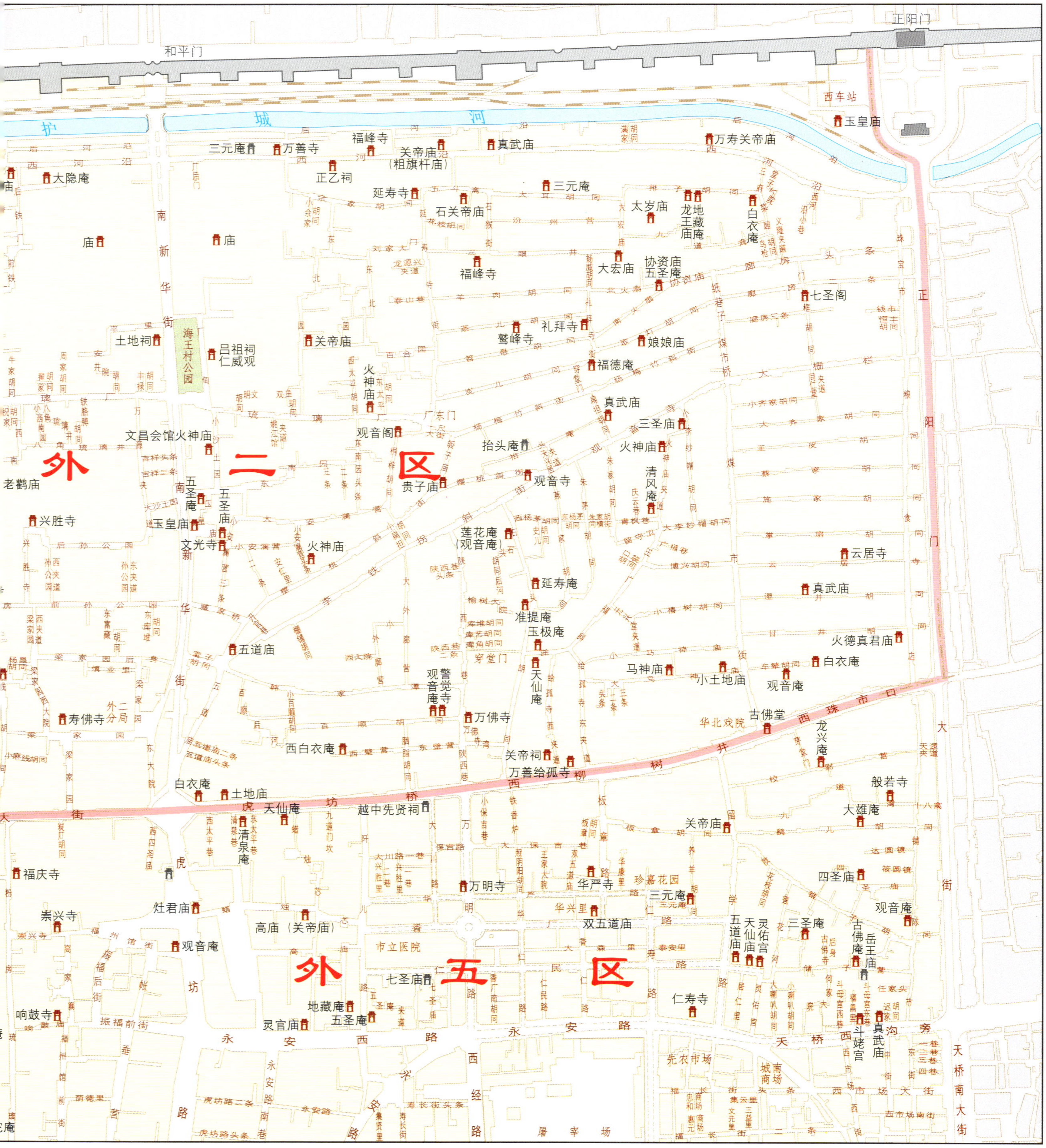

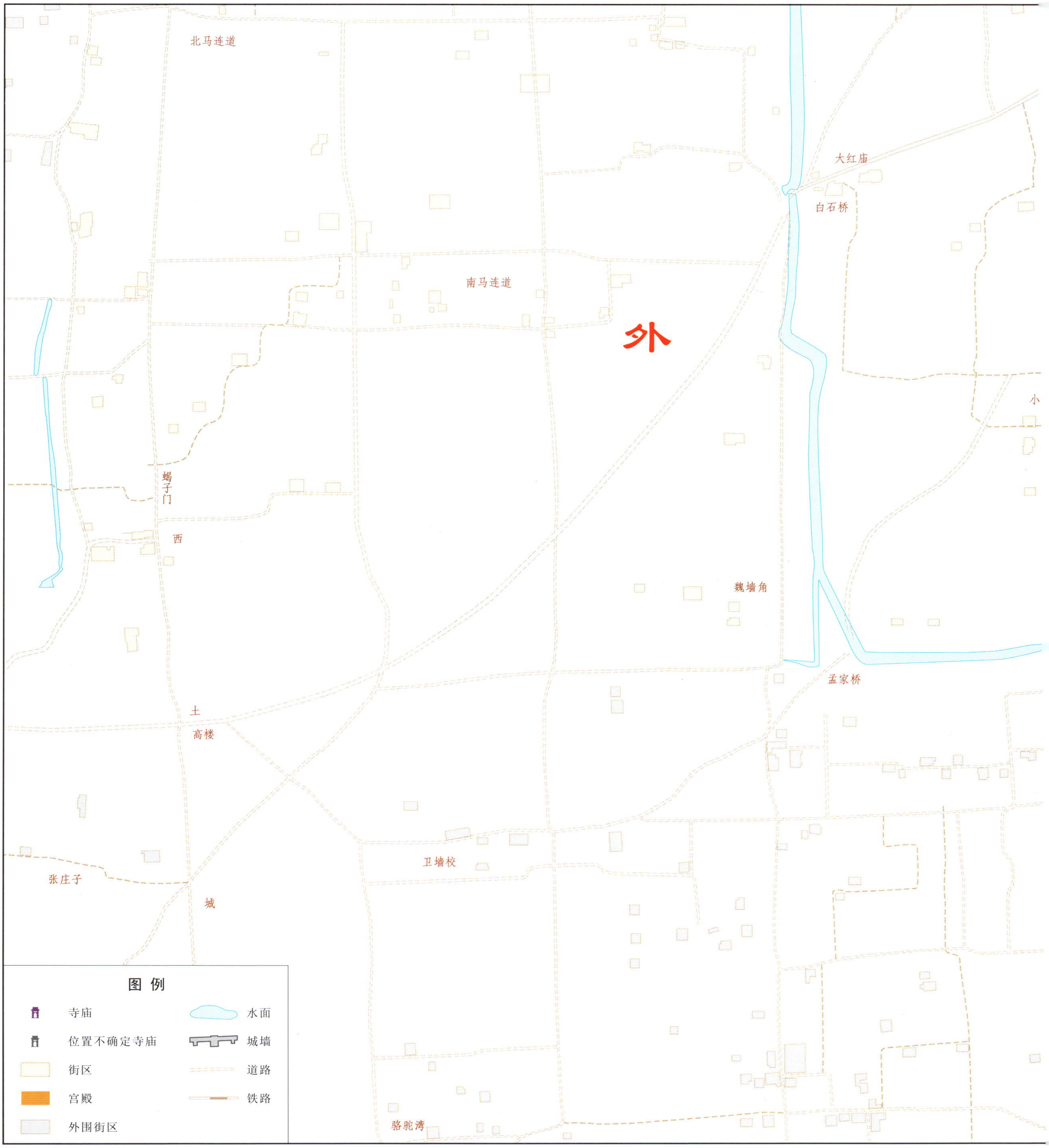
北马连道
南马连道
外
大红庙
白石桥
小
蝎子门
西
魏墙角
孟家桥
土
高楼
张庄子
城
卫墙校
骆驼湾
图例
寺庙
位置不确定寺庙
街区
宫殿
外围街区
水面
城墙
道路
铁路

# 寺庙分布图（三）

| | | | |
|---|---|---|---|
| P40 | P41 | P42 | P43 |
| P44 | P45 | P46 | P47 |

本图分幅示意

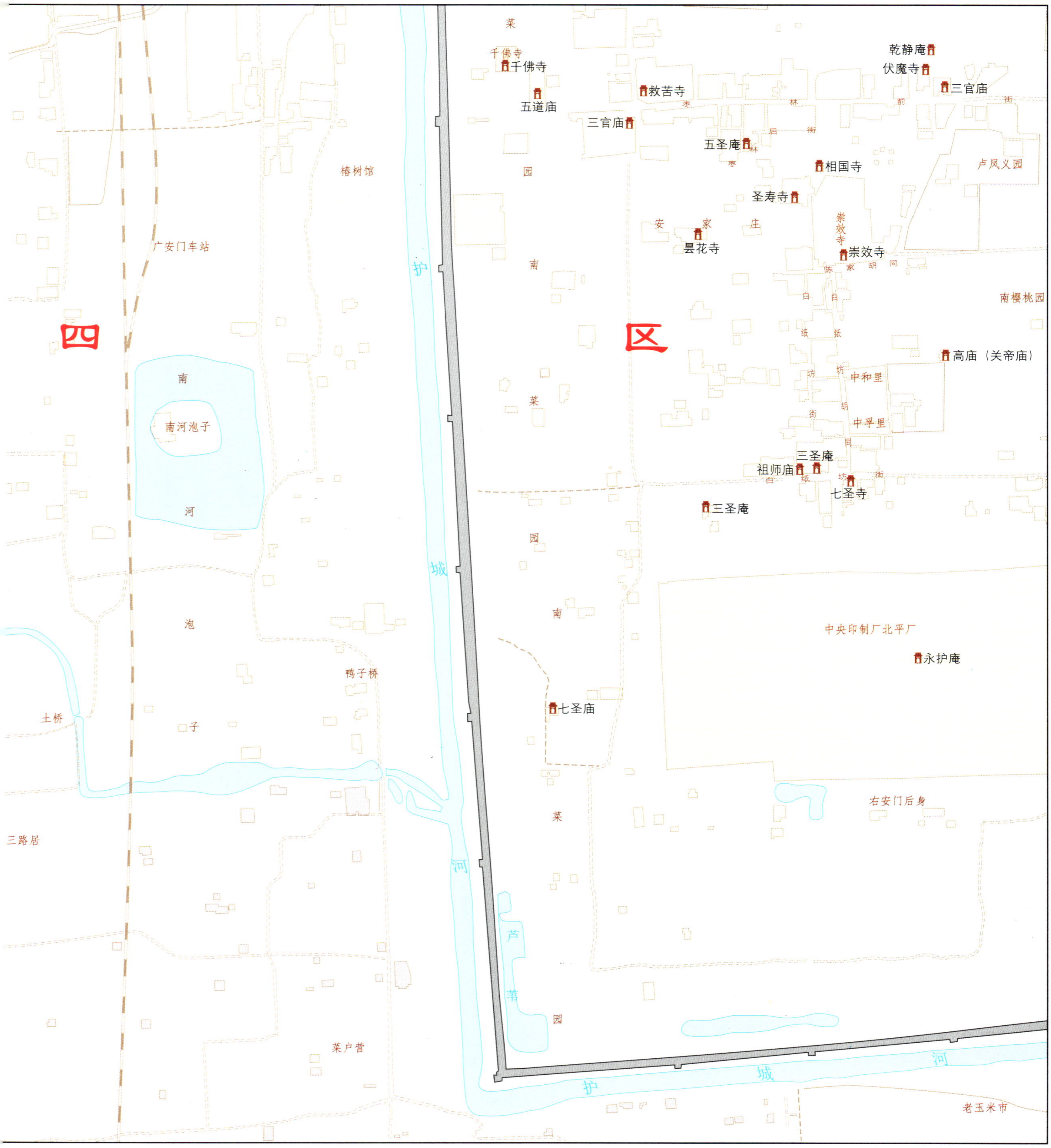

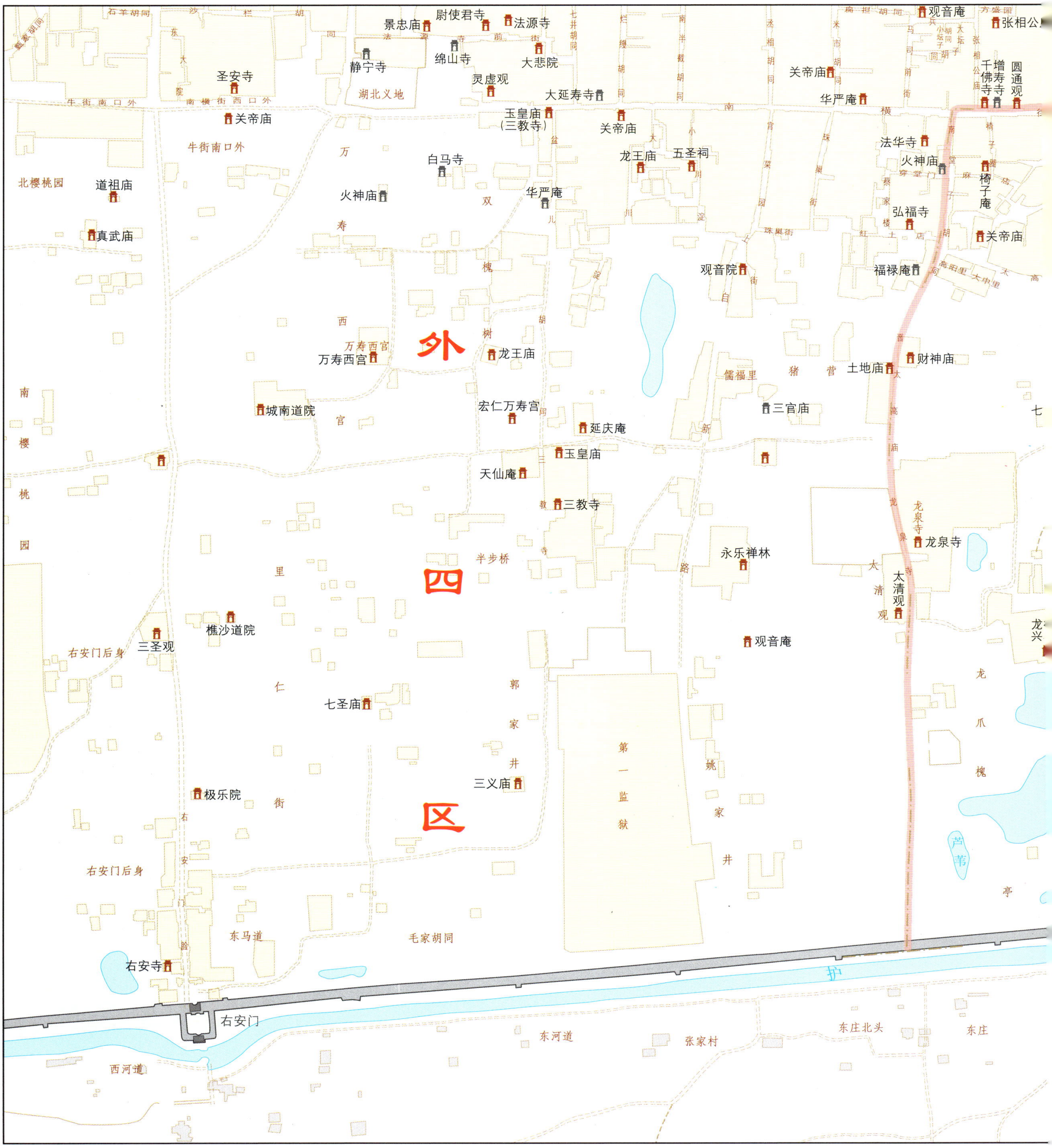
外
四
区
景忠庙
尉使君寺
法源寺
静宁寺
绵山寺
大悲院
灵虚观
湖北义地
大延寿寺
圣安寺
关帝庙
牛街南口外
玉皇庙
（三教寺）
关帝庙
龙王庙
五圣祠
白马寺
火神庙
华严庵
北樱桃园
道祖庙
真武庙
观音院
关帝庙
华严庵
观音庵
张相公
千佛寺
增寿寺
圆通观
法华寺
火神庙
椅子庵
弘福寺
关帝庙
福禄庵
万寿西宫
万寿西宫
龙王庙
城南道院
宏仁万寿宫
延庆庵
玉皇庙
天仙庵
三教寺
儒福里
土地庙
财神庙
三官庙
半步桥
永乐禅林
龙泉寺
太清观
观音庵
樵沙道院
三圣观
右安门后身
七圣庙
三义庙
第一监狱
极乐院
右安门后身
东马道
毛家胡同
右安寺
右安门
东河道
张家村
东庄北头
东庄
西河道

# 寺庙分布图（四）

P40 P41 P42 P43
P44 P45 P46 P47
本图分幅示意

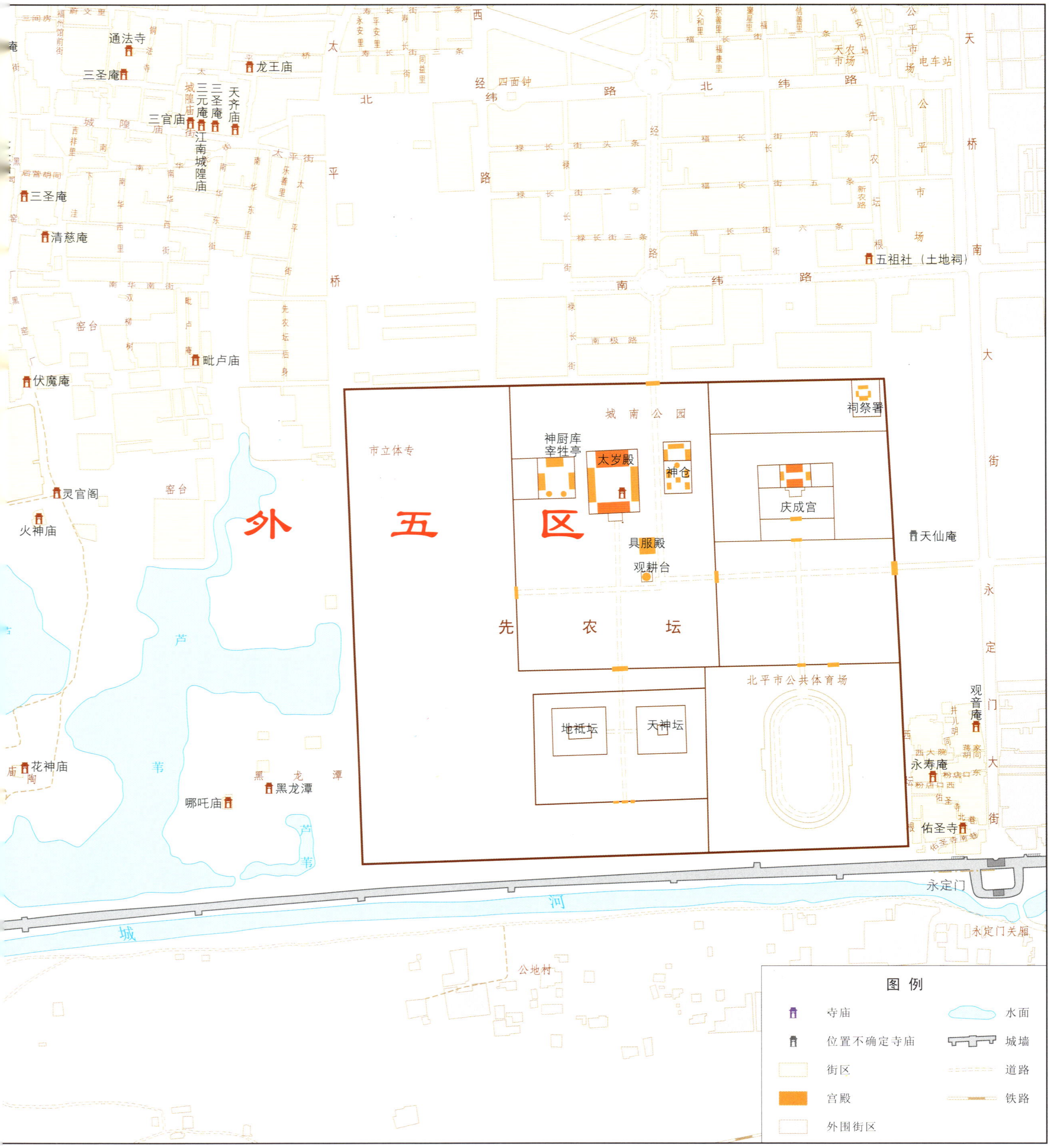

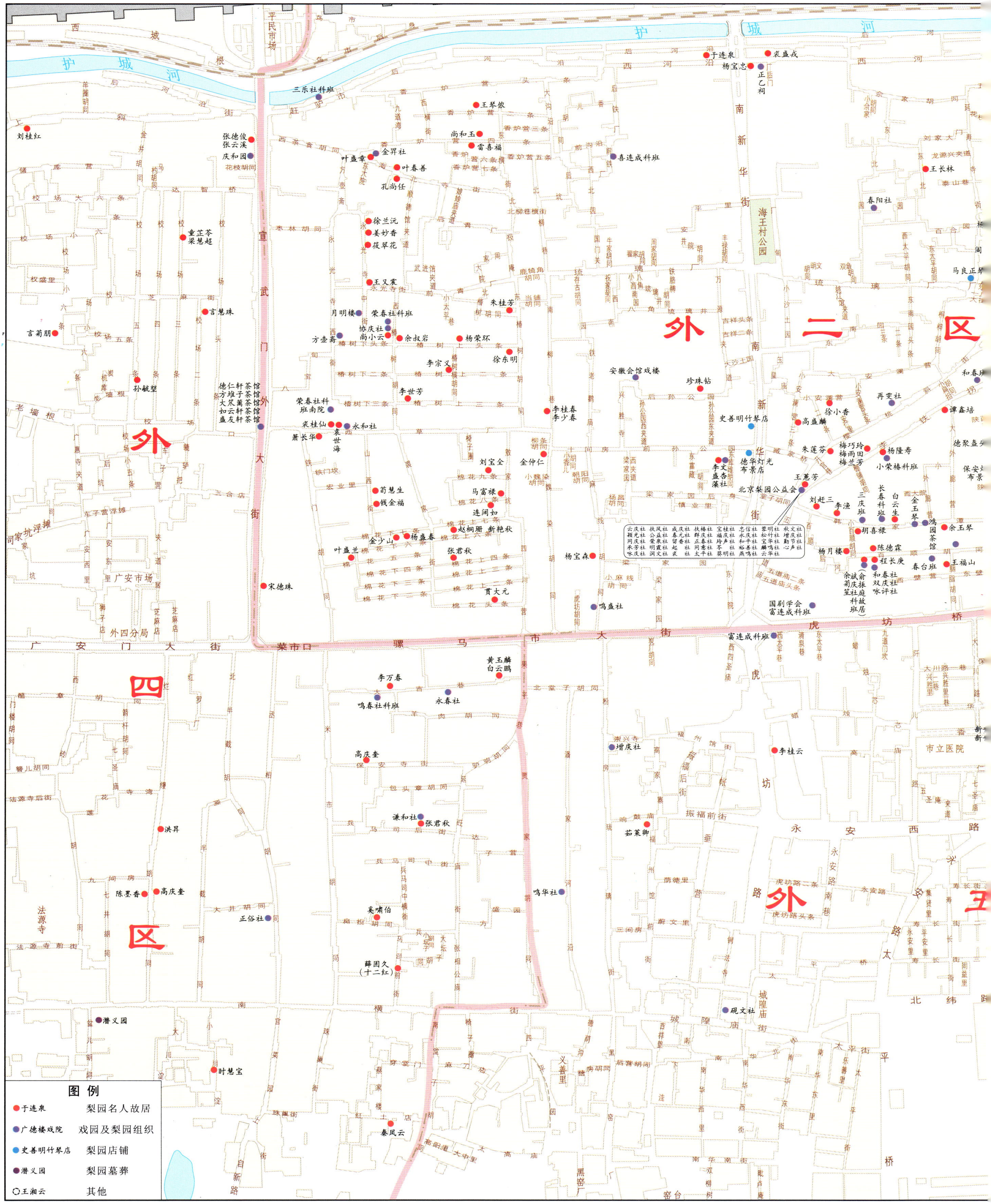

图例
于连泉 梨园名人故居
广德楼戏院 戏园及梨园组织
史善明竹琴店 梨园店铺
潜义园 梨园墓葬
王湘云 其他
外二区
外四区
外五区
护城河
宣武门外大街
骡马市大街
广安门大街
菜市口
虎坊桥
南新华街
海王村公园
市立医院
外四分局
广安市场
平民市场
三乐社科班
刘桂红
张德俊
张云溪
庆和园
王琴侬
尚和玉
雷喜福
金昇社
叶盛章
叶春善
孔尚任
喜连成科班
于连泉
裘盛戎
杨宝忠
正乙祠
王长林
春阳社
马良正
童芷苓
梁慧超
徐兰沅
姜妙香
筱翠花
王又宸
朱桂芳
言慧珠
言菊朋
月明楼
荣春社科班
协庆社
尚小云
方壶斋
余叔岩
杨荣环
徐东明
李宗义
孙毓堃
德仁轩茶馆
方堆子茶馆
大尺篱茶馆
如云轩茶馆
盈友轩茶馆
荣春社科班南院
裘桂仙
袁世海
永和社
萧长华
李世芳
李桂春
李少春
安徽会馆戏楼
珍珠钻
史善明竹琴店
高盛麟
徐小香
再雯社
谭鑫培
和春社
德聚盘
保安
刘宝全
金仲仁
李文盛
杏香藻社
德华灯光布景店
朱莲芬
梅巧玲
梅雨田
梅兰芳
杨隆寿
小荣椿科班
王蕙芳
北京梨园公益会
荀慧生
钱金福
马富禄
连阔如
刘赶三
李渔
三庆班
长春科班
白云生
金玉琴
鸿园茶馆
余玉琴
胡喜禄
赵桐珊
新艳秋
金少山
杨盛春
叶盛兰
张君秋
杨宝森
杨月楼
陈德霖
程长庚
春台班
王福山
宋德珠
贯大元
鸣盛社
余三胜
荀慧生
双庆社
和春社
咏评社
国剧学会
富连成科班
黄玉麟
白云鹏
李万春
鸣春社科班
永春社
增庆社
李桂云
高庆奎
谦和社
张君秋
洪昇
茹莱卿
鸣华社
陈墨香
高庆奎
正俗社
奚啸伯
薛固久
（十二红）
砚文社
潜义园
时慧宝
秦凤云

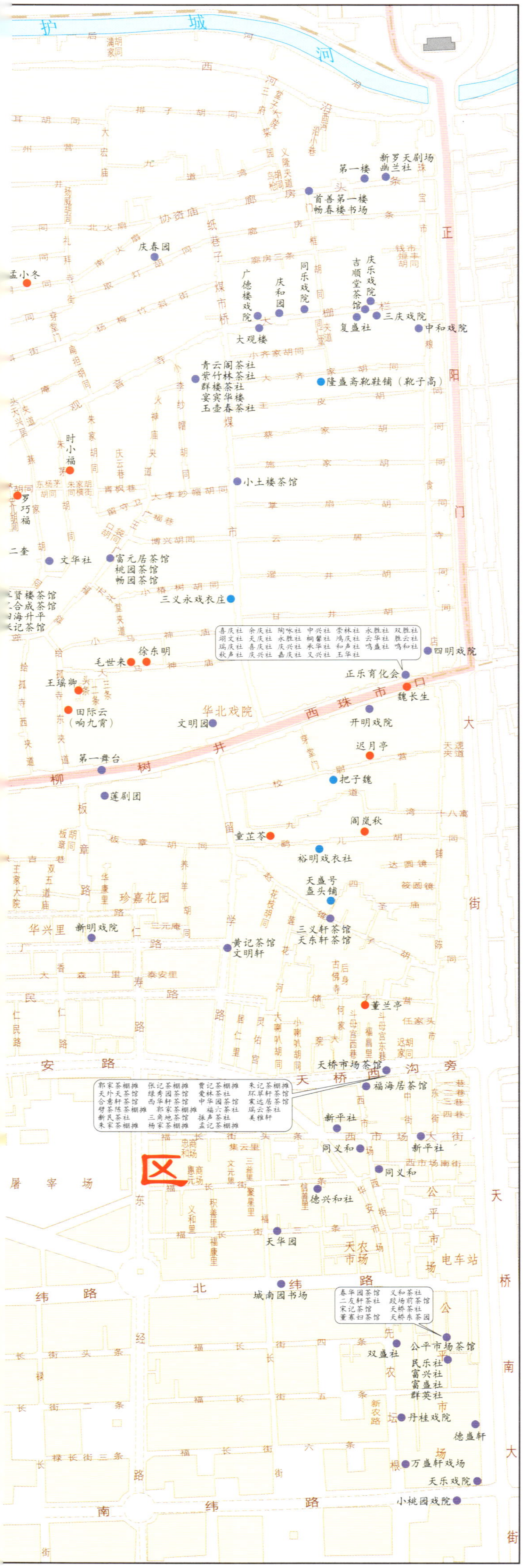


## 戏曲、曲艺史迹分布图

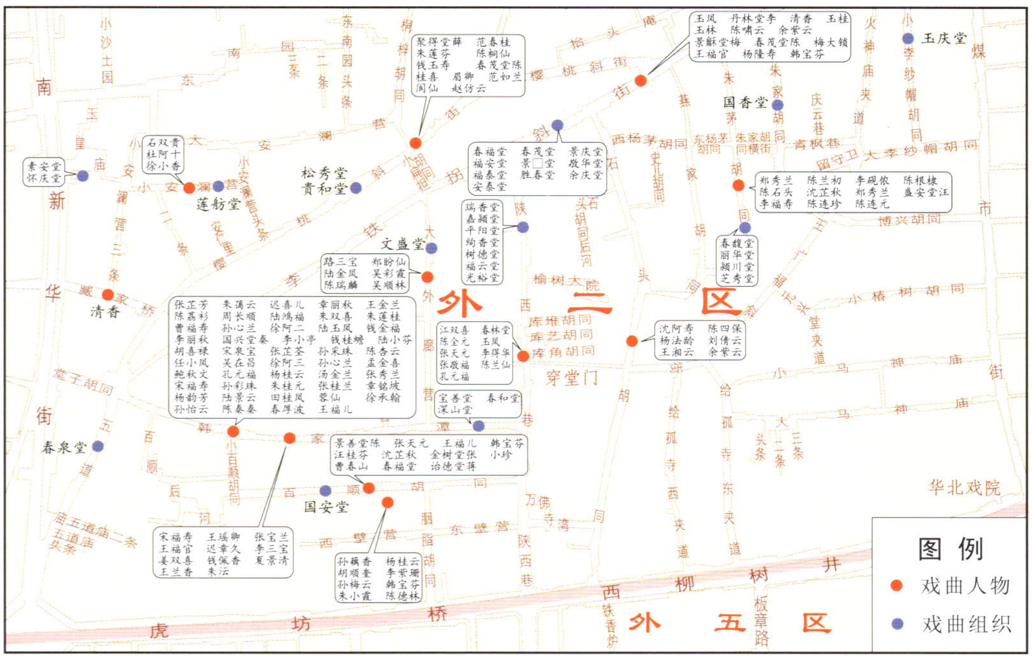


## 清中叶韩家潭地区梨园史迹图

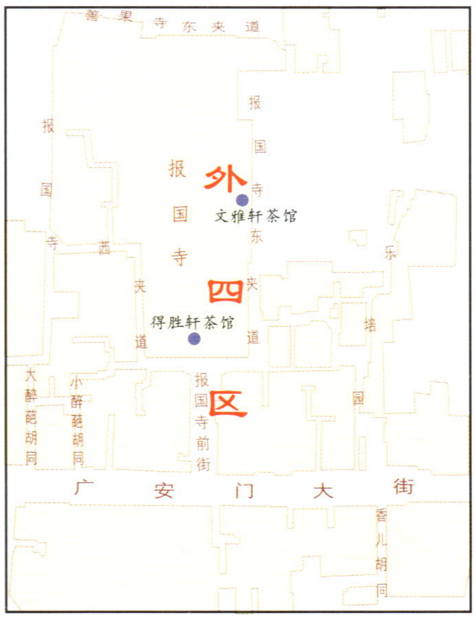


## 报国寺地区梨园史迹图

宣南地区戏曲的繁盛可追溯于金代（1115—1234），自金元之际董解元编著《西厢记诸宫调》始，有关汉卿、王实甫等诸家杂剧，常演于中都城内的勾栏瓦舍之间。延至明代，正阳门外商贾云集，曲乐之声回荡其间，极尽繁华之态。清朝实行旗、民分治，内城戏园尽驱外城，戏曲演出多集于正阳门外，尤以大栅栏为核心的正阳门大街以西地区最为繁盛，茶园、戏楼、梨园馆舍遍布于街巷之中，吸引各地声腔剧种争相进京。昆曲、京腔、秦腔、梆子、京剧、评剧、曲艺说唱，及科班、班社，皆鞠聚于此，其兴衰演变、更迭变化于此可见。近代以来，程长庚、谭鑫培、梅兰芳等一代代名家同样出自于这块沃土。

本图内容仅限于清代、民国时期，包括梨园名家故居、茶园、戏楼、会馆戏台、梨园社团，以及与梨园、曲艺行有关的店铺、作坊、墓地等。选择故居，遵循时间远者从宽、近者从严的原则，只在1949年以前出名者中选取。（详见附表129—133页）

# 名人故居分布图（一）

P50 P51 P52 P53

本图分幅示意

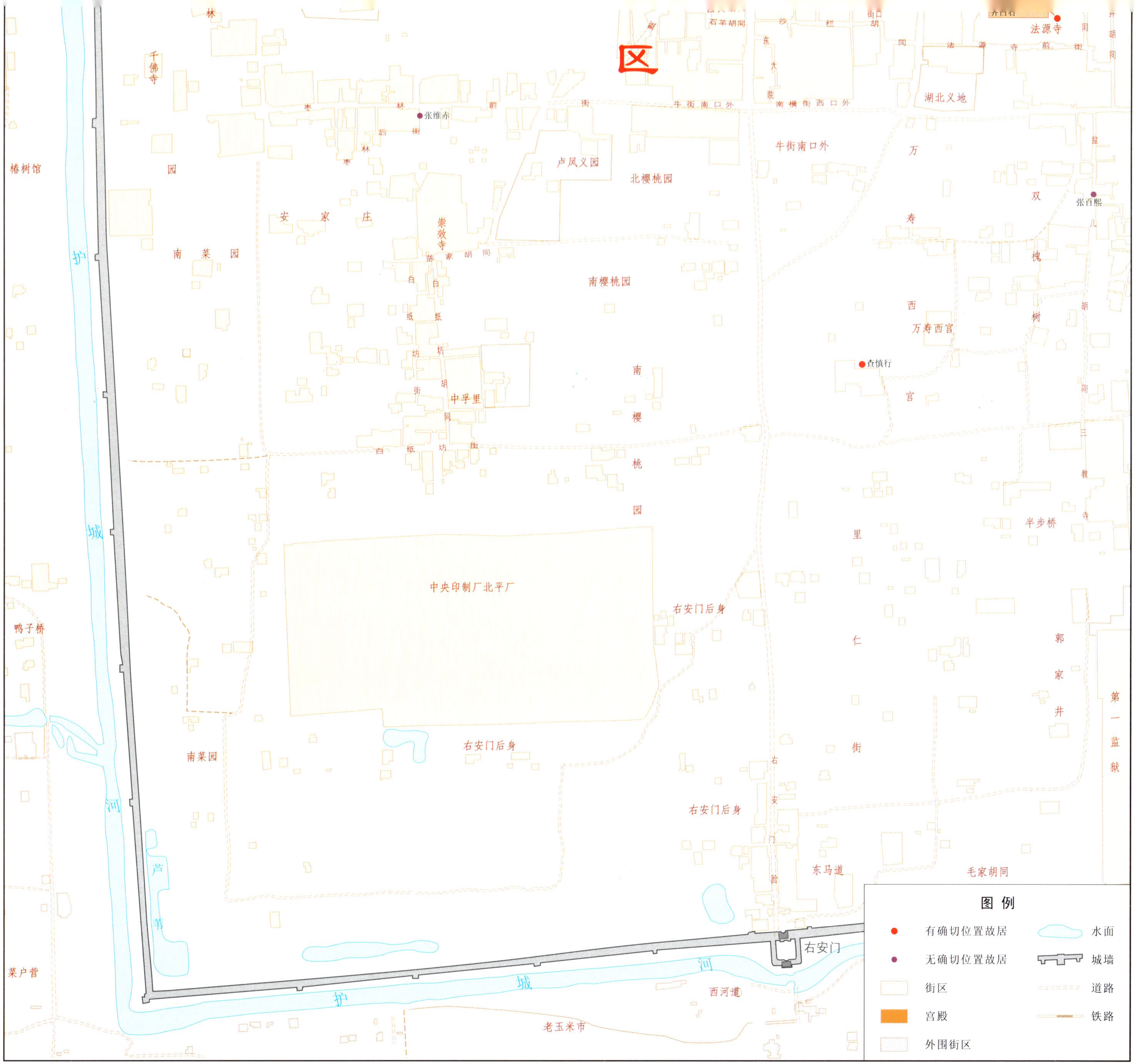


宣南地区作为北京城的发祥地，自古以来名人汇集。清代因旗、民分治的原因，非旗人者不论普通百姓还是官吏、商贾，都不得不聚居于外城，由于外城中东部为商贾聚居区，于是汉族士人转趋宣武门南，宣南一带出现大量士人居所。这些士人除履行官府职责或应对科举考试外，还在此从事学术研究和文学创作，将各地学术流派、文学思潮带至京师，经交流、碰撞、融合后又传播于各地，把地域的特色变成全国的潮流，推动了文化的发展。民国时期，著名人士多转居内城，宣南名人故居数量减少。

本图内容重点为清代和民国时期宣南重要人士的居所分布，尤其是以清代士人的居所为主。清代士人在宣南置房产者少，大多租房而居，因而迁居频繁，往往一人留下多处居所，图中对这些居所都尽可能予以标出。梨园人士居所因另有专图，此处不再标注。（详见附表134—141页）

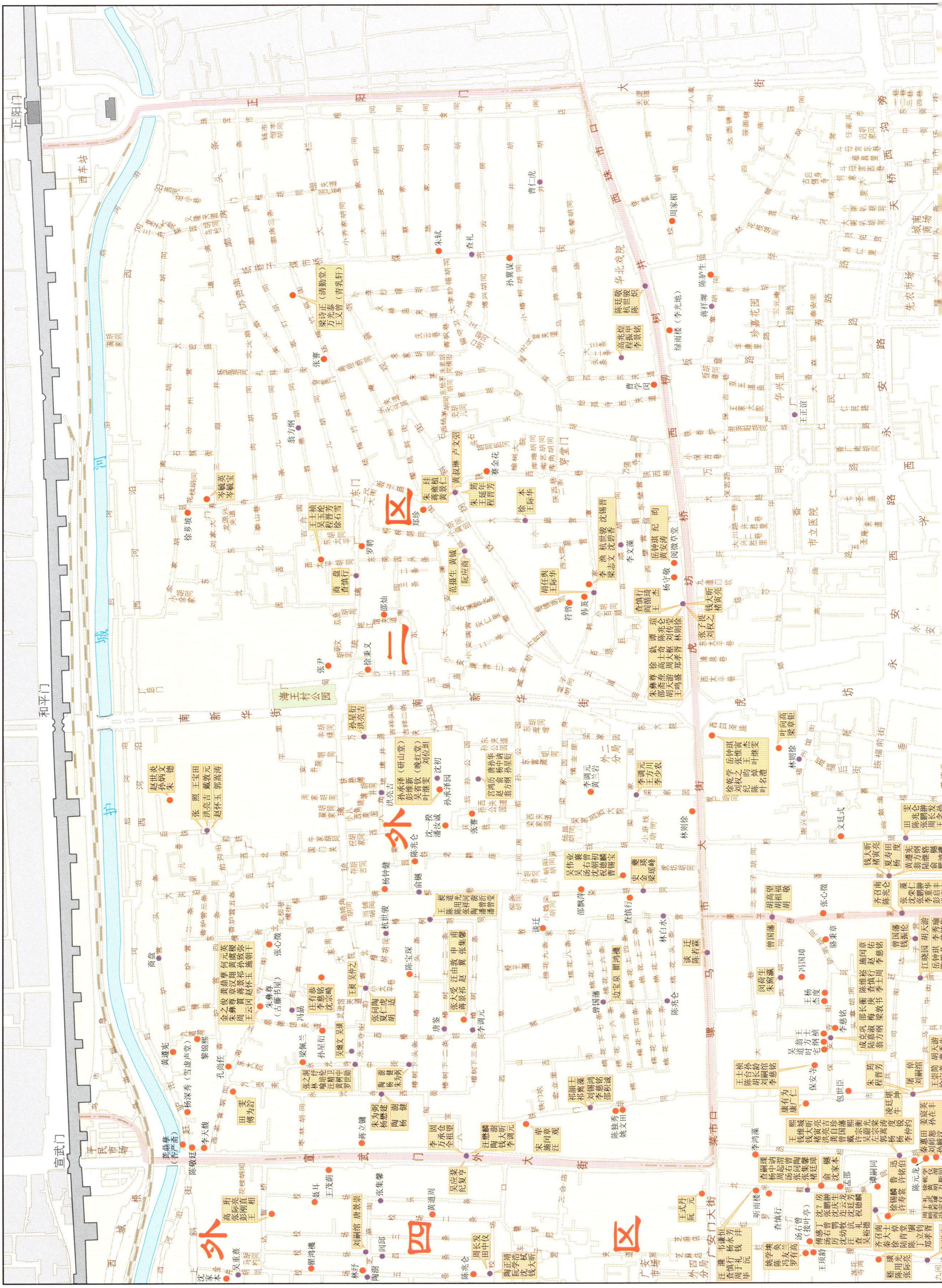
正阳门
和平门
宣武门
外二区
外四区
护城河
正阳门大街
宣武门外大街
南新华街
海王村公园
市立医院
骡马市大街
广安门大街

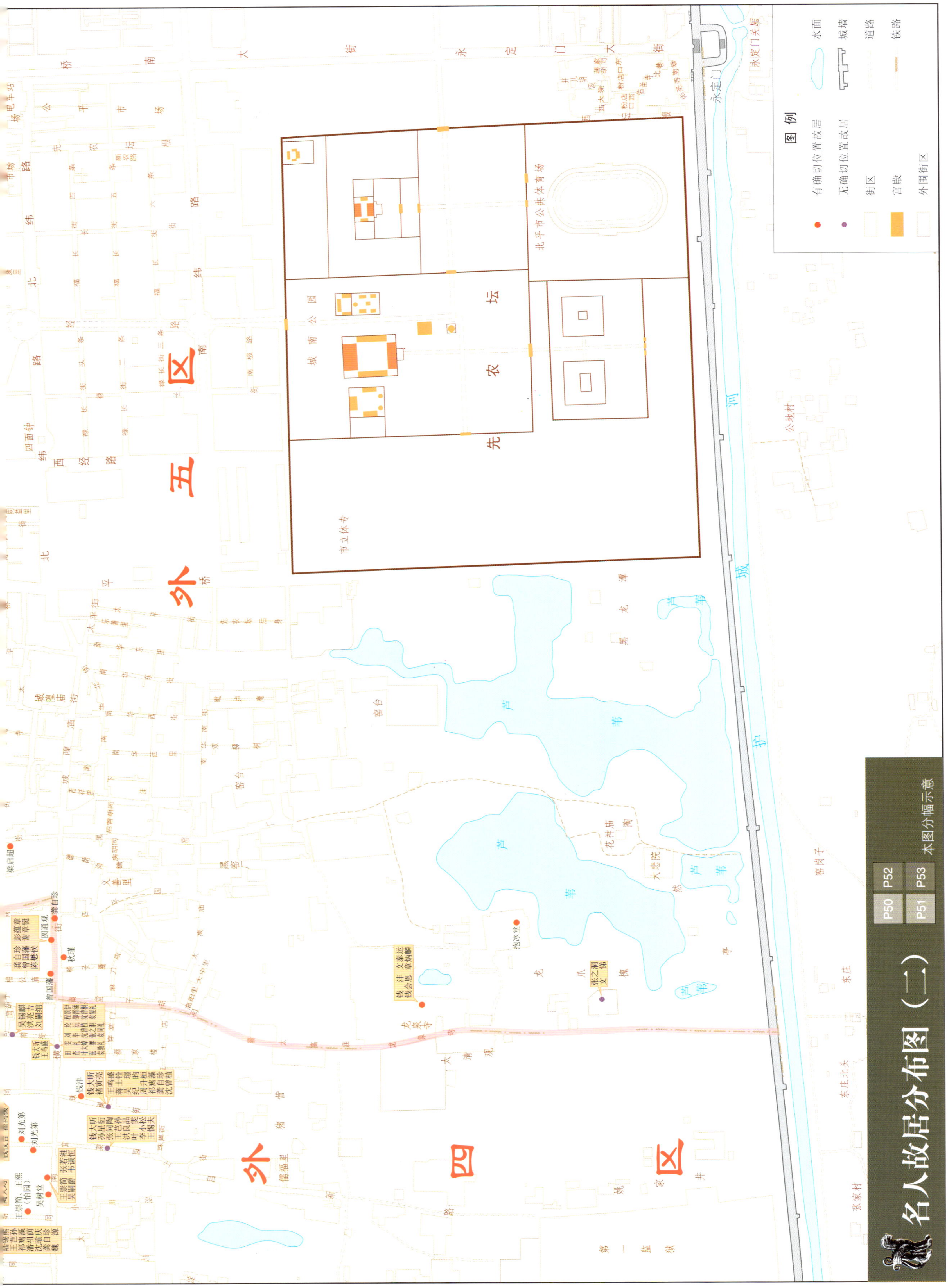
图例
有确切位置故居
无确切位置故居
街区
宫殿
外国街区
水面
城墙
道路
铁路
本图分幅示意
P50
P52
P51
P53
外五区
外四区
先农坛
城南公园
北平市公共体育场
市立体专
永定门
永定门关厢
护城河
大悲院
龙神庙
抱冰堂
公地村
窑台
黑龙潭

名人故居分布图（二）

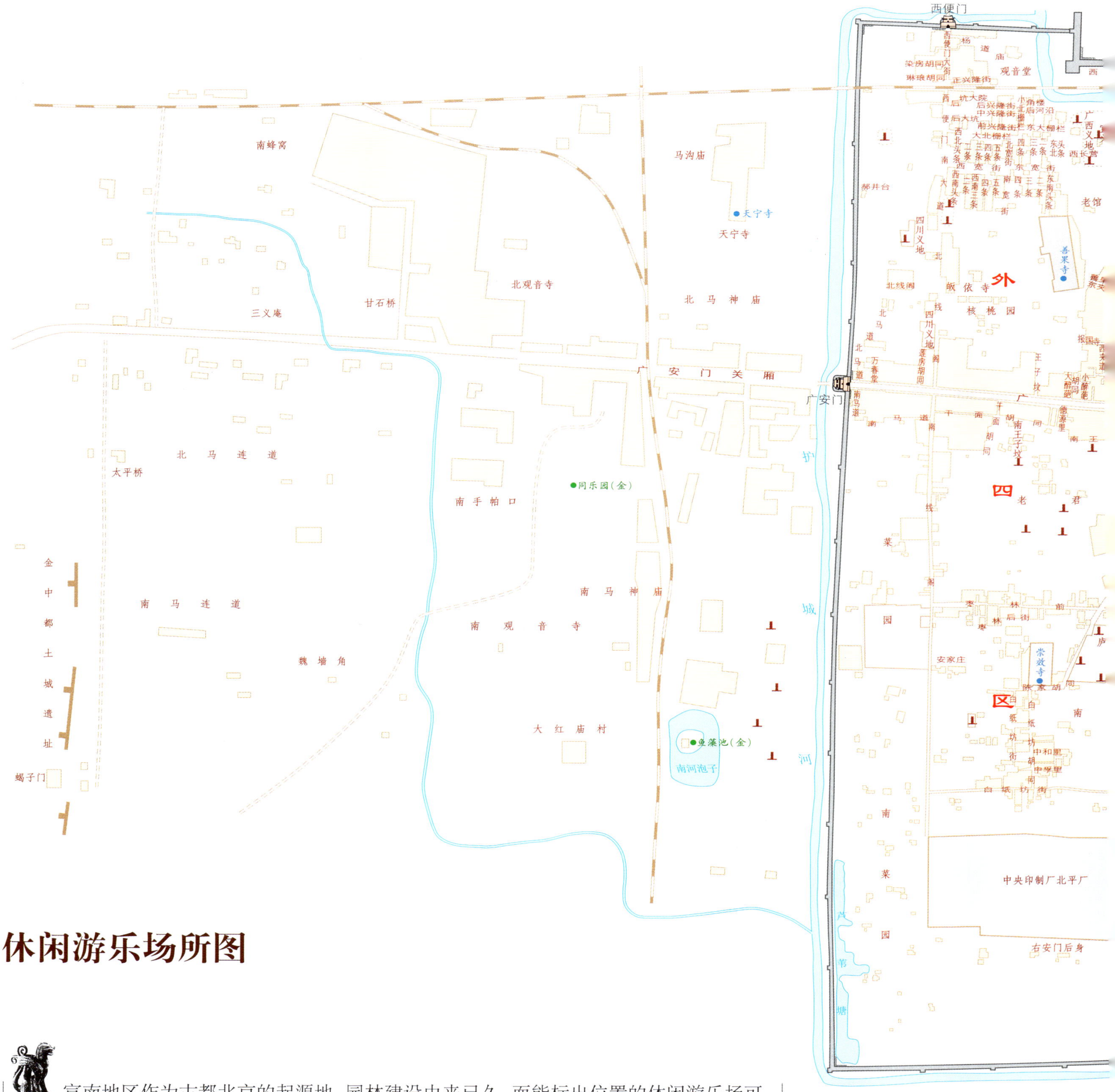


# 休闲游乐场所图

宣南地区作为古都北京的起源地，园林建设由来已久，而能标出位置的休闲游乐场可上溯到金代。金中都时期在皇宫内建有鱼藻池，在宫城东侧建有东苑，西侧建有西苑，有同乐园等景观。元代以降，则有寺庙等景观吸引都人踏青、游览。清代，宣南为士人聚居之所，宣南南部和西部的寺庙、园林和郊野景观成为士人们诗歌唱和、聚会交友之所，陶然亭、黑窑厂、报国寺、天宁寺、法源寺、怡园等都是当时著名的游乐场所。

宣南是北京的戏曲发源地，尤其到清代，茶馆、戏园多在外城，外城之中多集中于西部，宣南大型会馆也多建有戏楼，于是宣南成为全城娱乐的中心。

民国年间，天桥市场兴起，成为平民阶层的娱乐场所。

宣南有琉璃厂的厂甸和多处定期庙会，除了自身的商业功能外，还是市民的休闲游乐场所。宣南的休闲游乐场所多是面向市民的，具有大众的性质。

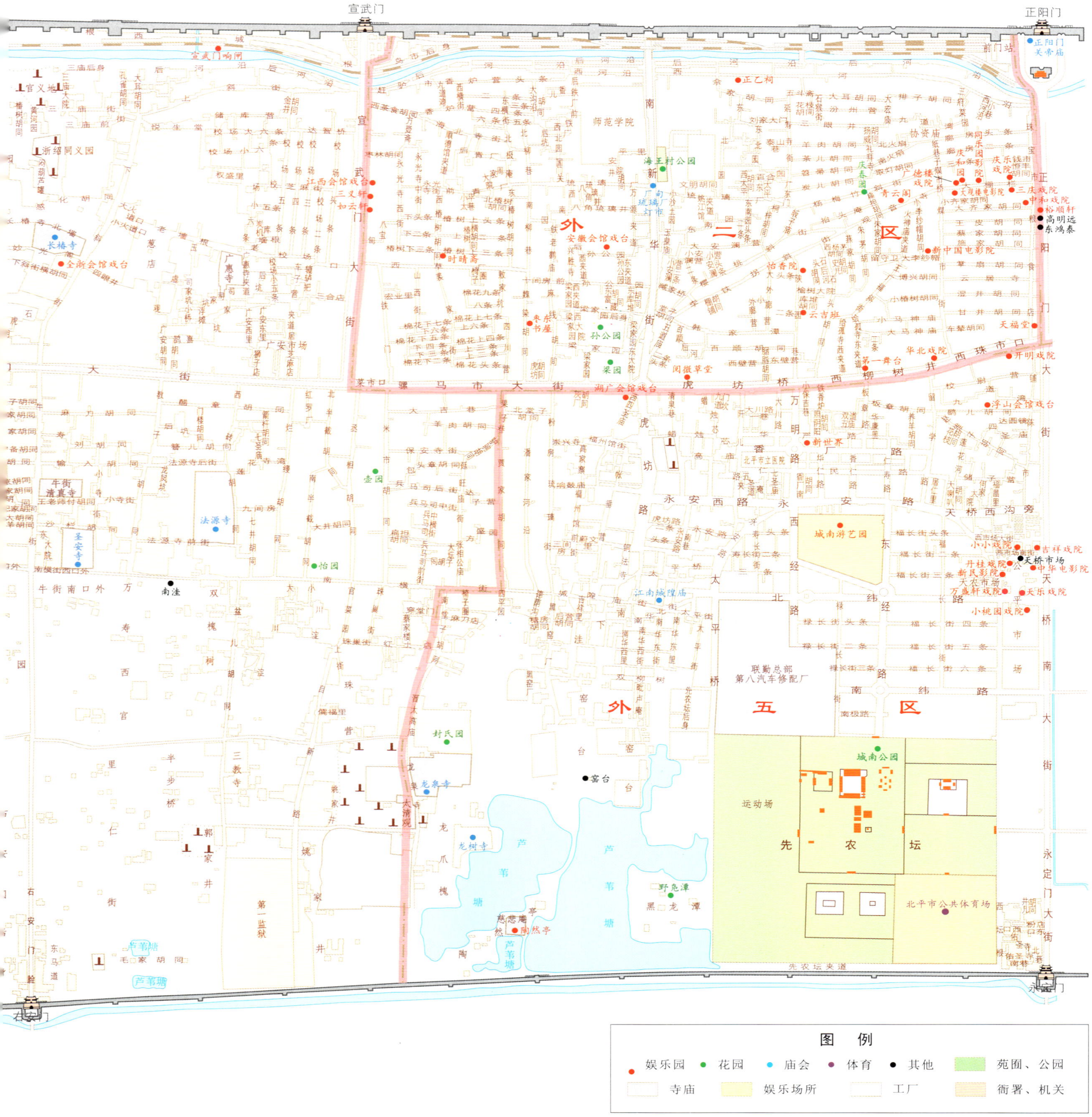
宣武门
正阳门
永定门
外二区
外五区
正阳门关帝庙
前门站
正乙祠
宣武门响闸
师范学院
海王村公园
广甸琉璃厂灯市
江西会馆戏台
三义轩
和云轩
安徽会馆戏台
时晴斋
来东书屋
孙公园
梁园
阅微草堂
湖广会馆戏台
德裕戏院
庆乐戏院
三庆戏院
中和戏院
裕顺轩
高明远
东鸿泰
庆和园
广和戏院
大观楼电影院
青云阁
新中国电影院
第一舞台
华北戏院
开明戏院
怡香院
云吉班
天福堂
浮山会馆戏台
新世界
城南游艺园
小小戏院
吉祥戏院
天桥市场
丹桂戏院
中华电影院
新民影院
天农市场
万盛轩戏院
天乐戏院
小桃园戏院
江南城隍庙
联勤总部第八汽车修配厂
城南公园
运动场
先农坛
北平市公共体育场
先农坛夹道
封氏园
龙泉寺
窑台
龙树寺
陶然亭
野凫潭
黑龙潭
芦苇塘
慈悲庵
长椿寺
全浙会馆戏台
法源寺
圣安寺
怡园
壶园
南洼
牛街清真寺
浙绍同义园
第一监狱
骡马市大街
珠市口西大街
永安西路
天桥西沟旁
图例
娱乐园
花园
庙会
体育
其他
苑囿、公园
寺庙
娱乐场所
工厂
衙署、机关

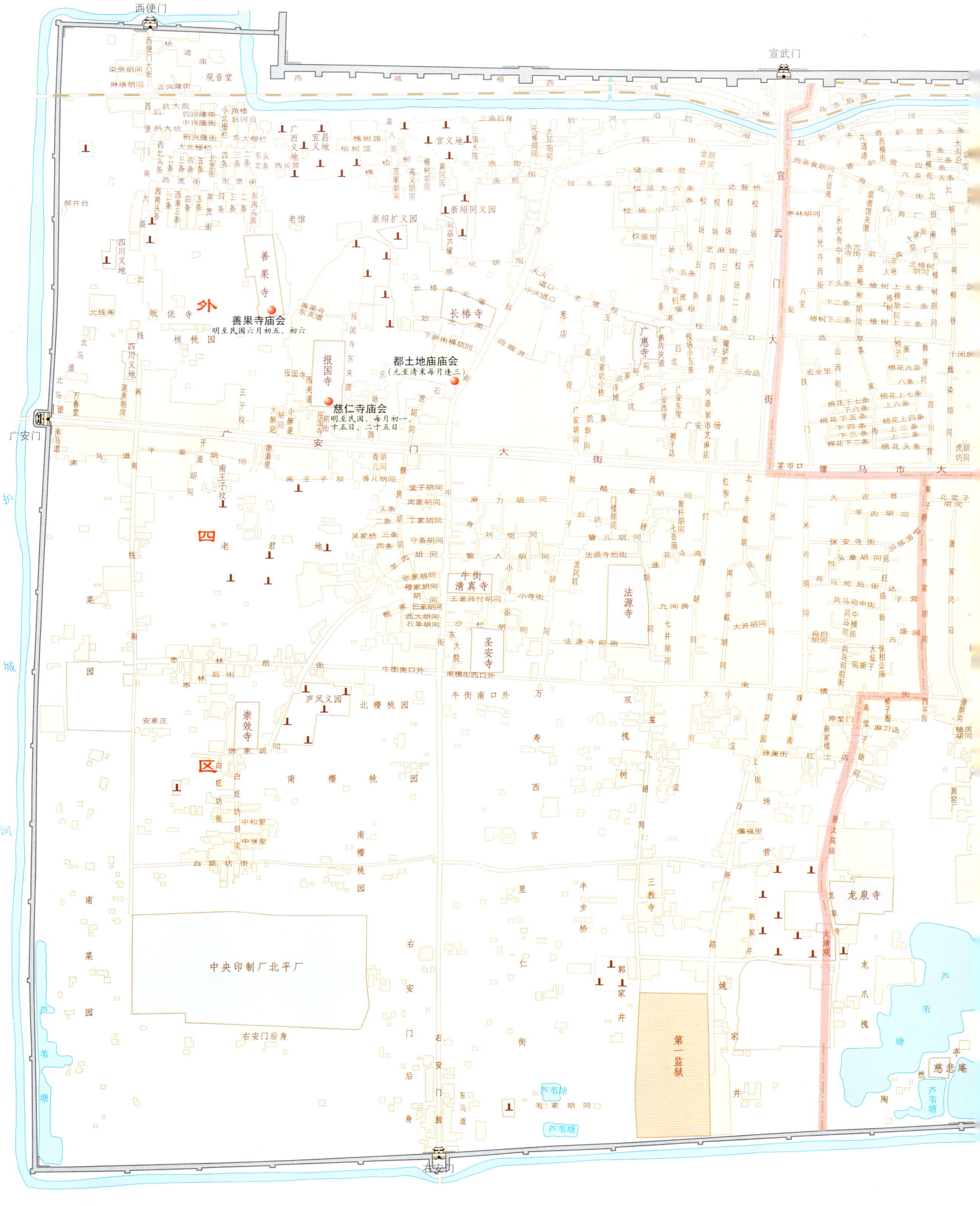

西便门
宣武门
广安门
右安门
外
四
区
善果寺庙会
明至民国六月初五、初六
都土地庙庙会
（元至清末每月逢三）
慈仁寺庙会
明至民国，每月初一、十五日、二十五日
善果寺
报国寺
长椿寺
法源寺
牛街清真寺
圣安寺
崇效寺
三教寺
龙泉寺
慈悲庵
广安门大街
骡马市大街
宣武门大街
护城河
中央印制厂北平厂
第一监狱
右安门后身
南菜园
芦苇塘

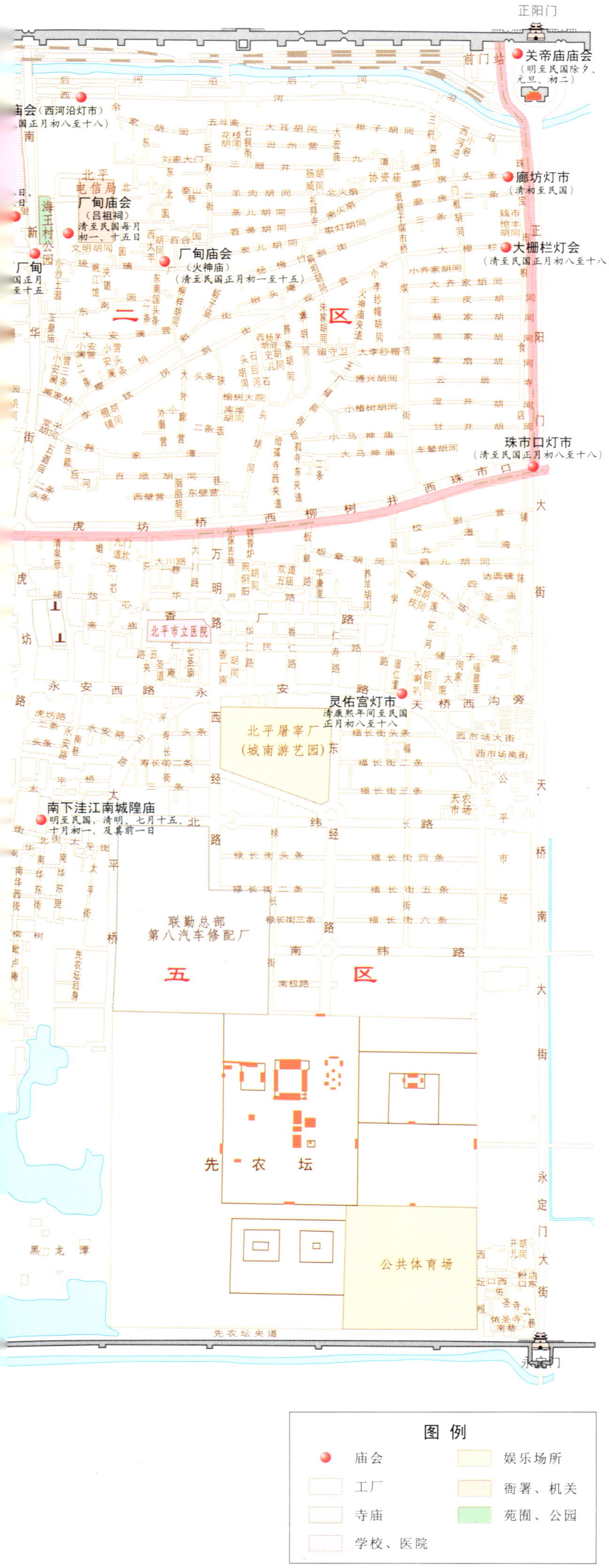


# 庙会分布图

庙会，古称庙市，起初是一种与宗教活动相伴生的因庙为市的市集形式，有文字记载的历史可追溯到北魏时代。北京的庙会相传起源于辽代，元代南城也有大规模的庙会活动。清初，八旗兵进驻北京内城，内城庙市、灯市移至报国寺和琉璃厂等处。乾隆时，开庙设市增多。庙会形式大致可以分为两类：以商业为主的常年定期庙会和以烧香礼佛为主的节期庙会。

定期庙会每月定期开放数日，如五大庙会之一的宣南土地庙会、慈仁寺庙会便属此类，是城市商业行为的一种形式。节期庙会多起源于宗教节日，如每年四月的碧霞元君诞辰等，宣南火神庙会、琉璃厂庙会等皆属此类。开始多以烧香礼佛为主，后商业和娱乐内容不断加入其中，并逐渐成为重要内容。

清代许多庙会向外城迁移，使宣南地区成为庙会聚集的地区之一。宣南庙会与宣南地区的市民生活紧密相连，集中体现了老北京人的生活习俗。本图对宣南地区的13处庙会做了标注。（详见附表141页）

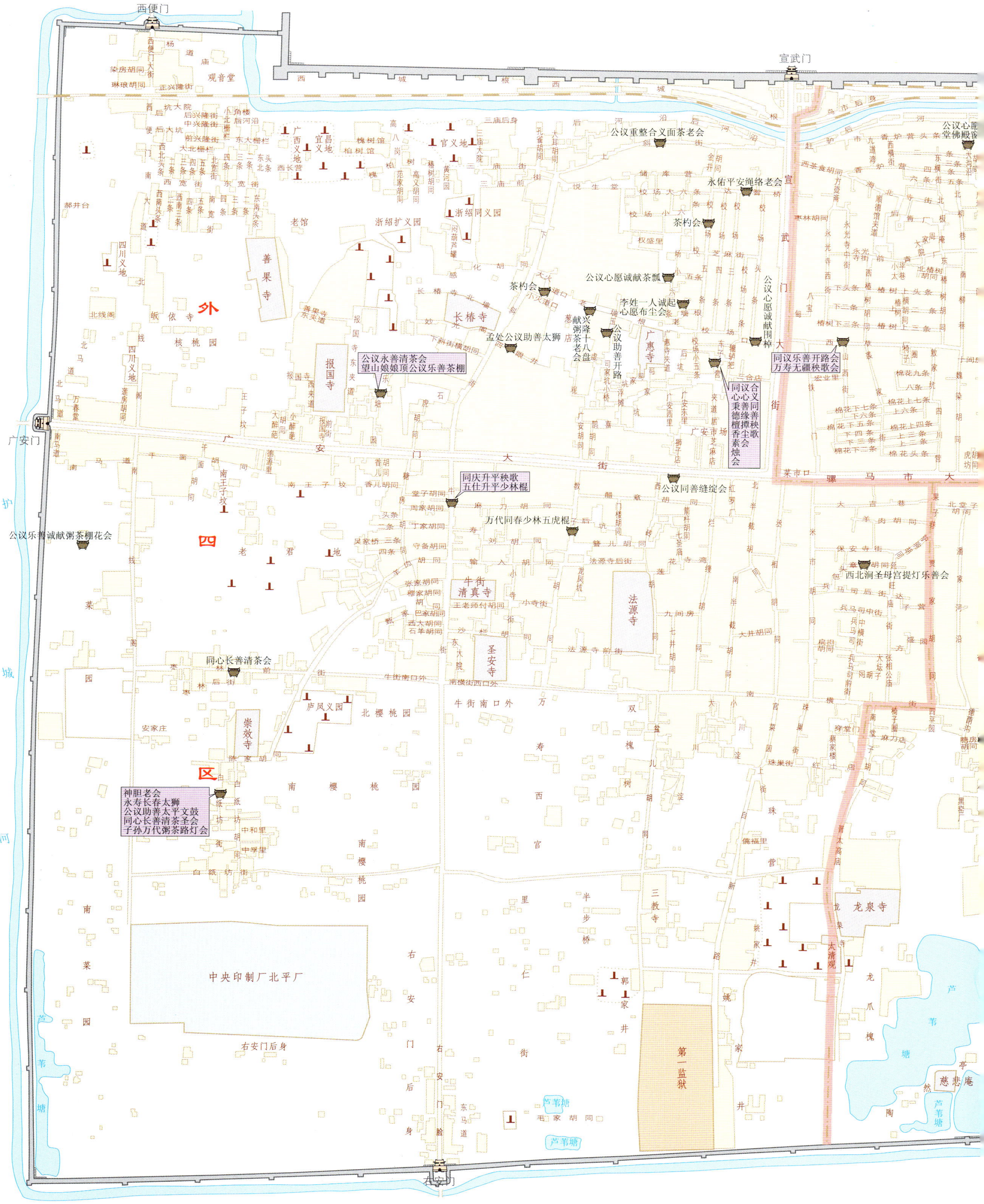
西便门
宣武门
广安门
右安门
外四区
护城河
观音堂
善果寺
长椿寺
报国寺
法源寺
牛街清真寺
圣安寺
崇效寺
广惠寺
龙泉寺
慈悲庵
三教寺
中央印制厂北平厂
第一监狱
核桃园
北樱桃园
南樱桃园
南菜园
芦苇塘
浙绍扩义园
浙绍同义园
官义地
广西义地
宜昌义地
四川义地
庐凤义园
公议重整合义面茶老会
永佑平安绳络老会
茶约会
公议心愿诚献茶瓢
李姓一人诚起心愿布尘会
孟处公议助善太狮
公议永善清茶会
望山娘娘顶公议乐善茶棚
同议乐善开路会
万寿无疆秧歌会
同庆升平秧歌
五仕升平少林棍
万代同春少林五虎棍
公议同善缝绽会
西北涧圣母宫提灯乐善会
公议乐善诚献粥茶棚花会
同心长善清茶会
神胆老会
永寿长春太狮
公议助善太平文鼓
同心长善清茶圣会
子孙万代粥茶路灯会
献粥茶老会
兴隆十八盘
公议助善开路
公议心愿诚献围棹
同议合心心义秉善同德缘善檀撢秧香尘歌素会烛会
广安门大街
骡马市大街
菜市口
宣武门大街
牛街
右安门内大街
白纸坊街
半步桥
龙爪槐

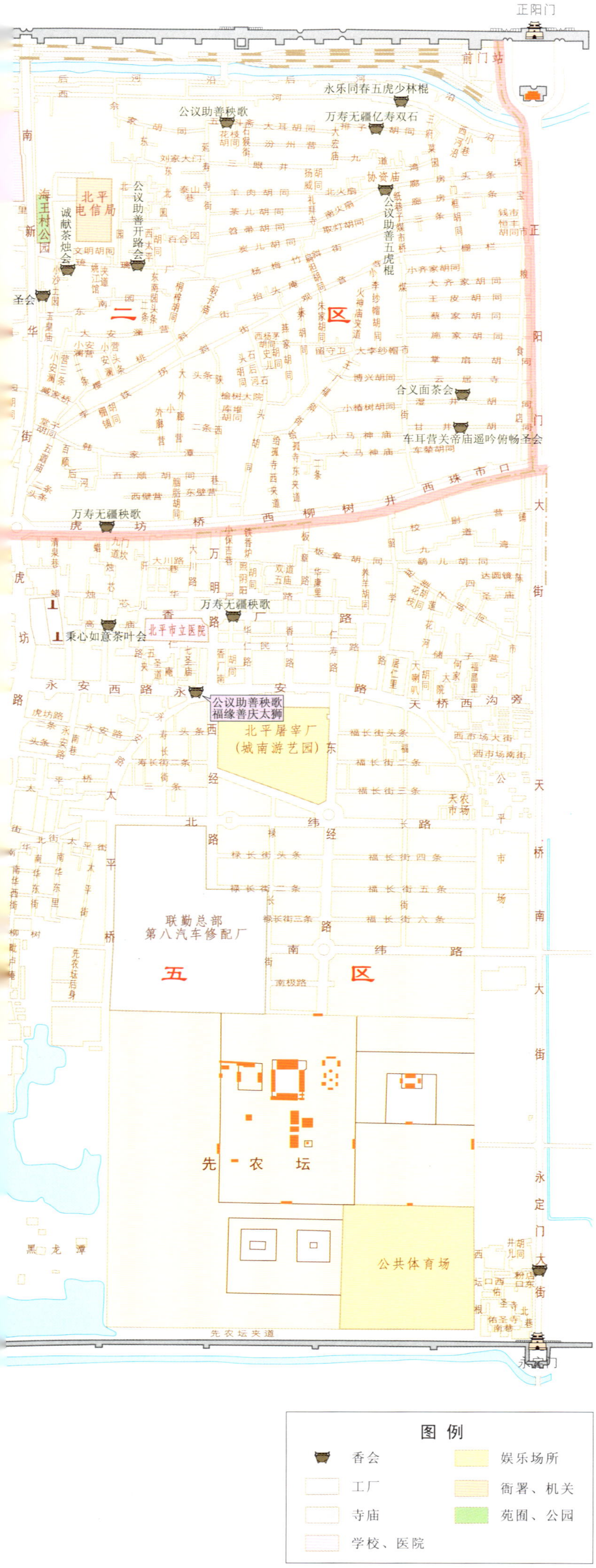


# 香会分布图

香会，是某一神祇的信仰者为进香而成立的组织。人们为了到远处进香，要把同一地方、同一行业的人组织起来共同前往，于是便出现了香会。在北京，人们进香祈求的神灵很多，但只有碧霞元君、东岳大帝等少数几个神祇有大规模的香会组织，其中又以碧霞元君香会为最多。

北京的碧霞元君信仰兴起于明代，清代达到极盛。北京地区有名的碧霞元君庙是京师五顶和京东、京西两大金顶。五顶以紫禁城为中心，大体占据东、南、西、北、中五个方位。东顶位于东直门外；南顶有二，大南顶位于马驹桥，小南顶位于永定门外南顶村；西顶位于海淀蓝靛厂；北顶位于今奥运村；中顶位于右安门外草桥。两金顶一位于丫髻山，一位于妙峰山。香会每年定期奔走于这些庙宇之间，除进香外，一些香会还常为进香者提供粥茶、缝补衣物、修路照明等，为庙堂提供围桌、裱糊打扫等，这样的称为文会；有很多香会为了表示虔诚还带有表演活动，娱神娱人，如五虎棍、少林棍、太平鼓、秧歌、舞狮、高跷等，这样的称为武会，也称为花会。香会还根据成立时间的长短，分为老会、圣会和善会等。

宣南地区是香会成长的沃壤，香会分布最为密集。香会的参与者，虽然上至达官贵人、下至贩夫走卒，但组织者却多为下层百姓，体现出民间文化的特点。香会往往有特定的路线，定时定点进香朝拜，所经庙宇常要进香。宣南的许多香会每年四月中旬前往妙峰山朝顶，沿途会在西顶、北顶等处进香。本图将目前所知的45个香会的名称与组织地点标注出来，以供参阅。（详见附表141—142页）

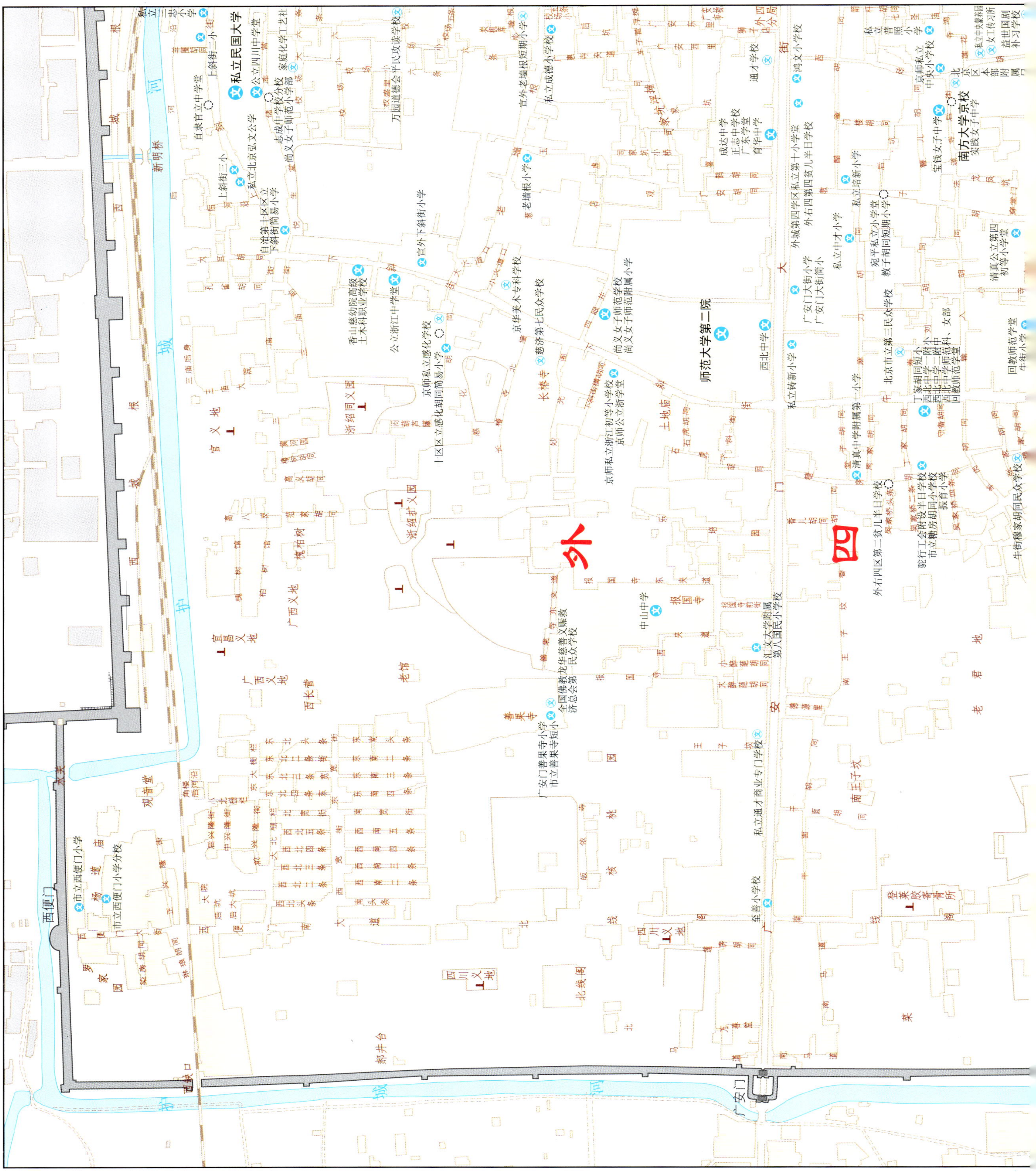


# 近代学校、教育机构分布图（一）

| | |
|---|---|
| P62 | P63 |
| P60 | P61 |

本图分幅示意

宣南地区教育机构源远流长。战国时期的燕都蓟城已有私学，历秦汉、西晋、北魏时期，皆有儒学之兴。辽之南京、金之中都均有太学。清乾隆五十七年（1792）在梁家园兴办义学，而民间多为民办私塾。本图重点表现清末民国年间近代学校和其他教育机构分布状况。

宣南近代教育，深受“戊戌维新”以来的新思潮影响，居住于宣南的汉族官员首先兴起办学热潮。清光绪二十四年（1898）在四川会馆创办起四川公立学堂，二十七年（1901）在琉璃厂建立五城中学堂。光绪三十年（1904）新学制颁布，京师出现兴学高潮，大、中、小学堂纷纷成立。1908年建立京师优级师范学堂。1912年民国建立，“学堂”改称为“学校”，而后幼儿、妇女、职业、成人、师范教育等有了较快发展，学校大量涌现。这些学校大多规模不大，存在时间长短不一，但数量较多。

为能全面体现宣南近代学校的分布，本图将清末至1948年约50年间的学校绘于一幅。北京学校名称前后多有变化，图中只选择其中一个最常用的名称为注记，其余名称在附表中表现。

将教育机构分为大学、中学、中等专业学校、小学、幼稚园五种主要类别，另附其他类别作为补充。（详见附表142—163页）

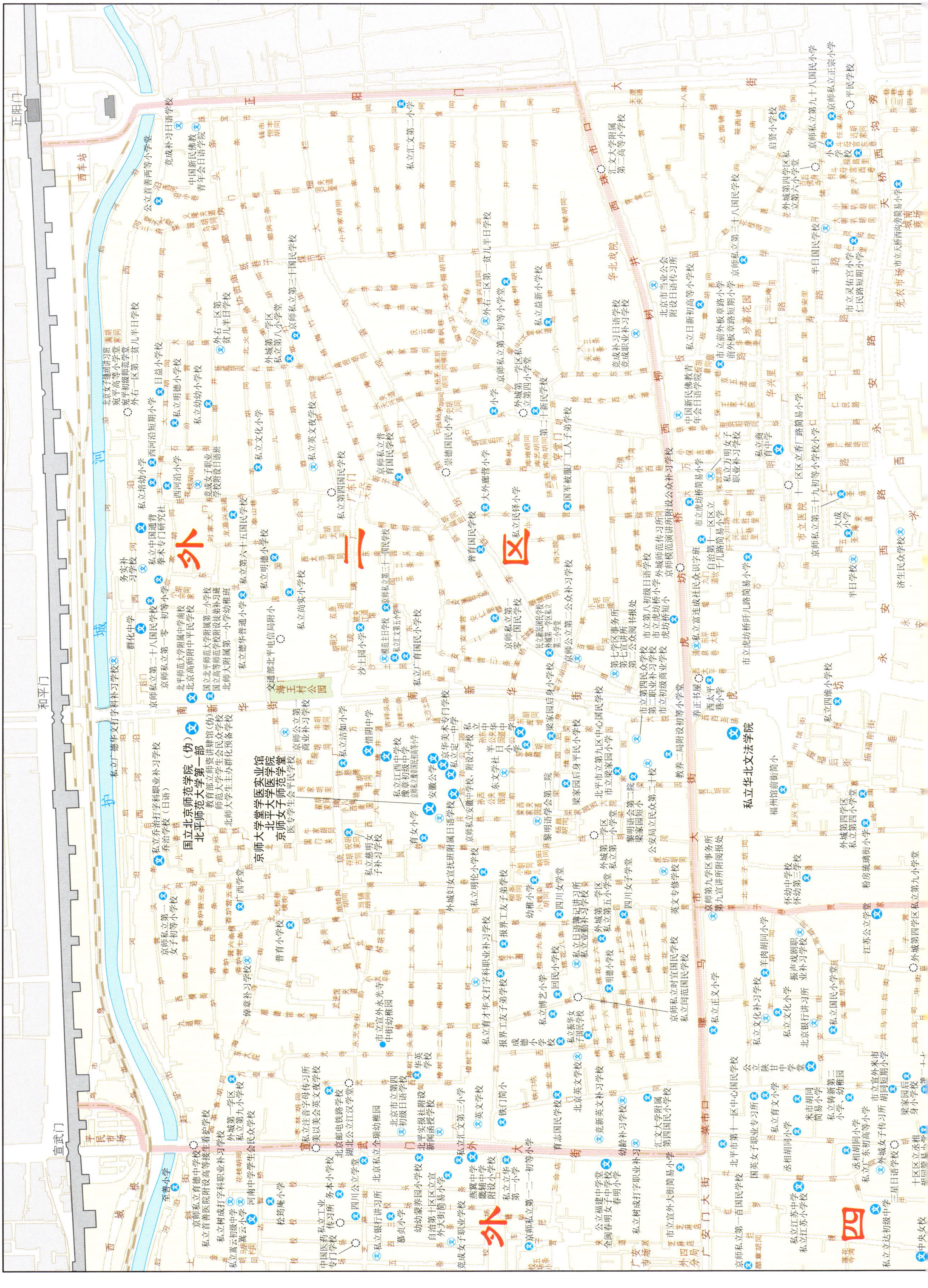
外二区
外四
四
护城河
正阳门
和平门
宣武门
私立华北文法学院
国立北京师范学院（伪）
北平师范大学第一部
京师大学堂医实业馆
北平大学医学院
京师女子师范学堂

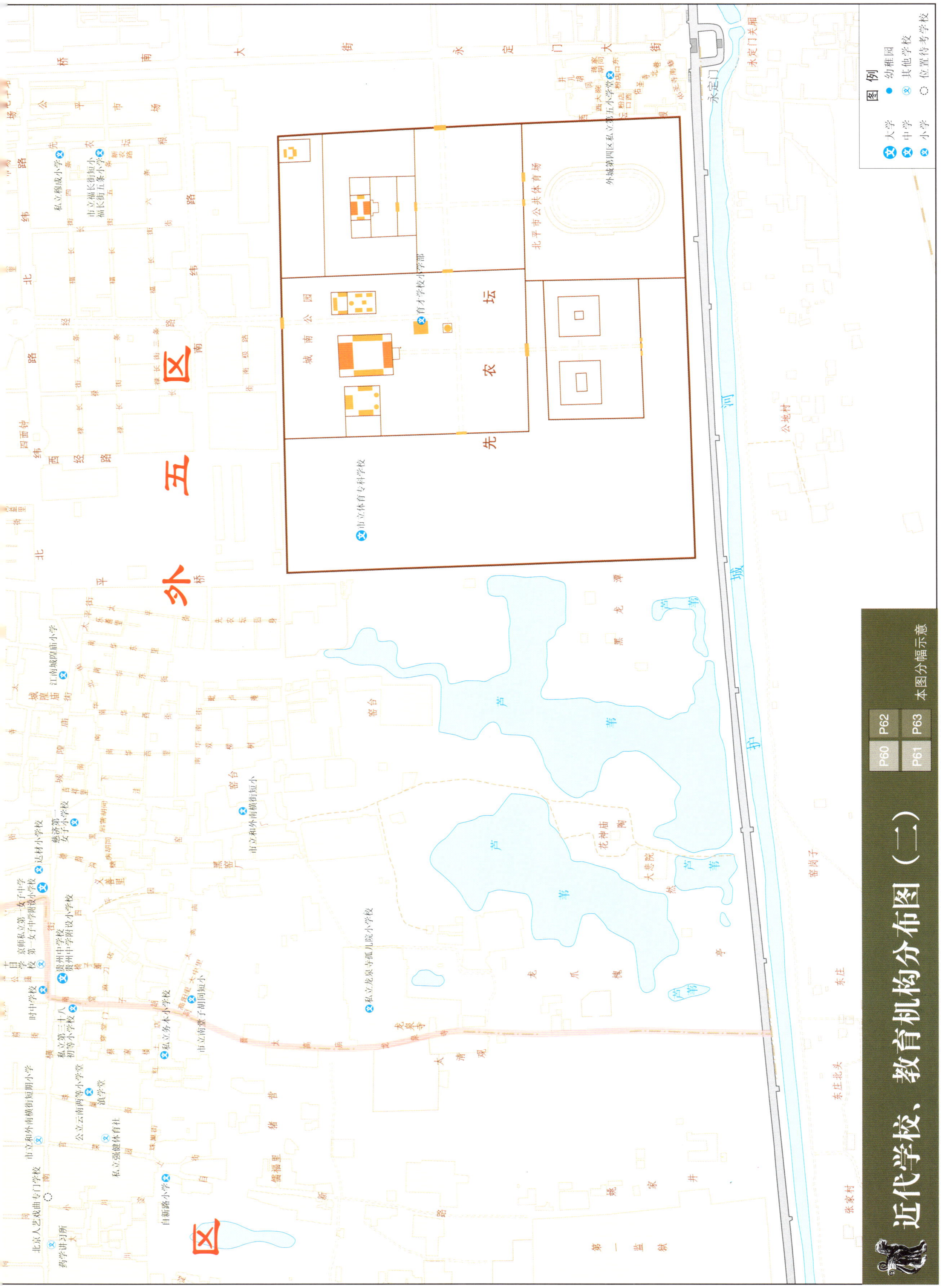


# 近代学校、教育机构分布图（二）

# 近代新闻出版业分布图（一）

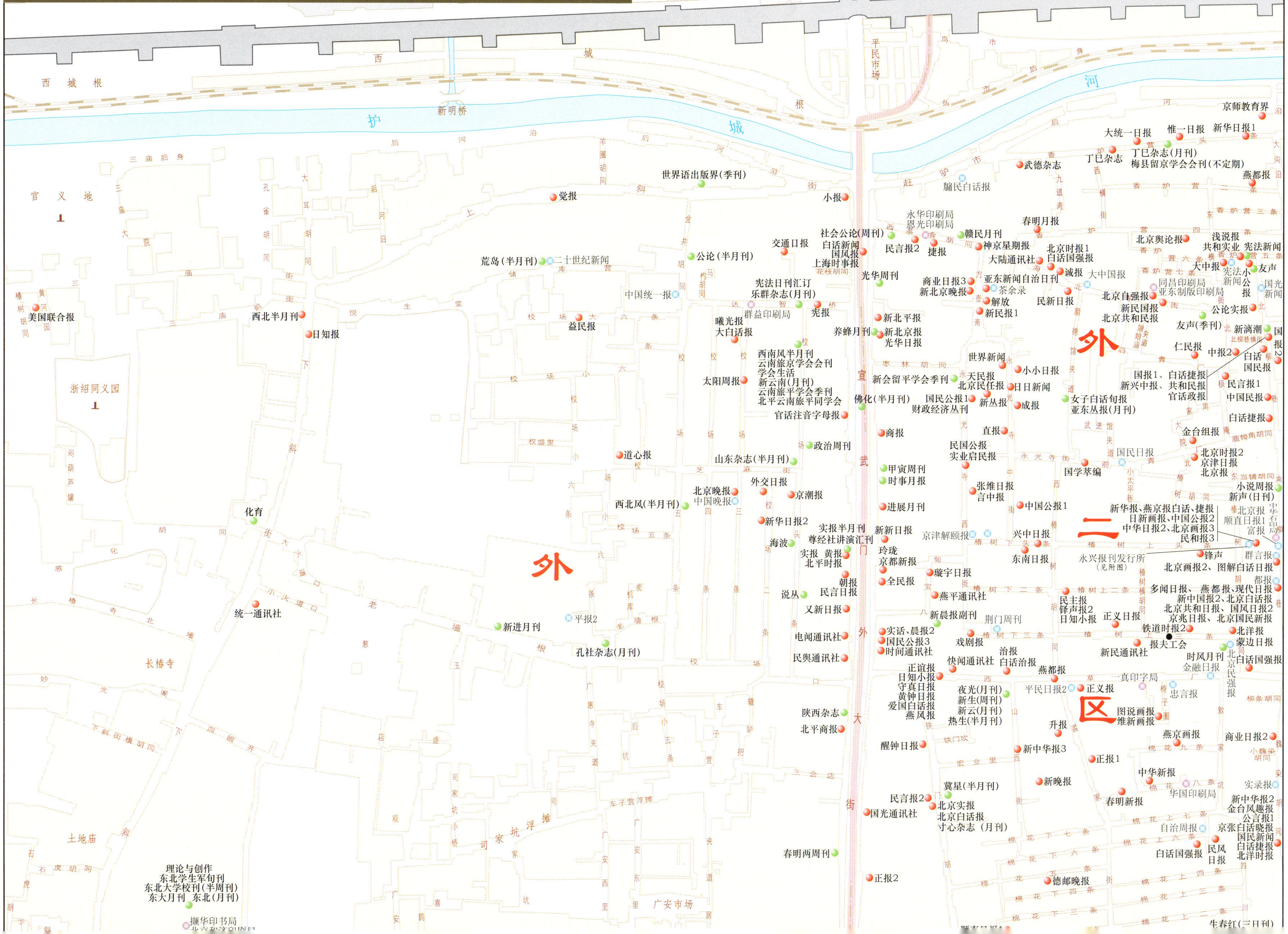

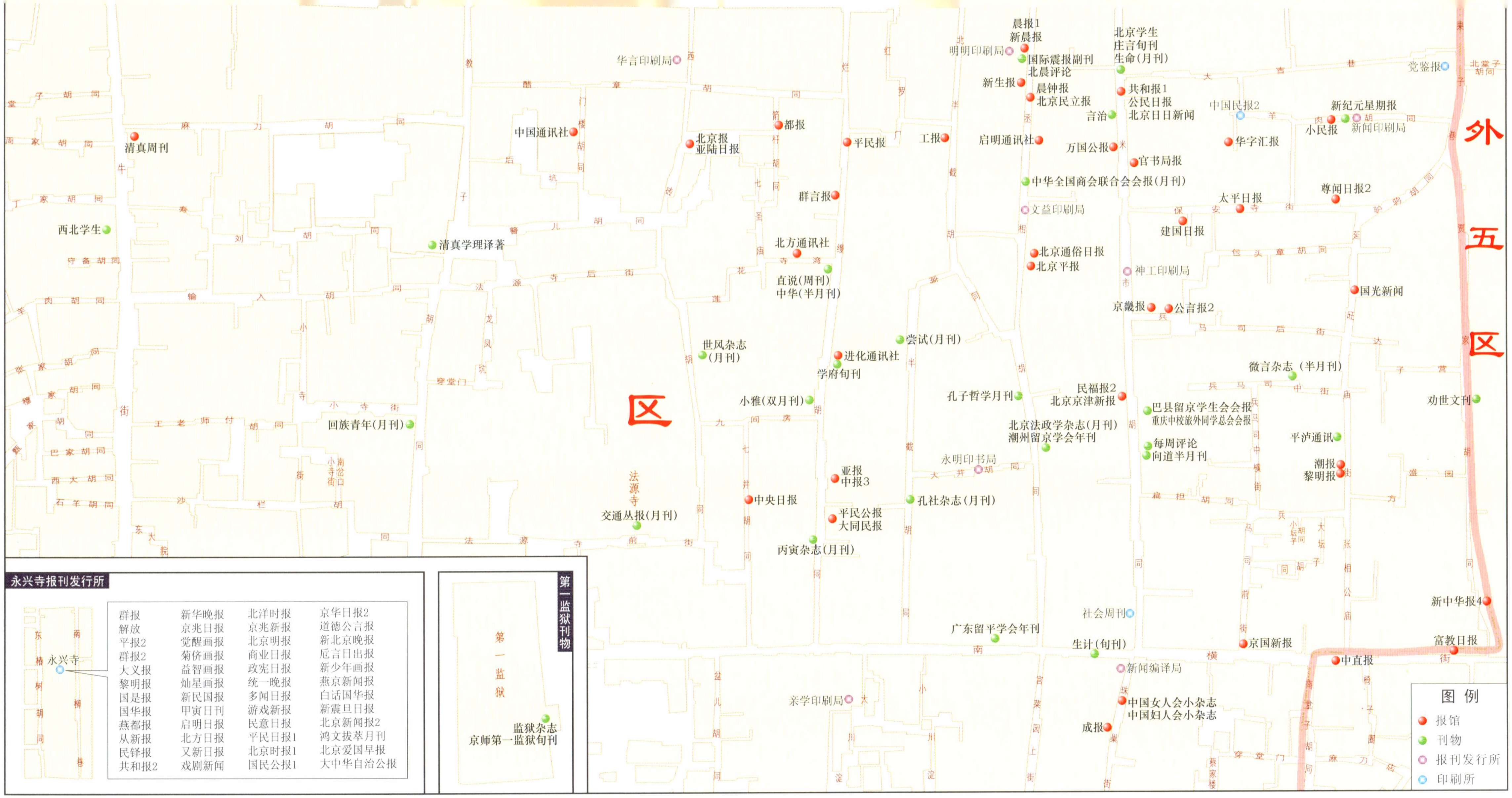


中国的近代中文报刊发端于欧洲传教士，后以中国人兴办为主。19世纪中叶以后，广州、上海先后成为中国报刊出版发行的中心。戊戌维新运动推动了北京的报刊发展，1895年康有为、梁启超等组建强学书局，在宣南的后孙公园创办了《万国公报》，它是北京第一份由中国人创办的近代报纸。1905年清廷筹备立宪，北京报刊的创办出现高潮，并达到最高峰。1911年武昌起义后，北京报刊业迅猛发展，北京成为与上海并立的全国报刊发行中心。

清末民初，北京的报刊大多数出版于宣南，浓郁的士人文化氛围、清代《京报》的发行渠道和琉璃厂印刷业的雄厚基础，使宣南成为北京近代报刊的发祥地和发行中心。截至1948年，在宣南出版和发行的报刊数量累计超过500种。康有为等创办的《万国公报》、宋教仁创办的《国风日报》、李大钊等创办的《晨钟报》、章士钊创办的《甲寅》日刊、陈独秀主编的《每周评论》、邵飘萍创办的《京报》等中国近代史上有影响的报刊都诞生于宣南。

本图分别就报馆、报纸发行所、期刊发行所、印刷所做了标注。由于有些报纸在宣南只有发行所，所以对发行所做了单独标注。图中标出报纸435种、刊物176种、发行所301处（含分发行所）、印刷所47个、通讯社19家。（详见附表164—179页）

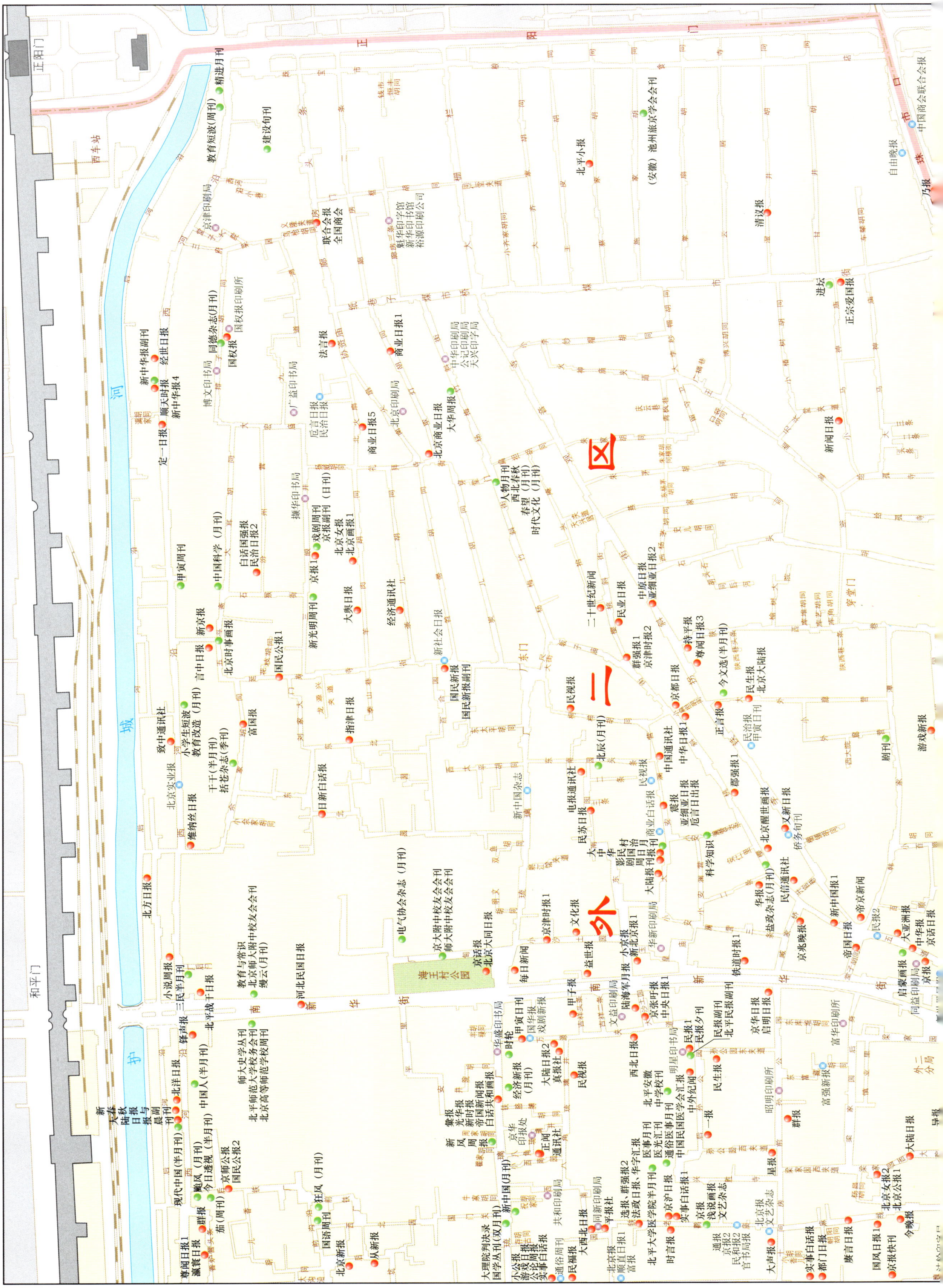
正阳门
西车站
和平门
护城河
外二区
海王村公园
正阳门
廊房头条
大栅栏
珠市口
新华街
北京大学
精进月刊
建设旬刊
教育短波（周刊）
北平小报
清议报
正宗爱国报
新闻日报
游戏新报
商业日报1
北京商业日报
大华周报
京报1
经济通讯社
北方日报
河北民国日报
小说周报
京话报
群强报1
京津时报2
北京醒世画报
帝京新闻
大陆日报
群报
益世报
民视报
今晚报
北京女报2
北京公报1
新中国日报1
中华日报
国风日报1

# 近代新闻出版业分布图（二）

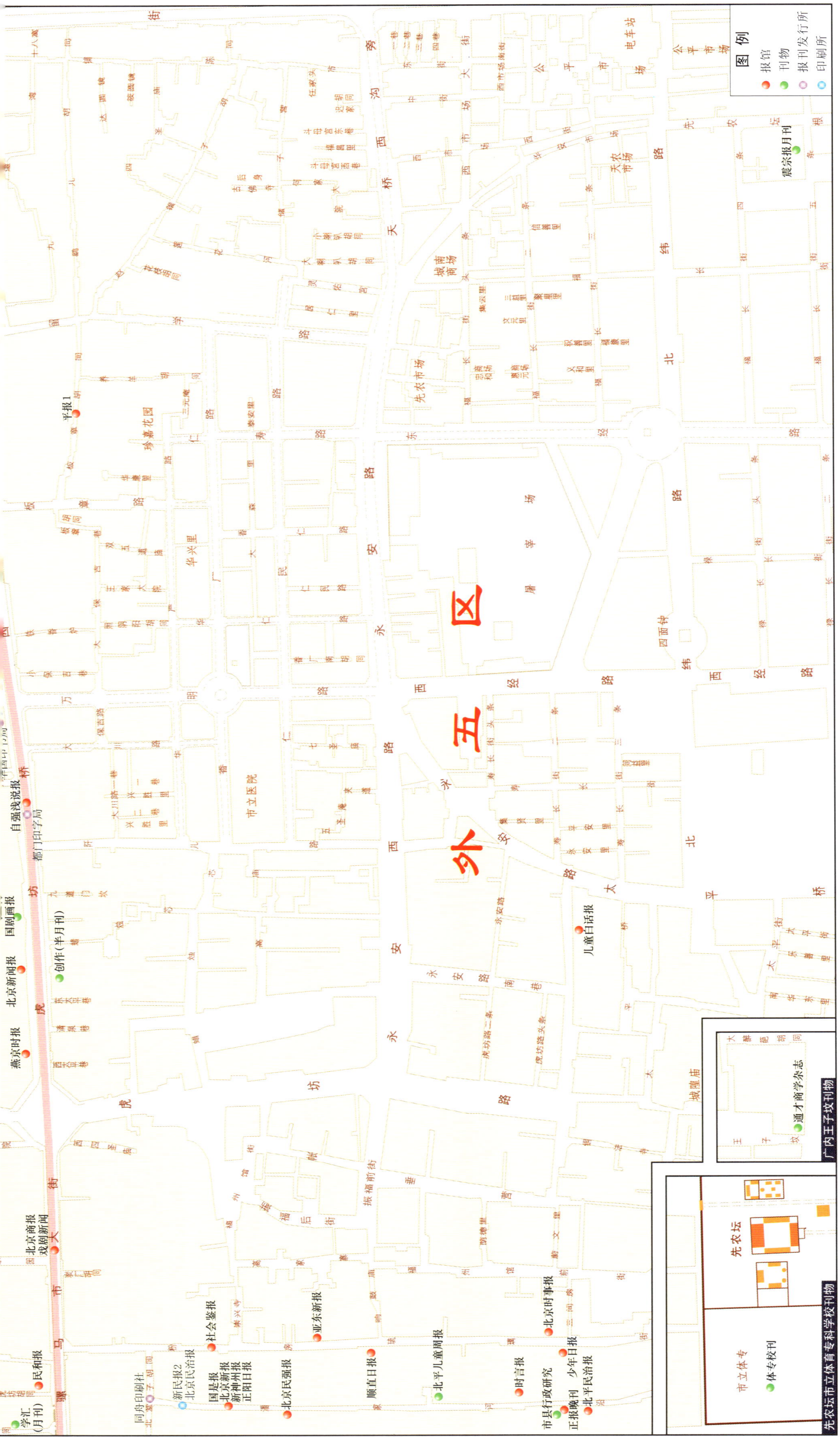

本图分幅示意

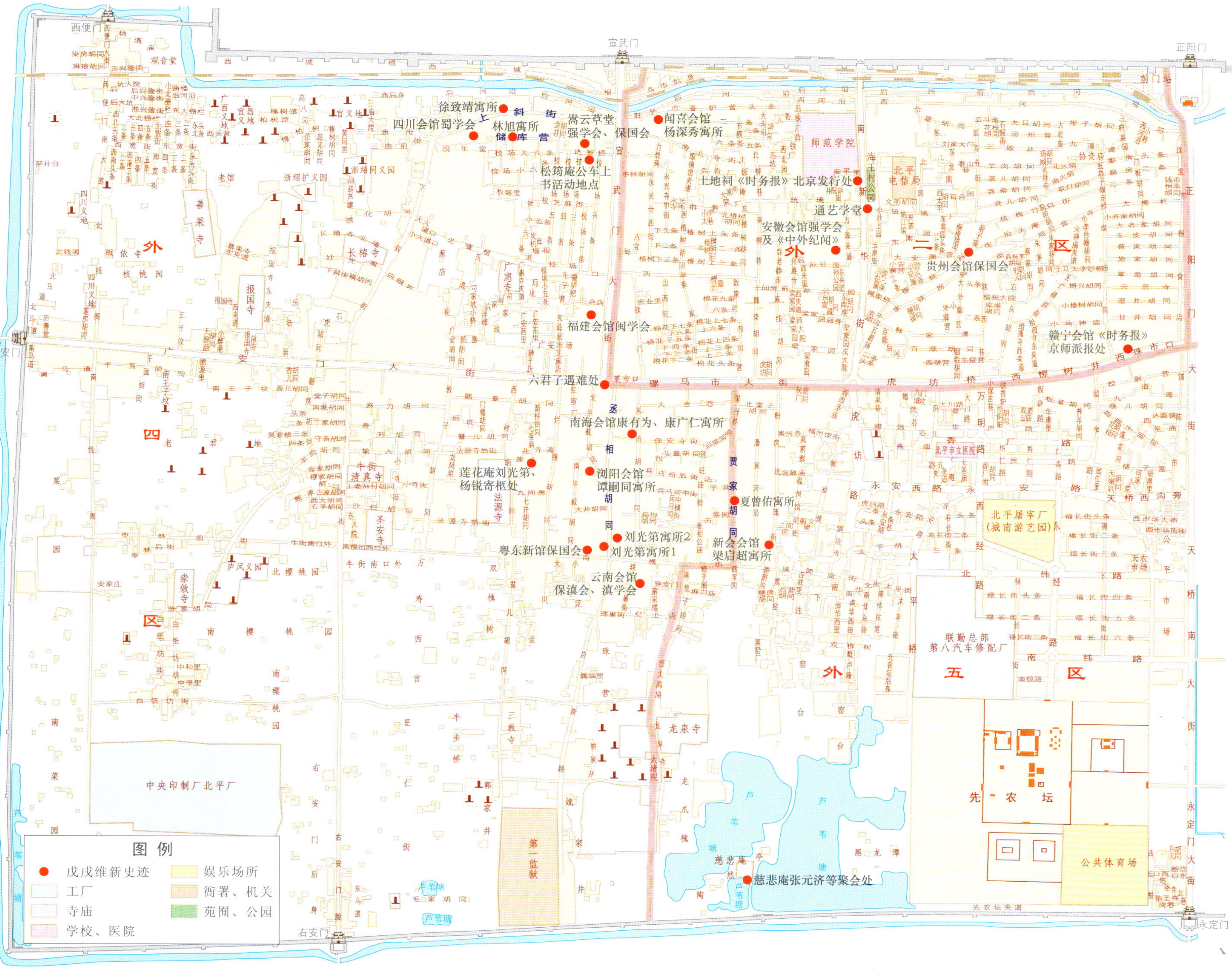


# 宣南戊戌维新史迹分布图

戊戌维新是中国近代史上的重大政治事件和文化运动，作为文化运动，它兴起和活动的地域主要在宣南地区。

1895年康有为入京会试，正值甲午战败，于是在是年3月发动“公车上书”。合十八省举人于松筠庵会议，列名者达1200余人。他们组成强学会，在后孙公园设立会所，印刷《万国公报》。梁启超寓居粉房琉璃街新会会馆，与京城名士多所往还。1897年，张元济等在琉璃厂筹设通艺学堂。维新派在上海出版的《时务报》开始在宣南出售。

1898年，正值德国人占胶州湾，俄国人向中国索要旅顺、大连之时，康有为来京后在南海会馆创办粤学会，在粤东新馆发起组织保国会，随后有关学会，以及蜀学会、闽学会、保滇会、保浙会等相继成立。康有为由内城金顶庙迁到上斜街居住，他和梁启超等提倡变法。4月23日，光绪帝发出“定国是诏”，“百日维新”于是爆发。

1898年8月，慈禧太后发动政变，六君子被杀于宣南菜市口，戊戌变法失败，但它的影响却及于全国，在中国近代历史上产生了重大影响。

宣南戊戌维新史迹众多，但许多史迹已难考证。本图所标示者，仅为众多史迹中的一小部分，其中除有确凿记载者外，多根据今人研究成果或多数人认可的意见推测，并非定论。（详见附表180页）

# 城市经济

1、琉璃厂海王村古玩店

2、1881 年建于珠宝市北口的谦祥益是北京著名的“八大祥”之一

3、同仁堂药店

# 明代商业区分布图

宣南作为北京城的起源地，从战国时起，就是商业发达的地区。唐代幽州城内出现著名的商业街檀州街，该街一直延续到金代。

明代正阳门外因紧邻皇城前门和中央衙署，成为大型“朝前市”，是京城最大的商业中心。明初在此建设廊房，招商营业，至明朝中叶，百货云集，繁华程度可与城内相比。嘉靖三十二年(1553)修筑外城后，商业进一步发展，为后世留下诸多与市场有关的街名。

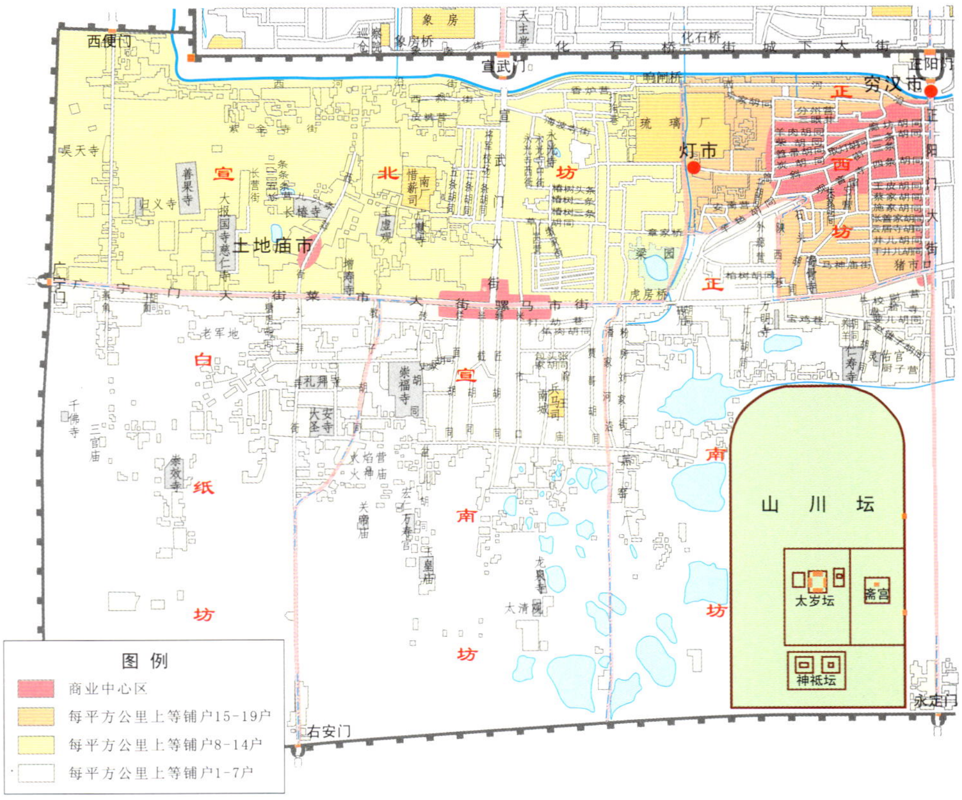


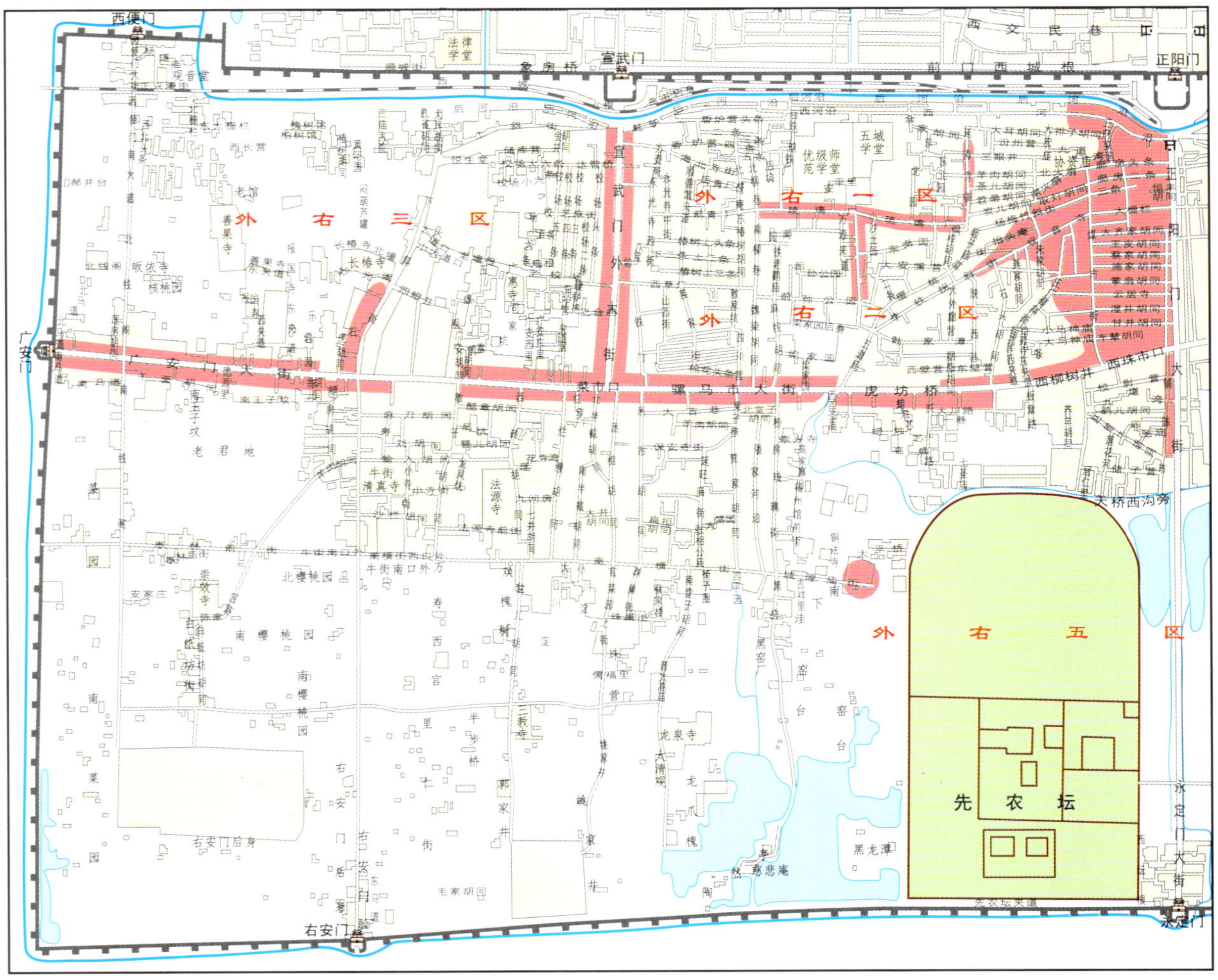


# 清代商业区分布图

清代北京实行旗民分治，原有的内城商业大量迁往外城，正阳门外成为北京最大的商业中心，以大栅栏、观音寺街为中心的前门大街西侧区域是前门商业区中最为繁华的地段。大栅栏、观音寺街是由古道演变形成的商业街，交通便利，店铺鳞次栉比。1900年，八国联军入侵北京期间，前门外商业区一度遭受巨大破坏。

琉璃厂商业街源于清初内城灯市的外迁。乾隆年间朝廷编辑《四库全书》，极大地促进了琉璃厂书店业的发展，琉璃厂成为享誉京城的书市。清末民国时期，国势衰落，书业萧条，古玩业取代书业成为琉璃厂的商业特色。

土地庙斜街、报国寺等处有外城重要的定期集市，其中土地庙斜街是北京最著名的鲜花集市。此外，广安门至珠市口大街两侧也是宣南重要的商业街。

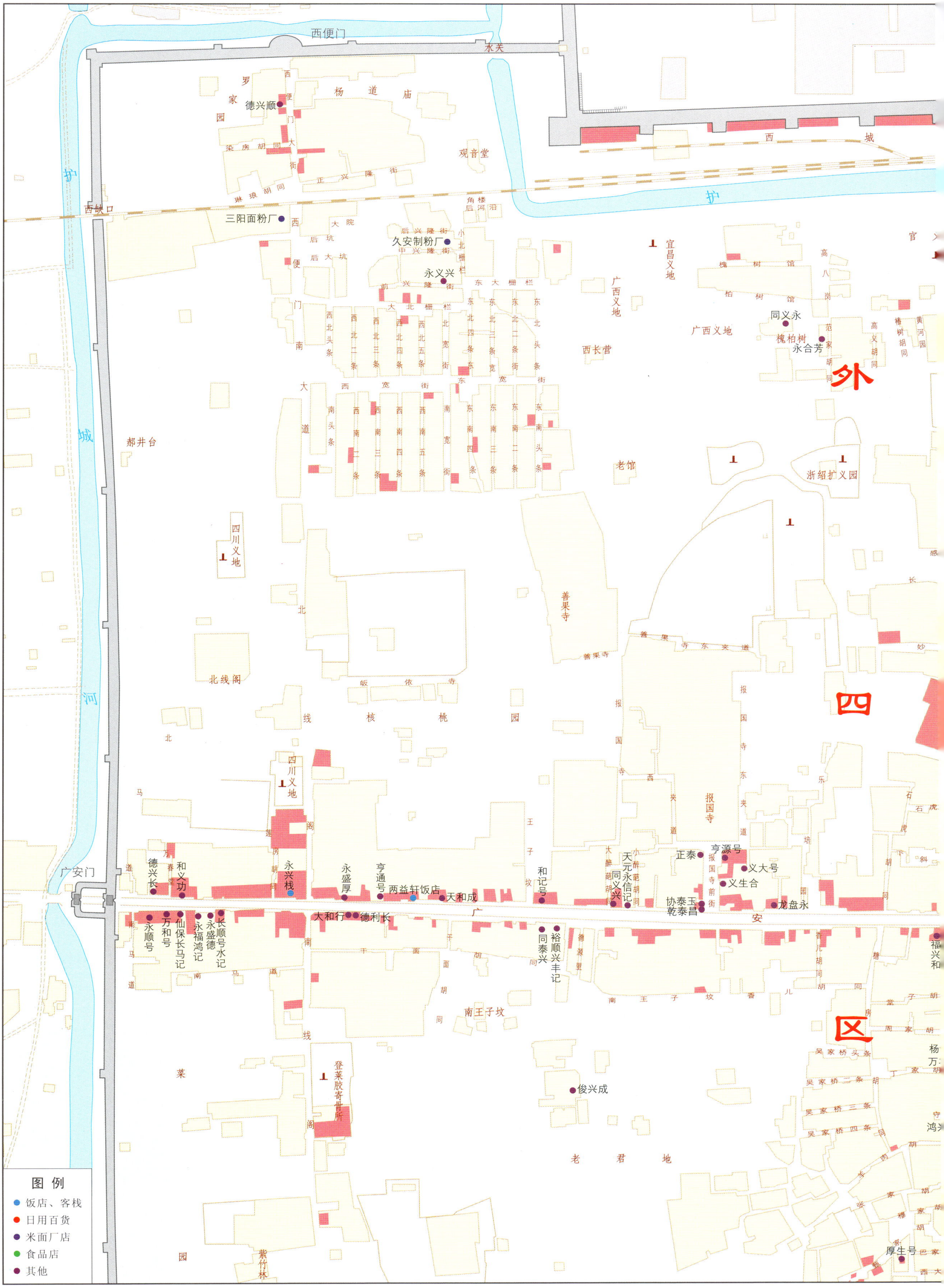
西便门
水关
德兴顺
观音堂
西缺口
三阳面粉厂
久安制粉厂
永义兴
宜昌义地
广西义地
广西义地
西长营
同义永
槐柏树
永合芳
外
四
区
郝井台
老馆
浙绍扩义园
四川义地
善果寺
北线阁
四川义地
报国寺
广安门
德兴长
和义功
永兴栈
永盛厚
亨通号
两益轩饭店
天和成
和记号
天元永信记
同义兴
正泰
亨源号
义大号
义生合
协泰玉
乾泰昌
龙盘永
永顺号
万和号
仙保长马记
永福鸿记
永盛德
长顺号水记
大和行
德利长
同泰兴
裕顺兴丰记
南王子坟
登莱胶寄骨所
俊兴成
老君地
紫竹林
厚生号
图例
饭店、客栈
日用百货
米面厂店
食品店
其他

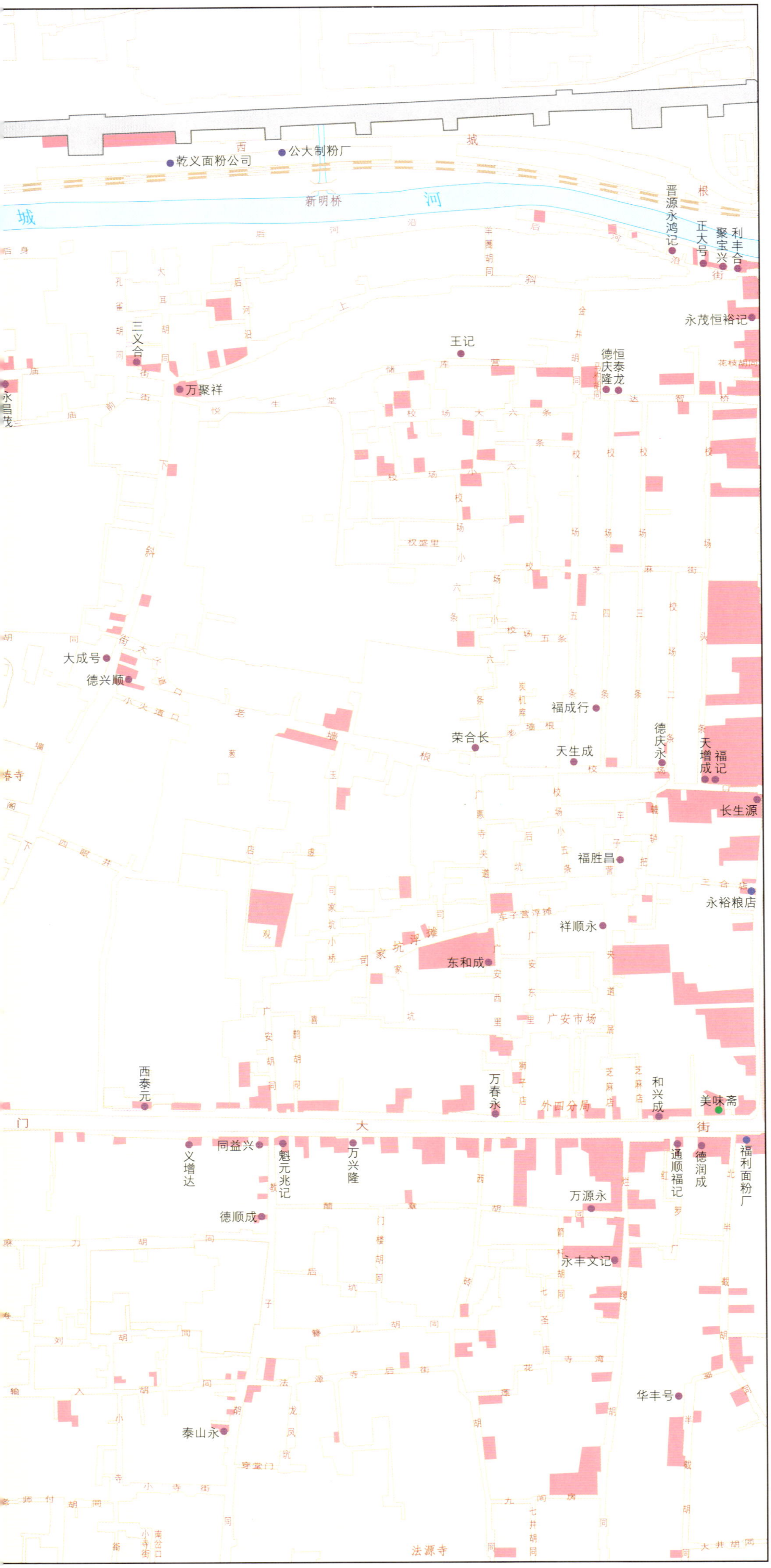


# 民国商业分布图（一）

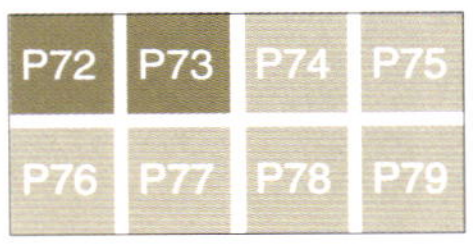


本图分幅示意

民国时期（1912—1949），北京的商业中心格局开始发生变化，内城商业发展起来，但以大栅栏为中心的前门商业区仍然是北京最大、最繁华的商业中心。这一带商店遍布于大街小巷，商业之繁盛仍超过北京其他地区。琉璃厂书市则日趋衰落，古玩业迅速发展，成为琉璃厂的商业特色。民国初年，开辟香厂新市区，在先农坛北部创建游乐园，在天桥和先农坛东北部建设新市场，形成以天桥为中心的新商业区。

本图以1955年1∶5000地形图为底图，依据民国时期档案资料，参考1950年1∶5000《北京城土地利用图》编绘而成。一般商店以商业用地形式表达，老字号和较大的商店则标出名称。商业用地反映的是1949年的状况，主要商店则反映整个民国时期的分布情况。（详见附表180—186页）

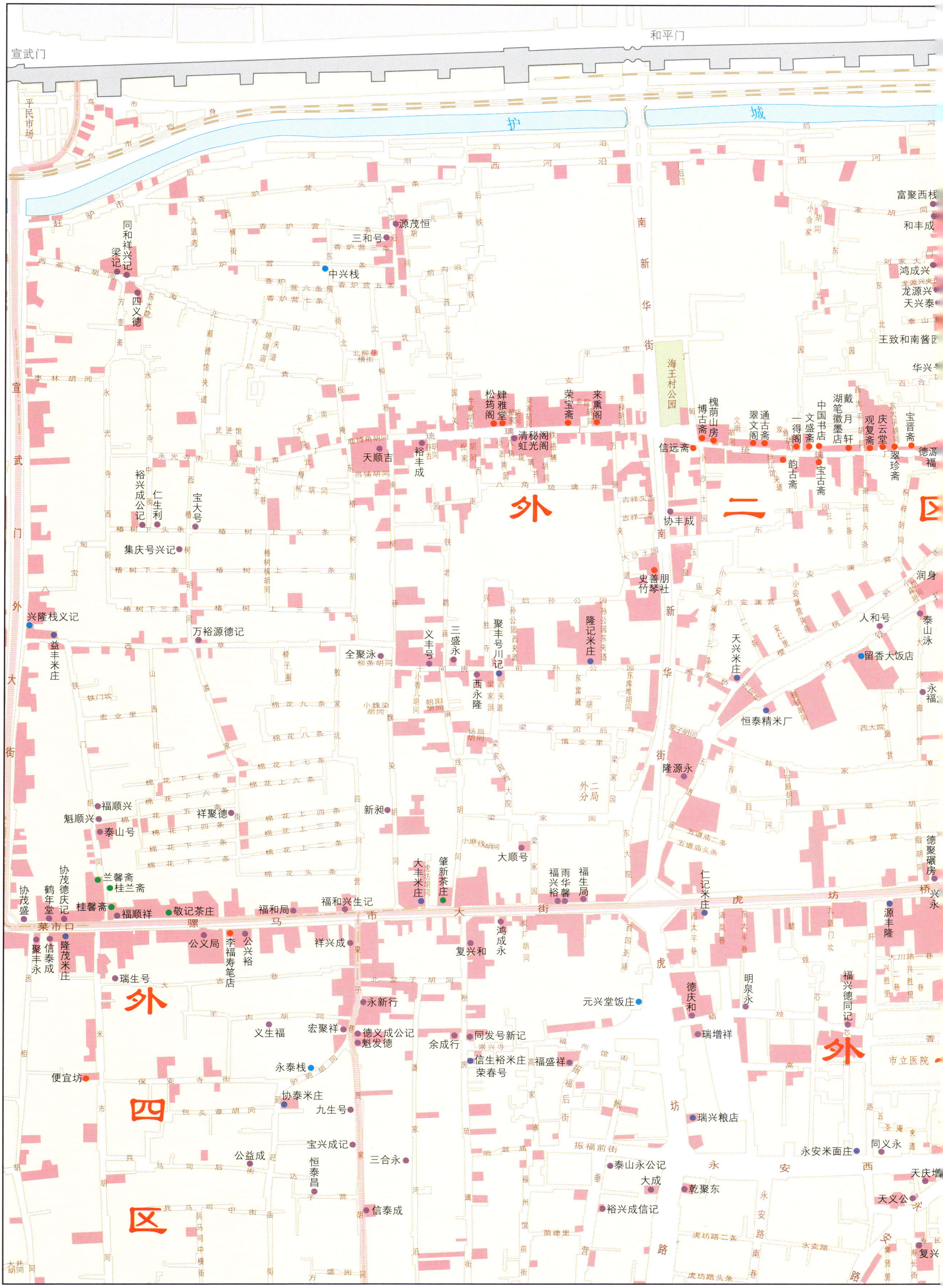
宣武门
和平门
护城河
平民市场
南新华街
海王村公园
外二区
外四区
源茂恒
三和号
中兴栈
同和祥兴记
梁记
四义德
松筠阁
肆雅堂
荣宝斋
来熏阁
清秘阁
虹光阁
天顺吉
裕丰成
信远斋
槐荫山房
博古斋
通古斋
翠文阁
一得阁
中国书店
文盛斋
湖笔徽墨店
戴月轩
观复斋
庆云堂
宝晋斋
韵古斋
宝古斋
翠珍斋
德源福
富聚西栈
和丰成
鸿成兴
龙源兴
天兴泰
王致和南酱园
华兴
裕兴成公记
仁生利
宝大号
集庆号兴记
协丰成
史善朋竹琴社
润身
人和号
泰山泳
留香大饭店
兴隆栈义记
益丰米庄
万裕源德记
全聚泳
义丰号
三盛永
聚丰号川记
隆记米庄
西永隆
天兴米庄
恒泰精米厂
永福
隆源永
外二分局
福顺兴
魁顺兴
泰山号
祥聚德
新昶
大顺号
兰馨斋
桂兰斋
协茂德庆记
鹤年堂
协茂盛
桂馨斋
福顺祥
敬记茶庄
福和局
福和兴生记
大丰米庄
肇新茶庄
福兴裕
雨华馨
福生局
仁记米庄
源丰隆
兴义永
德聚碾房
菜市口
聚丰永
信泰成
隆茂米庄
公义局
李福寿笔店
公兴裕
祥兴成
复兴和
鸿成永
瑞生号
永新行
元兴堂饭店
德庆和
明泉永
福兴德同记
市立医院
义生福
宏聚祥
德义成公记
魁发德
余成行
同发号新记
信生裕米庄
荣春号
福盛祥
瑞增祥
便宜坊
永泰栈
协泰米庄
九生号
瑞兴粮店
宝兴成记
公益成
恒泰昌
三合永
泰山永公记
大成
乾聚东
永安米面庄
同义永
天庆增
天义公
信泰成
裕兴成信记
复兴
永安西路
虎坊路

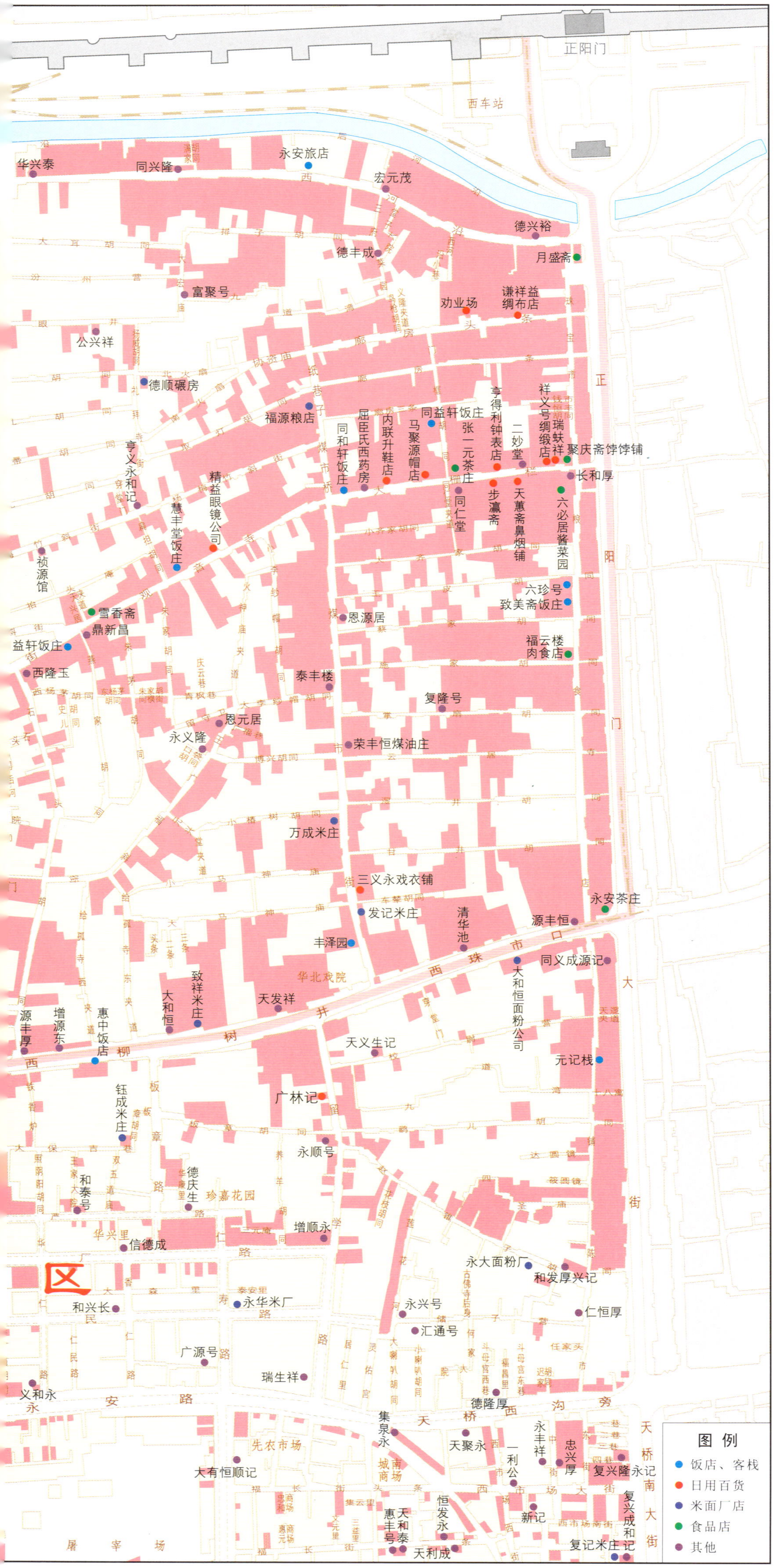


# 民国商业分布图（二）

| P72 | P73 | P74 | P75 |
|---|---|---|---|
| P76 | P77 | P78 | P79 |

本图分幅示意

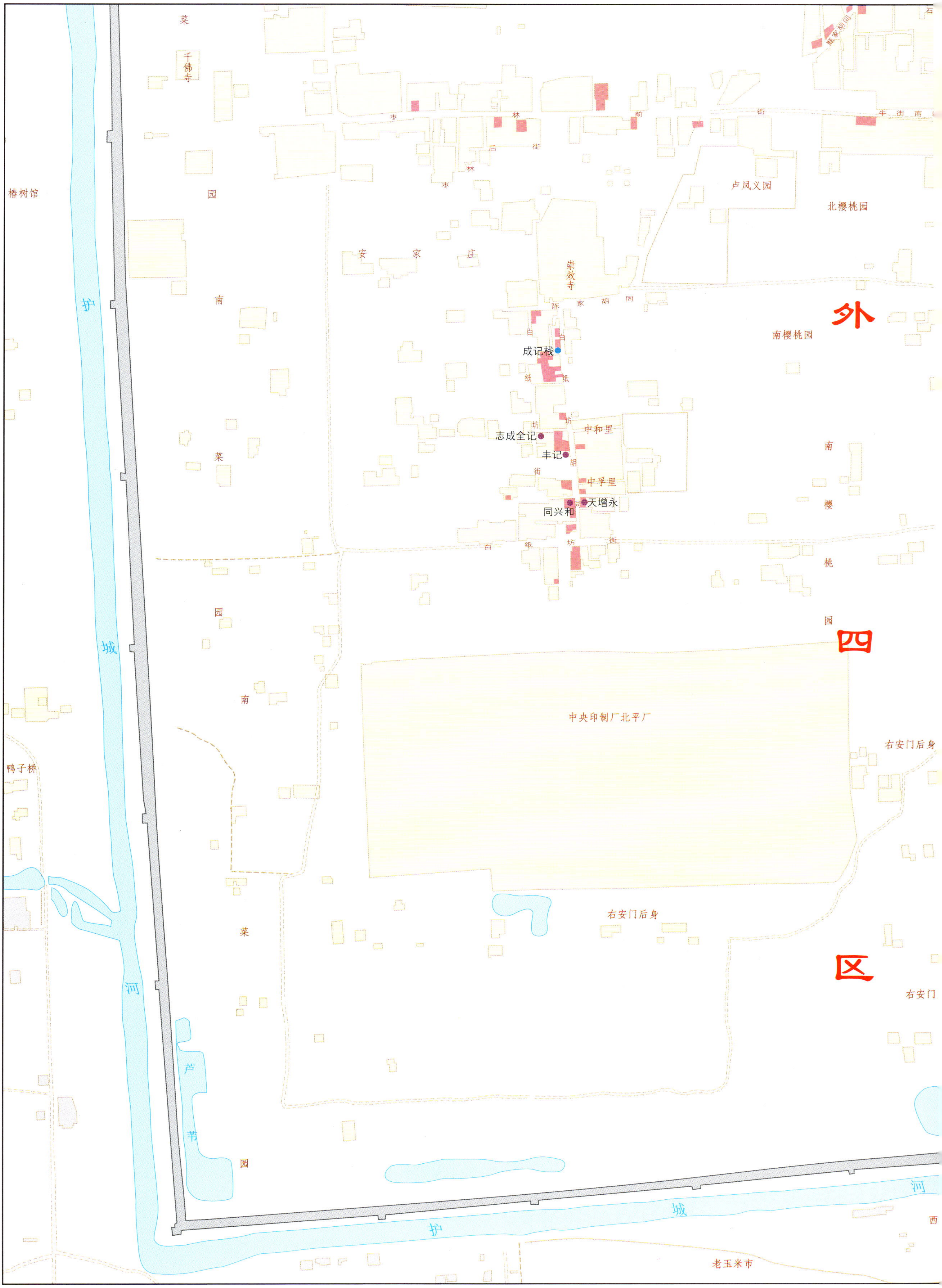
外
四
区
千佛寺
椿树馆
安 家 庄
南
菜
园
崇效寺
陈 家 胡 同
成记栈
志成全记
中和里
丰记
中孚里
天增永
同兴和
卢凤义园
北樱桃园
南樱桃园
南
樱
桃
园
中央印制厂北平厂
右安门后身
右安门
鸭子桥
芦
苇
园
护
城
河
老玉米市

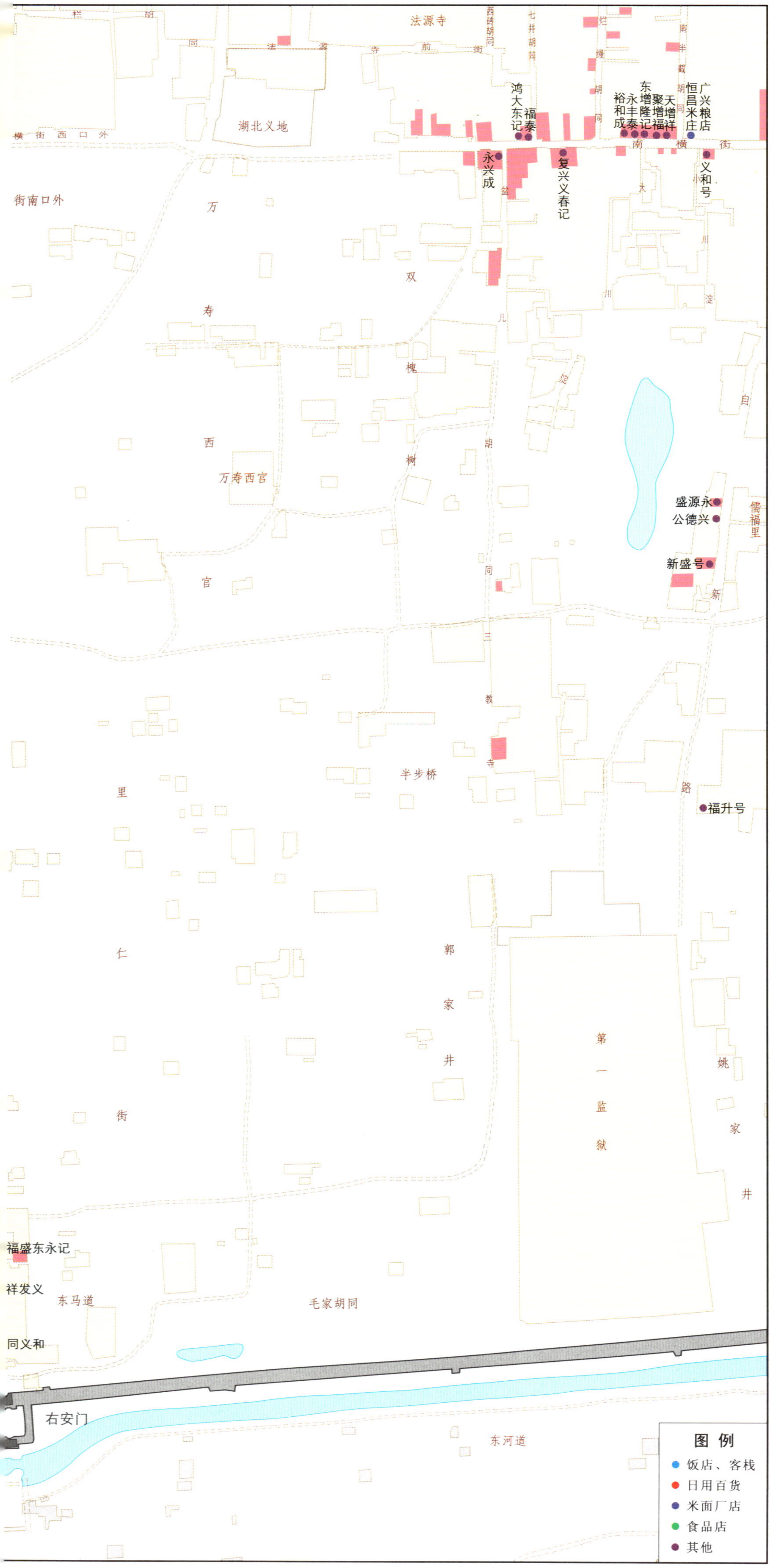


# 民国商业分布图（三）

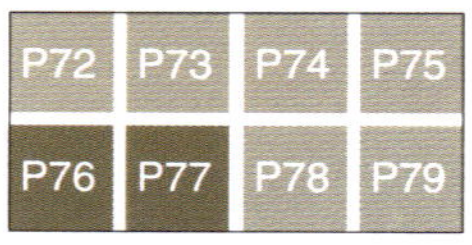


本图分幅示意

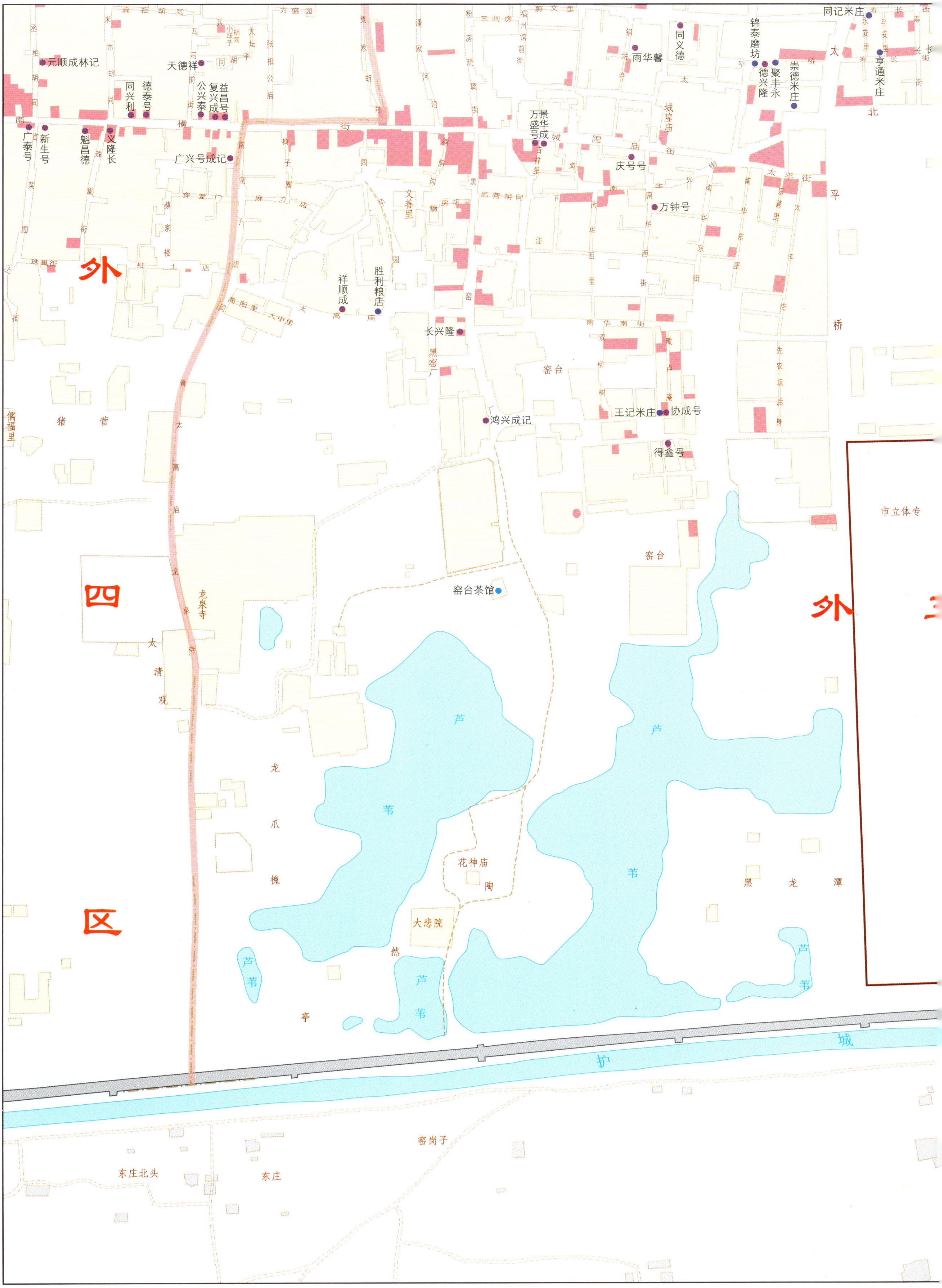
外
四
区
外
元顺成林记
天德祥
同兴利
德泰号
公兴泰
复兴成
益昌号
广泰号
新生号
魁昌德
义隆长
广兴号成记
祥顺成
胜利粮店
长兴隆
万景盛华号成
雨华馨
同义德
锦泰磨坊
德兴隆
聚丰永
崇德米庄
同记米庄
亨通米庄
庆号号
万钟号
王记米庄
协成号
得鑫号
鸿兴成记
窑台茶馆
窑台
猪营
龙泉寺
太清观
龙爪槐
花神庙
陶然亭
大悲院
芦苇
黑龙潭
市立体专
护城
窑岗子
东庄北头
东庄
太平桥

# 民国商业分布图（四）

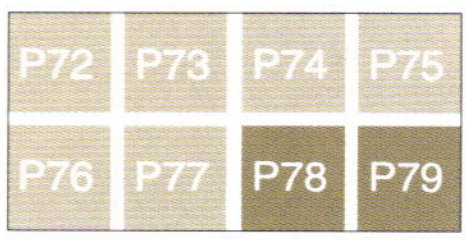

本图分幅示意

## 1935 年大栅栏、观音寺商业街图

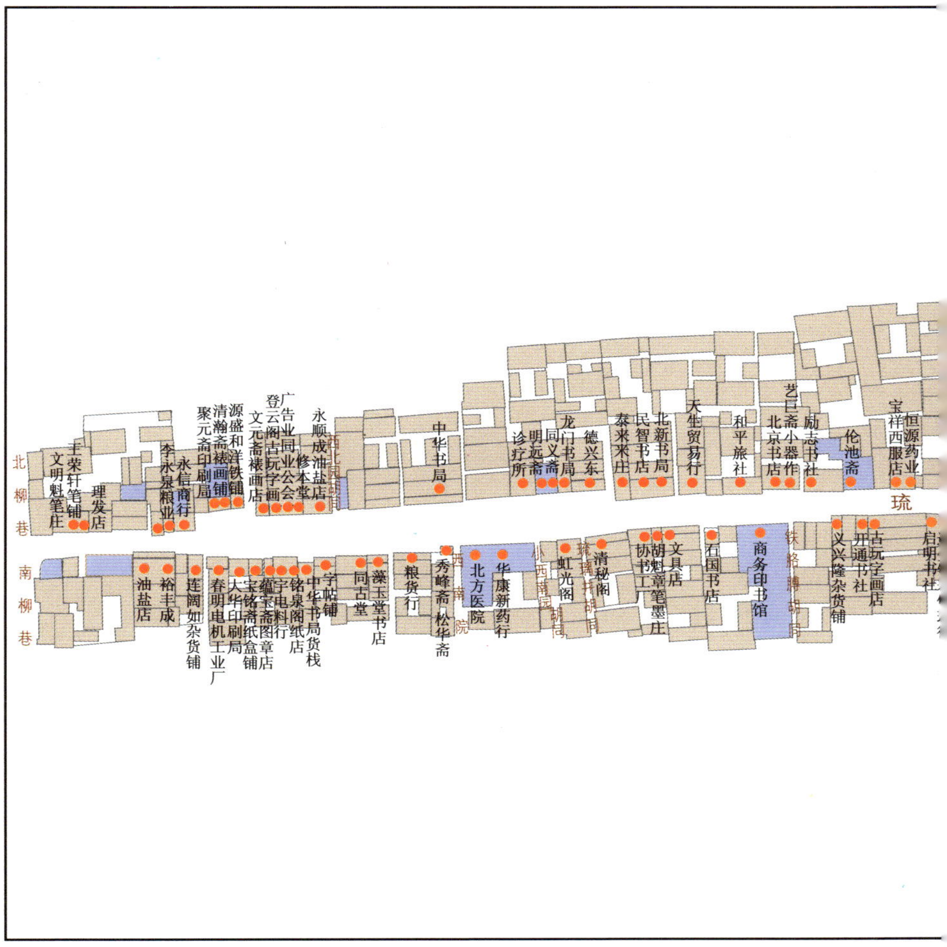


## 1947 年琉璃厂商业街图

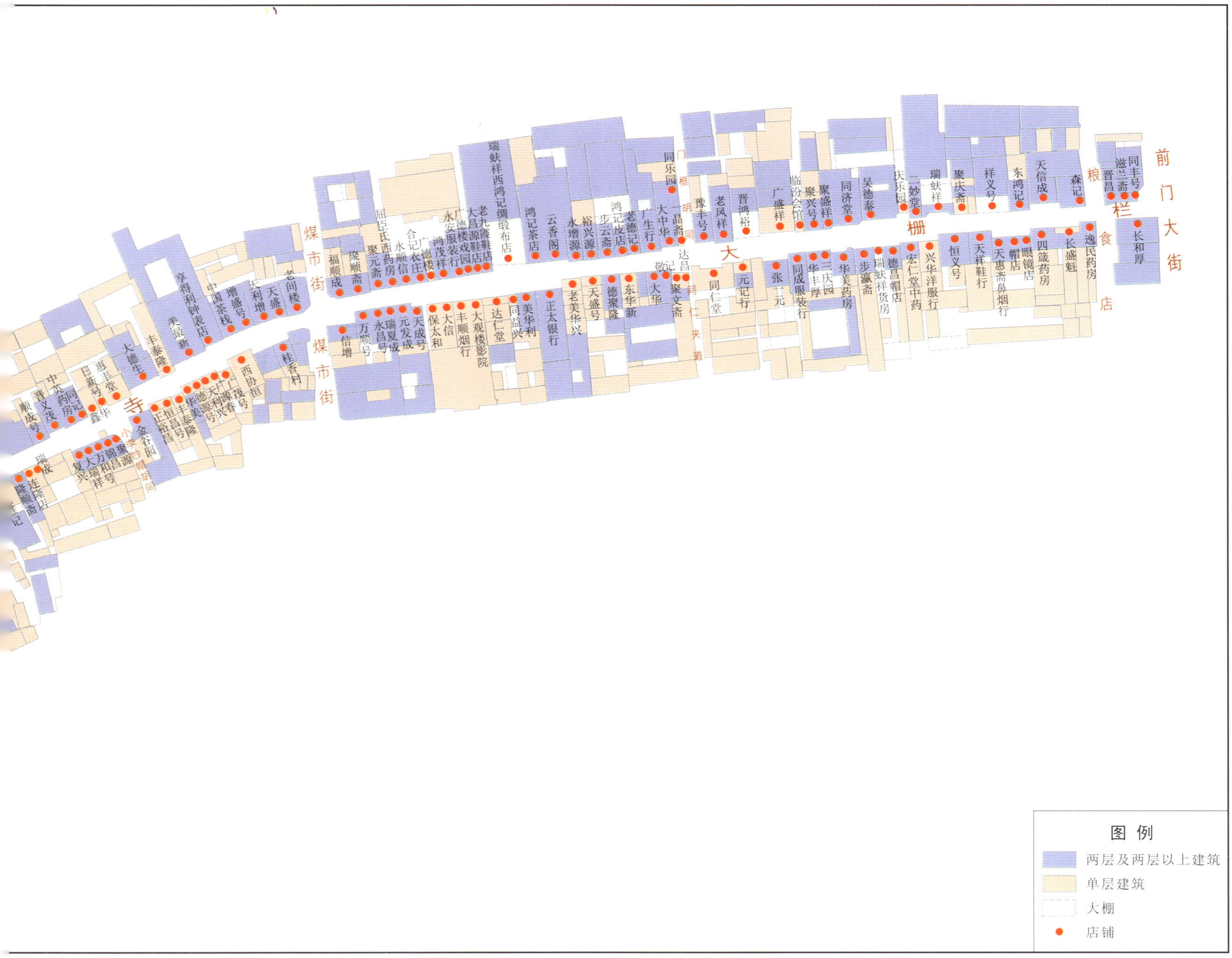
前门大街
粮食店
大栅栏
煤市街
观音寺
图例
两层及两层以上建筑
单层建筑
大棚
店铺

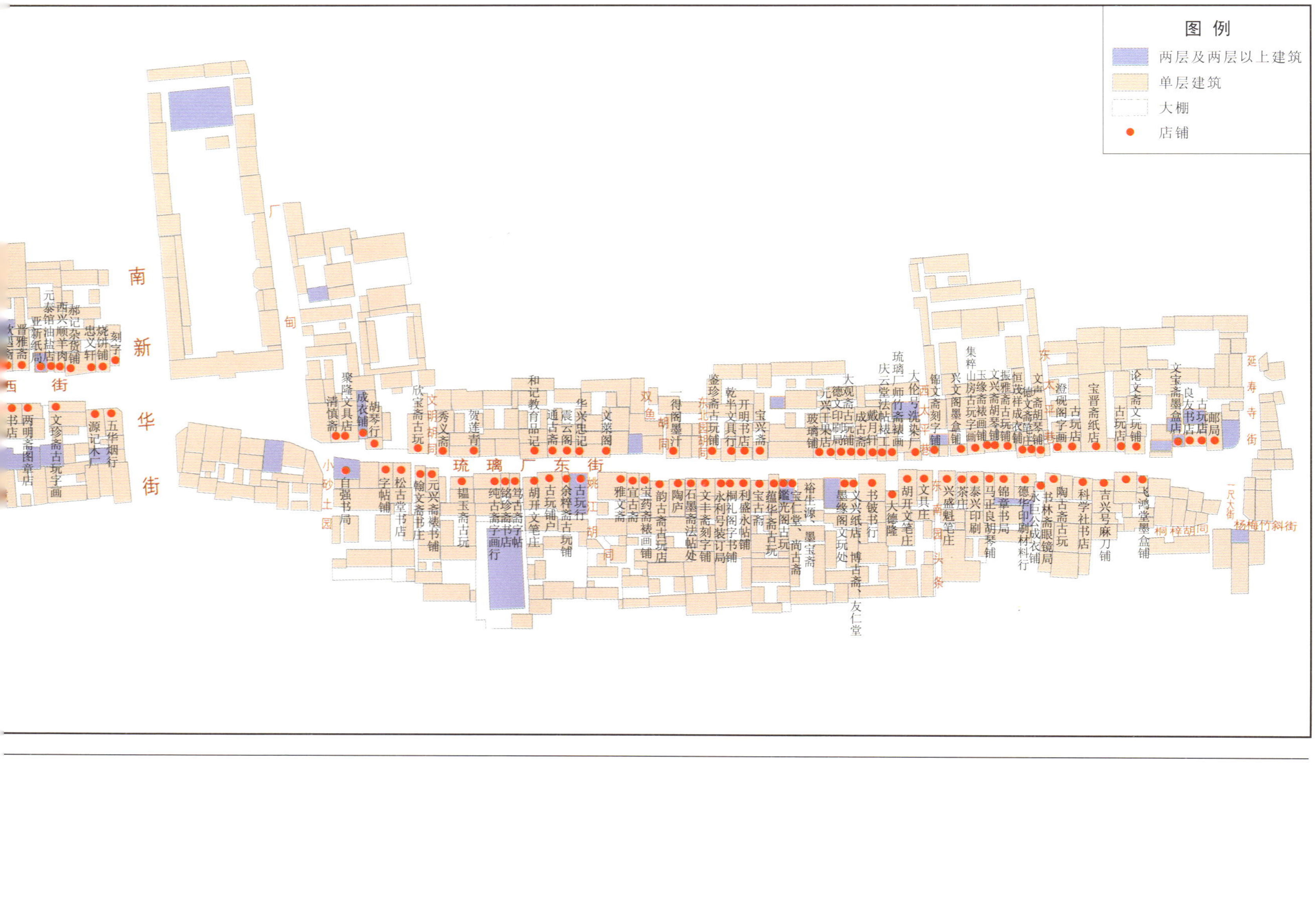
南新华街
琉璃厂东街
延寿寺街
杨梅竹斜街
图例
两层及两层以上建筑
单层建筑
大棚
店铺

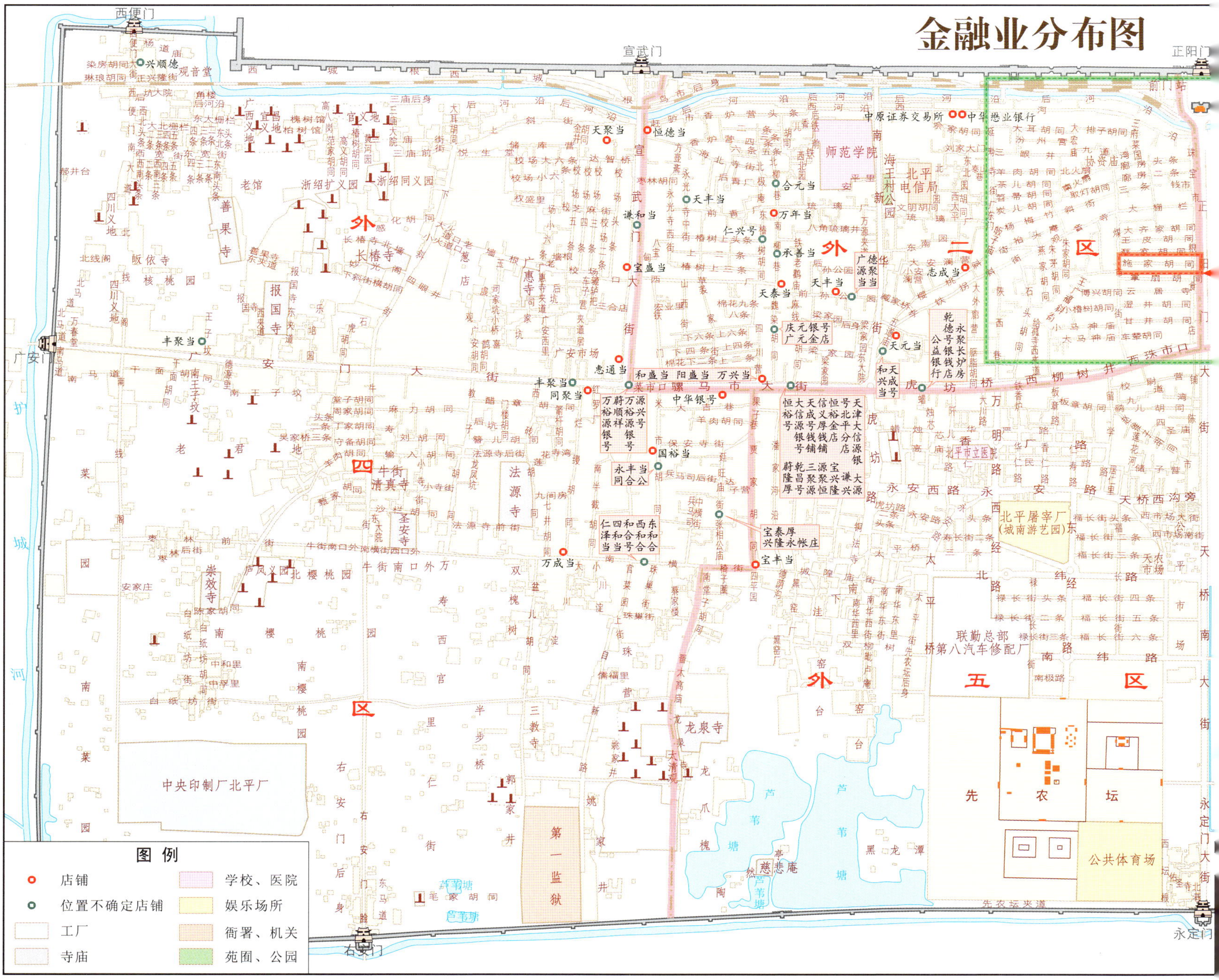


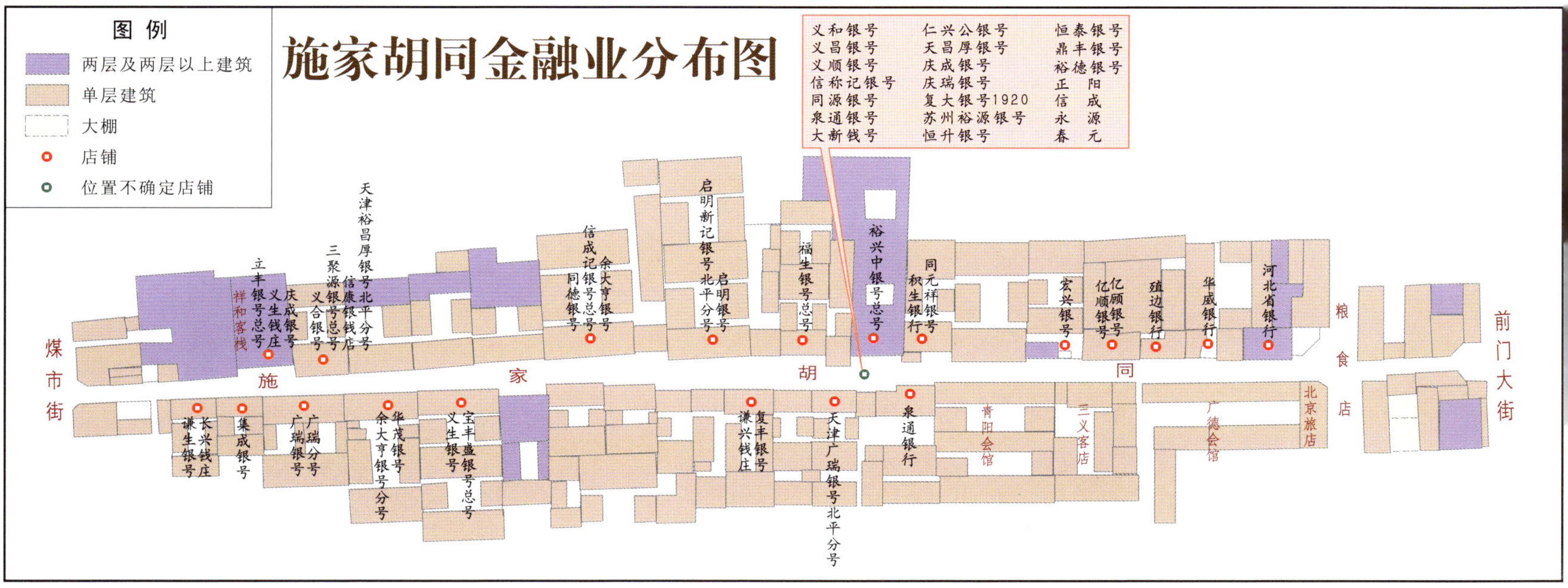


北京的金融业兴盛于清代，清代伴随晋商的兴起，出现了由晋商开办的票号，票号亦名票庄、汇号、汇兑庄，因多为山西商人经营，又统称为山西票号。20世纪初，随着银行业的兴起和清朝的灭亡，票号因之衰落，民国年间所存无几。

咸丰二年（1852）户部在北京设立官银号，自此私营银号随之发达。光绪末年，李鸿章所创义善源等银号倒闭，连累百余家银号息业。进入民国后，战争、迁都，以及银元的大量使用，都对北京银号业构成压力，造成银号数量减少。民国时期的北平银号分为三类：一以公债证卷为主，二以存放款和汇兑为主，三以兑换银钱和各国货币。

银炉又名炉房，主营元宝铸造。北京银炉兴起于清代，初为26家官府认定之官炉，清末渐有私炉出现。当通行银元后，该业式微，民国年间仅余数家，且多改为银号。

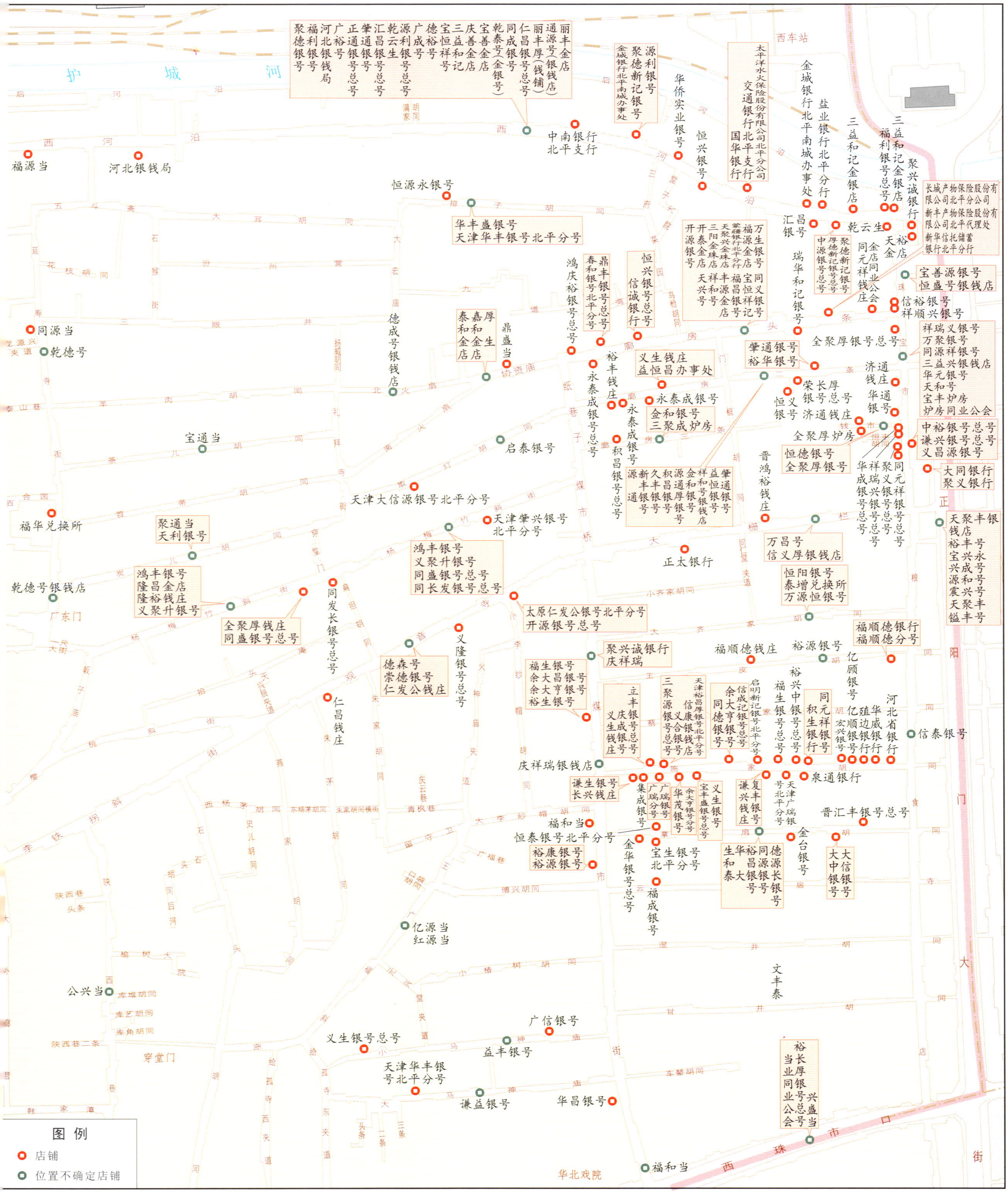


# 大栅栏地区金融业分布图

与金融有关系者还有兑换所、烟钱店和钱摊，以及兼营兑换业务的盐店等。由于规模很小，难以定位，本图未予标注。

北京的银行出现于光绪年间，首先出现的是外资银行，光绪三十一年（1905）户部银行成立，四年（1908）改称大清银行。随后中资银行相继成立，宣南地区的银行多为中资，它们与银号保持着密切关系。

北京清代、民国时期的金融业主要集中于前门外，尤以前门大街以西的钱市街至施家胡同一带分布最为集中。

近代，中资金融机构处境艰难，更迭频繁。限于资料，图中仅就其中的部分金融机构加以表达，以反映金融机构分布的大致情况。（详见附表186—189页）

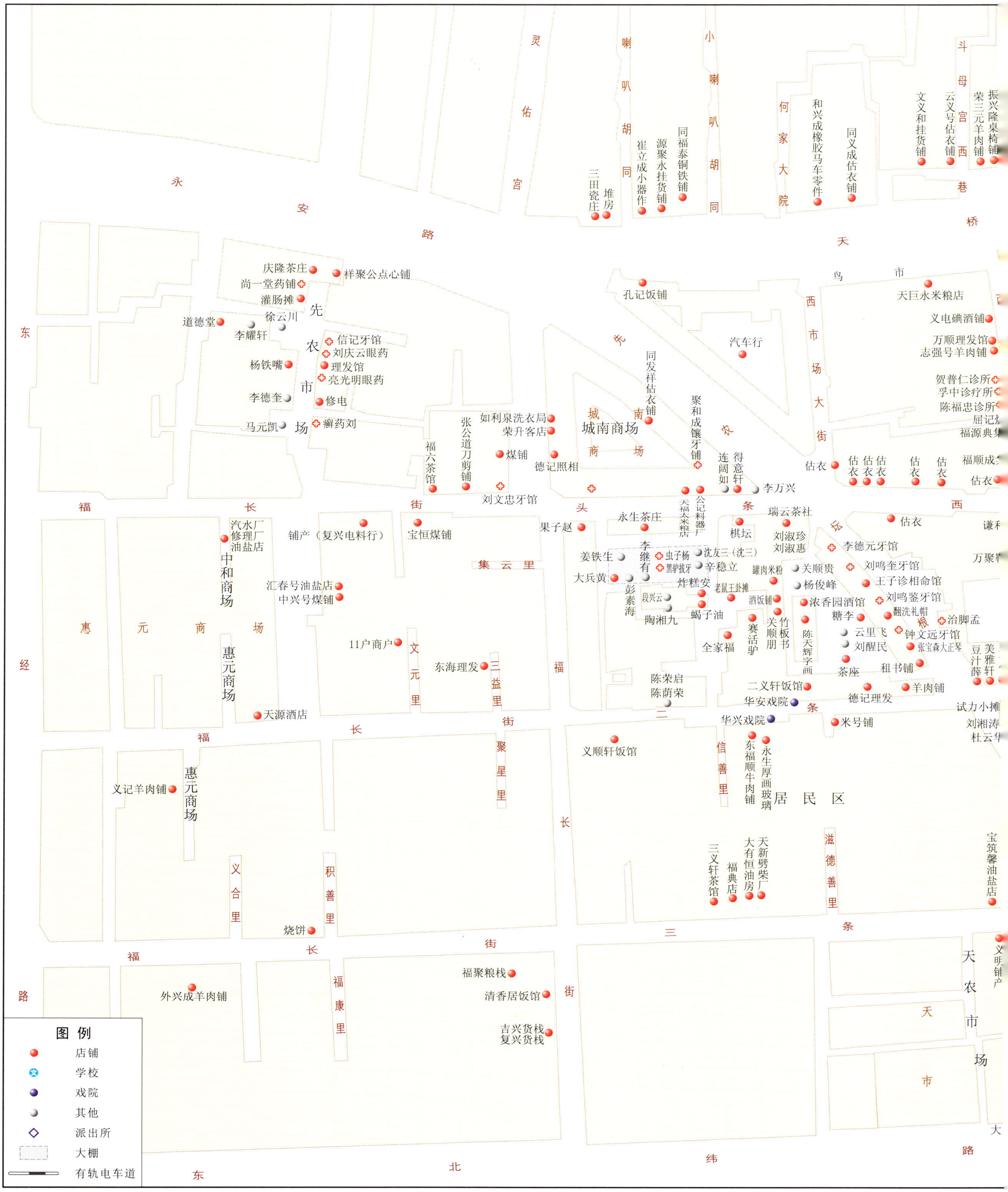
永安路
灵佑宫
喇叭胡同
小喇叭胡同
何家大院
斗母宫西巷
三田瓷庄
堆房
崔立成小器作
源聚永挂货铺
同福泰铜铁铺
和兴成橡胶马车零件
同义成估衣铺
文和挂货铺
云义号估衣铺
荣三元羊肉铺
振兴隆桌椅铺
桥
天
乌
市
庆隆茶庄
祥聚公点心铺
尚一堂药铺
灌肠摊
徐云川
道德堂
李耀轩
先农市场
信记牙馆
刘庆云眼药
理发馆
亮光明眼药
杨铁嘴
李德奎
修电
马元凯
癣药刘
孔记饭铺
天巨永米粮店
义电碘酒铺
汽车行
西市场大街
万顺理发馆
志强号羊肉铺
贺普仁诊所
孚中诊疗所
陈福忠诊所
居记
福源典当
东
先农
同发祥估衣铺
城南商场
聚和成镶牙铺
张公道刀剪铺
如利泉洗衣局
荣升客店
煤铺
德记照相
福六茶馆
刘文忠牙馆
连阔如
得意轩
李万兴
估衣
估衣
估衣
估衣
估衣
估衣
福顺成
估衣
福长街头条
西
汽水厂修理厂油盐店
铺产（复兴电料行）
宝恒煤铺
果子赵
永生茶庄
天福大菜粮店
公记料器厂
瑞云茶社
棋坛
刘淑珍
刘淑惠
估衣
谦和
万聚
李德元牙馆
集云里
姜铁生
李继有
虫子杨
黑驴拔牙
沈友三（沈三）
辛稳立
罐肉米粉
关顺贵
刘鸣奎牙馆
大兵黄
炸糕安
杨俊峰
王子诊相命馆
彭素海
段兴云
老鼠王卦摊
酒饭铺
浓香园酒馆
刘鸣銮牙馆
陶湘九
蝎子油
翻洗礼帽
糖李
治脚孟
中和商场
汇春号油盐店
中兴号煤铺
赛活驴
关竹顺板用书
陈天辉字画
云里飞
刘醒民
钟文远牙馆
张宝森大正琴
豆汁薛
美雅轩
惠元商场
11户商户
文元里
东海理发
三益里
福
全家福
茶座
租书铺
经
陈荣启
陈荫荣
二义轩饭馆
羊肉铺
华安戏院
德记理发
试力小摊
天源酒店
二条
华兴戏院
米号铺
刘湘涛
杜云华
福长街
聚星里
义顺轩饭馆
信善里
东福顺牛肉铺
永生厚画玻璃
居民区
义记羊肉铺
惠元商场
长
三义轩茶馆
大有恒油房
福典店
天新劈柴厂
滋德善里
宝筑馨油盐店
义合里
积善里
烧饼
福长街三条
福路
外兴成羊肉铺
福康里
福聚粮栈
清香居饭馆
吉兴货栈
复兴货栈
街
天农市场
义明铺产
天市
图例
店铺
学校
戏院
其他
派出所
大棚
有轨电车道
东北纬
大路

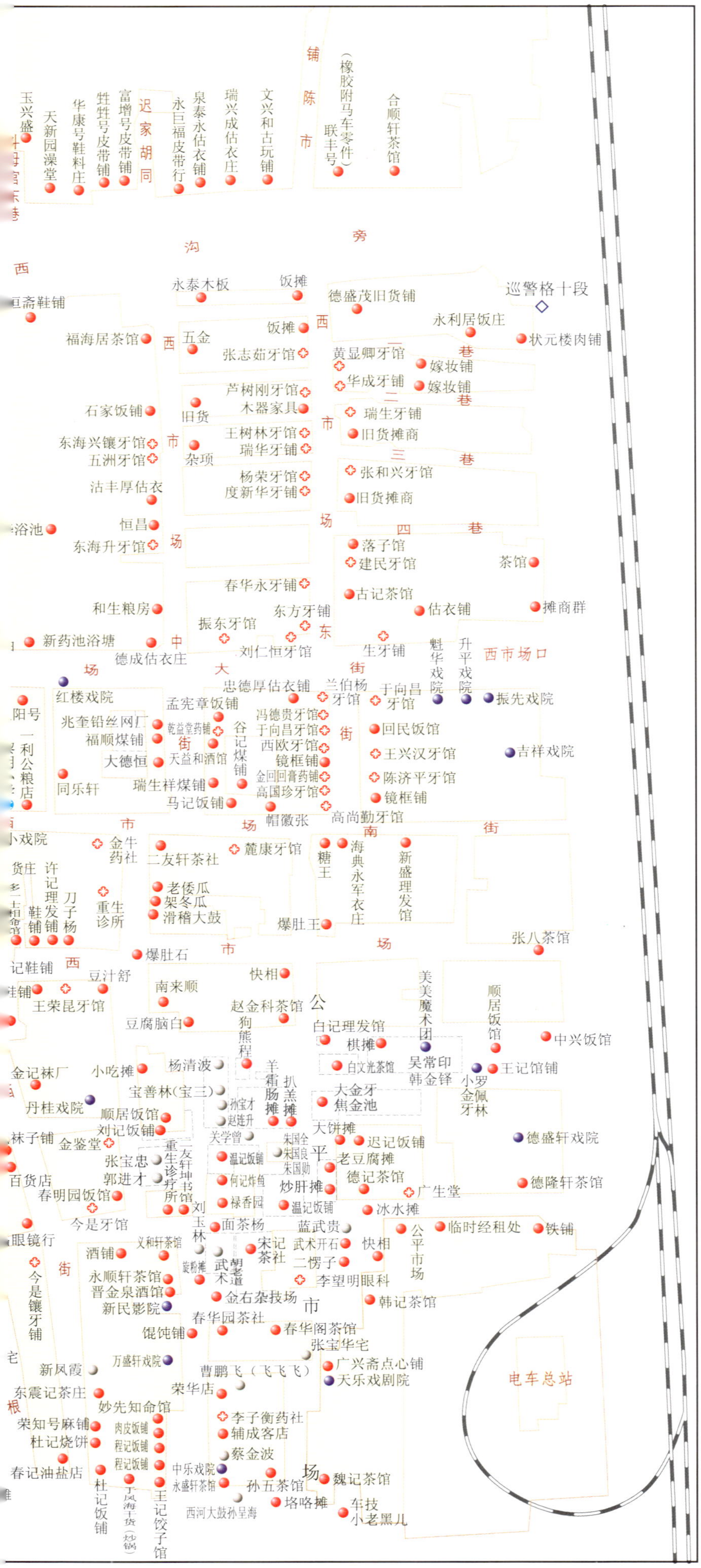


# 天桥图（一）

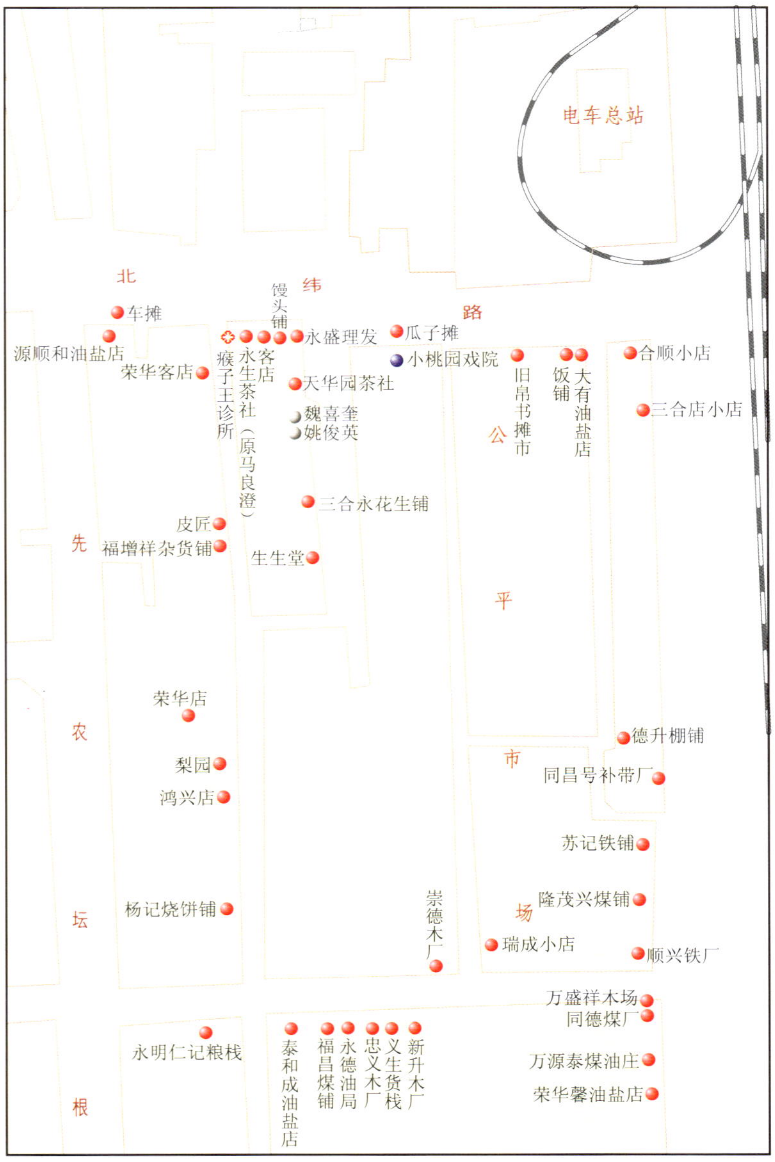


# 天桥图（二）

天桥是位于正阳门与永定门之间御路上的一座汉白玉石桥，是明清两代皇帝祭天坛时的必经之桥，桥西有大片空地。1912年厂甸改造道路，厂甸庙会暂移香厂，随后有艺人由香厂迁至天桥。1915年改造正阳门瓮城，拆迁商户于天桥西开设店铺、茶社等，形成七条商棚街巷，称天桥市场，后发展为西市场。1917年修筑土路，于先农坛东坛根下，凿池引水，种稻栽莲，建水心亭。1918年又在先农坛北部空地建起城南游艺园，成为城南新的游乐休闲之所。民国九、十两年，天桥连遭大火，水心亭被毁，后将亭之北部地基给予电车公司建筑总站。城南游艺园也相继衰败。1926年，内务部拆去先农坛外围墙，在坛之东北角添建先农市场、惠元商场、城南商场、天平市场、天桥西市场、福长街等。在西市场南，发展起公平市场，成为面积广大的包括商铺、餐饮、服务、娱乐、医疗等多种行业在内的平民商业中心区和民间演出艺术的中心，兴盛时商户多达数百家。（详见附表189—195页）

# 手工业和近代工业分布图

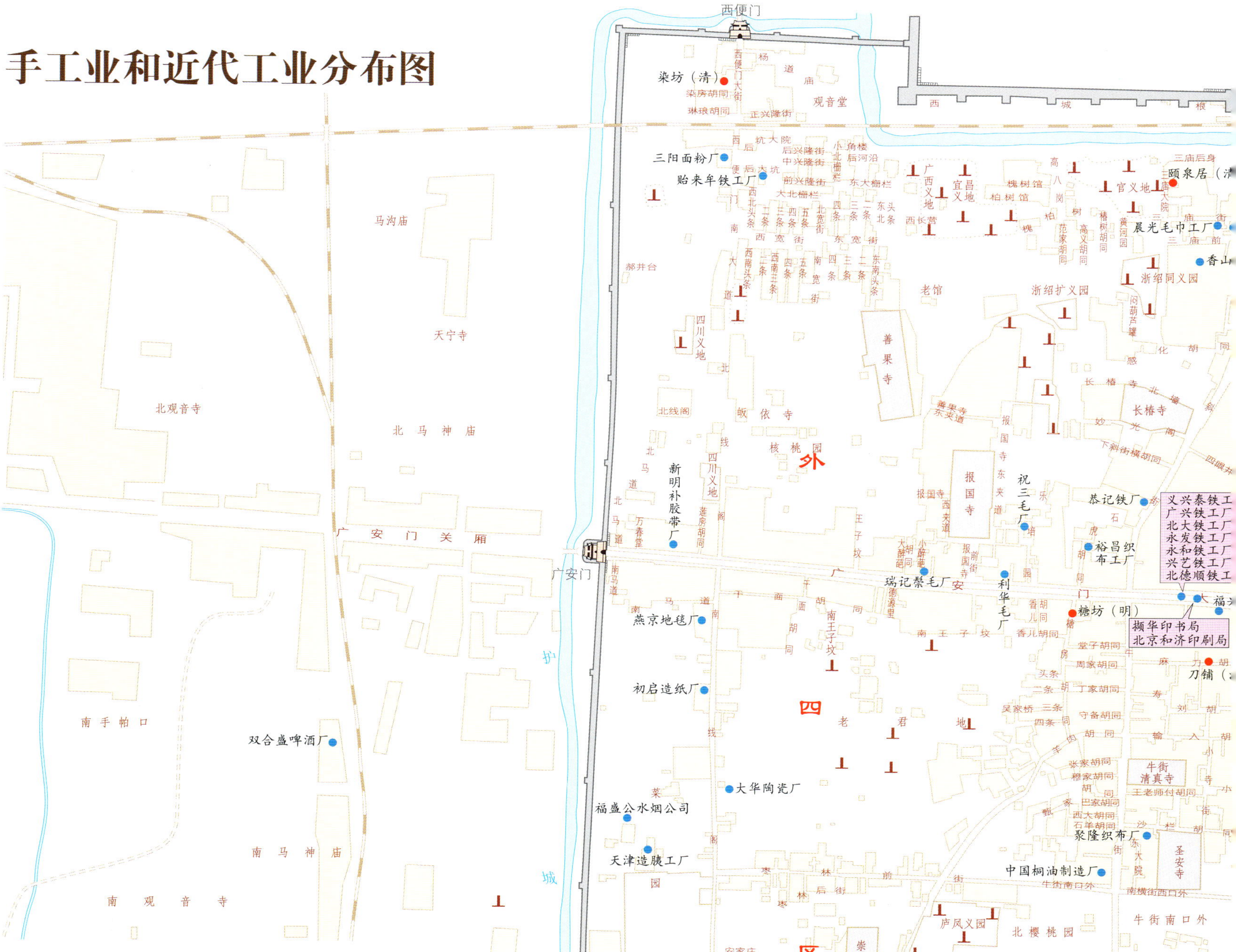


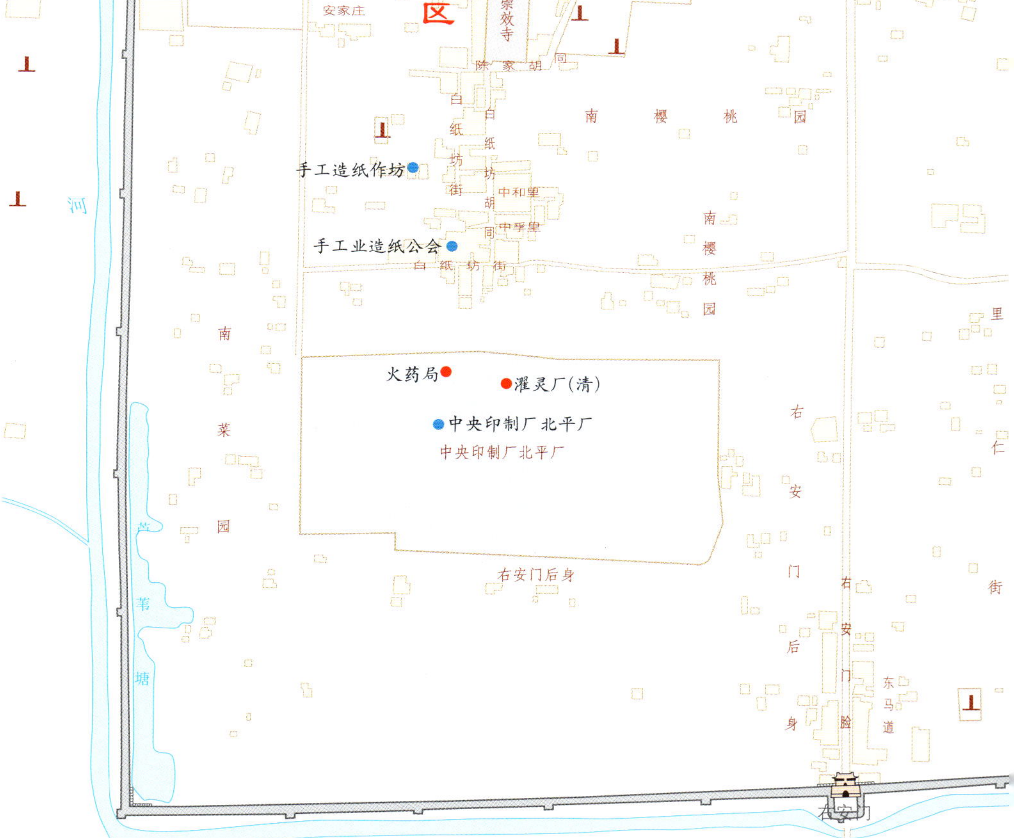


宣南地区手工业的出现与早期蓟城的诞生和发展相伴随，在宣武地区多次出土古代铸造、制骨和烧陶遗址。明清时期，宣南地区的手工业包括官办手工业和民办手工业。官办手工业包括琉璃厂、黑窑厂和惜薪厂等；民办手工业有白纸坊的造纸业、牛街的玉雕业、琉璃厂的印书业、铁门胡同的酿酒业，以及其他传统手工业项目。

清末，近代机器工业传入宣南，使用印刷机器的造币厂落户白纸坊。民国年间，民办工业发展起来，主要有广安门啤酒厂、西便门内面粉厂、琉璃厂的机器印刷等。

本图收录明代到1948年的工厂、手工作坊。一些“前店后厂”式的、有加工作坊的店铺，如同仁堂、六必居等也列入其中。到1948年，宣南地区已经成为北京旧城内工业和手工业比较集中的地区。（详见附表195—197页）

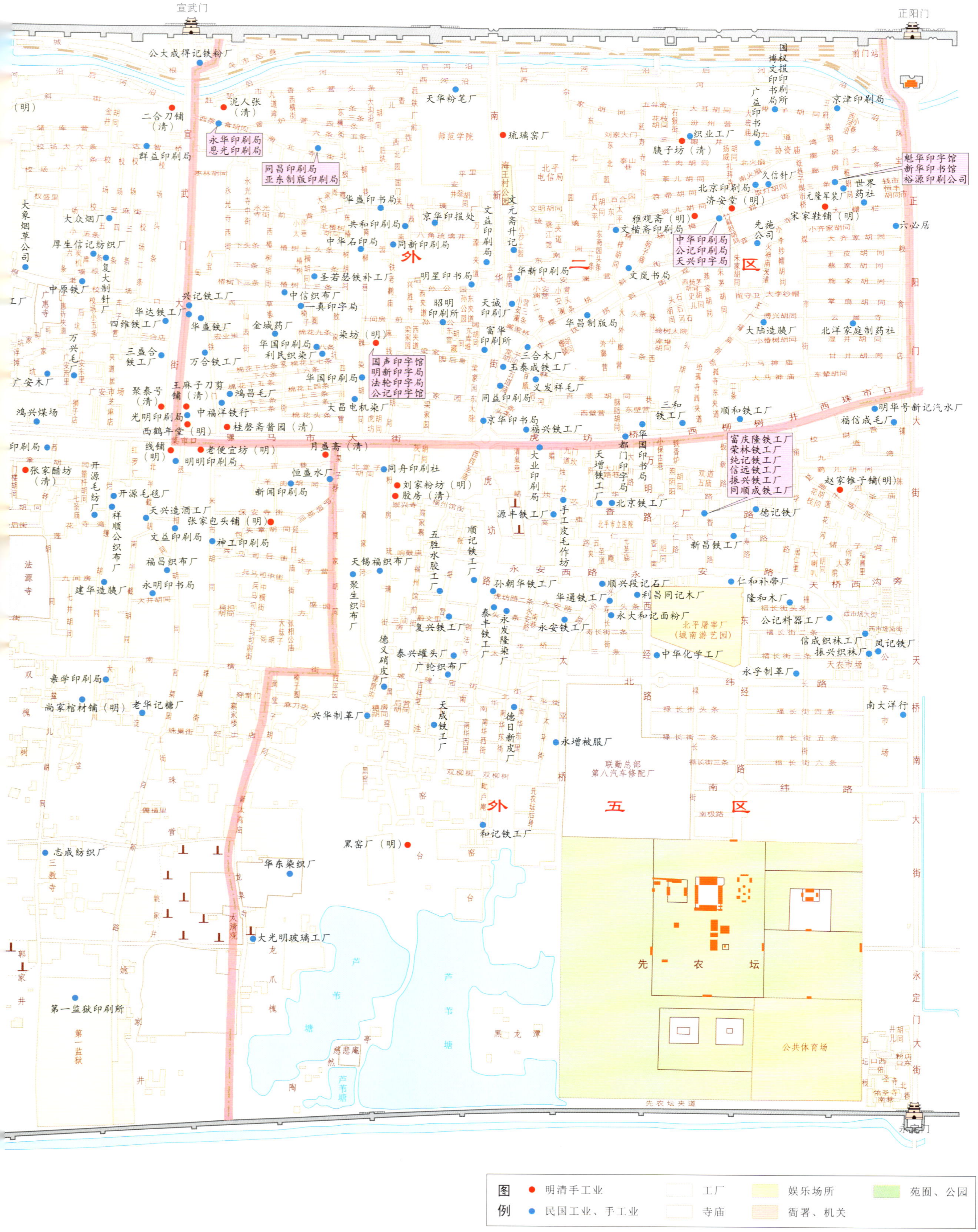

宣武门
正阳门
永定门
前门站
外 二 区
外 五 区
公大成得记铁粉厂
泥人张（清）
二合刀铺（清）
永华印刷局
思光印刷局
群益印刷局
同昌印刷局
亚东制版印刷局
天华粉笔厂
琉璃窑厂
师范学院
北平电信局
国权文报印印书局所
广益印书局
京津印刷局
织业工厂
腰子坊（清）
久信针厂
北京印刷局
济安堂（明）
魁华印字馆
新华印书馆
裕源印刷公司
世界药社
元隆军装厂
宋家鞋铺（明）
六必居
先施公司
雅观斋（明）
文楷斋印刷局
中华印刷局
公记印刷局
天兴印字局
华盛印书局
京华印报处
共和印刷局
文益印刷局
文元斋升记
中华石印局
同新印刷局
大众烟厂
厚生信记纺织厂
大象烟草公司
复大制针厂
中原铁厂
明星印书局
华新印刷局
文岚书局
圣若瑟铁补工厂
中信织布厂
一真印字局
兴记铁工厂
华达铁工厂
四维铁工厂
华盛铁厂
金城药厂
昭明印刷所
天诚印刷厂
华昌制版局
大陆造胰厂
北洋家庭制药社
三盛合铁工厂
万合铁工厂
华国印刷局
利民织染厂
染坊（明）
国声印字馆
明新印字局
法轮印字局
公记印字馆
富华印刷所
三合木厂
玉泰成铁工厂
义发祥毛厂
同益印刷局
广安木厂
聚泰号（清）
王麻子刀剪铺（清）
鸿昌毛厂
光明印刷局
中福洋铁行
大昌电机染厂
京华印书局
福兴铁工厂
三和铁工厂
顺和铁工厂
明华号新记汽水厂
福信成毛厂
鸿兴煤场
西鹤年堂（明）
桂馨斋酱园（清）
老便宜坊（明）
月盛斋（清）
印刷局
线铺（明）
明明印刷局
张家醋坊（清）
开源毛纺厂
开源毛毯厂
恒盛水厂
新闻印刷局
同舟印刷社
刘家粉坊（明）
胶房（清）
大业印刷局
天增铁工厂
华国印书局
都门印字局
富庆隆铁工厂
荣林铁工厂
纯记铁工厂
信远铁工厂
振兴铁工厂
同顺成铁工厂
赵家锥子铺（明）
天兴造酒工厂
张家包头铺（明）
祥顺公织布厂
文益印刷局
神工印刷局
源丰铁工厂
手工皮毛作坊
北京铁工厂
德记铁厂
新昌铁工厂
福昌织布厂
永明印书局
建华造胰厂
天锡福织布厂
聚生织布厂
五胜水胶工厂
顺记铁工厂
孙朝华铁工厂
顺兴段记石厂
利昌同记木厂
仁和补带厂
隆和木厂
华通铁工厂
永大和记面粉厂
公记杵器工厂
复兴铁工厂
泰丰铁工厂
永发隆染厂
永安铁工厂
北平屠宰厂（城南游艺园）
信成织袜工厂
振兴织袜厂
凤记铁厂
中华化学工厂
德义硝皮厂
泰兴罐头厂
广纶织布厂
永孚制革厂
法源寺
亲学印刷局
尚家棺材铺（明）
老华记糖厂
兴华制革厂
天成铁工厂
德日新皮厂
永增被服厂
南大洋行
联勤总部第八汽车修配厂
志成纺织厂
黑窑厂（明）
和记铁工厂
华东染织厂
大光明玻璃工厂
陶然亭
慈悲庵
芦苇塘
黑龙潭
先农坛
公共体育场
先农坛夹道
第一监狱印刷所
第一监狱
图例
明清手工业
民国工业、手工业
工厂
寺庙
娱乐场所
衙署、机关
苑囿、公园

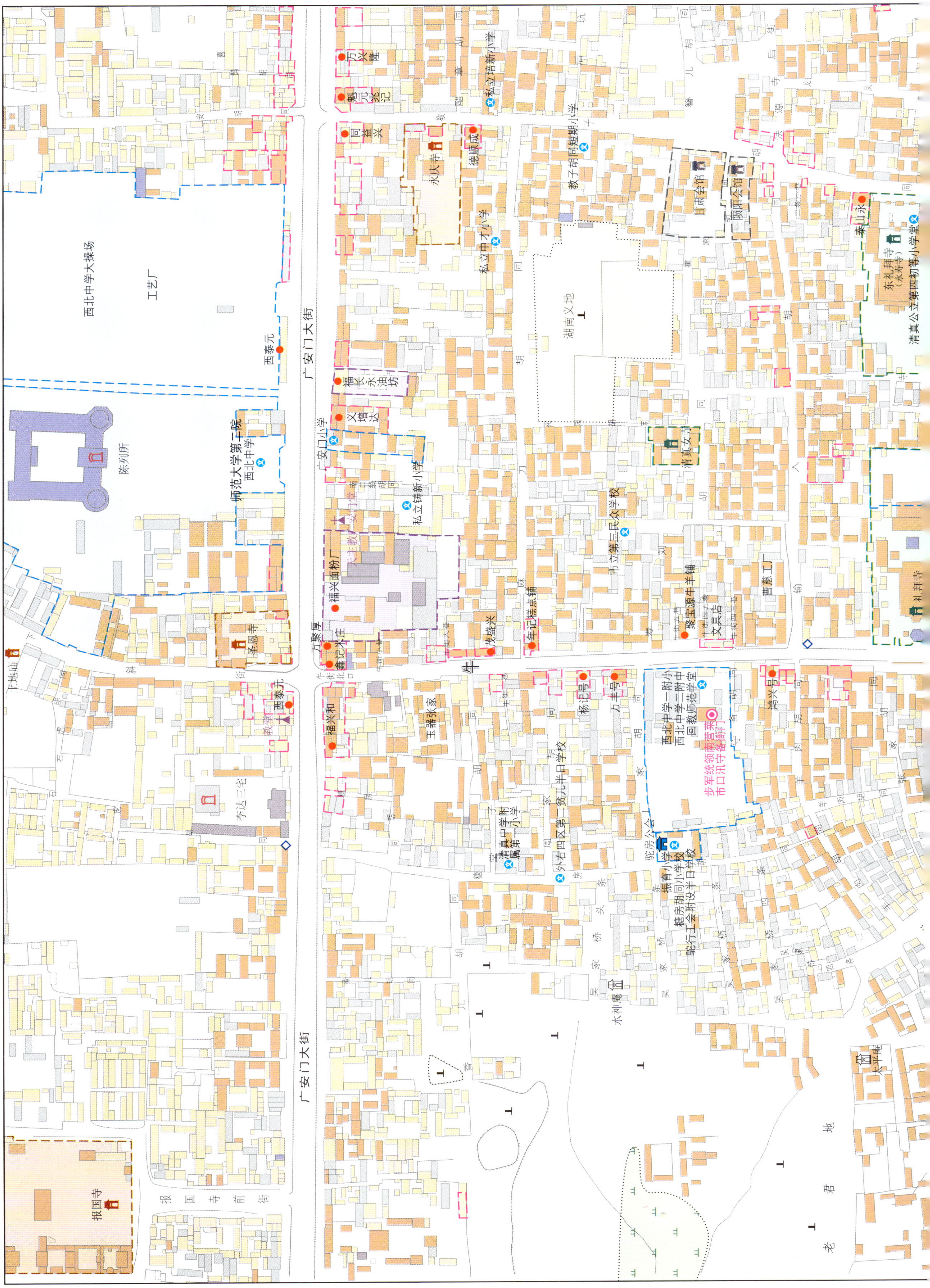
西北中学大操场
工艺厂
西泰元
广安门大街
陈列所
师范大学第二院
西北中学
广安门小学
福长永油坊
义增达
私立铸新小学
福兴面粉厂
万聚厚
鑫记米庄
茂盛兴
东记糕点铺
市立第三民众学校
聚宝源牛羊铺
文具店
湖南义地
清真女寺
教子胡同短期小学
甘肃会馆
邵阳会馆
泰山永
东礼拜寺
清真公立第四初等小学堂
私立中才小学
永庆寺
德顺成
回益兴
私立浩新小学
万兴隆
魁元兆记
圣恩寺
土地庙
福兴和
王路张家
杨记号
万丰号
鸿兴号
西北中学一附小
西北中学二附中
回教师范学堂
步军统领南营菜市口汛守备衙门
李达三宅
清真中学附属第一小学
外右四区第一贫儿半日学校
驼房公会
振育小学校
糖房胡同小学校
驼行工会附设半日学校
水神庵
太平庵
报国寺
报国寺前街
礼拜寺
老君地

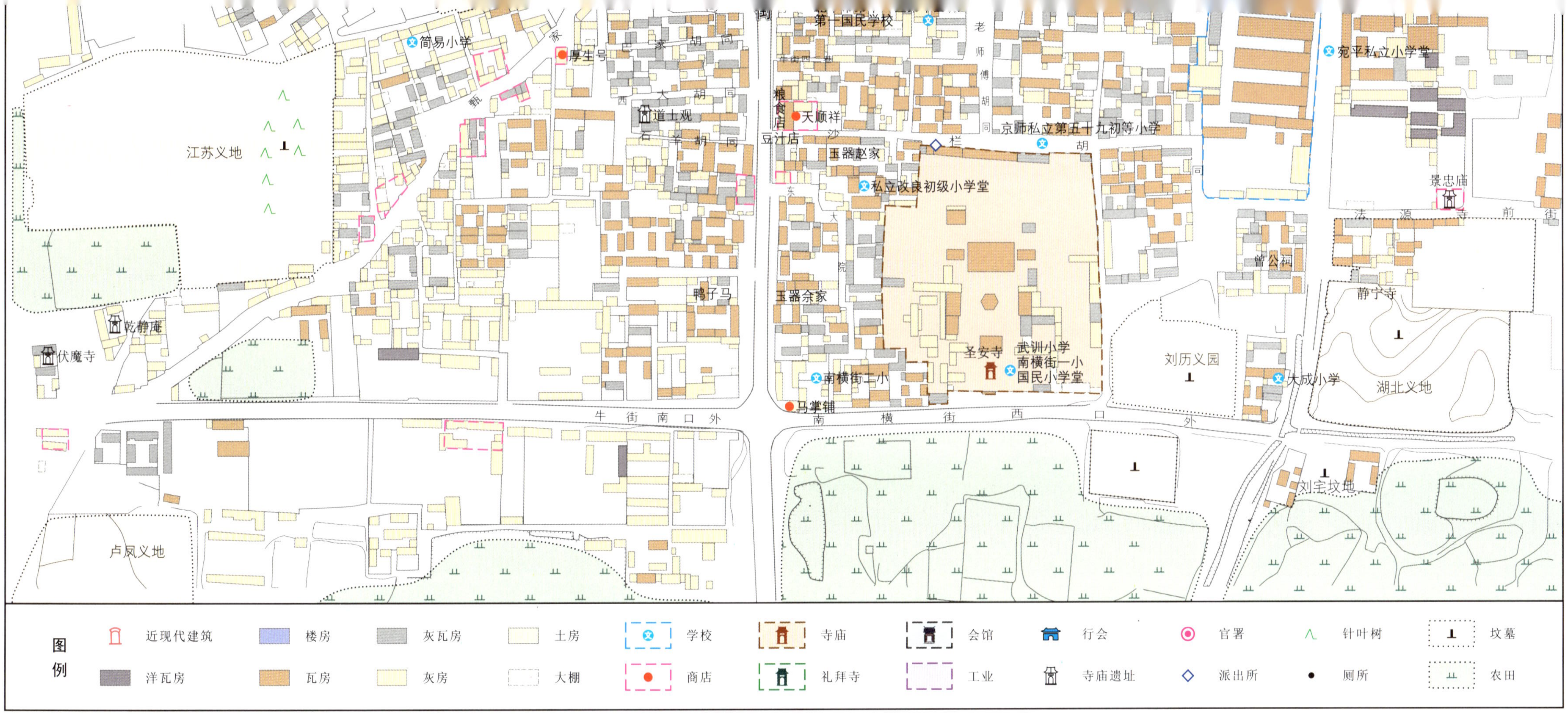


# 牛街图

牛街是北京最古老的街道之一，其前身是唐幽州城内的大道，辽代为开阳门内大街。牛街地处古河道边缘，自古地势北高南低，北部因2000年的城市发展，地势愈加高亢，在广安门内大街的道沟衬托下，宛如一道高岗，故有“岗儿上”之称。南端地势低下，南临水洼。牛街在元明时期属于柳河村（或曰柳湖村），为柳河村之岗儿上，其南有赤水村。

元明时期，牛街因处于交通孔道，逐渐发展成为回族聚居的街区，形成牛羊肉的集散地和加工中心，遂有牛街之称。清代又成为玉器加工作坊的聚集区。到近代，回族聚居的范围已由牛街两侧扩展到教子胡同以东和广安门内大街以北的街区。

牛街有北京最早、规模最大的礼拜寺。

本图以1∶1000地形图为底图，参照1937年1∶5000北平城图，以及20世纪40年代航拍照片，复原出1948年前后的牛街景象，所标内容亦以1948年前后为主。（详见附表198—199页）

1、贾家胡同：清乾隆时礼部待郎齐召南曾寓居于此，任《大清一统志》《明鉴纲目》撰修官，著有《宝纶堂文集》等。

2、上斜街：内有中州祠（河南会馆）、山右三忠祠，武宁、东莞、关中会馆。番禺会馆是清代著名爱国诗人龚自珍的故居之一。戊戌变法维新人士徐致靖曾居于此。

# 官署、建筑、市政
# 及其他

# 明、清、民国时期官署及官办机构图

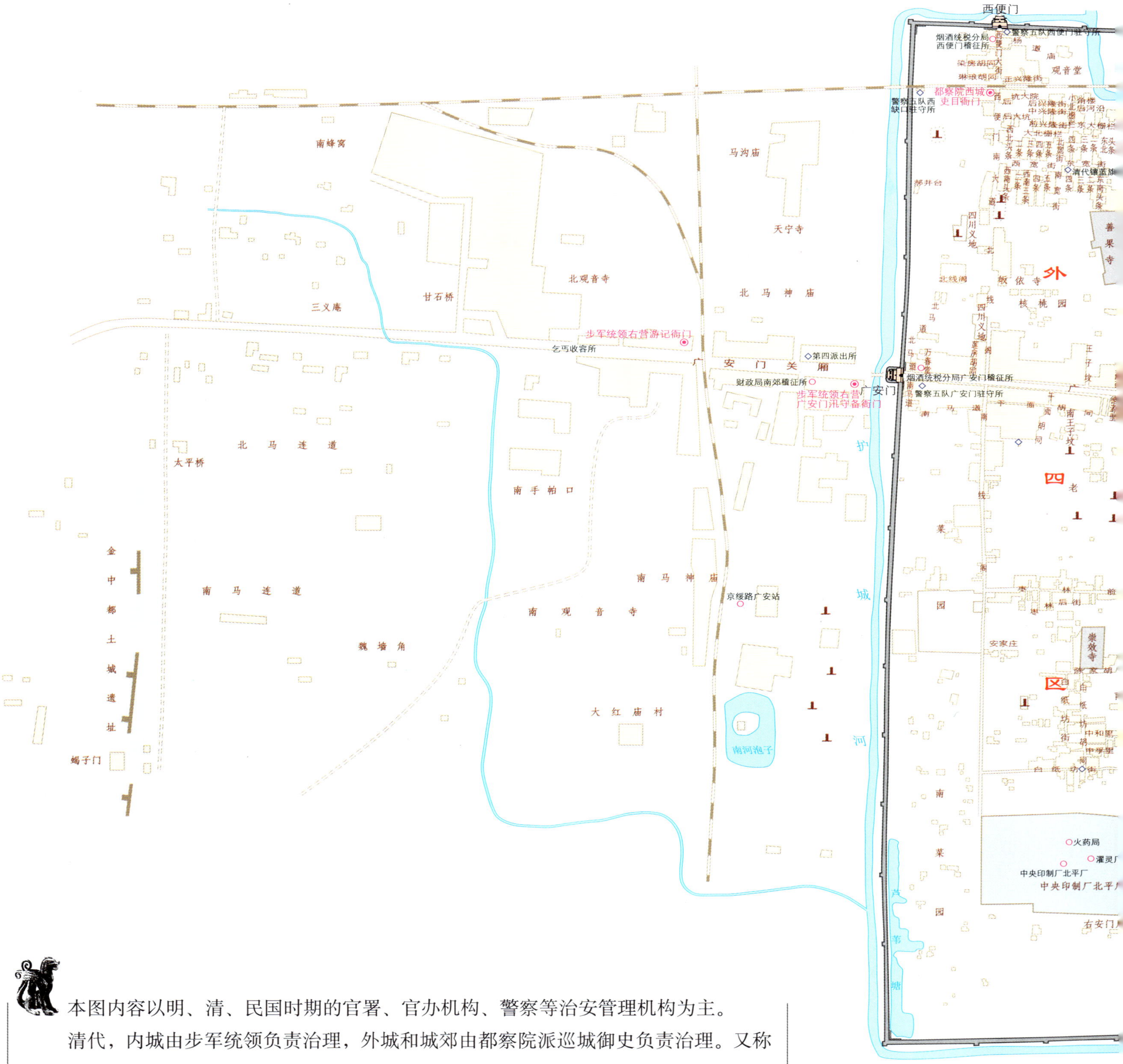


本图内容以明、清、民国时期的官署、官办机构、警察等治安管理机构为主。

清代，内城由步军统领负责治理，外城和城郊由都察院派巡城御史负责治理。又称五城察院，其下辖兵马司。其中，中城正指挥署在鹞儿胡同，副指挥署在猪市口西；西城正指挥署在彰仪门大街；北城正指挥署在菜市口铁门；吏目署在椿树三条。光绪三十一年（1905），将外城五城司坊旧制改为外城工巡总局（鹞儿胡同），次年改为北京内外城巡警总厅，外城分设四厅。外城巡警总厅下设东、南、西、北四个分厅。分厅之下设区，其中，西分厅设六个区，南、北分厅各设四个区。外城巡警总厅设有外城教养局、京师习艺所，是京师的劳动教养机关。外城教养局设有拘留所、待质所、蒙养学堂和工艺半日学堂等。

1913年合并内城巡警总厅为京师警察厅。1928年改为北平市公安局。1937年2月改称警察局。将内外城20区合并为11区，内城六区、外城五区，各设区署，并直辖保安警察队、侦缉队等。（详见附表199—200页）

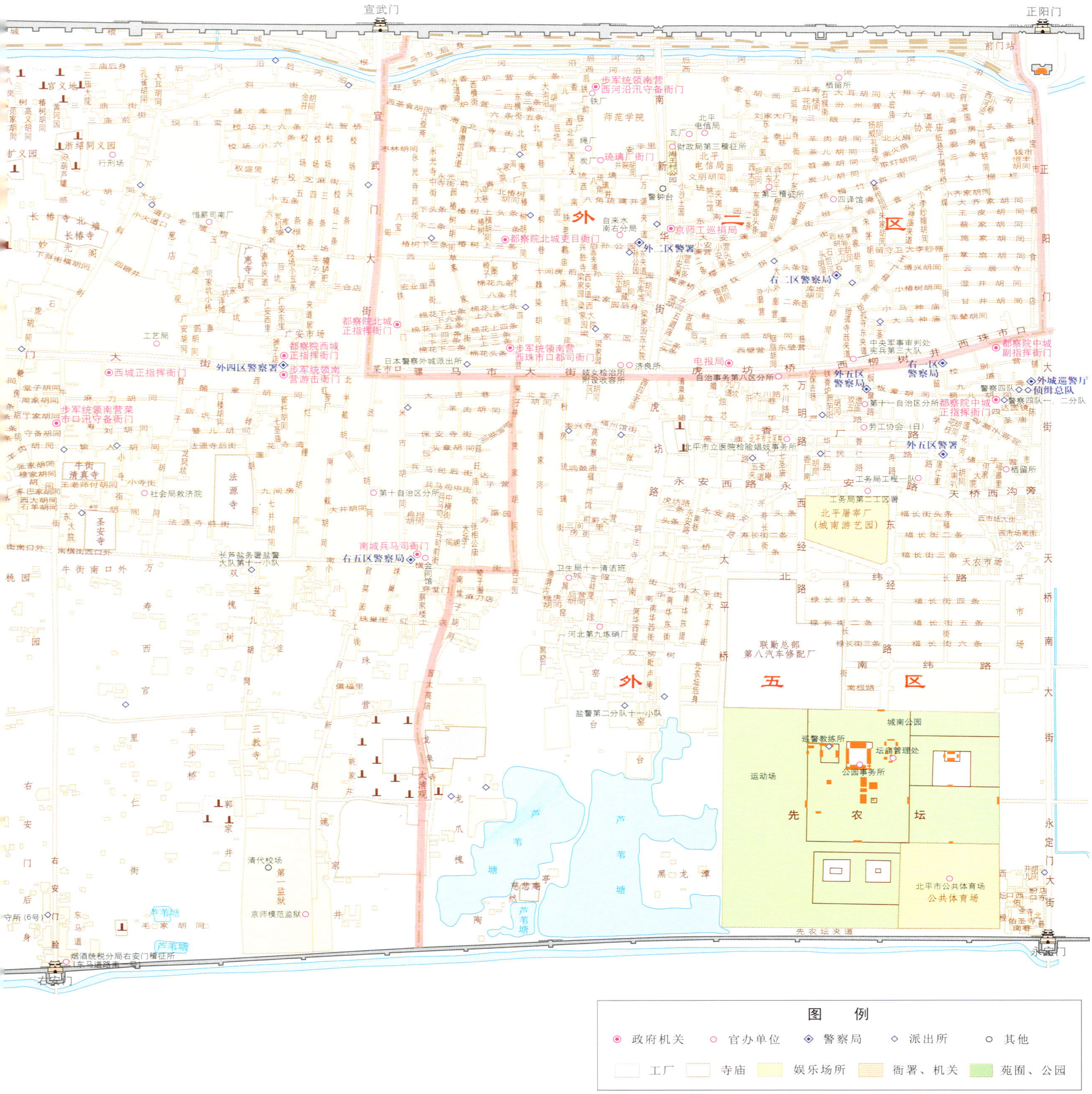
宣武门
正阳门
外二区
外五区
步军统领南营
西河沿汛守备衙门
琉璃厂衙门
京师工巡捐局
外二区警署
都察院北城吏目衙门
右二区警察局
都察院北城正指挥衙门
都察院西城正指挥衙门
步军统领南营游击衙门
外四区警察署
西城正指挥衙门
步军统领南营西珠市口都司衙门
步军统领南营菜市口汛守备衙门
都察院中城副指挥衙门
外城巡警厅
侦缉总队
外五区警察局
右一区警察局
都察院中城正指挥衙门
外五区警署
南城兵马司衙门
右五区警察局
电报局
北平屠宰厂
(城南游艺园)
联勤总部第八汽车修配厂
城南公园
先农坛
北平市公共体育场
公共体育场
运动场
芦苇塘
黑龙潭
长椿寺
法源寺
牛街清真寺
圣安寺
清代校场
第一监狱
京师模范监狱
珠市口
骡马市大街
菜市口
虎坊桥
天桥
永定门
右安门
先农坛夹道
图例
政府机关
官办单位
警察局
派出所
其他
工厂
寺庙
娱乐场所
衙署、机关
苑囿、公园

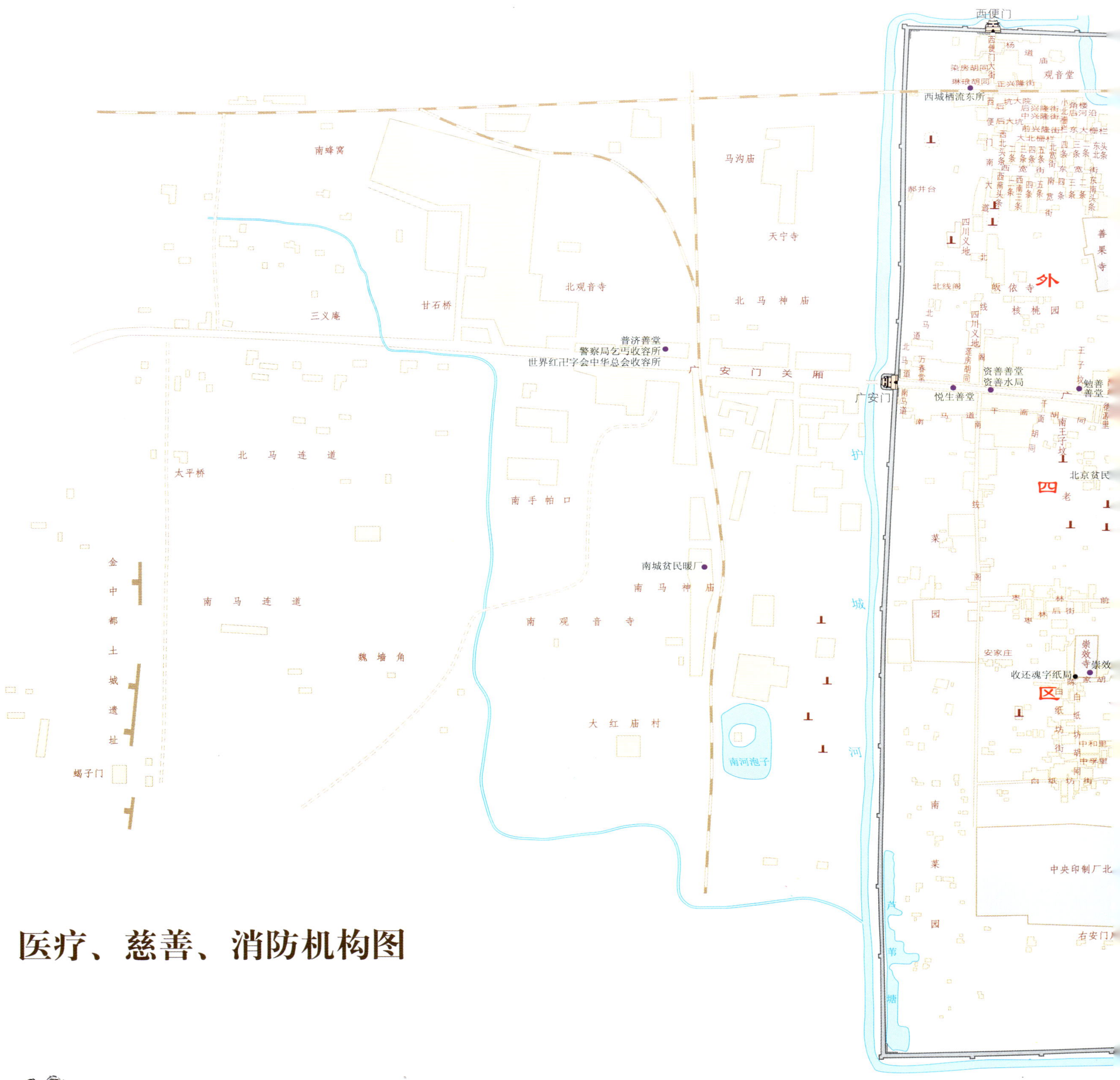


# 医疗、慈善、消防机构图

中国古代官府向有赈济的功能，清朝每遇灾荒，都于京城内外设厂赈济。清初即在五城每城设一饭厂，雍正九年，定五城御史亲至饭厂监赈例。除官府外，士绅及宗教、商会、店铺等组织和机构亦以多种形式实行救济，朝廷对此亦加鼓励，如康熙四十五年，颁赐京城广宁门外士庶所建普济堂“膏泽回春”匾额，并御制碑文。慈善救济的主要设施包括粥厂、饭厂、婴堂、字局、水局、暖厂、栖留所、教养局、习艺所等。宣南的慈善救济设施相对较多，既有官府所办，也有民间所办，此处对能确定地点者做了标注。

医疗设施以近代医院为主，包括少量传统药店和西药店，牛痘局也在其中。小药店、小诊室和游医不在其列。

水局、水会为慈善救火组织，民国时北京有13支水会，可在一定程度上弥补官府救火力量的不足，宣南即设有水会。（详见附表201—202页）

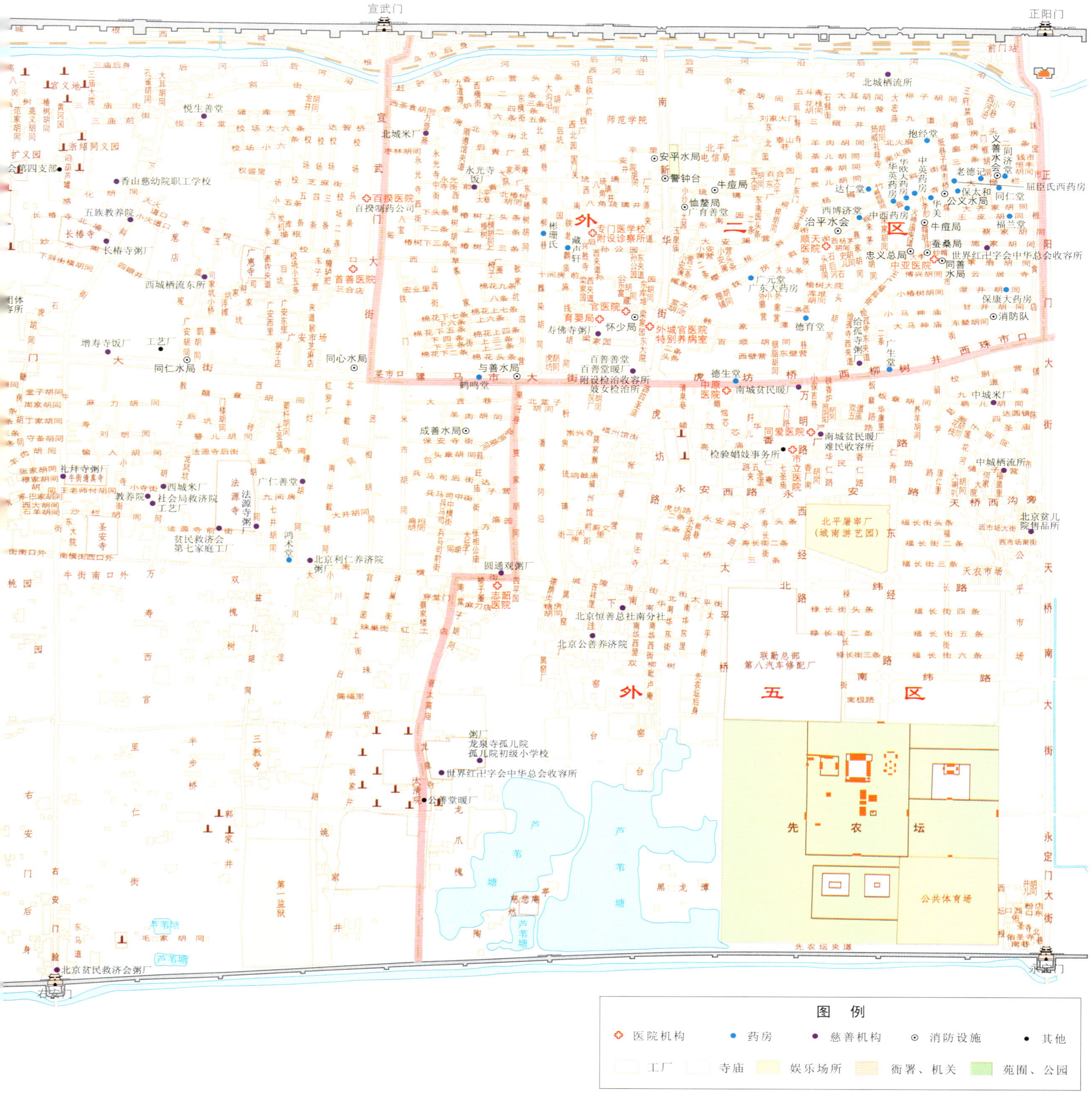

宣武门
正阳门
前门站
外二区
外五区
先农坛
公共体育场
北平屠宰厂（城南游艺园）
联勤总部第八汽车修配厂
北城栖流所
中城栖流所
西城栖流东所
抱经堂
同仁堂
屈臣氏西药房
公义水局
保大和
老德记
福兰堂
牛痘局
蚕桑局
同善水局
忠义总局
中亚医院
世界红卍字会中华总会收容所
保康大药房
消防队
广元堂
广东大药房
德育堂
达仁堂
西博济堂
中西药房
治平水会
顺天医院
安平水局
警钟台
恤嫠局
广育善堂
牛痘局
北城米厂
百揆医院
百揆制药公司
悦生善堂
香山慈幼院职工学校
五族教养院
长椿寺
长椿寺粥厂
首善医院
专门医学校附设诊察所
官医院
育婴局
怀少局
外城官医院特别养病室
寿佛寺粥厂
百善善堂
百善堂暖厂
附设检治收容所
妓女检治所
与善水局
鹤鸣堂
德生堂
南城贫民暖厂
中原医院
同爱医院
南城贫民暖厂
难民收容所
检验娼妓事务所
市立医院
中城米厂
北京贫儿院售品所
天农市场
增寿寺饭厂
同仁水局
同心水局
工艺厂
成善水局
礼拜寺粥厂
西城米厂
社会局救济院工艺厂
教养院
广仁善堂
法源寺粥厂
贫民救济会第七家庭工厂
鸿术堂
北京利仁养济院粥厂
圆通观粥厂
志部医院
北京恒善总社南分社
北京公善养济院
粥厂
龙泉寺孤儿院
孤儿院初级小学校
世界红卍字会中华总会收容所
公善堂暖厂
北京贫民救济会粥厂
芦苇塘
黑龙潭
陶然亭
永定门
右安门
珠市口
菜市口
虎坊桥
骡马市大街
西珠市口
先农坛夹道
天桥南大街
图例
医院机构
药房
慈善机构
消防设施
其他
工厂
寺庙
娱乐场所
衙署、机关
苑囿、公园

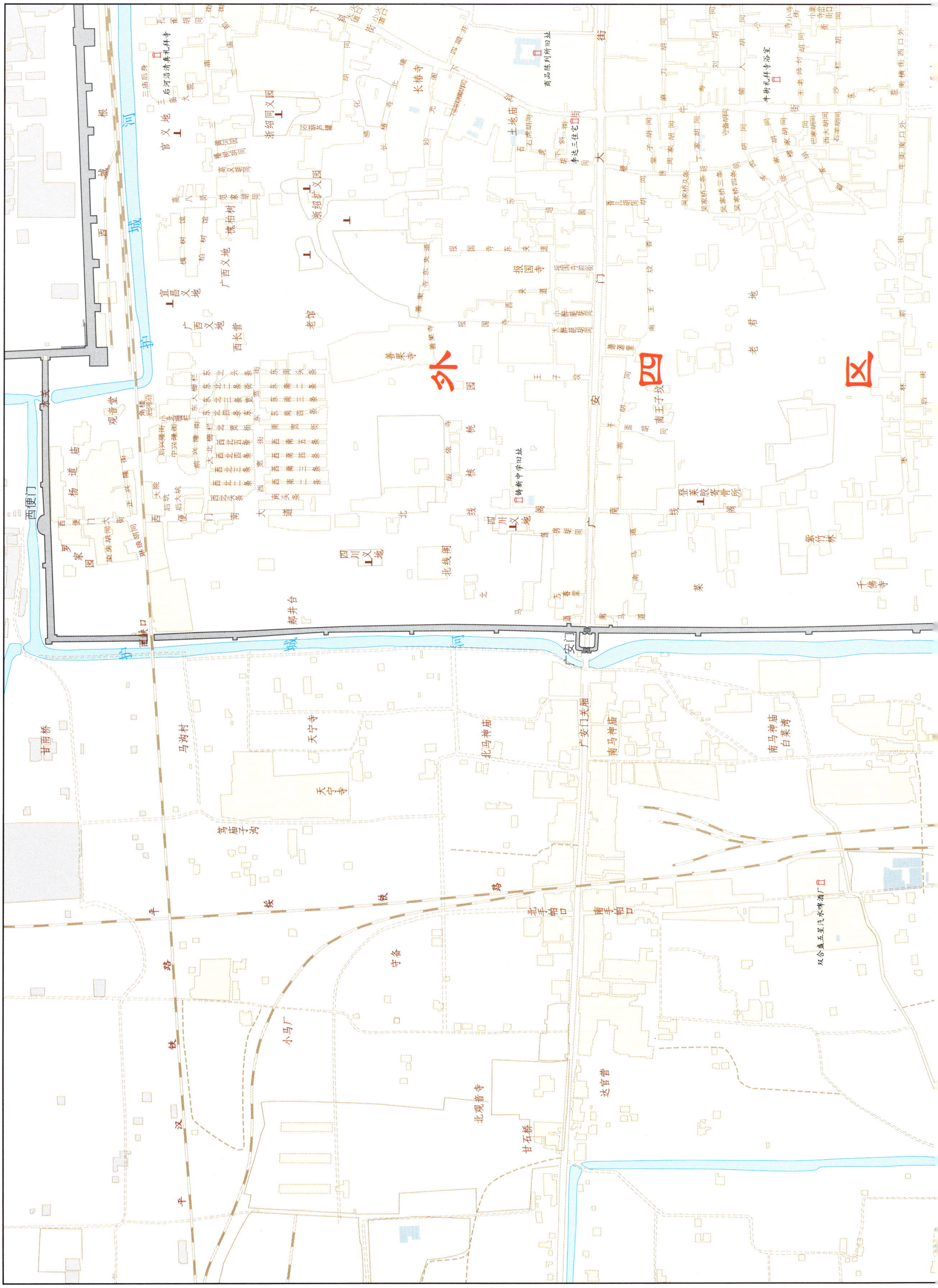
外四区
西便门
广安门
广安门关厢
天宁寺
报国寺
长椿寺
北马神庙
南马神庙

# 近代建筑分布图（一）

P96 P98
P97 P99
本图分幅示意

宣南是近代北京受西方文化冲击最大的地区之一。20 世纪初到 30 年代 ，由于西式建筑的导入，异质建筑文化的碰撞，以及新建筑技术和新材料的传入，近代建筑风尚在北京兴起。引领时尚的前门商业区，最为集中地表现出这一变化，在这里很自然地冒出两种混合的建筑形态。

一种是在中式建筑的主体中揉入西式建筑的要素，另一种是在西式建筑的主体中注入中式建筑的要素。在宣南商业建筑中率先推出的 “洋式店面”，如瑞蚨祥西鸿记、谦祥益绸缎庄等属于第一类；盐业银行、劝业场、新世界等属于第二类，它们是仿西方建筑形式的代表性建筑之一。

本图所标注的近代建筑是指近代兴建的，西式或受西式建筑风格影响明显的建筑，它包括了上述两种类型，那些仅有少量西式装饰的建筑不在此列。宣南的两层和两层以上建筑多为商业建筑，其中有相当一部分建筑带有西式风尚，故在图中标出。（详见附表 202—204 页）

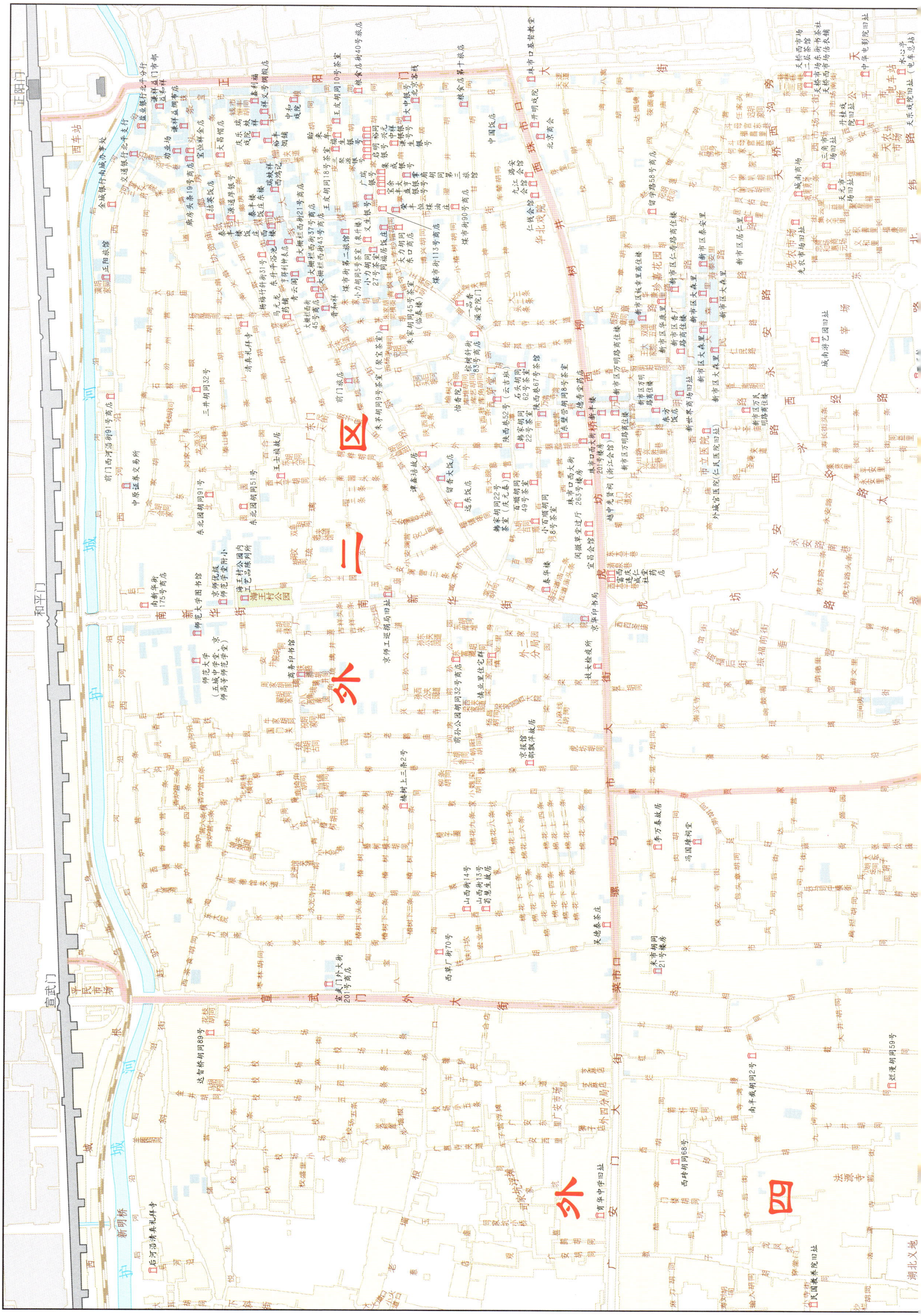
正阳门
西车站
和平门
宣武门
新明桥
外
二
区
外
四
护城河
宣武门外大街
中国饭店
湖北义地

# 近代建筑分布图（二）

| | |
|---|---|
| P96 | P98 |
| P97 | P99 |

本图分幅示意

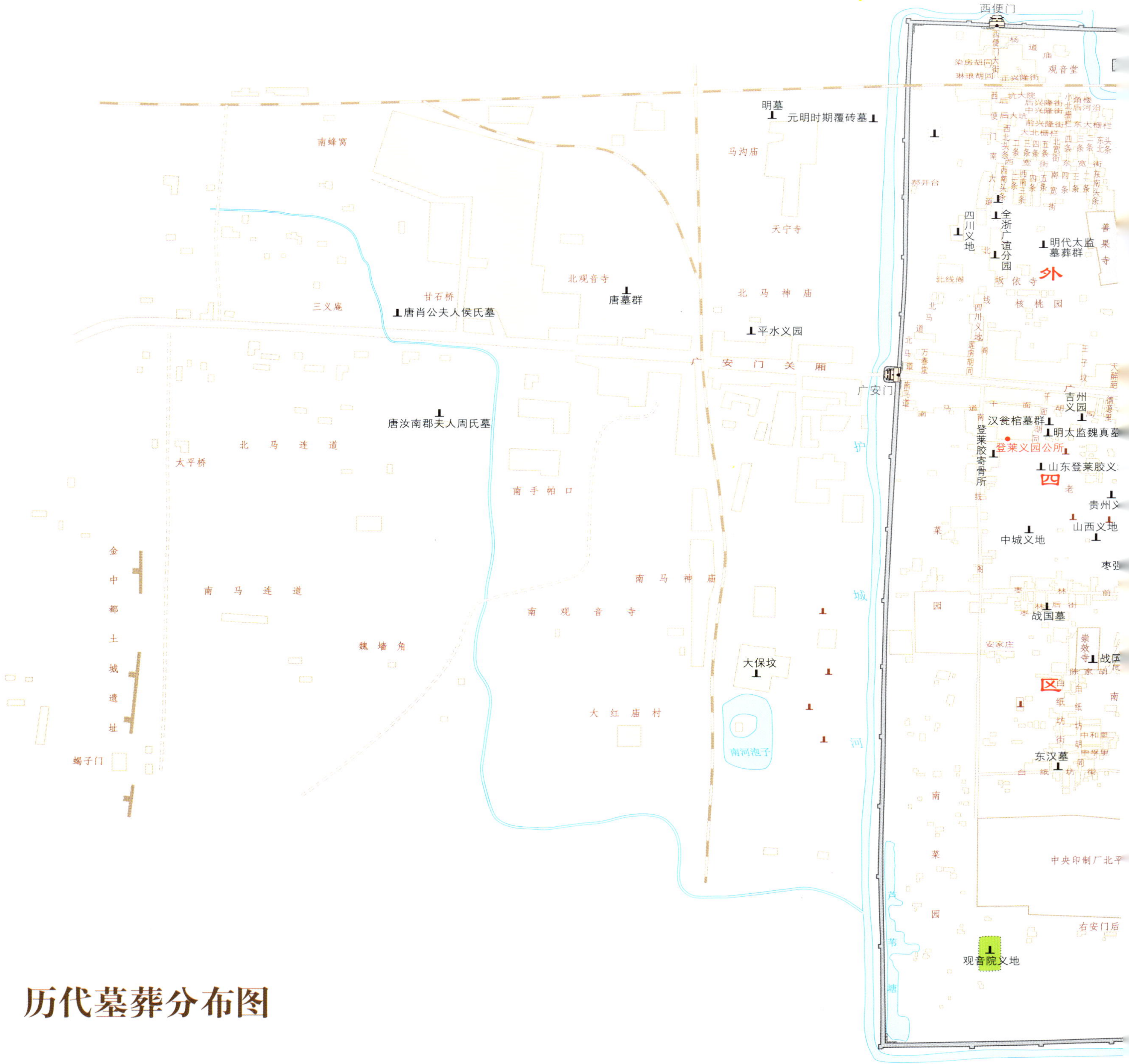


# 历代墓葬分布图

宣南地区是北京城的发祥地，已发现的早期墓葬，可上溯至战国、西汉时期。金代扩建中都城时，为避让城池，曾迁移汉燕王刘嘉陵墓，该陵墓应在今宣武区内。唐代，在幽州城外埋有大量墓葬，宣武区内曾多有出土。清人于琉璃厂挖到辽墓，始知辽代当地属海王村，近代遂有海王村公园的建设。明代前期，宣南地区多为郊野，善果寺遂有太监墓地。清代，外城墓地愈益增多，同乡组织纷纷开辟义地，外城西部义地多达20余处。同时也有许多私人和无名氏墓葬地。图中重点标注了历年出土的古代墓葬，以及个别对地名有影响的私人墓葬，晚近时期的所谓“乱葬岗子”不做标注。（详见附表204—205页）

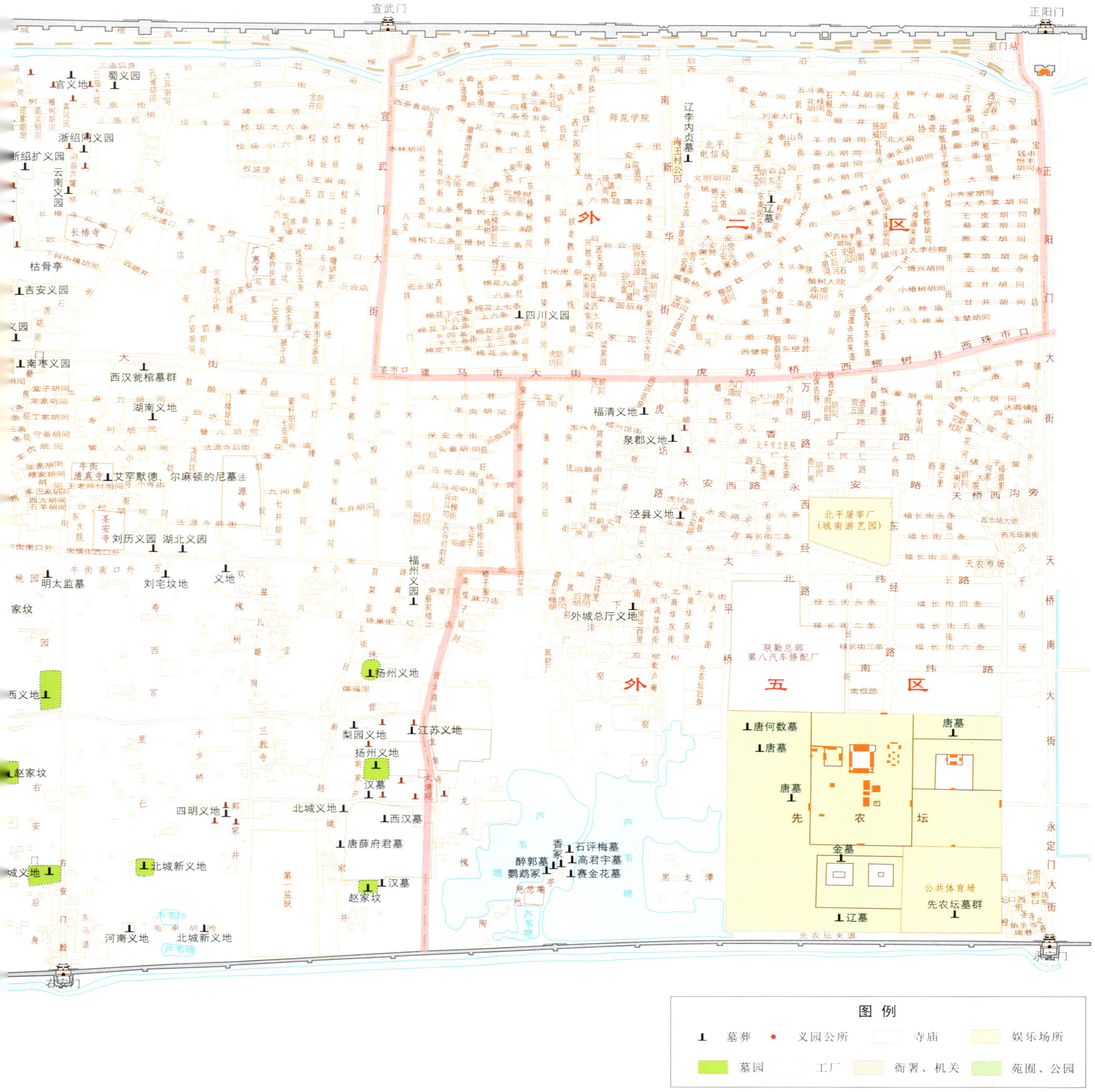

宣武门
正阳门
前门站
外
二
区
外
五
区
师范学院
辽李内贞墓
北平电信局
辽墓
四川义园
官义地
蜀义园
浙绍冋义园
浙绍扩义园
云南义园
长椿寺
枯骨亭
吉安义园
南枣义园
西汉瓮棺墓群
湖南义地
清真寺
艾宰默德、尔麻顿的尼墓
圣安寺
刘历义园
湖北义园
明太监墓
刘宅坟地
义地
家坟
福州义园
福清义地
泉郡义地
泾县义地
外城总厅义地
北平屠宰厂（城南游艺园）
天桥
天农市场
联勤总部第八汽车修配厂
扬州义地
西义地
江苏义地
梨园义地
扬州义地
汉墓
赵家坟
四明义地
北城义地
西汉墓
唐薛府君墓
北城新义地
城义地
汉墓
赵家坟
河南义地
北城新义地
醉郭墓
鹦鹉冢
香冢
石评梅墓
高君宇墓
赛金花墓
唐何数墓
唐墓
唐墓
唐墓
先
农
坛
金墓
辽墓
公共体育场
先农坛墓群
永定门
右安门
图例
墓葬
义园公所
寺庙
娱乐场所
墓园
工厂
衙署、机关
苑囿、公园

# 历史时期河道、坑塘分布图

宣南地区是北京城的起源地，古蓟城的选址与古高梁河、古瀔水有密切关系。蓟城选址于古高梁河与古瀔水故道之间的高地上。

古高梁河是高梁河的前身，在距今3000–2000年前曾是永定河的干流之一。汉代以后源于平地泉水的高梁河流经其间。元朝末年，曾利用高梁河故道开凿金口新河。这些河道都由前门一带经过。

古瀔水故道位于蓟城城南，是8000–2000多年前的永定河河道。春秋战国时期古瀔水干流曾流经今南护城河附近，今宣武区西部和南部位于古瀔水故道之中。洗马沟是莲花河的前身，起源于莲花池，在汉代北朝时期流经蓟城城西和城南。

烂缦胡同西侧有两条汉唐时期的南北向沟渠遗址，东面的宽近20米，西面的宽约三米。

隋代在今西珠市口南开有东西向渠道，与高梁河相通。

隋唐时期，桑干河（永定河）干流之一曾流经白纸坊桥以南地区，河床宽约300米，河砂中埋藏有唐代木船遗骸。

金中都东、西护城河遗址各有一段在宣武区境内，东护城河遗址在潘家河沿一线，西护城河遗址在太平桥附近。

金中都宫苑池塘遗址多分布在宣武区西部，今鸭子桥附近的青年湖为金中都鱼藻池遗址。

甘石桥与会城门之间有一条南北向的金代渠道遗址。

金元之际在今白纸坊路一线建有一条东西向渠道。

明清时期，在宣南一带形成有许多坑塘、沟渠，其中一些保存到了现代。

本图是在20世纪七八十年代北京地震会战成果的基础上，结合近些年来的调查成果绘制而成的。

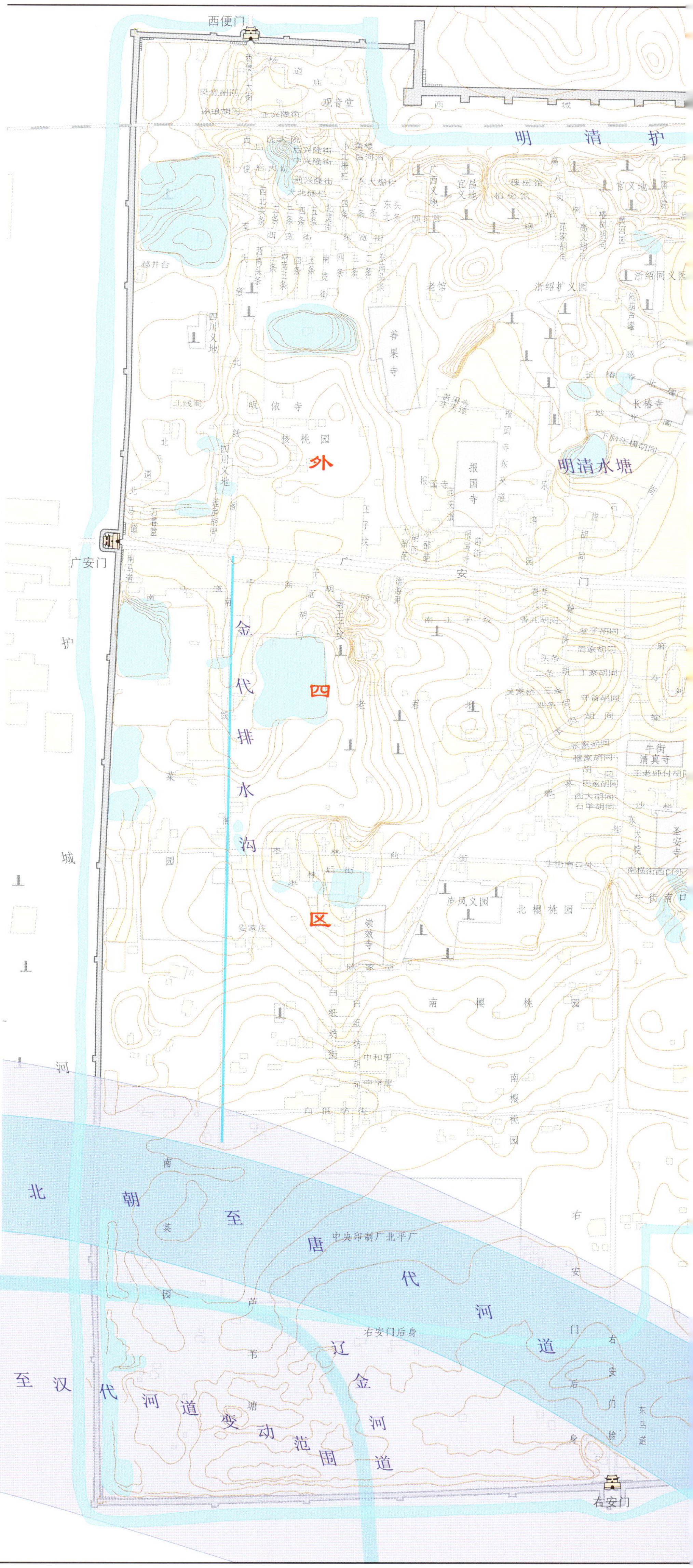

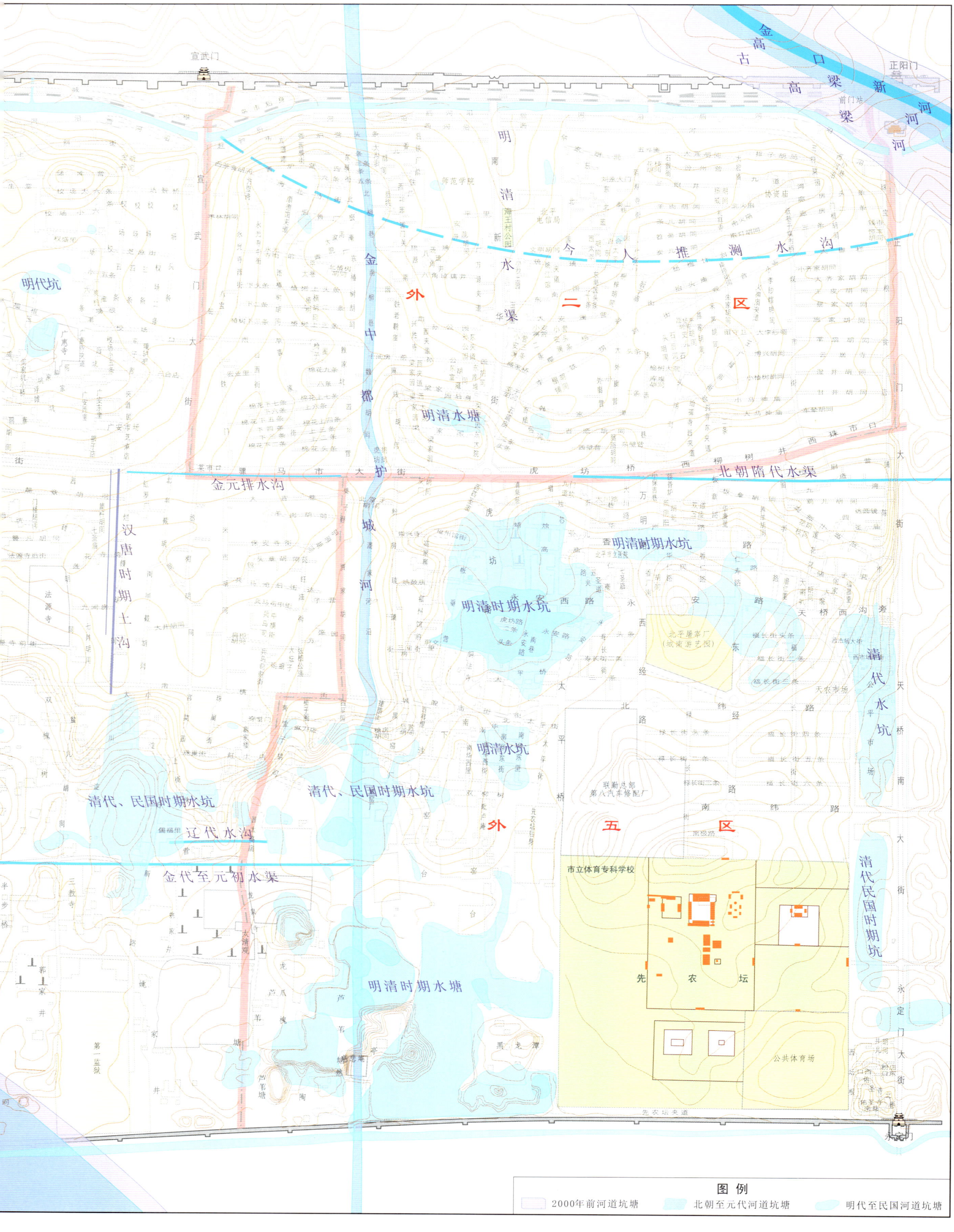
宣武门
正阳门
金口新河
高梁河
古高梁河
明清今人推测水沟
明南清新水渠
金中都护城河
外二区
明代坑
明清水塘
北朝隋代水渠
金元排水沟
汉唐时期土沟
明清时期水坑
明清时期水坑
清代水坑
明清水坑
清代、民国时期水坑
清代、民国时期水坑
辽代水沟
外五区
金代至元初水渠
市立体育专科学校
先农坛
公共体育场
明清时期水塘
清代民国时期坑
永定门
图例
2000年前河道坑塘
北朝至元代河道坑塘
明代至民国河道坑塘

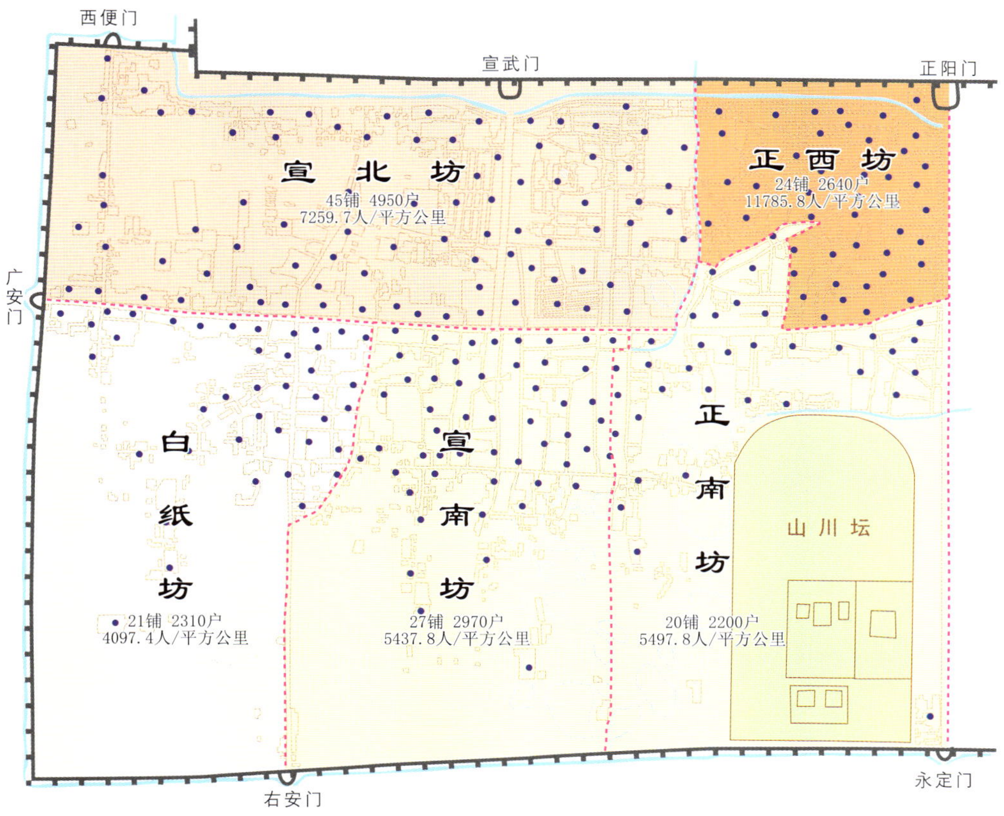


（明）

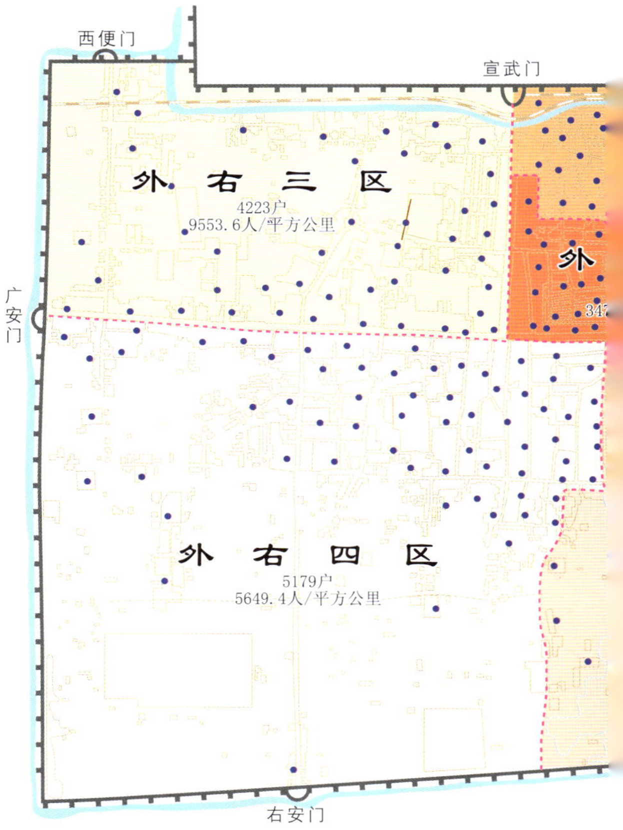


（清）

光绪三十四年（1908）宣南右一区人口职业构成

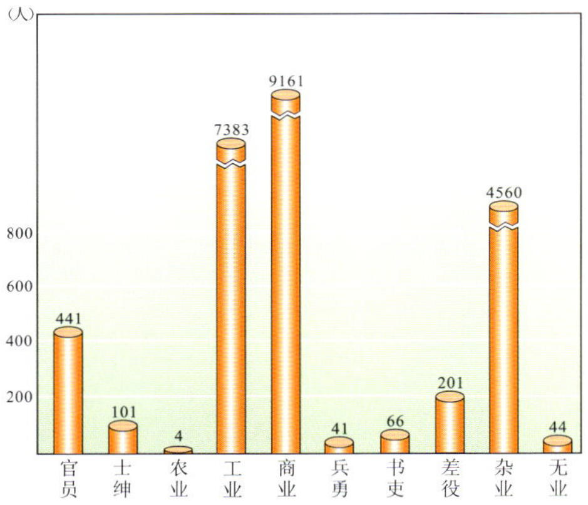


光绪三十四年（1908）宣南右二区人口职业构成

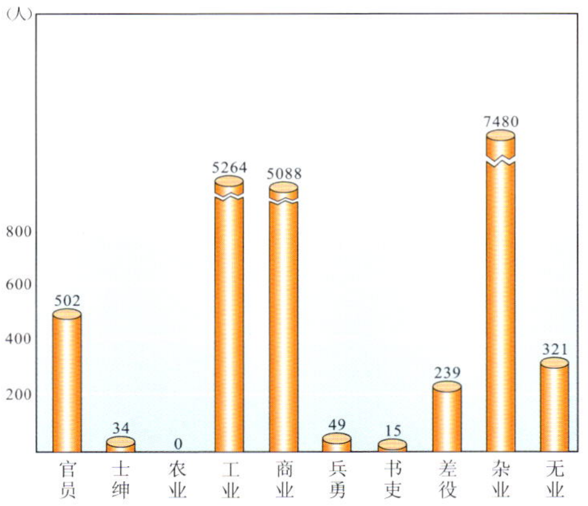


光绪三十四年（1908）宣南五区人口职业构成

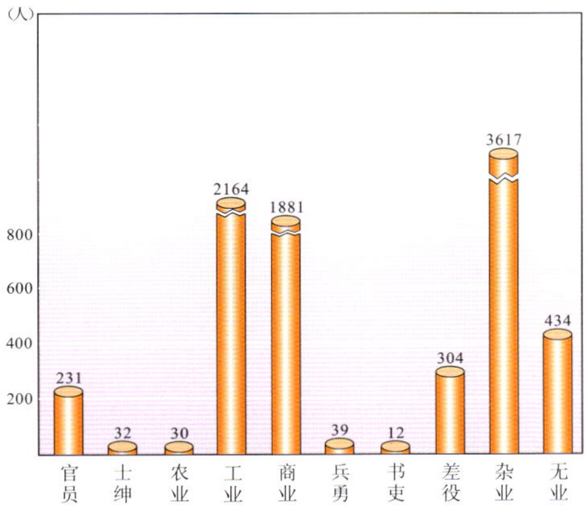


光绪三十四年（1908）宣南右三区人口职业构成

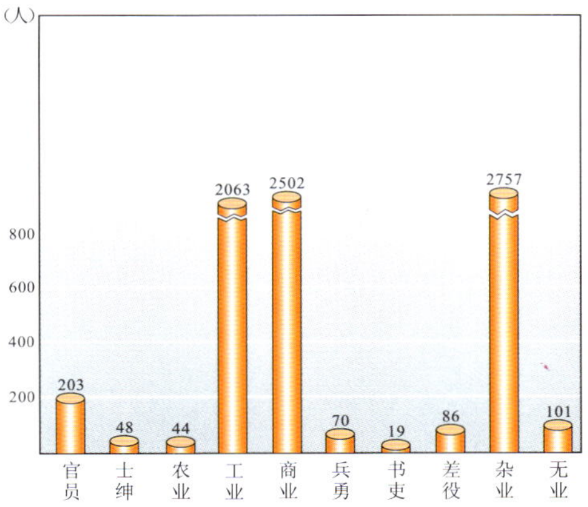

# 明、清、民国时期人口图

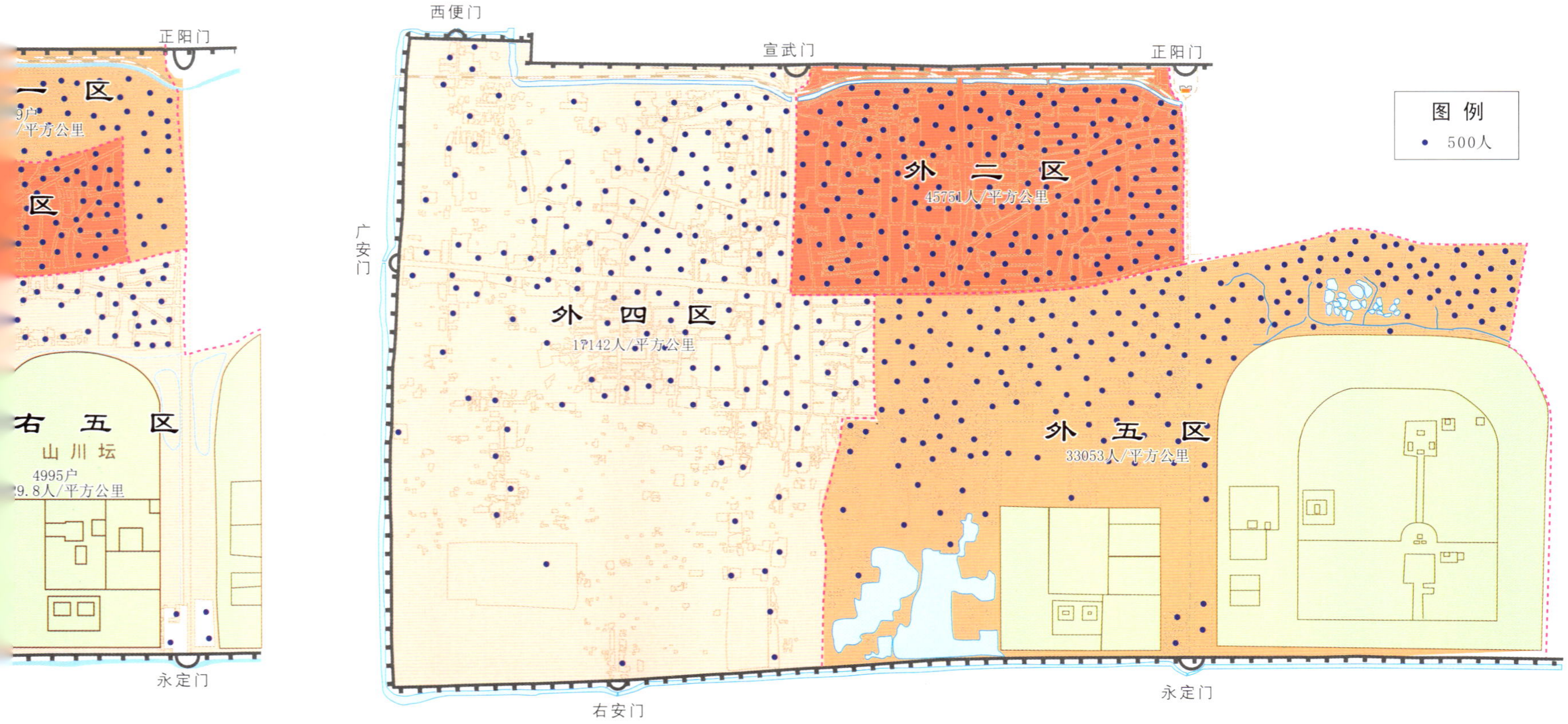


（民国）

光绪三十四年（1908）宣南右四区人口职业构成

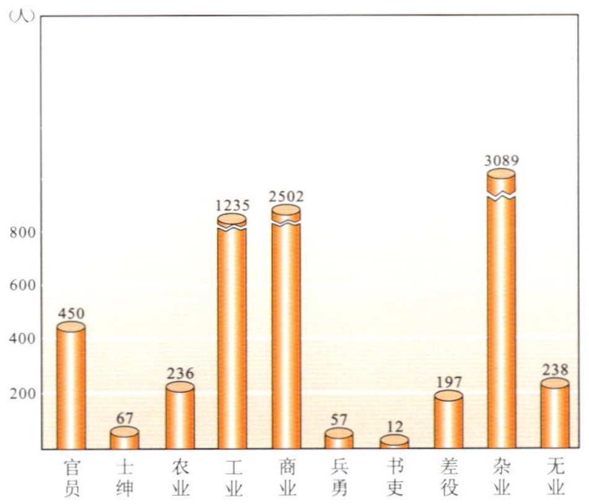


1933年宣南外二区人口职业构成

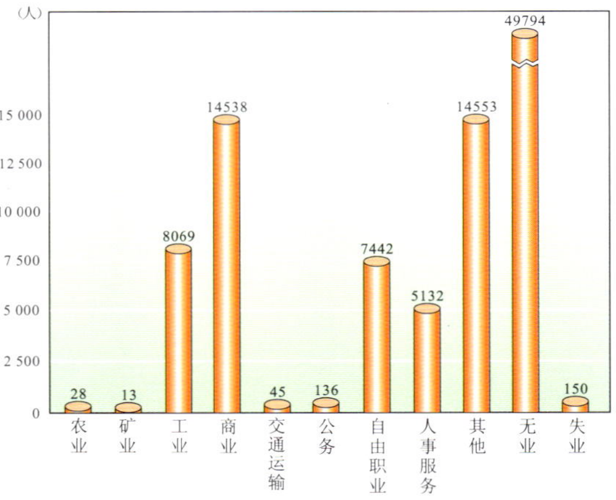


1933年宣南外四区人口职业构成

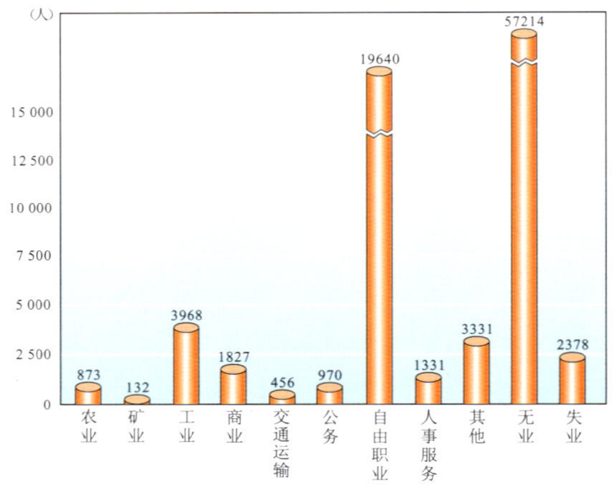


1933年宣南外五区人口职业构成

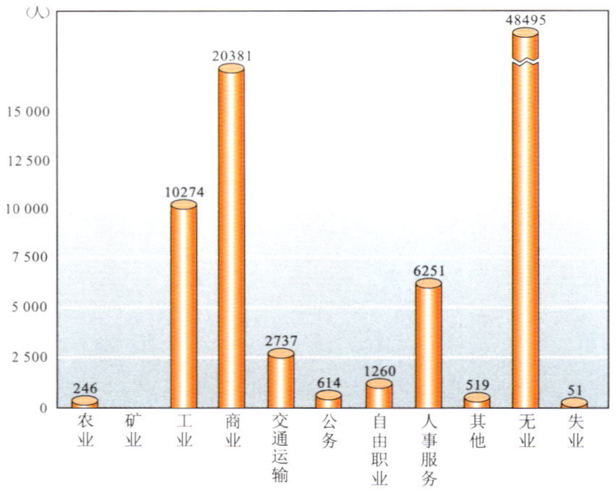


资料来源：光绪三十四年《民政部统计表》
北平市政府二十二年度行政统计（1934）

# 香厂新市区图

香厂新市区是第一个由中国人自己创办、自主经营，参照西方城市规划建设方法进行的城市街区改造。

香厂曾是先农坛北面的一片水泡子，因早年曾是制香之所而名香厂。清末朱启钤曾计划在此建设模范市区而未果。民国四年（1914），北洋政府在北京成立“京都市政公所”，选择香厂地区作试点，着手进行新市区的示范开发。新市区“南抵先农坛，北至虎坊桥大街，西达虎坊路，东尽留学路，区为十四路，经纬纵横，各建马路，络绎兴修，以利交通。”

香厂改造的目的，除了为其他旧城区的整治做出示范以外，还要在北京建设一处包括购物、娱乐、餐饮、居住各项功能混合的新式区域，同时也为城市改造中需要搬迁的商户提供去处。香厂新市区建设中首次采用现代规划原则从事设计，用市场化的运作方式进行建设。其主要内容包括道路、建筑规划设计、基础设施及其他公共设施的建设。新市区占地约三公顷，以万明路和香厂路为主干道，共规划了14条经纬道路，修建了圆形的街心广场。同时，兴修排水设施，安装电话、交通警察亭和路灯等公共设施。其房屋建设采用招标方式，所建平康里、大森里、安泰里仁民医院、新世界商场、东方饭店等，具有西洋建筑的风格。

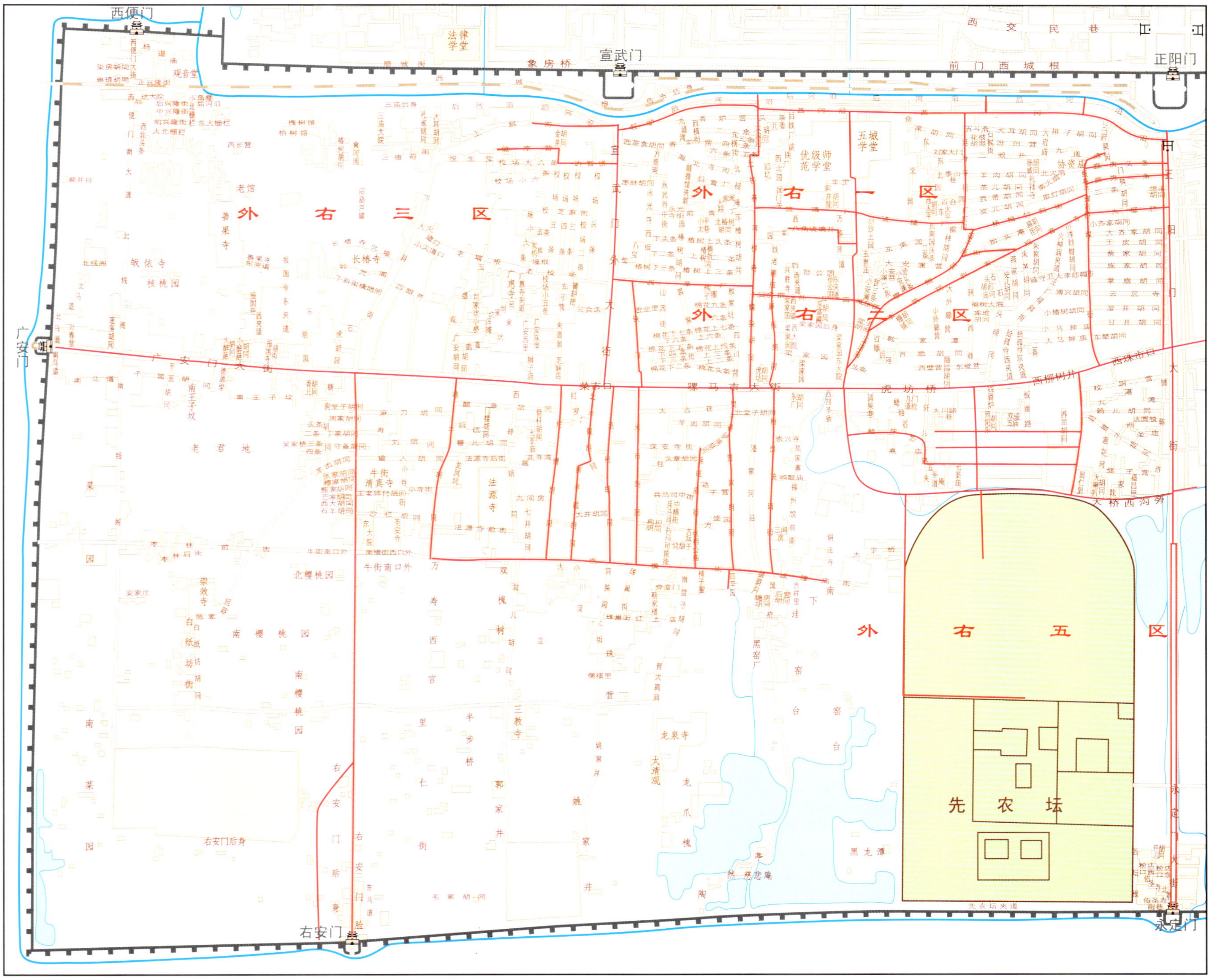


# 清代、民国时期下水道分布图

宣南地区的城市排水系统历史悠久，烂缦胡同西侧曾出土约2000年前的排水沟遗迹。金中都时期宫殿前面的御路两侧和主要道路旁已建有排水沟，南线阁北口曾出土金皇城大墙下面的砖砌过水涵洞。明代，北京城内大量兴建砖石砌筑的暗沟排水系统，在烂缦胡同曾出土这一时期的砖砌暗沟遗迹。清代，暗沟排水系统已在城内普遍采用，外城的主要胡同多建有石板铺顶的排水暗沟，有的暗沟至现代仍在使用。民国年间在疏浚原有暗沟的同时，又兴建了一些水泥管道暗沟。

本图依据民国年间出版的《北京市内外城清代沟渠现位置想定图》《乾隆代北京河道沟渠图》，以及民国时期的史料绘制而成，主要反映清代和民国时期的排水暗沟系统。

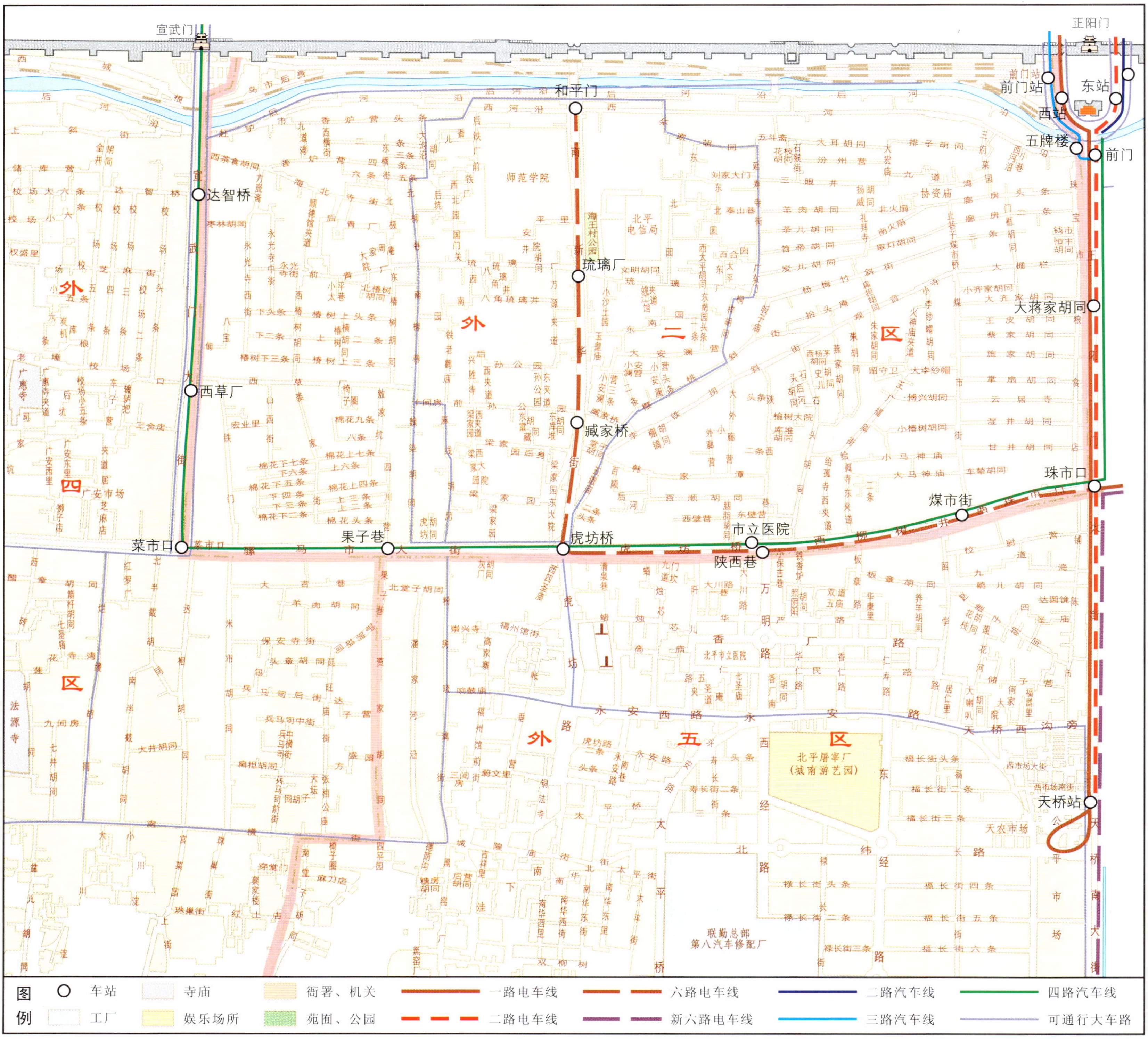


## 民国时期公共交通图

宣武门内、外大街是北京通往卢沟桥的最重要的道路，清代广安门外的大道曾加铺石板，是京城郊外三条石板大道之一。北京近代的城市道路改造始于清光绪末年，主要是土路改为石渣路，以改善通车条件。民国时期，京都市政公所将道路规定为五等六级，又进行了石渣路改为土沥青路的道路建设，形成沥青、水泥混凝土、石渣和水泥灌浆石渣等多种路面。

城市的公共交通建设始于民国建立之后。民国三年（1914）六月北京市政公所建立后，市政建设有了较快发展，宣南地区的部分土路改筑为石渣路，并规划了可行汽车和大车的路线。1924年在内城开通了1路和2路有轨电车，1925年1路和2路有轨电车由前门延伸至天桥。1930年开通由崇文门至东珠市口的6路有轨电车，1931年向西经虎坊桥延伸至和平门，1943年虎坊桥至和平门段改为虎坊桥至菜市口。1938年开通新6路有轨电车，由崇文门经东珠市口至永定门。1939年改名为7路，由天桥至永定门，由此促进了天桥西部市场的发展。日占时期开通由前门经菜市口至宣武门的公共汽车路线。此外，1946–1947年曾一度开通白塔寺经前门至天桥的公共汽车。图中所绘为1939年以前的公共交通状况。

# 附图

## 乾隆京城全图（外城西部）

（1940年日本兴亚院华北联络部政务局调查所影印乾隆十五年京城全图）

外
西
區
財政部北平印刷局

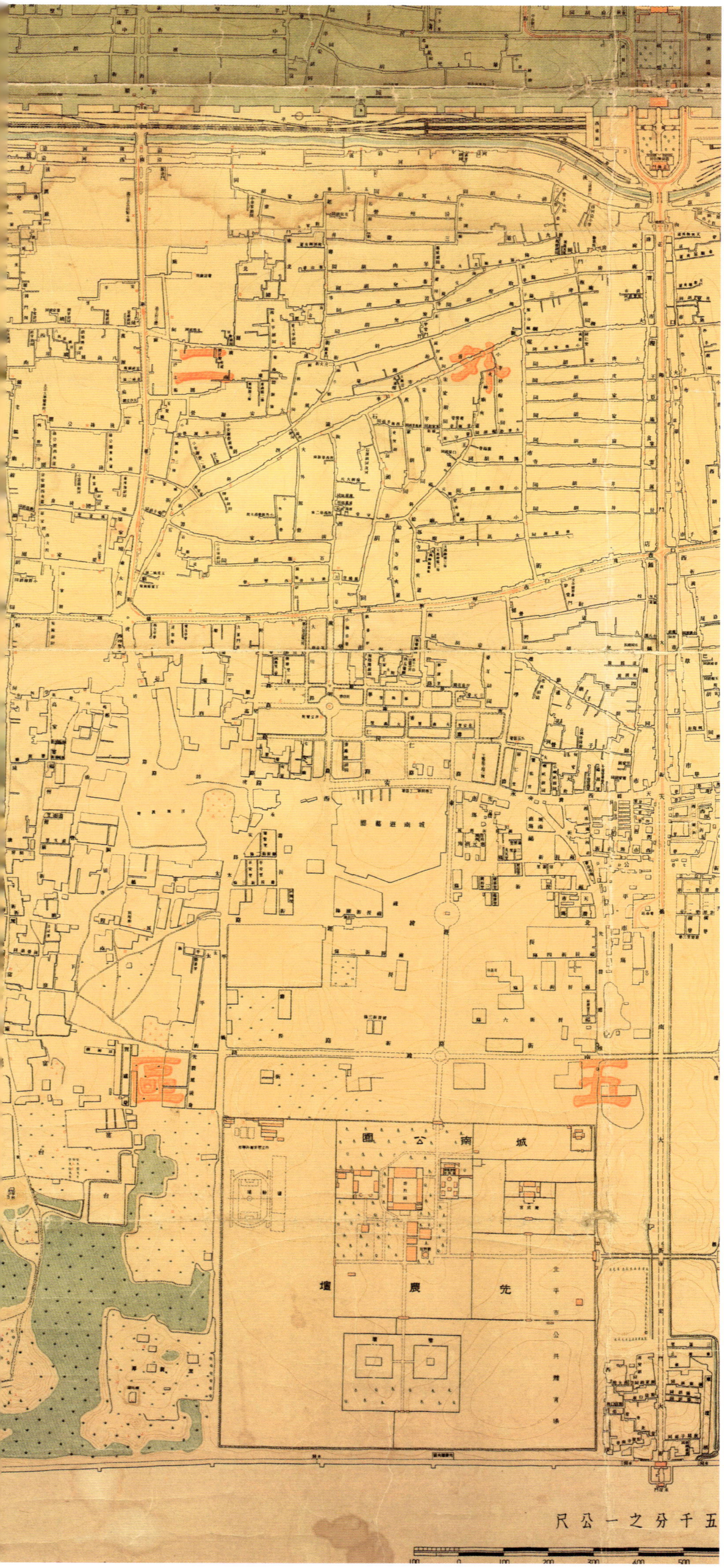


**1937年实测北平内外城地形图（宣南部分）**

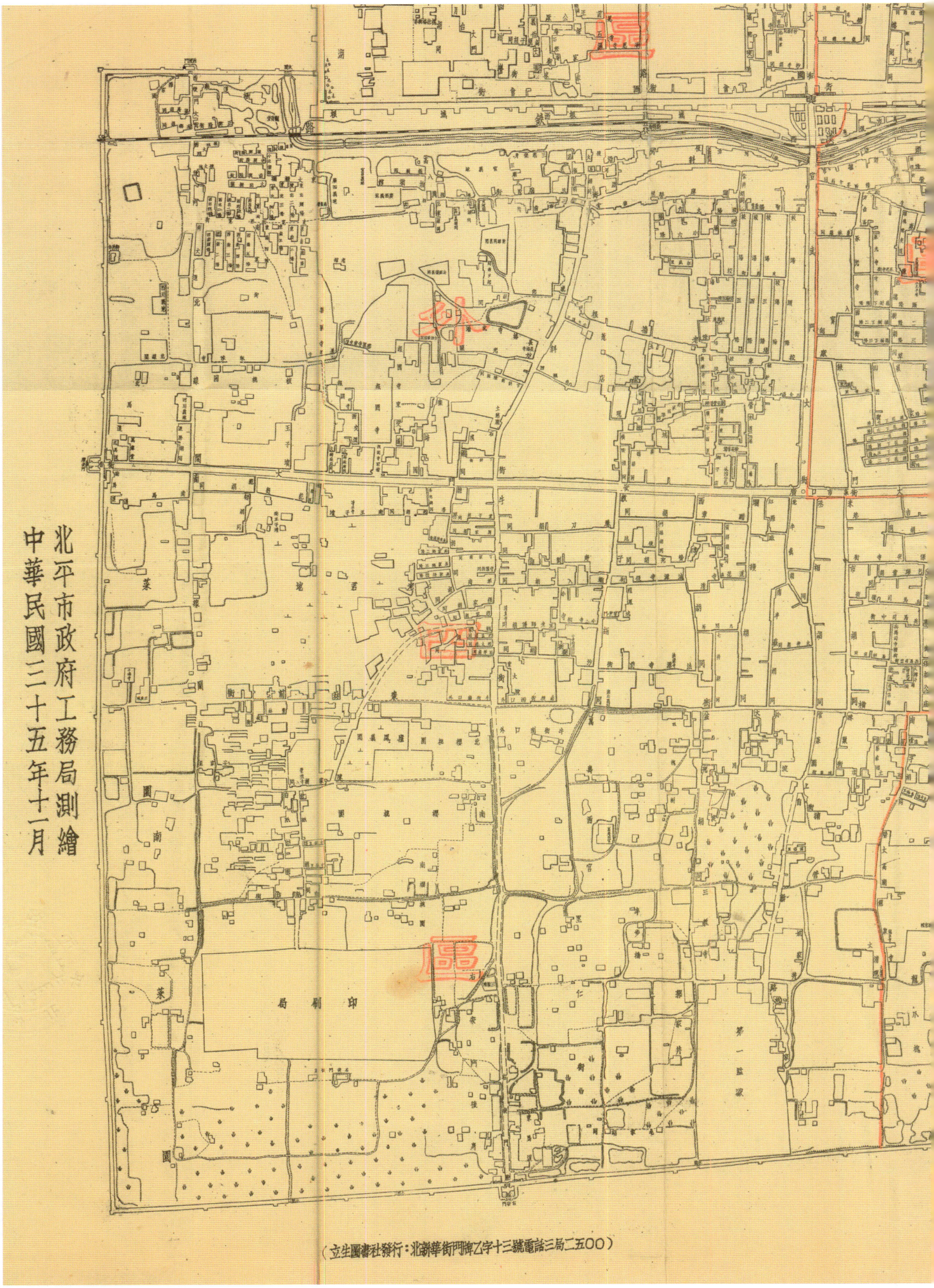
北平市政府工務局測繪
中華民國三十五年十一月
印刷局
（立生圖書社發行：北新華街門牌乙字十三號電話三局二五〇〇）

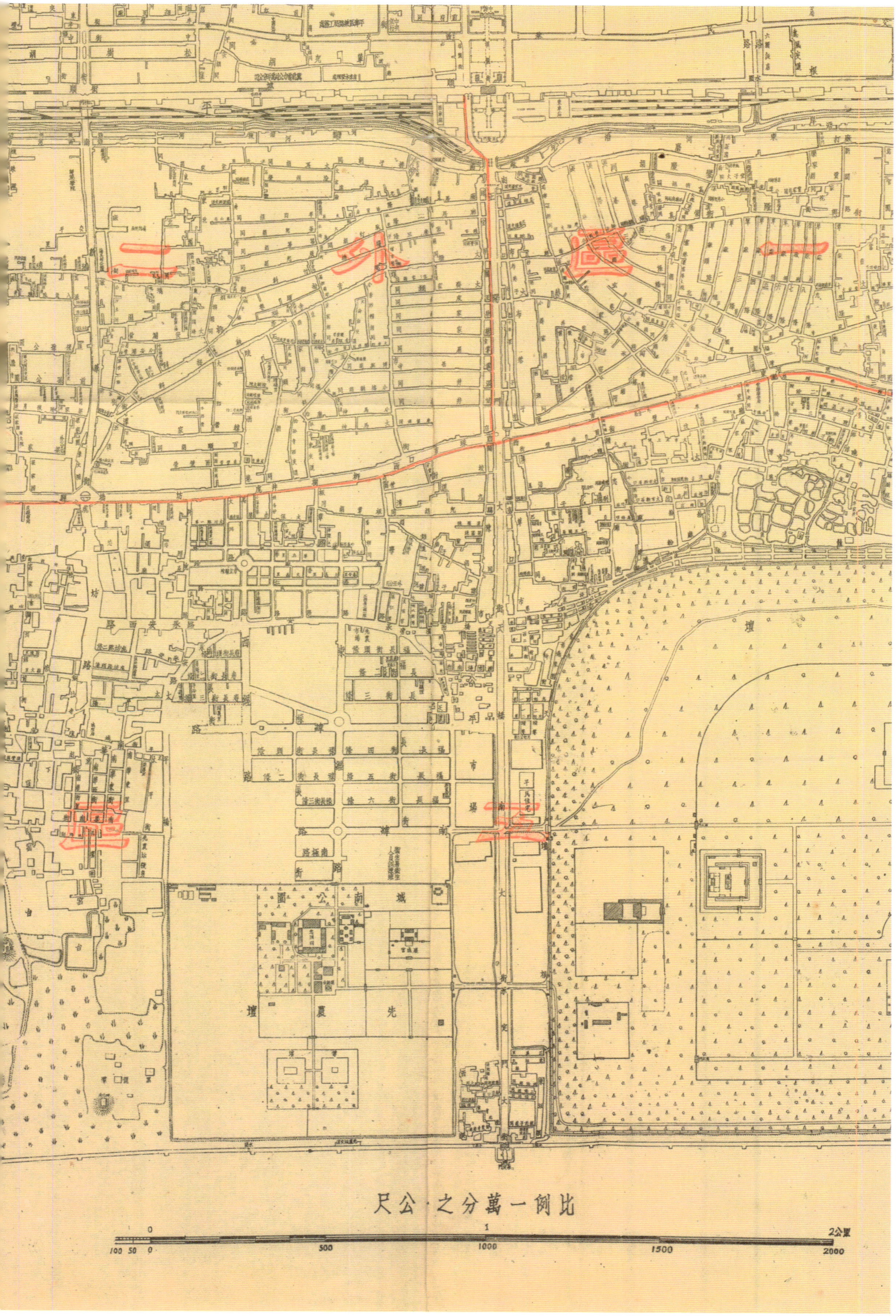


1946年北平市内外城地图（宣南部分）

# 附 表

# 会　馆

| 名称 | 位置 | 创建年代 | 名称 | 位置 | 创建年代 |
|---|---|---|---|---|---|
| 安福会馆 | 西草厂 53 号 | 清代 | 川南会馆 | 宣外大街 190 号 | 清代 |
| 安徽会馆(附)* | 后孙公园 2、4、12、13 号 | 清代 | 川西会馆 | 校场三条 | 清代 |
| 安徽会馆(附) | 七圣庙 8 号、甲 8 号 | 清代 | 川西会馆 | 校场四条 | 清代 |
| 安徽会馆(附) | 羊肉胡同 32 号 | 清代 | 慈溪试馆 | 大纱帽胡同 5 号 | 清代 |
| 安徽会馆(主)* | 后孙公园 3、5 号 | 清代 | 慈溪试馆 | 兵马司中街 4 号、后街 29 号 | 清代 |
| 安陆老馆 | 麻线胡同 | 清代 | | | |
| 安南会馆 | 宣武门外大街 | 清代 | 大荔会馆 | 铁老鹳庙 15 号 | 清代 |
| 安庆会馆 | 铁门胡同 | 清嘉庆年间 | 大宛会馆 | 西河沿 237 号 | 清代 |
| 安溪会馆(附) | 板章胡同 8 号 | 清代 | 代郡会馆 | 西河沿 | 清代 |
| 安溪会馆(附) | 西柳树井 57 号 | 清代 | 当涂会馆 | 桐梓胡同 | 清代 |
| 安溪会馆(附) | 西柳树井甲 56 号 | 清代 | 当涂会馆 | 东北园 | 清代 |
| 安溪会馆(主) | 板章胡同 7 号 | 清康熙年间 | 当业会馆 | 西珠市口 59 号 | 清代 |
| 巴陵会馆 | 留学路 | 清代 | 德化会馆 | 西柳树井 | 清康熙年间 |
| 北京商会 | 西珠市口 32 号 | 清代 | 东莞会馆(主) | 烂缦胡同 49 号 | 清代 |
| 毕庐会馆 | 潘家河沿 | 清代 | 东莞新馆(主) | 上斜街 54 号 | 清光绪年间 |
| 长安会馆 | 校场五条 | 清代 | 番禺会馆 | 上斜街 55 号 | 清代 |
| 长沙会馆 | 椿树上三条 | 清代 | 番禺会馆(附) | 上斜街 35 号 | 清代 |
| 长沙郡馆 | 香炉营 16 号 | 明代 | 番禺会馆(主) | 上斜街 53 号 | 清代 |
| 长吴元会馆 | 延寿寺街 | 清代 | 番禺新馆(附) | 延旺庙街 36 号 | 清代 |
| 常熟会馆 | 烂缦胡同 50 号 | 清代 | 番禺新馆(主) | 周家大院 3 号 | 清代 |
| 朝邑会馆 | 前孙公园 5 号 | 清代 | 分宜会馆 | 板章胡同 | 清代 |
| 潮州会馆 | 海北寺街 13 号 | 清代 | 汾阳会馆 | 王广福斜街 | 不详 |
| 潮州会馆(附) | 丞相胡同 18 号 | 清代 | 丰城(广丰)南馆 | 保安寺街 1 号 | 清代 |
| 潮州会馆(主) | 丞相胡同 30 号 | 清代 | 丰城(广丰)新馆 | 保安寺街 11 号 | 清代 |
| 潮州七邑馆(附) | 香炉营六条 6 号 | 清代 | 丰天会馆 | 西珠市口大街 | 清乾隆年间 |
| 潮州七邑馆(附) | 大外廊营 20 号 | 清代 | 澧阳会馆 | 海北寺街 | 清代 |
| 潮州七邑馆(主) | 延寿寺街 100 号 | 清代 | 澧阳会馆 | 香炉营四条 | 清光绪年间 |
| 陈州会馆 | 醋章胡同 33 号 | 民国 | 澧阳会馆 | 海北寺街 27 号 | 清光绪年间 |
| 成都郡馆 | 珠巢街 3、4 号及旁门 | 明代 | 凤翔八邑会馆 | 北极庵 4 号 | 清代 |
| 成都邑馆(附) | 官菜园上街 28 号及旁门 | 清代 | 凤翔会馆 | 前青厂 3 号 | 清代 |
| 重庆会馆 | 永光寺中街 | 清代 | 凤阳会馆 | 排子胡同 19 号 | 清代 |
| 重庆会馆 | 米市胡同 66 号 | 清代 | 凤阳会馆(附) | 排子胡同 20 号 | 清代 |
| 处州会馆 | 西砖胡同 6 号 | 清道光年间 | 奉新北馆 | 羊肉胡同 | 清代 |
| 川东会馆 | 珠巢街甲 12 号 | 清代 | 奉新南馆 | 驴驹胡同 | 清代 |
| 川东会馆 | 官菜园上街 | 清乾隆年间 | 奉新中馆 | 保安寺街 25 号 | 清代 |
| 川东会馆 | 山西街 | 清代 | 扶梁会馆 | 官菜园上街 | 清代 |

* 凡所依据的史料中，标注为“主”、“附”馆者，表中亦括注“主”、“附”。附馆为会馆的附属房产，其中一部分发挥着会馆的接待功能，故一并列出，以便于读者参考。

| 名称 | 位置 | 创建年代 |
| --- | --- | --- |
| 浮山会馆 | 鹞儿胡同 | 清代 |
| 福建会馆 | 骡马市大街 | 清代 |
| 福建会馆 | 宣外大街64号 | 清代 |
| 福建会馆(附) | 铁门72号 | 清光绪初年 |
| 福建会馆(附) | 夹道居17、19号，车子营62号 | 清代 |
| 福建会馆(主) | 车子营64号 | 清光绪年间 |
| 福建同学会 | 铁门胡同58号 | 清代 |
| 福清会馆 | 福州馆街1号 | 清雍正年间 |
| 福州会馆 | 帐垂营 | 清代 |
| 福州会馆(附) | 福州馆街甲2号 | 清代 |
| 福州会馆(附) | 铁门胡同39号 | 清代 |
| 福州会馆(附) | 丞相胡同64号 | 清代 |
| 福州会馆(主) | 福州馆街2号 | 清代 |
| 福州老馆 | 南下洼子 | 清代 |
| 福州新馆(附) | 铁门胡同38号 | 清代 |
| 福州新馆(主) | 骡马市大街35号 | 清代 |
| 抚临会馆 | 宣武门外大街 | 清代 |
| 抚越会馆 | 大沙土园 | 清代 |
| 抚州会馆 | 大吉巷 | 清代 |
| 抚州会馆 | 香炉营头条50号 | 清代 |
| 抚州南馆 | 永光寺中街 | 清代 |
| 富平东馆 | 南新华街68号、玉皇庙3号 | 明代末年 |
| 富平会馆 | 小沙土园 | 明天启年间 |
| 富平西馆 | 南新华街14号 | 清乾隆年间 |
| 甘肃会馆 | 官菜园上街 | 清代 |
| 甘肃会馆 | 教子胡同13号 | 清代 |
| 甘肃会馆 | 宣外大街165号 | 清代 |
| 甘肃会馆 | 南横街 | 清代 |
| 赣宁会馆(附) | 甘井胡同24号 | 清代 |
| 赣宁会馆(附) | 西珠市口甲39、40、41号 | 清末 |
| 赣宁老馆 | 西珠市口34号 | 清代 |
| 赣宁新馆 | 西柳树胡同5、6、7及甲5号 | 清代 |
| 赣州会馆 | 煤市街 | 清代 |
| 皋兰会馆 | 羊肉胡同 | 清代 |
| 皋兰会馆 | 兵马司前街 | 清代 |
| 高安会馆 | 西杨茅胡同 | 清代 |
| 高安会馆 | 燕家胡同 | 清代 |

| 名称 | 位置 | 创建年代 |
| --- | --- | --- |
| 高郡会馆(主) | 贾家胡同8号 | 清代 |
| 高阳会馆 | 贾家胡同7号 | 清代 |
| 高州会馆 | 潘家河沿22号 | 清代 |
| 古瀛郡馆 | 驴驹胡同6号 | 清代 |
| 古瀛郡馆 | 琉璃厂248号 | 清代 |
| 关中北馆 | 宣外大街77－79、甲79号 | 清代 |
| 关中会馆 | 南新华街65、67号 | 清代 |
| 关中南馆 | 保安寺街4号 | 清代 |
| 关中西馆 | 上斜街36、37号及36号后门 | 清代 |
| 光州会馆 | 广安门大街 | 清代 |
| 光州会馆 | 兵马司前街 | 清代 |
| 广德会馆 | 施家胡同 | 清代 |
| 广东会馆 | 广安门大街 | 清代 |
| 广东会馆 | 韩家潭 | 清代 |
| 广东乐善堂(附) | 延旺庙66号 | 清代 |
| 广东乐善堂(主) | 大吉巷35号 | 清代 |
| 广西会馆 | 教场三条 | 清代 |
| 广西南馆 | 贾家胡同24、25号 | 清代 |
| 广西三馆 | 海北寺街4号 | 清代 |
| 广西三馆(附) | 永光寺街2号 | 清道光年间 |
| 广西三馆(附) | 北柳巷4号 | 清代 |
| 广西三馆(附) | 香炉营四条32号 | 清代 |
| 广西三馆(附) | 香炉营五条 | 清乾隆年间 |
| 广西三馆(附) | 延旺庙46号 | 清嘉庆年间 |
| 广西三馆(主) | 后青厂5号 | 清道光年间 |
| 广西新馆 | 北柳巷47号 | 清代 |
| 广西中馆 | 驴驹胡同17号 | 清乾隆年间 |
| 广信会馆(附) | 铁门胡同9号 | 清代 |
| 广州会馆(附) | 韩家潭14号 | 清代 |
| 广州会馆(附) | 西草厂97号 | 清代 |
| 广州七邑会馆(主) | 前孙公园12号 | 清代 |
| 归安会馆 | 金井胡同1号 | 清代 |
| 归德会馆 | 贾家胡同48号 | 清代 |
| 贵州会馆 | 棉花上七条7号 | 清代 |
| 贵州会馆 | 樱桃斜街28号 | 清代 |
| 贵州会馆 | 椅子圈1号 | 清代 |
| 贵州南馆 | 校场二条18号 | 清代 |
| 贵州西馆 | 广安门大街48号 | 清代 |
| 贵州中馆 | 樱桃斜街84号 | 清嘉庆年间 |

| 名　称 | 位　置 | 创建年代 |
|---|---|---|
| 海昌会馆 | 敫家坑胡同10号 | 清代 |
| 韩城北馆 | 枣林胡同 | 清代 |
| 韩城南馆 | 宣外大街210号 | 清代 |
| 汉中会馆 | 烂缦胡同79号 | 清光绪年间 |
| 杭州会馆 | 潘家河沿 | 清道光年间 |
| 杭州会馆 | 虎坊桥52号 | 清道光年间 |
| 和含会馆 | 扬梅竹斜街 | 清代 |
| 河北会馆 | 兵马司中街 | 清代 |
| 河东烟行会馆 | 广安门大街 | 清代 |
| 河郏汝会馆 | 宣武门外大街 | 清代 |
| 河间会馆 | 果子巷 | 明代 |
| 河洛会馆 | 贾家胡同186号 | 清代 |
| 河洛会馆 | 宣外大街186号 | 清代 |
| 河洛会馆 | 果子巷 | 清代 |
| 河南会馆 | 上斜街 | 清代 |
| 河南会馆 | 粉房琉璃街92号 | 清代 |
| 河南会馆 | 达智桥胡同 | 清代 |
| 河南会馆 | 校场五条 | 清代 |
| 郃阳会馆 | 西椿树胡同 | 清代 |
| 衡阳会馆 | 丞相胡同 | 清代 |
| 衡州会馆 | 贾家胡同55号 | 清代 |
| 衡州会馆 | 丞相胡同42号 | 清道光年间 |
| 洪洞会馆 | 广安门大街 | 清代 |
| 湖北会馆 | 永光寺西街8号 | 清代 |
| 湖广会馆 | 骡马市大街257号 | 清代 |
| 湖南会馆 | 烂缦胡同41号 | 清代 |
| 湖南会馆(附) | 南横街 | 清代 |
| 湖州会馆 | 西柳树井 | 清代 |
| 湖州会馆 | 北半截胡同13号 | 清代 |
| 湖州会馆(附) | 上斜街15号 | 清代 |
| 湖州会馆(附) | 北半截胡同17号 | 清代 |
| 湖州会馆(附) | 南半截胡同1号 | 清代 |
| 湖州会馆(附) | 烂缦胡同76号 | 清代 |
| 湖州会馆(附) | 潘家河沿16号 | 清代 |
| 华州会馆(附) | 南柳巷11、12、66、68号 | 清代 |
| 华州会馆(主) | 南柳巷64、65号 | 清代 |
| 怀宁会馆 | 桐梓胡同 | 清代 |
| 怀宁会馆 | 延旺庙街 | 清代 |
| 怀宁会馆 | 粉房琉璃街 | 清代 |
| 怀宁会馆 | 潘家河沿 | 清代 |
| 怀庆会馆 | 十间房 | 明末清初 |

| 名　称 | 位　置 | 创建年代 |
|---|---|---|
| 怀庆会馆 | 潘家河沿 | 明末清初 |
| 淮安会馆 | 麻线胡同 | 清代 |
| 淮安会馆 | 南横街 | 清代 |
| 淮安会馆 | 潘家河沿 | 清代 |
| 淮安会馆(附) | 西茶食胡同8号 | 清代 |
| 黄陂会馆 | 晋太高庙 | 明代 |
| 黄陂会馆 | 潘家河沿30号 | 明代 |
| 黄岗会馆 | 椿树上头条 | 清乾隆年间 |
| 黄梅会馆 | 车子营22号 | 清同治年间 |
| 黄岩会馆 | 周家大院 | 清嘉庆年间 |
| 潢光会馆 | 官菜园上街9号 | 清代 |
| 潢光会馆 | 米市胡同59号 | 清代 |
| 徽州会馆 | 宣武门外大街53号 | 清代 |
| 徽州邑馆 | 鷂儿胡同 | 清代 |
| 惠安会馆 | 羊肉胡同 | 清代 |
| 绩溪会馆 | 椿树上头条胡同 | 清代 |
| 稽山会馆 | 虎坊桥 | 明代 |
| 稽山会馆 | 潘家河沿33号 | 明代 |
| 稽山会馆 | 校场三条44号 | 明代 |
| 吉安会馆 | 西珠市口108号 | 清代 |
| 吉安新馆 | 潘家河沿 | 清代 |
| 吉州会馆 | 潘家河沿12号 | 清代 |
| 济南会馆 | 烂缦胡同39号 | 清代 |
| 嘉兴会馆(附) | 永光寺街4、5、6、8号，中街9、10号 | 清代 |
| 嘉兴会馆(附) | 粉房琉璃街43号 | 清雍正年间 |
| 嘉兴六邑会馆 | 南横街5号 | 清代 |
| 嘉应会馆 | 香炉营二条 | 清代 |
| 嘉应会馆(主) | 香炉营头条31号 | 清代 |
| 建宁会馆(附) | 南柳巷甲35、53号 | 清代 |
| 建宁会馆(主) | 南柳巷54号 | 清代 |
| 江甘仪馆 | 广安门大街37号 | 明代 |
| 江宁会馆 | 南半截胡同17号 | 清嘉庆年间 |
| 江宁郡馆(附) | 烂缦胡同64号 | 清嘉庆年间 |
| 江苏会馆 | 北半截胡同6、8号 | 清代 |
| 江苏会馆(附) | 琉璃厂115－117号 | 清代 |
| 江苏会馆(附) | 校场五条45号 | 清代 |
| 江苏会馆(附) | 校场四条3号 | 清代 |
| 江苏会馆(附) | 丞相胡同51号 | 清代 |
| 江苏会馆(附) | 大井胡同5号及旁门 | 清代 |
| 江苏会馆(附) | 南横街48、49号 | 清代 |
| 江苏会馆(附) | 校场七条3号 | 清代 |

| 名　称 | 位　置 | 创建年代 |
| --- | --- | --- |
| 江苏会馆(附) | 西草厂54号 | 清代 |
| 江西会馆 | 椿树上二条 | 清代 |
| 江西会馆 | 香炉营四条 | 清代 |
| 江西会馆 | 潘家河沿 | 清代 |
| 江西会馆 | 宣外大街196号后门，永光寺西街甲22号 | 清代 |
| 江西会馆(附) | 法源寺后街2、5号 | 清代 |
| 江西会馆(附) | 琉璃厂甲188号 | 清代 |
| 江西会馆(附) | 丞相胡同6号 | 清代 |
| 江西会馆(附) | 北半截胡同49号 | 清代 |
| 江西会馆(附) | 南横街27号 | 清代 |
| 江西会馆(附) | 八角琉璃井 | 清代 |
| 江夏会馆 | 排子胡同 | 清代 |
| 江阴会馆 | 米市胡同 | 清代 |
| 绛山会馆 | 椿树下三条胡同 | 清代 |
| 蕉岭会馆(主) | 虎坊桥51号 | 清代 |
| 解梁会馆 | 粉房琉璃街 | 清代 |
| 津南试馆 | 西珠市口29号 | 明万历年间 |
| 晋江会馆 | 香炉营头条 | 清代 |
| 晋江邑馆(附) | 铁老鹳庙甲6号 | 清代 |
| 晋江邑馆(附) | 粉房琉璃街94号 | 清代 |
| 晋江邑馆(主) | 南柳巷55号 | 清初 |
| 泾县会馆 | 米市胡同 | 清初 |
| 泾县会馆 | 南横街30号 | 清代 |
| 泾阳会馆 | 大外廊营 | 清雍正年间 |
| 泾阳会馆 | 校场五条 | 清代 |
| 泾阳会馆 | 樱桃斜街 | 清代 |
| 旌德会馆 | 羊肉胡同25号 | 清代 |
| 靖安会馆 | 魏染胡同26号 | 清代 |
| 九江会馆 | 西珠市口35号 | 明代 |
| 句容会馆 | 米市胡同 | 清代 |
| 开郏会馆 | 贾家胡同29号 | 清代 |
| 夔府会馆 | 山西街2号 | 清同治年间 |
| 夔府会馆(附) | 铁门胡同19号 | 清代 |
| 夔府会馆(附) | 官菜园上街27号 | 清代 |
| 昆山会馆 | 小沙土园19号 | 清代 |
| 乐平会馆 | 虎坊桥大街53号 | 清代 |
| 雷阳会馆(主) | 裘家街37号 | 清代 |
| 黎川会馆 | 椿树上头条 | 清代 |
| 理化会馆 | 崇兴寺 | 清代 |
| 廉钦会馆(主) | 粉房琉璃街31号 | 清代 |

| 名　称 | 位　置 | 创建年代 |
| --- | --- | --- |
| 廉新会馆 | 粉房琉璃街 | 清代 |
| 凉州会馆 | 大外廊营 | 清代 |
| 临城会馆 | 椿树下三条 | 清代 |
| 临川会馆 | 香炉营头条31号 | 清代 |
| 临川会馆 | 裘家街 | 清代 |
| 临汾会馆 | 大栅栏 | 明代 |
| 临江会馆 | 椿树上头条 | 清代 |
| 灵石会馆 | 宣外大街50号 | 清代 |
| 浏阳会馆 | 北半截胡同20号 | 清代 |
| 柳州会馆 | 校场五条 | 清光绪年间 |
| 柳州会馆 | 贾家胡同56号 | 清光绪年间 |
| 六安会馆 | 铁门胡同35号 | 清代 |
| 六安会馆 | 米市胡同 | 清代 |
| 六英霍会馆 | 米市胡同72号 | 清代 |
| 六英霍会馆 | 南横街29、30号 | 清代 |
| 龙锦会馆 | 粉房琉璃街11号 | 清代 |
| 龙溪会馆(附) | 粉房琉璃街72号 | 清代 |
| 龙溪会馆(主) | 椿树上头条9号 | 清代 |
| 龙岩会馆 | 石头胡同 | 清乾隆年间 |
| 龙岩会馆(附) | 西河沿95号 | 清顺治年间 |
| 龙岩会馆(主) | 贾家胡同63号 | 清代 |
| 庐陵新馆 | 潘家河沿52号 | 清代 |
| 庐州会馆 | 西珠市口71号 | 清代 |
| 庐州会馆(附) | 西柳树井34－36号 | 清代 |
| 泸县会馆 | 延旺庙街 | 清代 |
| 泸州郡馆 | 延旺庙街33号 | 清乾隆年间 |
| 潞安会馆 | 西珠市口31号 | 清代 |
| 洛中会馆 | 虎坊桥大街 | 清代 |
| 孟县会馆 | 宣武门外大街 | 清代 |
| 孟县会馆 | 椿树上三条 | 清代 |
| 孟县会馆 | 虎坊桥大街 | 清代 |
| 沔阳会馆 | 十间房 | 清代 |
| 沔阳会馆 | 前孙公园6号 | 清同治年间 |
| 南安会馆 | 宣外大街188号 | 清乾隆年间 |
| 南昌会馆 | 潘家河沿 | 清代 |
| 南昌会馆 | 魏染胡同 | 明代 |
| 南昌郡馆 | 宣外大街158号 | 明代 |
| 南昌郡馆 | 宣外大街159 | 清代 |
| 南昌县馆(附) | 廊坊头条77号 | 明代 |
| 南城会馆 | 兵马司中街 | 清代 |
| 南城会馆 | 魏染胡同 | 清代 |

| 名　　称 | 位　　置 | 创建年代 |
| --- | --- | --- |
| 南丰会馆 | 北柳巷 20 号 | 清代 |
| 南海会馆(附) | 香炉营二条 16 号 | 清代 |
| 南海会馆(附) | 香炉营四条 39 号 | 清代 |
| 南海会馆(附) | 米市胡同 19、28、100 号 | 清代 |
| 南海会馆(附) | 丞相胡同 63、65 号 | 清代 |
| 南海会馆(附) | 南柳巷 28 号 | 不详 |
| 南海会馆(主) | 米市胡同 18 号 | 清道光年间 |
| 南京试馆 | 西珠市口 35 号 | 清代 |
| 南皮会馆 | 西柳树井 | 清代 |
| 南通会馆 | 宣武门外大街 | 清代 |
| 南郑会馆 | 前青厂 | 清嘉庆年间 |
| 宁羌会馆 | 烂漫胡同 | 清道光年间 |
| 平定会馆 | 西柳树井 | 清代 |
| 平介会馆 | 鷂儿胡同 | 清代 |
| 平乐九邑会馆 | 延寿寺街 16 号 | 清代 |
| 萍乡会馆 | 粉房琉璃街 42 号 | 清代 |
| 鄱阳会馆 | 茶儿胡同 | 清代 |
| 莆仙会馆 | 西河沿 | 清代 |
| 莆阳会馆 | 崇兴寺 | 清代 |
| 莆阳会馆(附) | 福州馆街 1—6 号 | 清代 |
| 莆阳会馆(主) | 贾家胡同 19 号 | 清代 |
| 蒲城会馆 | 骡马市大街 | 清代 |
| 蒲城会馆 | 铁老鹳庙 10 号 | 清代 |
| 蒲城会馆 | 校场四条 8 号 | 清代 |
| 蒲圻会馆 | 琉璃厂沙土园 | 清代 |
| 蕲春会馆 | 七圣庙 11 号 | 清代 |
| 蕲水会馆 | 贾家胡同 | 清代 |
| 潜山会馆 | 山西街 | 清代 |
| 青阳会馆 | 施家胡同 | 清代 |
| 青州会馆 | 门楼胡同 | 清代 |
| 琼州会馆 | 西砖胡同 | 清乾隆年间 |
| 琼州会馆 | 大外廊营 31 号 | 清乾隆年间 |
| 琼州会馆(附) | 大吉巷 40 号 | 清代 |
| 琼州会馆(主) | 大外廊营 32 号 | 清乾隆年间 |
| 曲沃会馆 | 虎坊桥 57 号 | 清代 |
| 全蜀会馆 | 永光寺西街 3 号 | 清代 |
| 全台会馆 | 后铁厂 | 清代 |
| 全溪会馆 | 琉璃厂 | 清代 |
| 全浙会馆 | 下斜街 35—39 号 | 清代 |
| 全浙会馆 | 南横街 22 号 | 清代 |
| 全浙会馆(附) | 北线阁 26 号 | 清代 |

| 名　　称 | 位　　置 | 创建年代 |
| --- | --- | --- |
| 全浙会馆(附) | 李铁拐斜街 12 号 | 清代 |
| 全浙会馆(附) | 铁门 49 号 | 清代 |
| 全浙会馆(附) | 佘家胡同 7、8 号 | 清代 |
| 全浙会馆(附) | 樱桃斜街 44 号 | 清代 |
| 全浙会馆(附) | 潘家河沿 | 清代 |
| 全浙会馆(附) | 上斜街 14、18 号 | 清代 |
| 全浙会馆(附) | 校场大六条 4 号 | 清代 |
| 全浙会馆(附) | 宣外大街 54 号 | 清代 |
| 全浙会馆(附) | 米市胡同 57 号 | 清代 |
| 全浙会馆(附) | 兵马司中横街 2 号 | 清代 |
| 全浙会馆(附) | 羊肉胡同 6 号 | 清代 |
| 全浙会馆(附) | 校场大六条 1、2 号 | 清代 |
| 全浙会馆(附) | 粉房琉璃街 13 号 | 清代 |
| 泉郡会馆 | 虎坊桥 | 清代 |
| 泉郡会馆 | 西柳树井 56、57 号 | 清代 |
| 泉郡会馆(附) | 煤市街 66 号 | 清代 |
| 泉郡会馆(主) | 后孙公园 6 号 | 清代 |
| 饶州会馆 | 潘家河沿 17 号 | 清代 |
| 仁钱会馆 | 西珠市口 77 号 | 清乾隆年间 |
| 仁钱会馆(附) | 樱桃斜街 102 号 | 清代 |
| 仁钱会馆(附) | 李铁拐斜街 12、甲 12、乙 12、丙 12 号 | 清代 |
| 仁钱会馆(附) | 贾家胡同 59 号 | 清代 |
| 仁钱会馆(主) | 西柳树井 44 号 | 清代 |
| 如泰会馆 | 后孙公园 6 号 | 清代 |
| 三晋西馆 | 骡马市大街 74 号 | 清代 |
| 三水会馆 | 保安寺街 14 号 | 清代 |
| 三原会馆 | 虎坊桥 | 清代 |
| 三原老馆 | 南新华街 55 号 | 清代 |
| 三原老馆 | 南新华街 31 号 | 清代 |
| 三原南馆 | 潘家河沿 9、10 号 | 清代 |
| 三原西馆 | 校场头条 1 号 | 清代 |
| 山会邑馆 | 南半截胡同 4 号 | 清代 |
| 山会邑馆(附) | 南半截胡同 32、33 号 | 清代 |
| 山会邑馆(附) | 上斜街 20 号 | 清代 |
| 山会邑馆(附) | 香炉营头条 9 号 | 清代 |
| 山西会馆 | 赶驴市 | 清代 |
| 山西会馆 | 上斜街 37 号 | 明代 |
| 山西会馆 | 下斜街 1 号 | 清乾隆年间 |
| 山左会馆 | 校场头条 | 清代 |
| 善化会馆 | 宣武门外大街 | 清代 |

| 名称 | 位置 | 创建年代 |
|---|---|---|
| 商山(商州)会馆 | 老墙根 8 号 | 清代 |
| 上虞会馆 | 韩家潭 | 清代 |
| 上虞会馆 | 佘家胡同 24 号 | 清道光年间 |
| 绍兴县馆 | 上斜街 20、56 号 | 清代 |
| 绍兴县馆 | 烂缦胡同 26 号 | 清代 |
| 深州会馆 | 西砖胡同 5 号 | 清代 |
| 深州会馆 | 广安门大街 93 号 | 清代 |
| 深州会馆 | 报国寺 | 清代 |
| 寿张会馆 | 延旺庙街 | 清代 |
| 书业文昌会馆 | 小沙土园 | 清代 |
| 顺德会馆(主) | 海北寺街 28 号 | 清嘉庆年间 |
| 顺德南馆(主) | 永光寺西街 6 号 | 清代 |
| 顺德新馆 | 宣外大街 | 清代 |
| 顺德新馆(附) | 后青厂甲 15 号 | 清代 |
| 顺德新馆(附) | 椿树上二条 6 号 | 清代 |
| 顺德新馆(附) | 前青厂 15 号 | 清代 |
| 顺邑新馆(主) | 大井胡同 4 号 | 清代 |
| 四川东馆 | 山西街 | 清代 |
| 四川会馆 | 后青厂 | 清代 |
| 四川会馆 | 棉花上七条 1 号 | 清代 |
| 四川会馆 | 陕西巷 | 清代 |
| 四川会馆 | 储库营 5 号 | 清代 |
| 四川老馆 | 魏染胡同 | 清代 |
| 四川南馆 | 北半截胡同 | 清代 |
| 四明会馆 | 郭家井 | 清代 |
| 松江会馆 | 大外廊营 | 清代 |
| 肃州会馆 | 北柳巷 | 清代 |
| 绥远会馆 | 椿树上二条 | 清代 |
| 台州会馆 | 后孙公园 10 号 | 清代 |
| 台州会馆 | 下斜街 7 号 | 清代 |
| 太仓会馆 | 宣外大街 219、220 号 | 清道光年间 |
| 太仓会馆(附) | 珠巢街 6 号 | 清代 |
| 太仓会馆(附) | 北半截胡同 37 号 | 清代 |
| 太平会馆 | 晋太高庙 10 号 | 清代 |
| 太平会馆 | 百顺胡同 | 清代 |
| 太平会馆 | 丞相胡同 50 号 | 清代 |
| 太原会馆 | 储库营 4 号 | 清代 |
| 唐县会馆 | 下斜街 | 清代 |
| 天津会馆 | 粉房琉璃街 | 清代 |
| 天门会馆 | 宣武门外大街 | 清代 |
| 同安会馆 | 板章胡同 5 号 | 清代 |

| 名称 | 位置 | 创建年代 |
|---|---|---|
| 潼川会馆 | 北半截胡同 43 号 | 清同治年间 |
| 宛南会馆 | 官菜园上街 | 清代 |
| 宛南十三县会馆 | 下斜街 | 清代 |
| 万载会馆 | 粉房琉璃街 38 号 | 清代 |
| 望江会馆 | 兵马司中街 | 清代 |
| 望江会馆 | 给孤寺夹道 | 清代 |
| 渭南会馆 | 八角琉璃井 9 号 | 清代 |
| 渭南会馆 | 西河沿 | 清代 |
| 渭南会馆 | 前孙公园 49 号 | 清代 |
| 渭南会馆 | 臧家桥胡同 | 清康熙年间 |
| 温州会馆 | 校场五条 37 号 | 清代 |
| 汶水会馆 | 粉房琉璃街 | 清代 |
| 吴江会馆 | 贾家胡同 62 号 | 清代 |
| 吴县会馆 | 延寿寺街 | 清代 |
| 武昌会馆 | 南半截胡同 24 号 | 清代 |
| 武昌会馆 | 琉璃厂 119 号 | 清代 |
| 武进会馆 | 前青厂 14 号 | 清代 |
| 武进会馆(附) | 前青厂 30 号 | 清代 |
| 武进会馆(附) | 堂子胡同 14 号 | 清代 |
| 武宁会馆 | 上斜街 57 号 | 清代 |
| 武威会馆 | 山西街 12 号 | 清代 |
| 武阳会馆 | 顺德馆夹道 | 清代 |
| 武阳会馆 | 后青厂 50 号 | 清代 |
| 婺源会馆 | 大耳胡同 36 号 | 清代 |
| 婺源会馆 | 宣武门外大街 85、86 号 | 清代 |
| 婺源会馆(附) | 西河沿 97 号 | 清代 |
| 婺源会馆(附) | 石猴街 11 号 | 清代 |
| 婺源会馆(附) | 大沙土园 1 号 | 清代 |
| 婺源会馆(附) | 上斜街 1 号 | 清代 |
| 西晋会馆 | 广安大街 352 号 | 清代 |
| 惜字会馆 | 棉花上四条 20 号 | 清代 |
| 惜字会馆 | 官菜园上街 | 清代 |
| 惜字会馆 | 梁家园后身 | 清代 |
| 锡金会馆 | 前孙公园 | 清乾隆年间 |
| 歙县会馆 | 宣外大街 51 号 | 清乾隆年间 |
| 歙县会馆 | 老墙根 30 号 | 清代 |
| 歙县会馆 | 南半截胡同 | 清代 |
| 歙县会馆(附) | 椿树上三条 15 号 | 清代 |
| 歙县会馆(附) | 棉花九条 15 号 | 清代 |
| 歙县会馆(附) | 校场头条 35 号 | 清代 |
| 歙县会馆(附) | 潘家河沿 66 号 | 清代 |

| 名称 | 位置 | 创建年代 | 名称 | 位置 | 创建年代 |
|---|---|---|---|---|---|
| 仙城会馆(附) | 大栅栏23、24号 | 清康熙年间 | 延安会馆 | 四川营5号 | 清代 |
| 仙城会馆(附) | 王皮胡同47号 | 清代 | 延定会馆 | 李铁拐斜街 | 清代 |
| 仙城会馆(附) | 西柳树井8号 | 清代 | 延平会馆 | 粉房琉璃街84号 | 清乾隆年间 |
| 仙城会馆(主) | 王皮胡同3号 | 清代 | 严陵会馆 | 石头胡同 | 清代 |
| 仙溪会馆 | 广安东里22号 | 清代 | 严州会馆 | 大外廊营 | 清代 |
| 仙游会馆 | 西砖胡同6号 | 清代 | 盐山会馆 | 西柳树井 | 清代 |
| 咸长会馆 | 宣武门大街 | 清康熙年间 | 扬州会馆 | 珠巢街14、15号及后门 | 清代 |
| 咸长西馆 | 校场五条22号 | 清嘉庆年间 | 扬州会馆 | 丞相胡同 | 清代 |
| 咸宁会馆 | 椿树上头条 | 清代 | 扬州会馆 | 广安门大街21号 | 清代 |
| 乡宁会馆 | 米市胡同 | 清代 | 扬州会馆(附) | 驹驴胡同18、19号 | 清代 |
| 湘庆会馆 | 骡马市大街 | 清代 | 阳江会馆(主) | 粉房琉璃街51号 | 清代 |
| 湘潭会馆 | 保安寺街 | 清代 | 姚江会馆 | 琉璃厂 | 清代 |
| 湘乡会馆 | 烂缦胡同 | 清代 | 姚江会馆(附) | 潘家河沿2、69号 | 清代 |
| 湘阴会馆 | 兵马司前街4号 | 清代 | 黟县会馆 | 西草厂 | 清乾隆年间 |
| 湘阴会馆 | 南横街 | 清代 | 黟县会馆 | 南半截胡同10号 | 清乾隆年间 |
| 襄陵北馆 | 佘家胡同4号 | 清代 | 黟县会馆 | 烂缦胡同70号 | 清乾隆年间 |
| 襄陵会馆 | 潘家河沿 | 清代 | 宜昌会馆 | 虎坊桥 | 清代 |
| 襄陵会馆 | 虎坊桥 | 清代 | 宜昌会馆 | 西珠市口247号 | 清代 |
| 襄阳会馆 | 南横街 | 清代 | 宜兴会馆 | 佘家胡同 | 清代 |
| 襄阳会馆 | 兴胜寺 | 清代 | 宜兴会馆 | 校场头条6号 | 清代 |
| 襄阳会馆 | 佘家胡同 | 清代 | 宜兴会馆 | 校尉营24号 | 清代 |
| 详符会馆 | 德荫沟 | 清代 | 宜兴会馆(附) | 校场头条6号 | 清代 |
| 祥符会馆 | 南横街 | 清代 | 宜兴会馆(附) | 南新华街58号 | 清代 |
| 萧山会馆 | 西河沿199号 | 明代 | 宜兴会馆(附) | 广慧寺 | 清代 |
| 孝感会馆 | 十间房 | 清代 | 翼城会馆 | 虎坊桥 | 清代 |
| 协中会馆 | 棉花头条 | 清代 | 鄞县会馆 | 盆儿胡同 | 清乾隆年间 |
| 新诚会馆 | 椿树上头条 | 清代 | 鄞县会馆 | 福州馆街 | 清乾隆年间 |
| 新会新馆(主) | 永光寺西街1号 | 清咸丰年间 | 鄞县会馆 | 大李纱帽胡同 | 清乾隆年间 |
| 新会邑馆(主) | 粉房琉璃街53号 | 清光绪年间 | 郢中会馆 | 麻线胡同42号 | 清代 |
| 新建会馆 | 王广福斜街 | 清代 | 颍州会馆 | 海北寺街 | 清代 |
| 兴宁会馆(主) | 潘家河沿20号 | 清代 | 颍州会馆 | 裘家街3号 | 清代 |
| 邢台会馆 | 樱桃斜街 | 清代 | 永春会馆 | 椿树上三条 | 清代 |
| 休宁会馆 | 丞相胡同13号 | 清乾隆年间 | 永春会馆 | 椿树上头条3号 | 清代 |
| 休宁会馆(附) | 香炉营四条13号 | 清代 | 永春会馆 | 椿树上二条甲20号 | 清代 |
| 休宁会馆(附) | 米市胡同41、56、94号 | 清代 | 永济会馆 | 宣武门外大街 | 清代 |
| 休宁会馆(附) | 丞相胡同15、33号 | 清代 | 永靖会馆 | 永光寺中街. | 清代 |
| 徐闻会馆 | 丞相胡同 | 清代 | 永新会馆 | 宣武门外大街 | 清代 |
| 徐州会馆 | 米市胡同 | 清代 | 永新会馆 | 报国寺 | 清代 |
| 叙州会馆 | 魏染胡同 | 清代 | 永新会馆 | 教场头条 | 清代 |
| 叙州会馆 | 后铁厂7号 | 清代 | 永新会馆 | 兵马司中街 | 清代 |
| 宣城会馆 | 铁门胡同8号 | 清顺治年间 | 永州会馆 | 贾家胡同23号 | 清代 |

| 名　　称 | 位　　置 | 创建年代 |
|---|---|---|
| 永州会馆(附) | 贾家胡同 | 清光绪年间 |
| 酉西会馆 | 扬梅竹斜街 | 清代 |
| 榆林会馆 | 永光寺街 | 清代 |
| 玉行长春会馆 | 小沙土园 | 清同治年间 |
| 元宁会馆 | 烂缦胡同 | 清代 |
| 粤东会馆(附) | 铁老鹳庙 8 号 | 清代 |
| 粤东会馆(附) | 铁门 18 号 | 清代 |
| 粤东会馆(附) | 醋章胡同 15 号 | 清代 |
| 粤东会馆(附) | 广安门大街 71 号 | 清代 |
| 粤东会馆(附) | 延旺庙街 66 号 | 清代 |
| 粤东会馆(附) | 南半截胡同 28 号 | 清代 |
| 粤东会馆(附) | 丞相胡同 5 号 | 清代 |
| 粤东新馆(主) | 南横街 26 号 | 清代 |
| 越中先贤祠 | 虎坊桥 114 号 | 清代 |
| 越中先贤祠(附) | 潘家河沿 33 号 | 清代 |
| 越中先贤祠(附) | 校场三条 44 号 | 清代 |
| 云南会馆 | 铁门胡同 | 清代 |
| 云南会馆 | 南新华街 | 清代 |
| 云南会馆 | 校场头条 3 号 | 清代 |
| 云南会馆 | 校场五条 | 清代 |
| 云南会馆 | 珠巢街 24 号 | 清代 |
| 云南南馆 | 延旺庙街 35 号 | 清代 |
| 漳浦会馆 | 校场二条 29 号 | 明代 |
| 漳浦会馆 | 东椿树胡同 | 清代 |

| 名　　称 | 位　　置 | 创建年代 |
|---|---|---|
| 漳州会馆 | 大外廊营 | 清代 |
| 漳州会馆 | 校场二条 | 清雍正年间 |
| 漳州西馆 | 煤市街 45－49 号 | 清代 |
| 赵分祠 | 法源寺前街 | 清代 |
| 肇庆西馆(附) | 李铁拐斜街 96 号 | 清代 |
| 肇庆西馆(主) | 李铁拐斜街 68 号 | 清代 |
| 镇江会馆 | 敦家坑胡同 | 清代 |
| 镇江会馆 | 官菜园上街 | 清代 |
| 镇平会馆 | 大外廊营 | 清代 |
| 正定会馆 | 西草厂 98 号 | 清代 |
| 正阳会馆 | 校场 5 条 | 清代 |
| 直隶会馆 | 骡马市大街 75 号 | 清代 |
| 直隶会馆 | 虎坊桥 43 号 | 清代 |
| 直隶会馆 | 下斜街 80 号 | 清代 |
| 直隶会馆 | 校场五条 46 号 | 清代 |
| 直隶会馆 | 潘家河沿 1 号 | 清代 |
| 直隶会馆 | 兵马司中横街 1、甲 2 号 | 清代 |
| 直隶老馆 | 宣外大街 64 号 | 清代 |
| 中山会馆(主) | 珠巢街 2 号 | 明代 |
| 中州会馆 | 骡马市大街 87 号 | 清代 |
| 中州会馆 | 米市胡同 49 号 | 清代 |
| 中州会馆 | 丞相胡同 66 号 | 清代 |

## 寺　　庙

| 名　　称 | 位　　置 | 始建年代 |
|---|---|---|
| 白马寺 | 白马寺坑 | 隋仁寿四年(604) |
| 白水庵 | 椿树上三条 | 清乾隆十五年(1750)前 |
| 白衣庵 | 玉虚观 6 号 | 清乾隆前 |
| 白衣庵 | 虎坊桥 64 号 | 不详 |
| 白衣庵 | 香炉营四条 | 清乾隆十五年(1750)前 |
| 白衣庵 | 椿树下二条 | 不详 |
| 白衣庵 | 三府胡同 | 清乾隆十五年(1750)前 |
| 白衣庵 | 玉虚观 | 清乾隆十五年(1750)前 |
| 白衣庵 | 莲花寺湾 | 清乾隆十五年(1750)前 |
| 白衣庵 | 车辇胡同 13 号 | 明代 |
| 般若寺 | 九道湾 13 号 | 不详 |
| 宝应寺 | 干面胡同 | 唐代 |

| 名　　称 | 位　　置 | 始建年代 |
|---|---|---|
| 保安寺 | 保安寺街 12 号 | 明正统年间 |
| 北观音寺 | 广安门关厢 | 不详 |
| 北极庵 | 北极巷 1 号 | 清同治十三年(1874) |
| 财神庙 | 晋太高庙 | 清乾隆十五年(1750)前 |
| 财神庙 | 铁门 27 号 | 清乾隆前 |
| 长椿寺 | 下斜街 | 明万历二十年(1592) |
| 潮庆庵 | 达智桥 | 不详 |
| 城隍庙 | 莲花胡同 | 不详 |
| 城南道院 | 望远村 | 不详 |
| 崇效寺 | 陈家胡同 27 号 | 唐贞观元年(627) |
| 崇兴寺 | 崇兴寺胡同 | 明天顺四年(1460) |
| 慈悲庵 | 黑窑厂 | 辽代、金代 |

| 名　　称 | 位　　置 | 始建年代 |
|---|---|---|
| 慈航禅林 | 铁门 68 号 | 不详 |
| 慈济庵 | 北线阁 | 清乾隆十五年(1750)前 |
| 慈济寺 | 孔雀胡同 | 不详 |
| 大报国慈仁寺 | 广安门大街 | 辽代 |
| 大悲院 | 法源寺 | 清同治年间 |
| 大从庵 | 槐柏树 | 清乾隆十五年(1750)前 |
| 大宏庙 | 三眼井 51 号 | 清康熙三十六年(1697) |
| 大万寿寺 | 永光寺中街 | 不详 |
| 大雄庵 | 九道湾 5 号 | 明正德年间 |
| 大延寿寺 | 悯忠阁 | 东魏 |
| 大隐庵 | 西河沿 | 明嘉靖年间 |
| 道士观 | 石羊胡同 | 不详 |
| 道祖庙 | 北樱桃园 8 号 | 明代 |
| 地藏庵 | 排子胡同 | 明代 |
| 地藏庵 | 山西街 15 号 | 明代 |
| 地藏庵 | 储库营胡同 | 不详 |
| 地藏庵 | 阡儿胡同 | 不详 |
| 地藏寺 | 琉璃厂 132 号 | 清光绪二十二年(1896) |
| 东礼拜寺 | 教子胡同 | 明崇祯年间 |
| 东岳庙 | 莲花寺湾 | 清乾隆十五年(1750)前 |
| 东岳庙 | 南下洼 | 清代 |
| 都土地庙 | 土地庙斜街 | 明万历四十三年(1615) |
| 斗姥宫 | 天桥西沟 | 清康熙三十四年(1696) |
| 峨嵋禅林 | 南王子坟 4 号 | 清康熙年间 |
| 二庙 | 上斜街 | 不详 |
| 法华寺 | 南堂子胡同 13 号 | 清道光三年(1823) |
| 法源寺 | 法源寺前街 | 唐贞观十九年(645) |
| 伏魔庙 | 九间房 | 清乾隆十五年(1750)前 |
| 伏魔寺 | 窑台 15 号 | 清同治十三年(1874) |
| 伏魔寺 | 枣林前街 | 清乾隆十五年(1750)前 |
| 伏魔寺 | 丞相胡同 9 号 | 明代 |
| 伏魔英济堂 | 西茶食胡同 | 清乾隆十五年(1750)前 |
| 福德庵 | 炭儿胡同 | 清乾隆十五年(1750)前 |
| 福峰寺 | 西河沿 107 号 | 不详 |
| 福禄庵 | 蔡家胡同 | 不详 |
| 福庆寺 | 粉房琉璃街 121 号 | 明成化年间 |
| 福祥寺 | 西草厂胡同 84 号 | 明万历年间 |
| 高庙 | 高庙胡同 4 号 | 明代 |
| 高庙 | 南堂子胡同 | 明代 |
| 古佛寺 | 储子营 14 号 | 明嘉靖四十三年(1564) |
| 古佛堂 | 煤市街 | 清乾隆十五年(1750)前 |
| 顾亭林祠 | 报国寺 | 清道光二十三年(1843) |

| 名　　称 | 位　　置 | 始建年代 |
|---|---|---|
| 关帝祠 | 西珠市口大街 | 不详 |
| 关帝祠 | 西柳树井 | 不详 |
| 关帝庙 | 东北园 70 号 | 明崇祯元年(1628) |
| 关帝庙 | 东椿树胡同 | 清乾隆十五年(1750)前 |
| 关帝庙 | 麻线胡同 2 号 | 明万历十三年(1585) |
| 关帝庙 | 山西街 | 不详 |
| 关帝庙 | 车子营 89 号 | 清光绪十七年(1891) |
| 关帝庙 | 杨道庙 1 号 | 不详 |
| 关帝庙 | 留学路 15 号 | 清康熙三十年(1691) |
| 关帝庙 | 黑窑厂 | 清康熙三十年(1750)前 |
| 关帝庙 | 黑窑厂 75 号 | 清同治七年(1868) |
| 关帝庙 | 米市胡同 51 号 | 明天启五年(1625) |
| 关帝庙 | 南横街 92 号 | 清道光六年(1826) |
| 关帝庙 | 南横街 | 不详 |
| 关帝庙 | 广安门内大街 98 号 | 清代 |
| 关帝庙 | 广安门大街 | 不详 |
| 关帝庙 | 大川淀 | 明代 |
| 关帝庙 | 后铁厂胡同 1 号 | 清代 |
| 关帝庙 | 保安寺街 | 清代 |
| 关帝庙 | 香炉营头条 | 清乾隆十五年(1750)前 |
| 关帝庙 | 西河沿 | 明代 |
| 关帝庙 | 南半截胡同 1 号 | 清光绪十三年(1887) |
| 关侯庙 | 和平巷 1 号 | 不详 |
| 关王庙 | 四圣庙胡同 3 号 | 明代 |
| 观音庵 | 石头胡同 | 清乾隆十五年(1750)前 |
| 观音庵 | 百顺胡同 | 清乾隆十五年(1750)前 |
| 观音庵 | 宣武门大街 67 号 | 不详 |
| 观音庵 | 铺陈市 45 号 | 明万历年间 |
| 观音庵 | 虎坊路 | 不详 |
| 观音庵 | 兵马司前街 8 号 | 不详 |
| 观音庵 | 广安门大街 | 不详 |
| 观音庵 | 南王子坟 13 号 | 清乾隆十五年(1750)前 |
| 观音庵 | 姚家井 | 不详 |
| 观音庵 | 车辇胡同 13 号 | 明代 |
| 观音庵 | 福州馆街 | 清乾隆十五年(1750)前 |
| 观音阁 | 琉璃厂 | 不详 |
| 观音寺 | 永定门内大街 7 号 | 明万历年间 |
| 观音寺 | 观音寺街 52 号 | 明代 |
| 观音寺 | 西茶食胡同 | 不详 |
| 观音堂 | 永光东街 15 号 | 明代 |
| 观音堂 | 西便门大街 | 不详 |
| 观音院 | 菜园上街 21 号 | 清嘉庆年间 |

| 名称 | 位置 | 始建年代 |
|---|---|---|
| 广德寺 | 慈仁寺 | 明正德年间 |
| 广慧寺 | 司家坑 | 不详 |
| 广宁寺 | 南线阁 | 不详 |
| 归义寺 | 核桃园 | 辽代 |
| 皈子庙 | 樱桃斜街15号 | 清光绪二十三年(1897) |
| 海波寺 | 海波寺街 | 不详 |
| 昊天寺 | 西便门大街 | 辽清宁五年(1059) |
| 龙王庙 | 黑龙潭 | 清乾隆十五年(1750)前 |
| 弘福寺 | 蔡家楼胡同 | 不详 |
| 宏法寺 | 宣武门外大街 | 金代 |
| 宏衍寺 | 醋章胡同18号 | 清乾隆五十年(1785) |
| 花神庙 | 窑台23号 | 清康熙三十四年(1704) |
| 华藏寺 | 西便门内南大道2号 | 明万历年间 |
| 华严庵 | 南横街 | 不详 |
| 华严庵 | 盆儿胡同 | 不详 |
| 华严庵 | 白广路 | 不详 |
| 华严寺 | 华严路 | 不详 |
| 槐树庙 | 广安门外 | 不详 |
| 火神庙 | 小沙土园 | 清代 |
| 火神庙 | 琉璃厂 | 明代 |
| 火神庙 | 火神庙夹道 | 清康熙年间 |
| 火神庙 | 安澜营头条4、5、6号 | 不详 |
| 火神庙 | 窑台22号 | 清同治十二年(1873) |
| 火神庙 | 南堂子胡同 | 不详 |
| 火神庙 | 白马坑 | 明宣德四年(1429) |
| 吉祥庵 | 西宽街 | 不详 |
| 极乐院 | 右安门43号 | 明代 |
| 江南城隍庙 | 城隍庙街2－5号 | 明成化年间 |
| 接待寺 | 炸子桥 | 不详 |
| 晋阳庵 | 潘家河沿19号 | 明永乐年间 |
| 景忠庙 | 法源寺前街 | 清乾隆十五年(1750)前 |
| 警觉寺 | 百顺胡同 | 清乾隆五十九年(1794) |
| 净土寺 | 王子坟3号 | 清嘉庆年间 |
| 静宁寺 | 法源寺前街 | 明天顺四年(1460) |
| 救苦寺 | 枣林前街 | 不详 |
| 鹫峰寺 | 茶儿胡同32号 | 明正德年间 |
| 孔雀庵 | 孔雀胡同 | 不详 |
| 老君堂 | 土地庙斜街 | 明万历四十三年(1615) |
| 礼拜寺 | 顺河三巷17号旁门 | 不详 |
| 礼拜寺 | 牛街 | 元代、明代 |
| 莲花庵 | 石头胡同5号 | 清光绪二十一年(1895) |
| 莲花寺 | 莲花寺湾 | 不详 |

| 名称 | 位置 | 始建年代 |
|---|---|---|
| 灵官阁 | 黑窑厂 | 清乾隆十五年(1750)前 |
| 灵官庙 | 上斜街 | 清乾隆十五年(1750)前 |
| 灵官庙 | 高庙 | 清乾隆十五年(1750)前 |
| 灵虚观 | 法源寺 | 元代 |
| 灵佑宫 | 先农坛 | 明万历三十年(1602) |
| 龙泉寺 | 南下洼子3号 | 元代 |
| 龙树寺 | 南堂子胡同 | 清代 |
| 龙王庙 | 排子胡同24号 | 清康熙二十二年(1683) |
| 龙王庙 | 后清厂15号 | 清光绪三十一年(1905) |
| 龙王庙 | 虎坊西里 | 不详 |
| 龙王庙 | 大川淀8号 | 明成化年间 |
| 龙王庙 | 万寿西宫 | 不详 |
| 龙王庙 | 盆儿胡同 | 不详 |
| 龙王庙 | 双槐树 | 清乾隆十五年(1750)前 |
| 龙王庙 | 太平桥 | 清乾隆十五年(1750)前 |
| 龙兴寺 | 校尉营胡同 | 不详 |
| 隆庆寺 | 广安门大街182号 | 清嘉庆十一年(1806) |
| 吕祖祠 | 厂甸5号 | 明代 |
| 马神庙 | 广安门关厢 | 不详 |
| 马神庙 | 大马神庙胡同 | 明代 |
| 马神庙 | 骡马市大街176号 | 明代 |
| 弥陀庵 | 大耳胡同 | 不详 |
| 弥陀庵 | 潘家河沿46号 | 不详 |
| 弥陀庵 | 西便门内大街 | 不详 |
| 弥陀庵 | 西便门南大街 | 清乾隆十五年(1750)前 |
| 绵山寺 | 悯忠阁 | 不详 |
| 妙光阁 | 西便门 | 清代 |
| 妙喜寺 | 核桃园西街 | 不详 |
| 庙 | 琉璃厂 | 清乾隆十五年(1750)前 |
| 庙 | 后河沿 | 清乾隆十五年(1750)前 |
| 庙 | 东横街 | 清乾隆十五年(1750)前 |
| 庙 | 方壶斋 | 清乾隆十五年(1750)前 |
| 庙 | 范家胡同 | 清乾隆十五年(1750)前 |
| 庙 | 南樱桃园 | 不详 |
| 庙 | 城隍庙街 | 不详 |
| 庙 | 虎坊桥四圣庙 | 不详 |
| 庙 | 黑窑厂 | 不详 |
| 庙 | 官菜园上街 | 不详 |
| 哪吒庙 | 黑龙潭1号 | 清乾隆三年(1738) |
| 南观音寺 | 广安门外 | 不详 |
| 南马神庙 | 广安门外关厢 | 不详 |
| 娘娘庙 | 取灯胡同18号 | 不详 |

| 名　　称 | 位　　置 | 始建年代 |
|---|---|---|
| 娘娘庙 | 后青厂 8 号 | 不详 |
| 娘娘庙 | 甘石桥 | 不详 |
| 毗卢庵 | 双柳树二条至四条之间 | 不详 |
| 普照寺 | 方盛园胡同 | 不详 |
| 七圣庵 | 万明路 | 不详 |
| 七圣阁 | 门框胡同 | 清乾隆十五年(1750)前 |
| 七圣庙 | 糖房胡同 | 不详 |
| 七圣庙 | 里仁街 10 号 | 清康熙年间 |
| 七圣庙 | 南菜园 59 号 | 清道光十七年(1837) |
| 七圣庙 | 善果胡同 | 不详 |
| 七圣庙 | 黑窑厂 | 清乾隆十五年(1750)前 |
| 七圣寺 | 箭杆胡同 | 不详 |
| 七圣寺 | 白纸坊街 10 号 | 清同治年间 |
| 千佛寺 | 南横街 29 号 | 不详 |
| 千佛寺 | 枣林街 | 明嘉靖年间 |
| 乾静庵 | 枣林前街 | 不详 |
| 樵沙道院 | 城南 | 不详 |
| 清慈庵 | 黑窑厂 35 号 | 明代 |
| 清风庵 | 东杨茅胡同 | 不详 |
| 清泉庵 | 蜡烛芯胡同 | 不详 |
| 清泰寺 | 广安门大街 363 号 | 明万历年间 |
| 清真礼拜寺 | 羊肉胡同 | 不详 |
| 清真女寺 | 寿刘胡同 39 号 | 1925 年 |
| 清真寺 | 米市胡同 11 号 | 不详 |
| 仁寿寺 | 先农坛 | 明万历元年(1573) |
| 三官庙 | 枣林前街 | 明代 |
| 三官庙 | 枣林街 | 不详 |
| 三官庙 | 南横东街 7 号 | 不详 |
| 三官庙 | 儒福里 | 不详 |
| 三教寺 | 盆儿胡同 1 号 | 明代 |
| 三晋庵 | 甘石桥 | 不详 |
| 三藐庵 | 甘石桥 | 不详 |
| 三庙 | 孔雀胡同 | 不详 |
| 三庙 | 下斜街 | 清乾隆十五年(1750)前 |
| 三圣庵 | 司家坑 | 清乾隆十五年(1750)前 |
| 三圣庵 | 菜市口 | 不详 |
| 三圣庵 | 广安门内大街 | 不详 |
| 三圣庵 | 南马道胡同 | 不详 |
| 三圣庵 | 白纸坊街 | 不详 |
| 三圣庵 | 虎坊西里 | 不详 |

| 名　　称 | 位　　置 | 始建年代 |
|---|---|---|
| 三圣庵 | 黑窑厂 40 号 | 不详 |
| 三圣庵 | 白纸坊街 | 清乾隆十五年(1750)前 |
| 三圣庵 | 城隍庙街 | 清乾隆十五年(1750)前 |
| 三圣观 | 右安门后身 47 号 | 不详 |
| 三圣庙 | 小李纱帽胡同 | 清乾隆十五年(1750)前 |
| 三义庙 | 上斜街 | 不详 |
| 三义庙 | 里仁街 4 号 | 清康熙年间 |
| 三义庙 | 郭家井 | 清乾隆十五年(1750)前 |
| 三元庵 | 虎坊西里 | 不详 |
| 三元庵 | 西河沿 | 不详 |
| 三元庵 | 养羊胡同 1 号 | 明崇祯二年(1629) |
| 三元庵 | 大耳胡同 | 清乾隆十五年(1750) |
| 三忠庙 | 上斜街 | 清乾隆十五年(1750) |
| 善果寺 | 善果寺 1 号 | 唐代 |
| 圣安寺 | 南横街西口外 4 号 | 金天会年间 |
| 圣恩寺 | 广安门大街 | 唐代 |
| 圣教寺 | 广安门大街 | 不详 |
| 圣寿寺 | 陈家胡同 14 号 | 清同治十三年(1874) |
| 石关帝庙 | 五斗斋胡同 11 号 | 明代 |
| 石芝庵 | 四川营 | 清代 |
| 寿佛寺 | 梁家园 | 清乾隆四十四年(1779) |
| 水神庵 | 吴家桥头条 | 清乾隆十五年(1750)前 |
| 水月庵 | 烂缦胡同 32 号 | 清顺治年间 |
| 四圣庙 | 四圣庙胡同 3 号 | 明代 |
| 松柏庵 | 大猪营 17 号 | 清代 |
| 松筠庵 | 炸子桥 | 清乾隆五十一年(1786) |
| 松林庵 | 核桃园西街 | 不详 |
| 抬头庵 | 观音寺街 | 明代 |
| 太平庵 | 白广路 | 不详 |
| 太平庵 | 老君地 | 清乾隆十五年(1750)前 |
| 太清观 | 南下洼 6 号 | 明万历年间 |
| 太岁庙 | 九道湾 23 号 | 明代 |
| 昙花寺 | 安家庄 2 号 | 明万历年间 |
| 天宁寺 | 广安门外 | 辽代 |
| 天齐庙 | 城隍庙街 | 明代 |
| 天仙庵 | 王广福斜街 | 不详 |
| 天仙庵 | 棉花九条胡同 | 明万历十年(1582) |
| 天仙庵 | 宣武门大街 | 不详 |
| 天仙庵 | 灵佑宫 | 不详 |
| 天仙庵 | 虎坊桥大街 89 号 | 清康熙四十一年(1702) |
| 天仙庵 | 盆儿胡同 | 明代 |

| 名　　称 | 位　　置 | 始建年代 |
|---|---|---|
| 天仙庵 | 盆儿胡同 | 明代 |
| 天仙庵 | 先农坛 | 不详 |
| 铁老鹳庙 | 铁老鹳庙1号 | 明代 |
| 通法寺 | 铜法寺2号 | 明成化六年(1470) |
| 头庙 | 上斜街 | 明天启四年(1624) |
| 土地祠 | 南新华街3号 | 清咸丰年间 |
| 土地庙 | 虎坊桥 | 不详 |
| 土地庙 | 虎坊桥 | 清乾隆十五年(1750)前 |
| 土地庙 | 五道庙 | 不详 |
| 土地庙 | 下斜街 | 清乾隆十五年(1750)前 |
| 土地庙 | 儒福里 | 不详 |
| 万佛寺 | 万佛寺湾3号 | 明崇祯二年(1629) |
| 万明寺 | 万明路 | 元代 |
| 万善给孤寺 | 西柳树井 | 唐贞观年间 |
| 万寿东宫 | 盆儿胡同 | 明万历四十三年(1615) |
| 万寿关帝庙 | 西河沿39号 | 明代 |
| 万寿西宫 | 万寿西宫街5号 | 明万历四十五年(1617) |
| 韦驮庵 | 广安门大街212号 | 清康熙二十二年(1683) |
| 文光寺 | 小安澜营三条1号 | 不详 |
| 闻喜庙 | 赶驴市 | 不详 |
| 五道庙 | 五道庙41号 | 明万历三十五年(1607) |
| 五道庙 | 南线阁 | 不详 |
| 五道庙 | 灵佑宫 | 清乾隆十五年(1750)前 |
| 五圣庵 | 东南园 | 不详 |
| 五圣庵 | 香炉营五条 | 不详 |
| 五圣庵 | 阡儿路25号 | 清雍正十三年(1735) |
| 五圣庵 | 安家庄11号 | 明成化年间 |
| 五圣庵 | 小安澜营胡同 | 不详 |
| 五圣庵 | 小沙土园 | 清乾隆十五年(1750)前 |
| 五圣庵 | 后坑 | 不详 |
| 五圣祠 | 小川淀 | 不详 |
| 五祖社 | 南纬路1号 | 不详 |
| 西白衣庵 | 西平皮条营8号 | 清道光九年(1829) |
| 仙露寺 | 菜市口 | 辽代 |
| 先农坛 | 永定门大街 | 明代 |
| 相国寺 | 白纸坊 | 不详 |
| 响鼓庙 | 响鼓庙胡同1号 | 明万历十一年(1583) |
| 小报国寺 | 报国寺 | 辽代 |
| 小土地庙 | 大马神庙 | 不详 |
| 协资庙 | 协资庙胡同8号 | 明代 |
| 谢枋得祠 | 法源寺 | 不详 |
| 兴林寺 | 窑台 | 不详 |
| 兴胜寺 | 十间房 | 不详 |
| 轩辕庙 | 三庙街 | 清乾隆十五年(1750)前 |
| 延庆庵 | 盆儿胡同 | 清乾隆十五年(1750)前 |
| 延寿庵 | 石头胡同92号 | 明万历年间 |
| 延寿寺 | 五斗斋 | 金代 |
| 延寿寺 | 琉璃厂132号 | 清乾隆十五年(1750)前 |
| 杨道庙 | 西便门大街 | 不详 |
| 药王庙 | 潘家河沿41号 | 清乾隆五十二年(1787) |
| 一茎庵 | 西便门 | 清代 |
| 椅子庵 | 南横东街 | 不详 |
| 永光寺 | 青厂 | 元代 |
| 永护庵 | 白纸坊街 | 清乾隆十五年(1750)前 |
| 永乐禅林 | 姚家井2号 | 清道光十七年(1887) |
| 永庆寺 | 教子胡同2号 | 明代 |
| 永寿寺 | 粉店胡同4号 | 清光绪二十一年(1895) |
| 永兴庵 | 南柳巷 | 明代 |
| 右安寺 | 右安门 | 不详 |
| 佑圣寺 | 永定门 | 不详 |
| 玉皇庙 | 盆儿胡同1号 | 明万历二十九年(1601) |
| 玉皇庙 | 后孙公园 | 不详 |
| 玉皇庙 | 保安寺街5号 | 明崇祯二年(1629) |
| 玉皇庙 | 前门外西城根 | 清乾隆十五年(1750)前 |
| 玉极庵 | 王广福斜街35号 | 明代 |
| 玉虚观 | 老墙根8号 | 金代 |
| 圆通庙 | 南横街25号 | 不详 |
| 圆通寺 | 裘家街28号 | 明永乐年 |
| 岳王庙 | 储子营 | 不详 |
| 越中先贤祠 | 西珠市口大街 | 清代 |
| 云居寺 | 云居寺6号 | 明成化年间 |
| 灶君庙 | 虎坊路 | 不详 |
| 皂君庙 | 达智桥37号 | 不详 |
| 皂君庙 | 车子营89号 | 不详 |
| 皂君庙 | 虎坊路 | 不详 |
| 增寿寺 | 南横街29号 | 明代 |
| 增寿寺 | 广安门大街 | 明天顺年间 |
| 张相公庙 | 延旺庙街15号 | 明代 |
| 浙寺 | 长椿寺 | 清嘉庆十八年(1813) |
| 真武庙 | 老墙根 | 不详 |
| 真武庙 | 崇效寺 | 不详 |
| 真武庙 | 湿井胡同13号 | 清顺治年间 |

| 名称 | 位置 | 始建年代 |
| --- | --- | --- |
| 真武庙 | 扁担胡同2号 | 清康熙年间 |
| 真武庙 | 斗姥宫 | 不详 |
| 真武庙 | 西河沿 | 清乾隆十五年(1750)前 |
| 正觉寺 | 西草厂胡同89号 | 明万历年间 |
| 正乙祠 | 西河沿 | 明代 |
| 中华寺 | 广安门大街139号 | 清康熙年间 |
| 竹林寺 | 笔管胡同 | 辽清宁八年(1062) |
| 准提庵 | 石头胡同21号 | 明代 |
| 准提庵 | 广安门大街 | 不详 |
| 紫金寺 | 善果寺 | 辽代 |
| 宗镜庵 | 广安门大街 | 不详 |
| 祖师庙 | 白纸坊西街 | 明代 |

# 戏曲、曲艺史迹·艺人住所

| 名称 | 位置 | 居住时间 |
| --- | --- | --- |
| 白云鹏故居 | 大吉巷 | 1874－1952 |
| 白云生故居 | 韩家潭 | 1902－1975 |
| 陈德霖故居 | 百顺胡同 | 1862－1930 |
| 陈墨香故居 | 烂缦胡同 | 1884－1943 |
| 程长庚故居 | 百顺胡同 | 1811－1879 |
| 迟月亭故居 | 校尉营 | 1883－1964 |
| 董兰亭故居 | 储子营 | 不详 |
| 高庆奎故居 | 保安寺街 | 1890－1942 |
| 高盛麟故居 | 小安澜营三条 | 1915－1989 |
| 贯大元故居 | 棉花头条 | 1897－1969 |
| 洪昇故居 | 烂缦胡同 | 1645－1704 |
| 胡喜禄故居 | 韩家潭 | 1827－1890 |
| 黄玉麟故居 | 大吉巷 | 1907－1968 |
| 姜妙香故居 | 永光寺中街 | 1890－1972 |
| 金少山故居 | 椿树上三条 | 1889－1948 |
| 金玉琴故居 | 韩家潭 | 1868－1939 |
| 金仲仁故居 | 魏染胡同 | 1886－1950 |
| 孔尚任故居 | 海北寺街 | 1648－1718 |
| 雷喜福故居 | 香炉营四条 | 1894－1968 |
| 李桂春故居 | 南柳巷 | 1885－1962 |
| 李桂云故居 | 虎坊路 | 1910－1986 |
| 李少春故居 | 南柳巷 | 1919－1975 |
| 李盛藻故居 | 库堆胡同 | 1913－1992 |
| 李世芳故居 | 椿树上三条 | 1921－1947 |
| 李万春故居 | 大吉巷 | 1911－1985 |
| 李渔故居 | 韩家潭 | 1611－约1679 |
| 李宗义故居 | 椿树上二条 | 1913－1994 |
| 连阔如故居 | 棉花八条 | 1902－1971 |
| 梁慧超故居 | 校场三条 | 1922－1995 |
| 刘宝全故居 | 棉花九条 | 1869－1942 |
| 刘赶三故居 | 韩家潭 | 1816－1894 |
| 刘桂红故居 | 上斜街 | 1913－1983 |
| 罗巧福故居 | 西杨茅胡同 | 1859－1912 |
| 马富禄故居 | 棉花八条 | 1900－1969 |
| 毛世来故居 | 大马神庙 | 1921－1995 |
| 梅巧玲故居(梅兰芳祖居) | 李铁拐斜街 | 1842－1882 |
| 梅雨田故居 | 李铁拐斜街 | 1869－1914 |
| 孟小冬故居 | 笤帚胡同 | 1908－1978 |
| 钱金福故居 | 山西街 | 1862－1937 |
| 秦凤云故居 | 红土店 | 1904－1982 |
| 琴雪芳故居 | 西河沿 | 不详 |
| 裘桂仙故居 | 西草厂 | 1879－1933 |
| 裘盛戎故居 | 西河沿 | 1915－1971 |
| 茹莱卿故居 | 响鼓庙 | 1864－1923 |
| 尚和玉故居 | 香炉营四条 | 1873－1959 |
| 尚小云故居 | 椿树下二条 | 1900－1976 |
| 时慧宝故居 | 小川淀 | 1881－1943 |
| 时小福故居 | 朱茅胡同 | 1881－1854 |
| 宋德珠故居 | 宣武门外大街 | 1918－1984 |
| 孙毓堃故居 | 校场五条 | 1905－1970 |
| 谭鑫培故居 | 大外廊营 | 1847－1917 |
| 田际云故居 | 给孤寺东夹道 | 不详 |
| 童芷苓故居 | 校场三条 | 1922－1995 |
| 童芷苓故居 | 鷂儿胡同 | 1922－1995 |
| 王长林故居 | 东北园 | 1858－1931 |
| 王福山故居 | 胭脂胡同 | 1892－1962 |
| 王蕙芳故居 | 樱桃斜街 | 1891－1950 |

| 名　称 | 位　置 | 居住时间 |
| --- | --- | --- |
| 王楞仙故居 | 笤帚胡同 | 1859－1908 |
| 王琴侬故居 | 香炉营二条 | 1887－1933 |
| 王瑶卿故居 | 大马神庙 | 1881－1954 |
| 王又宸故居 | 永光寺中街 | 1883－1938 |
| 魏长生故居 | 惠济祠 | 不详 |
| 奚啸伯故居 | 米市胡同 | 1910－1977 |
| 萧长华故居 | 西草厂 | 1878－1967 |
| 筱翠花故居 | 永光寺中街 | 不详 |
| 新艳秋故居 | 棉花上六条 | 不详 |
| 徐东明故居 | 椿树上头条 | 1913－1977 |
| 徐东明故居 | 大马神庙 | 1913－1977 |
| 徐兰沅故居 | 永光寺中街 | 1892－1976 |
| 徐小香故居 | 小安澜营 | 1831－1882 |
| 薛固久故居 | 兵马司前街 | 不详 |
| 荀慧生故居 | 椿树上三条 | 1900－1968 |
| 言慧珠故居 | 校场二条 | 1919－1966 |
| 言菊朋故居 | 校场小六条 | 1890－1942 |
| 阎岚秋故居 | 笤帚胡同 | 1882－1930 |
| 杨宝森故居 | 麻线胡同 | 1909－1958 |
| 杨宝忠故居 | 西河沿 | 不详 |
| 杨隆寿故居 | 李铁拐斜街 | 1844－1900 |
| 杨荣环故居 | 椿树上头条 | 1927－1994 |
| 杨盛春故居 | 棉花下七条 | 1914－1966 |
| 杨小楼故居 | 笤帚胡同 | 1878－1930 |
| 杨月楼故居 | 百顺胡同 | 1849－1890 |
| 叶春善故居 | 海北寺街 | 1874－1935 |
| 叶盛兰故居 | 棉花下五条 | 1914－1978 |
| 叶盛章故居 | 海北寺街 | 1912－1966 |
| 于连泉故居 | 西河沿 | 1900－1967 |
| 余菊笙故居 | 百顺胡同 | 1838－1914 |
| 余三胜故居 | 石头胡同 | 1802－1866 |
| 余叔岩故居 | 椿树上头条 | 1890－1943 |
| 余玉琴故居 | 韩家潭 | 不详 |
| 俞振庭故居 | 百顺胡同 | 1879－1939 |
| 袁世海故居 | 西草厂 | 不详 |
| 张德俊故居 | 达智桥 | 1888－1980 |
| 张二奎故居 | 石头胡同 | 1814－1860 |
| 张君秋故居 | 兵马司后街 | 1920－1997 |
| 张云溪故居 | 达智桥 | 不详 |
| 赵桐珊故居 | 棉花上六条 | 1901－1966 |
| 珍珠钻故居 | 前孙公园 | 1909－1990 |
| 朱桂芳故居 | 东椿树胡同 | 1891－1944 |
| 朱莲芳故居 | 樱桃斜街 | 1836－1884 |

## 戏曲、曲艺史迹·班　　社

| 名　称 | 位　置 | 创办年代 |
| --- | --- | --- |
| 北京梨园公益会 | 樱桃斜街 34 号 | 清－民国 |
| 斌庆社科班 | 百顺胡同 40 号 | 1917 |
| 长春科班 | 韩家潭 | 清－民国 |
| 春阳社 | 东北园 | 1945 |
| 德兴和社 | 福长街二条 27 号 | 1941 |
| 复盛社 | 大栅栏 73 号 | 1939 |
| 富连成科班 | 虎坊桥 | 清－民国 |
| 富盛社 | 天桥市场 49 号 | 1942 |
| 富兴社 | 天桥市场 8 号 | 1942 |
| 国剧学会，富连成科班 | 虎坊桥 | 清－民国 |
| 和春班 | 李铁拐斜街 | 清－民国 |
| 和春社 | 百顺胡同 40 号 | 1922 |
| 金昇社 | 海北寺街 9 号 | 1945 |
| 莲剧团 | 西柳树井 2 号 | 1939 |
| 民乐社 | 天桥公平市场 61 号 | 1942 |
| 鸣春社科班 | 大吉巷 | 清－民国 |
| 鸣华社 | 潘家河沿 50 号 | 1945 |
| 鸣盛社 | 麻线胡同 6 号 | 1945 |
| 谦和社 | 兵马司后街 6 号 | 1944 |
| 群英社 | 天桥市场 55 号 | 1942 |
| 荣春社科班 | 椿树下二条 | 清－民国 |
| 荣春社科班南院 | 永光寺西街 | 清－民国 |
| 三乐社科班 | 赶驴市 | 1909 |
| 三庆班 | 韩家潭 | 清－民国 |
| 双庆社 | 百顺胡同 40 号 | 1922 |
| 双盛社 | 先农坛根 54 号 | 1942 |

| 名　称 | 位　置 | 创办年代 |
| --- | --- | --- |
| 四喜班 | 陕西巷 | 清－民国 |
| 嵩祝班 | 石头胡同 | 清－民国 |
| 同义和 | 天桥西市场西街79号 | 1936 |
| 同意社 | 石头胡同 | 1944 |
| 文华社 | 燕家胡同33号 | 1945 |
| 文杏社 | 库堆胡同4号 | 1938 |
| 喜连成科班 | 前铁厂 | 清－民国 |
| 小荣椿科班 | 铁树斜街150 | 1882 |
| 协庆社 | 椿树下头条1号 | 1927 |
| 新平社 | 天桥市场32号 | 1939 |
| 砚文社 | 城隍庙街5号 | 1944 |
| 永春社 | 大吉巷41号 | 1926 |
| 永和社 | 西草厂17号 | 1939 |
| 咏评社 | 百顺胡同40号 | 1930 |
| 幽兰社 | 廊房头条劝业场 | 1945 |
| 玉庆社 | 马神庙7号 | 1945 |
| 育化社 | 棉花五条甲5号 | 1945 |
| 再雯社 | 樱桃斜街34号 | 1943 |
| 增庆社 | 粉房琉璃街104号 | 1940 |
| 正乐育化会 | 粮食店街惠济祠 | 1912 |
| 正俗社 | 丞相胡同15号 | 1945 |

## 戏曲、曲艺史迹·北京梨园公益会下属班社

| 名　称 | 位　置 | 创办年代 |
| --- | --- | --- |
| 宝桂社 | 樱桃斜街34号 | 1935 |
| 宝华社 | 樱桃斜街35号 | 1942 |
| 成庆社 | 樱桃斜街36号 | 1931 |
| 承芳社 | 樱桃斜街37号 | 1943 |
| 春元社 | 樱桃斜街38号 | 1939 |
| 扶椿社 | 樱桃斜街39号 | 1935 |
| 扶风社 | 樱桃斜街40号 | 1930 |
| 福庆社 | 樱桃斜街41号 | 1939 |
| 公益社 | 樱桃斜街42号 | 1939 |
| 和平社 | 樱桃斜街43号 | 1941 |
| 葵明社 | 樱桃斜街44号 | 1945 |
| 麟鸣社 | 樱桃斜街45号 | 1944 |
| 苓　社 | 樱桃斜街46号 | 1944 |
| 玲声社 | 樱桃斜街47号 | 1941 |
| 留香社 | 樱桃斜街48号 | 1940 |
| 明霞社 | 樱桃斜街49号 | 1943 |
| 起　社 | 樱桃斜街50号 | 1943 |
| 勤节社 | 樱桃斜街51号 | 1942 |
| 秋文社 | 樱桃斜街52号 | 1938 |
| 裘　社 | 樱桃斜街53号 | 1946 |
| 群庆社 | 樱桃斜街54号 | 1939 |
| 荣泉社 | 樱桃斜街55号 | 1940 |
| 蓉明社 | 樱桃斜街56号 | 1936 |
| 润文社 | 樱桃斜街57号 | 1945 |
| 松竹社 | 樱桃斜街58号 | 1940 |
| 太平社 | 樱桃斜街59号 | 1946 |
| 同庆社 | 樱桃斜街60号 | 1940 |
| 同意社 | 樱桃斜街61号 | 1944 |
| 心声社 | 樱桃斜街62号 | 1944 |
| 燕鸣社 | 樱桃斜街63号 | 1947 |
| 颖光社 | 樱桃斜街64号 | 1938 |
| 永庆社 | 樱桃斜街65号 | 1939 |
| 咏庆社 | 樱桃斜街66号 | 1945 |
| 裕善社 | 樱桃斜街67号 | 1944 |
| 云华社 | 樱桃斜街68号 | 1948 |
| 云庆社 | 樱桃斜街69号 | 1928 |
| 增庆社 | 樱桃斜街70号 | 1940 |
| 正春社 | 樱桃斜街71号 | 1941 |
| 忠信社 | 樱桃斜街72号 | 1936 |

## 戏曲、曲艺史迹·正乐育化会下属班社

| 名称 | 位置 | 创办年代 |
|---|---|---|
| 承华社 | 粮食店街惠济祠 | 1923 |
| 崇林社 | 粮食店街惠济祠 | 不详 |
| 和声社 | 粮食店街惠济祠 | 1923 |
| 鸿庆社 | 粮食店街惠济祠 | 1912 |
| 嘉庆社 | 粮食店街惠济祠 | 1925 |
| 鸣和社 | 粮食店街惠济祠 | 1925 |
| 鸣盛社 | 粮食店街惠济祠 | 1924 |
| 庆兴社 | 粮食店街惠济祠 | 1921 |
| 庆兴社 | 粮食店街惠济祠 | 1923 |
| 秋声社 | 粮食店街惠济祠 | 1927 |
| 瑞庆社 | 粮食店街惠济祠 | 1918 |
| 胜云社 | 粮食店街惠济祠 | 1918 |
| 双胜社 | 粮食店街惠济祠 | 不详 |

| 名称 | 位置 | 创办年代 |
|---|---|---|
| 陶咏社 | 粮食店街惠济祠 | 不详 |
| 天庆社 | 粮食店街惠济祠 | 1915 |
| 桐馨社 | 粮食店街惠济祠 | 1916 |
| 喜庆社 | 粮食店街惠济祠 | 不详 |
| 喜庆社 | 粮食店街惠济祠 | 1919 |
| 翊文社 | 粮食店街惠济祠 | 1914 |
| 永胜社 | 粮食店街惠济祠 | 不详 |
| 永胜社 | 粮食店街惠济祠 | 1919 |
| 又兴社 | 粮食店街惠济祠 | 1926 |
| 余庆社 | 粮食店街惠济祠 | 不详 |
| 玉华社 | 粮食店街惠济祠 | 1927 |
| 云华社 | 粮食店街惠济祠 | 1919 |
| 中兴社 | 粮食店街惠济祠 | 不详 |

## 戏曲、曲艺史迹·戏院

| 名称 | 位置 | 创办年代 |
|---|---|---|
| 安徽会馆戏楼 | 后孙公园 | 清同治年间 |
| 大观楼 | 大栅栏 | 清代 |
| 丹桂戏院 | 天桥公平市场 | 1930 |
| 第一楼 | 廊房头条 | 1912 |
| 第一舞台 | 西柳树井 | 1912 |
| 方壶斋 | 方壶斋胡同 | 清康熙年间 |
| 广德楼戏院 | 大栅栏 | 清代 |
| 湖广会馆戏楼 | 虎坊路 | 清道光年间 |
| 开明戏院 | 西珠市口 | 1912 |
| 庆春园 | 杨梅竹斜街 | 清乾隆年间 |
| 庆和园 | 达智桥 | 清乾隆年间 |
| 庆和园 | 大栅栏 | 清乾隆年间 |
| 庆乐戏院 | 大栅栏 | 清代 |

| 名称 | 位置 | 创办年代 |
|---|---|---|
| 三庆戏院 | 大栅栏 | 清代 |
| 首善第一楼 | 廊房头条 | 清－民国 |
| 四明戏院 | 粮食店街 | 1933 |
| 天乐戏院 | 天桥公平市场 | 1930 |
| 同乐影院 | 大栅栏 | 清代 |
| 万盛轩戏场 | 天桥公平市场 | 1930 |
| 文明园 | 西柳树井 | 清代 |
| 小桃园戏院 | 南纬路 | 1930 |
| 新罗天剧场 | 廊房头条 | 1912 |
| 新明戏院 | 香厂路 | 清－民国 |
| 月明楼 | 永光寺西街 | 清康熙年间 |
| 正乙祠 | 西河沿 | 明代 |
| 中和戏院 | 粮食店街 | 清代 |

## 戏曲、曲艺史迹·店　　铺

| 名　称 | 位　置 | 创办年代 |
|---|---|---|
| 把子魏 | 校尉营 | 清－民国 |
| 保安灯光布景店 | 陕西巷 | 清－民国 |
| 德华灯光布景店 | 前孙公园 | 清－民国 |
| 德聚盔头店 | 陕西巷 | 清－民国 |
| 隆盛斋靴鞋铺 | 大齐家胡同 | 清－民国 |

| 名　称 | 位　置 | 创办年代 |
|---|---|---|
| 马良正琴铺 | 延寿寺街 | 清－民国 |
| 三义永戏衣庄 | 煤市街 | 清－民国 |
| 史善朋竹琴店 | 南新华街 | 清－民国 |
| 天盛号盔头铺 | 四圣庙 | 清－民国 |
| 裕明戏衣社 | 鹞儿胡同 | 清－民国 |

## 戏曲、曲艺史迹·茶　　馆

| 名　称 | 位　置 | 创办年代 |
|---|---|---|
| 爱林茶社 | 天桥西沟 | 民初 |
| 畅春楼书场 | 廊房头条 | 1912 |
| 畅园茶馆 | 王广福斜街 | 1920 |
| 城南园书场 | 天桥北纬路 | 1912 |
| 春华园茶馆 | 天桥公平市场 | 民初 |
| 萃贤楼茶馆 | 石头胡同 | 1920 |
| 大栾篱茶馆 | 宣武门外大街 | 民初 |
| 得胜轩茶馆 | 报国寺 | 1912 |
| 德仁轩茶馆 | 宣武门外大街 | 清末 |
| 董寡妇茶馆 | 天桥公平市场 | 1930 |
| 二友轩茶社 | 天桥公平市场 | 1930 |
| 方堆子茶馆 | 宣武门外大街 | 民初 |
| 福财居 | 皈子庙 | 1940 |
| 福海居茶馆 | 天桥西沟 | 清末 |
| 福六茶社 | 福长街头条 | 民初 |
| 富元居茶馆 | 王广福斜街 | 1920 |
| 郭家茶棚摊 | 天桥西沟 | 民初 |
| 郭家茶棚摊 | 天桥西市场 | 1930 |
| 合意轩茶馆 | 天桥西沟 | 民初 |
| 鸿园茶馆 | 韩家潭 | 1920 |
| 环翠轩茶馆 | 天桥西沟 | 民初 |
| 黄记茶馆 | 留学路 | 1920 |
| 吉顺堂茶馆 | 大栅栏 | 1930 |
| 贾记茶棚摊 | 天桥西沟 | 民初 |
| 跤场前茶馆 | 天桥公平市场 | 1930 |
| 绿香园 | 劝业场 | 1912 |
| 绿秀园茶馆 | 天桥西沟 | 民初 |
| 美雅轩 | 福长街头条 | 民初 |
| 孟记茶棚摊 | 天桥三角市场 | 1930 |
| 劈茶陈茶棚摊 | 天桥西市场 | 1930 |
| 青云阁茶社 | 观音寺街 | 1940 |
| 群楼茶社 | 观音寺街 | 1940 |

| 名　称 | 位　置 | 创办年代 |
|---|---|---|
| 如云轩茶馆 | 宣武门外大街 | 民初 |
| 瑞云茶社 | 福长街头条 | 民初 |
| 三合成茶馆 | 石头胡同 | 1920 |
| 三角地茶馆 | 天桥三角市场 | 1930 |
| 三义轩茶馆 | 赵锥子胡同 | 1930 |
| 盛友轩茶馆 | 宣武门外大街 | 民初 |
| 四海升平 | 石头胡同 | 1920 |
| 宋记茶馆 | 天桥公平市场 | 1930 |
| 桃园茶馆 | 王广福斜街 | 1920 |
| 天东轩茶馆 | 赵锥子胡同 | 1920 |
| 天华园 | 北纬路 | 清末 |
| 天外天茶馆 | 天桥西沟 | 民初 |
| 同乐轩茶馆 | 天桥西沟 | 民初 |
| 文明轩 | 留学路 | 1912 |
| 文雅轩茶馆 | 报国寺外 | 1912 |
| 西华轩茶馆 | 天桥西沟 | 民初 |
| 小土楼茶馆 | 纱帽胡同 | 1920 |
| 新民茶社 | 天桥三角市场 | 1930 |
| 新世界书场 | 香厂路 | 1912 |
| 新世界游艺场 | 香厂路 | 清－民国 |
| 宴宾华楼 | 观音寺街 | 1940 |
| 杨家茶棚摊 | 天桥三角市场 | 1930 |
| 义和茶社 | 天桥公平市场 | 民初 |
| 玉壶春茶社 | 观音寺街 | 1940 |
| 张记茶馆 | 石头胡同 | 1920 |
| 张记茶棚摊 | 天桥西沟 | 民初 |
| 振声茶社 | 福长街头条 | 民初 |
| 震远居茶馆 | 天桥西沟 | 清末 |
| 中华园茶馆 | 天桥西沟 | 民初 |
| 朱记茶棚摊 | 天桥西沟 | 民初 |
| 朱家茶棚摊 | 天桥三角市场 | 1930 |
| 紫竹林茶社 | 观音寺街 | 1940 |

# 名人故居

| 人名 | 室名 | 位置 | 居住时间 |
|---|---|---|---|
| 艾元徵 | | 下斜街 | 明末清初 |
| 包世臣 | | 米市胡同 | 清嘉庆道光年间 |
| 鲍桂星 | | 下斜街 | 清嘉庆道光年间 |
| 毕沅 | | 南半截胡同 | 清乾隆二十九年十月 |
| 毕沅 | 听雨楼 | 丞相胡同 | 清乾隆年间 |
| 边宝泉 | | 棉花五条胡同 | 清同治年间 |
| 曹鉴伦 | | 上斜街 | 清康熙二十八年 |
| 曹仁虎 | | 甘井胡同 | 清乾隆年间 |
| 曹锡宝 | | 魏染胡同 | 清乾隆嘉庆年间 |
| 曹秀先 | | 米市胡同 | 清乾隆年间 |
| 曹学闵 | | 西柳树井 | 清乾隆年间 |
| 岑毓宝 | | 延寿寺街 | 晚清 |
| 岑毓英 | | 延寿寺街 | 晚清 |
| 陈邦彦 | 春晖堂 | 宣武门右街 | 清雍正四年 |
| 陈宝琛 | | 椿树上头条 | 清光绪年间 |
| 陈焯 | | 虎坊桥 | 清乾隆年间 |
| 陈焯 | | 骡马市大街 | 清乾隆年间 |
| 陈炽 | | 西柳树井 | 清光绪年间 |
| 陈道 | | 东椿树胡同 | 清乾隆年间 |
| 陈德华 | | 孙公园 | 清雍正乾隆年间 |
| 陈独秀 | | 铁门胡同 | 民国 |
| 陈浩 | | 门楼胡同 | 清乾隆年间 |
| 陈奂 | 水月禅林 | 烂缦胡同 | 清道光元年 |
| 陈夔龙 | | 狮子店 | 清末民国 |
| 陈胪生 | | 西板章胡同 | 不详 |
| 陈懋鼎 | | 阎王庙街 | 清乾隆年间 |
| 陈懋侯 | 圆通观 | 南横街 | 清光绪三年 |
| 陈庆镛 | 问经堂 | 宣武坊 | 清道光年间 |
| 陈若霖 | | 骡马市大街 | 清乾隆年间 |
| 陈台孙 | | 保安寺 | 清乾隆年间 |
| 陈廷敬 | 青藤馆 | 珠市口 | 清康熙二十四年至康熙五十一年 |
| 陈廷敬 | | 宣武门东街 | 清康熙年间 |
| 陈维崧 | | 安寺街 | 清康熙年间 |
| 陈衍 | 小秀野 | 上斜街 | 清末民国 |
| 陈衍 | | 烂缦胡同 | 清光绪二十四年 |
| 陈用光 | | 椿树胡同 | 清乾隆年间 |
| 陈与冏 | | 半截胡同 | 清末民国 |
| 陈元龙 | | 丞相胡同 | 清康熙雍正年间 |
| 陈兆仑 | | 铁老鹳庙 | 清乾隆十六年十二月 |
| 陈兆仑 | | 外廊营 | 清乾隆三十五年九月 |
| 陈兆仑 | | 虎坊桥 | 清乾隆年间 |
| 陈兆仑 | | 贾家胡同 | 清雍正乾隆年间 |
| 成克巩 | | 保安寺 | 明末清初 |
| 程恩泽 | | 下斜街 | 清嘉庆道光年间 |
| 程晋芳 | 三长物斋 | 米市胡同 | 清乾隆三十七年至乾隆四十七年 |
| 程晋芳 | | 李铁拐斜街 | 清乾隆年间 |
| 程晋芳 | | 琉璃厂 | 清乾隆年间 |
| 程晋芳 | | 海王村 | 清乾隆年间 |
| 程景伊 | 绿云书屋 | 横街 | 清乾隆年间 |
| 程同文 | | 斜街 | 清嘉庆四年 |
| 程振甲 | | 给孤寺 | 清乾隆年间 |
| 褚廷璋 | | 北半截胡同 | 清乾隆年间 |
| 褚寅亮 | | 丞相胡同 | 清乾隆十七年六月 |
| 褚寅亮 | | 虎坊桥 | 清乾隆年间 |
| 戴敦元 | | 铁厂 | 清嘉庆年间 |
| 戴璐 | | 上斜街 | 清乾隆年间 |
| 戴熙 | | 丞相胡同 | 清道光咸丰年间 |
| 丁立钧 | | 半截胡同 | 清末民国 |
| 端木国瑚 | | 教子胡同 | 清嘉庆道光年间 |
| 段玉裁 | | 烂缦胡同 | 清乾隆嘉庆年间 |
| 范摄生 | | 煤市街 | 清乾隆五十年至五十一年 |
| 冯国璋 | | 安寺街 | 民国 |
| 冯溥 | | 下斜街 | 清康熙前期 |
| 冯勖 | 六枳园 | 海波寺街 | 清康熙年间 |
| 冯友兰 | | 烂缦胡同 | 民国 |
| 冯宗仪 | 碧山堂 | 绳匠胡同 | 清康熙年间 |
| 符曾 | | 韩家潭 | 清雍正乾隆年间 |
| 傅感丁 | 接叶亭 | 烂缦胡同 | 清顺治康熙年间 |
| 傅为詝 | 方壶斋 | 青厂胡同 | 清雍正乾隆年间 |
| 高珩 | | 慈仁寺 | 清康熙七年 |

| 人名 | 室名 | 位置 | 居住时间 |
|---|---|---|---|
| 高珩 | 松筠庵 | 下斜街 | 清康熙十九年 |
| 高士奇 | | 虎坊桥 | 清康熙年间 |
| 高兆煌 | | 给孤寺 | 清乾隆年间 |
| 宫鸿历 | | 孙公园 | 清康熙年间 |
| 龚鼎孳 | 古藤书屋 | 海波寺街 | 清康熙初年 |
| 龚鼎孳 | 香严斋 | 宣武门 | 清康熙年间 |
| 龚自珍 | | 丞相胡同 | 清嘉庆道光年间 |
| 龚自珍 | 圆通观 | 南横街 | 清道光二年正月 |
| 龚自珍 | | 上斜街 | 清道光八年至道光十年 |
| 龚自珍 | | 门楼胡同 | 清嘉庆十四年 |
| 顾莼 | | 下斜街 | 清嘉庆道光年间 |
| 顾嗣立 | 小秀野 | 上斜街 | 清康熙年间 |
| 顾嗣立 | 晚翠阁 | 将军教场四条胡同 | 清康熙年间 |
| 顾炎武 | | 慈仁寺 | 清康熙七年 |
| 顾炎武 | | 七圣庙 | 清康熙八年 |
| 顾炎武 | | 丞相胡同 | 清康熙十五年 |
| 顾祖禹 | 碧山堂 | 丞相胡同 | 清康熙年间 |
| 郭嵩焘 | | 丞相胡同 | 清末 |
| 韩菼 | | 韩家潭 | 清康熙年间 |
| 杭世骏 | | 小椿树巷 | 清乾隆年间 |
| 杭世骏 | 红泉馆 | 下斜街 | 清乾隆年间 |
| 何道生 | | 烂缦胡同 | 清乾隆嘉庆年间 |
| 何凌汉 | | 上斜街 | 清嘉庆道光年间 |
| 何绍基 | | 下斜街 | 清道光至同治年间 |
| 何元英 | 古藤书屋 | 海波寺街 | 清康熙初年 |
| 洪良品 | | 官菜园上街 | 清末 |
| 洪亮吉 | | 琉璃厂 | 清乾隆五十四年 |
| 洪亮吉 | | 兵马司前街 | 清嘉庆元年二月 |
| 洪亮吉 | | 八角琉璃井 | 清嘉庆元年八月 |
| 洪亮吉 | 莲花寺 | 烂缦胡同 | 清嘉庆四年九月 |
| 洪亮吉 | | 铁厂 | 清嘉庆四年 |
| 洪升 | | 报国寺 | 清康熙年间 |
| 胡长龄 | | 保安寺街 | 清乾隆年间 |
| 胡高望 | | 果子巷 | 清乾隆年间 |
| 胡季堂 | | 米市胡同 | 清乾隆年间 |
| 胡敬 | | 果子巷 | 清嘉庆十年五月 |
| 胡任舆 | | 韩家潭 | 清康熙年间 |
| 胡适 | | 前青厂 | 民国 |

| 人名 | 室名 | 位置 | 居住时间 |
|---|---|---|---|
| 胡天游 | | 米市胡同 | 清雍正乾隆年间 |
| 胡渭 | 碧山堂 | 绳匠胡同 | 清康熙二十一年 |
| 胡祖福 | | 果子巷 | 清嘉庆年间 |
| 黄安涛 | | 虎坊桥 | 清嘉庆年间 |
| 黄百家 | 碧山堂 | 丞相胡同 | 清康熙年间 |
| 黄道周 | | 校场二条 | 明末 |
| 黄景仁 | | 法源寺 | 清乾隆年间 |
| 黄爵滋 | | 西砖胡同 | 清道光年间 |
| 黄兰岩 | 半房山堂 | 梁家园胡同 | 清末 |
| 黄绍第 | | 下斜街 | 清末民国 |
| 黄叔琳 | 万卷楼 | 李铁拐斜街 | 清康熙雍正年间 |
| 黄体芳 | | 下斜街 | 清末 |
| 黄仪 | 碧山堂 | 丞相胡同 | 清康熙年间 |
| 黄虞稷 | | 海波寺街 | 清康熙年间 |
| 黄钺 | | 煤市街 | 清乾隆五十年至五十一年 |
| 黄真 | 阅微草堂 | 虎坊桥 | 清嘉庆年间 |
| 黄遵宪 | | 香炉营头条 | 清光绪年间 |
| 嵇璜 | | 烂缦胡同 | 清雍正乾隆年间 |
| 纪复亨 | | 宏衍庵 | 清乾隆年间 |
| 纪昀 | 阅微草堂 | 虎坊桥 | 清乾隆年间 |
| 纪昀 | | 珠巢街 | 清乾隆三十四年 |
| 季士周 | | 保安寺街 | 清同治光绪年间 |
| 江晓园 | | 阎王庙街 | 清乾隆年间 |
| 姜宸英 | | 琉璃厂 | 清康熙年间 |
| 姜宸英 | | 西草厂胡同 | 清康熙年间 |
| 姜晟 | | 绳匠胡同 | 清乾隆年间 |
| 蒋景祁 | 古藤书屋 | 海波寺街 | 清康熙年间 |
| 蒋立镛 | | 宣武门外大街 | 清嘉庆道光年间 |
| 蒋香泾 | | 烂缦胡同 | 清乾隆年间 |
| 蒋祥墀 | | 板章胡同 | 清乾隆年间 |
| 蒋雍植 | | 李铁拐斜街 | 清乾隆年间 |
| 金瑛 | | 魏染胡同 | 清康熙年间 |
| 金之俊 | | 海波寺街 | 清顺治十一年至康熙元年 |
| 瞿鸿禨 | | 西草厂胡同 | 清光绪七年 |
| 瞿鸿禨 | | 米市胡同 | 清光绪二十一年 |
| 康广仁 | | 米市胡同 | 清光绪二十四年 |
| 康有为 | | 上斜街 | 清光绪二十四年 |

| 人名 | 室名 | 位置 | 居住时间 |
|---|---|---|---|
| 康有为 | | 米市胡同 | 清光绪十四年至光绪二十一年 |
| 孔尚任 | | 海波寺街 | 清康熙年间 |
| 款松 | 寄园 | 教子胡同 | 清乾隆二十四年至二十五年 |
| 兰士颀 | 双藤书屋 | 烂缦胡同 | 清乾隆年间 |
| 黎锦熙 | | 九道湾 | 民国 |
| 李慈铭 | | 铁门 | 清同治十一年 |
| 李慈铭 | | 保安寺街 | 清同治光绪年间 |
| 李调元 | 看云楼 | 梁家园胡同 | 清乾隆二十四年 |
| 李固 | | 宣武门 | 清雍正年间 |
| 李光地 | | 西珠市口 | 清康熙年间 |
| 李鸿藻 | | 丞相胡同 | 清末 |
| 李景铭 | | 西柳树井 | 清光绪年间 |
| 李少农 | 看云楼 | 梁家园胡同 | 清初 |
| 李天馥 | | 宣武门东街 | 清康熙年间 |
| 李蔚 | | 下斜街 | 清康熙年间 |
| 李文藻 | | 百顺胡同 | 清乾隆三十四年 |
| 李小松 | | 官菜园上街 | 清乾隆年间 |
| 李秀瑜 | | 阎王庙街 | 清乾隆年间 |
| 李因笃 | | 慈仁寺 | 清康熙七年 |
| 李渔 | 芥子园 | 韩家潭 | 清康熙初年 |
| 李仲约 | | 丞相胡同 | 清光绪十九年 |
| 李重华 | | 贾家胡同 | 清雍正乾隆年间 |
| 李宗翰 | | 裘家街 | 清乾隆年间 |
| 厉鹗 | 接叶亭 | 烂缦胡同 | 清乾隆元年 |
| 梁敦书 | 双槐轩 | 保安寺街 | 清乾隆年间 |
| 梁佩兰 | | 永光寺中街 | 清康熙年间 |
| 梁启超 | | 粉房琉璃街 | 清光绪二十年 |
| 梁诗正 | 清勤堂 | 杨梅竹斜街 | 清乾隆年间 |
| 梁熙 | | 慈仁寺 | 清康熙七年 |
| 梁瑶峰 | | 魏染胡同 | 清乾隆年间 |
| 梁章钜 | | 福州馆路 | 清嘉庆年间 |
| 梁志文 | 芥子园 | 韩家潭 | 清同治光绪年间 |
| 林拱枢 | | 斜街 | 清末 |
| 林棨 | | 上斜街 | 清末民国 |
| 林纾 | | 永光寺街 | 清末民国 |
| 林纾 | | 芝麻街 | 清末民国 |
| 林旭 | | 储库营 | 清光绪年间 |
| 林则徐 | | 骡马市大街 | 清嘉庆年间 |

| 人名 | 室名 | 位置 | 居住时间 |
|---|---|---|---|
| 林志烜 | | 大井胡同 | 清末民国 |
| 凌廷堪 | | 米市胡同 | 清乾隆嘉庆年间 |
| 刘传莹 | | 虎坊桥 | 清道光年间 |
| 刘光第 | | 绳匠胡同 | 清光绪十四年至光绪十九年 |
| 刘纶 | | 南横街 | 清乾隆年间 |
| 刘权之 | | 虎坊桥 | 清乾隆年间 |
| 刘师恕 | | 丞相胡同 | 清康熙雍正年间 |
| 刘萩云 | | 虎坊桥 | 清道光年间 |
| 刘司农 | | 丞相胡同 | 清乾隆年间 |
| 刘嗣绾 | | 贾家胡同 | 清乾隆嘉庆年间 |
| 刘嗣绾 | | 保安寺街 | 清乾隆嘉庆年间 |
| 刘嗣绾 | | 兵马司前街 | 清乾隆嘉庆年间 |
| 刘嗣绾 | | 兵马司中街 | 清乾隆嘉庆年间 |
| 刘体仁 | | 慈仁寺 | 清顺治康熙年间 |
| 刘位坦 | | 孙公园 | 清道光年间 |
| 刘锡鸿 | | 铁门 | 清同治十一年 |
| 刘献庭 | 碧山堂 | 绳匠胡同 | 清康熙年间 |
| 刘用烺 | | 长椿寺 | 清末 |
| 刘云房 | | 虎坊桥 | 清乾隆年间 |
| 龙济光 | | 兵马司中横街 | 清末民国 |
| 卢文弨 | | 李铁拐斜街 | 清乾隆嘉庆年间 |
| 鲁迅 | | 南半截胡同 | 民国初年 |
| 陆继辂 | | 大井胡同 | 清光绪年间 |
| 陆嘉淑 | | 保安寺街 | 明末清初 |
| 陆肯堂 | | 南半截胡同 | 清康熙年间 |
| 陆锡熊 | | 烂缦胡同 | 清乾隆年间 |
| 闾邱德坚 | | 芝麻街 | 清中后期 |
| 罗聘 | | 琉璃厂 | 清乾隆年间 |
| 罗世勋 | | 永光寺中街 | 清末民国 |
| 罗有高 | 水月庵 | 烂缦胡同 | 清乾隆十年三月 |
| 骆秉章 | | 驴驹胡同 | 清道光十五年 |
| 骆秉章 | | 贾家胡同 | 清道光十八年 |
| 马履泰 | | 长椿寺 | 清乾隆嘉庆年间 |
| 毛会建 | | 慈仁寺 | 清乾隆年间 |
| 毛奇龄 | 众春园 | 炭厂 | 清康熙年间 |
| 梅庚 | | 保安寺街 | 明末清初 |
| 孟邵 | | 北半截胡同 | 清乾隆嘉庆年间 |
| 闵荷生 | | 羊肉胡同 | 清末 |

| 人名 | 室名 | 位置 | 居住时间 |
| --- | --- | --- | --- |
| 缪共位 | 青棠书屋 | 孙公园 | 清道光十二年 |
| 年羹尧 | | 上斜街 | 清康熙雍正年间 |
| 聂耳 | | 校场头条 | 民国 |
| 牛坤 | | 米市胡同 | 不详 |
| 潘汝诚 | | 琉璃厂 | 清乾隆年间 |
| 潘世恩 | | 米市胡同 | 清道光年间 |
| 潘仕成 | | 上斜街 | 清道光十一年 |
| 潘锡恩 | | 下斜街 | 清嘉庆道光年间 |
| 潘奕隽 | | 西砖儿胡同 | 清乾隆年间 |
| 潘曾沂 | | 东椿树胡同 | 清嘉庆年间 |
| 潘曾莹 | | 东椿树胡同 | 清道光年间 |
| 潘祖荫 | 滂喜斋 | 米市胡同 | 清光绪年间 |
| 潘祖荫 | 传璧经堂 | 烂缦胡同 | 清光绪初 |
| 彭启丰 | | 贾家胡同 | 清雍正乾隆年间 |
| 彭孙遹 | | 三庙前街 | 明末清初 |
| 彭维新 | | 孙公园 | 清康熙年间 |
| 彭玉麟 | | 达智桥 | 清末 |
| 彭蕴章 | | 南横街 | 清道光元年 |
| 祁寯藻 | 东海咸里 | 下斜街 | 清道光同治年间 |
| 祁世长 | | 下斜街 | 清末 |
| 祁文恪 | | 下斜街 | 清末 |
| 祁韵士 | | 铁门胡同 | 清乾隆嘉庆年间 |
| 齐白石 | | 法源寺 | 民国 |
| 齐召南 | | 半截胡同 | 清乾隆年间 |
| 钱澄之 | | 增寿寺 | 明末清初 |
| 钱大昕 | | 绳匠胡同 | 清乾隆十七年六月 |
| 钱大昕 | | 西草厂胡同 | 清乾隆十七年十二月 |
| 钱大昕 | | 椿树头条胡同 | 清乾隆十八年 |
| 钱大昕 | | 悯忠寺街 | 清乾隆二十年二月 |
| 钱大昕 | | 南横街 | 清乾隆二十年六月 |
| 钱大昕 | | 官菜园上街 | 清乾隆三十四年秋 |
| 钱大昕 | | 虎坊桥 | 清乾隆年间 |
| 钱大昕 | | 宣武门外 | 清乾隆年间 |
| 钱大昕 | | 将军教场胡同 | 清乾隆年间 |
| 钱大昕 | | 珠巢街 | 清乾隆年间 |
| 钱大昕 | | 玉虚观 | 清乾隆年间 |
| 钱沣 | 听雨楼 | 南半截胡同 | 清乾隆三十七年 |
| 钱沣 | | 龙泉寺 | 清乾隆年间 |
| 钱会恩 | | 龙泉寺 | 不详 |
| 钱林 | | 下斜街 | 清嘉庆道光年间 |
| 钱棨 | 听钟山房 | 悯忠寺街 | 清乾隆二十年二月 |
| 钱维城 | | 绳匠胡同 | 清乾隆年间 |
| 钱振伦 | | 鞑子营 | 清道光三十年十月 |
| 乔莱 | 一峰草堂 | 上斜街 | 清顺治康熙年间 |
| 秦大士 | | 半截胡同 | 清雍正乾隆年间 |
| 秦蕙田 | | 丞相胡同 | 清乾隆年间 |
| 秋瑾 | | 南半截胡同 | 清末 |
| 全祖望 | 紫藤轩 | 宣武门右街 | 清乾隆年间 |
| 阮学浩 | | 将军教场胡同 | 清雍正乾隆年间 |
| 阮学浩 | | 玉虚观 | 清乾隆年间 |
| 阮应商 | | 煤市街 | 清康熙年间 |
| 阮元 | | 广安门大街 | 清乾隆嘉庆年间 |
| 赛金花 | | 陕西巷 | 清末民国 |
| 商盘 | | 香炉营头条 | 清雍正年间 |
| 邵灿 | | 琉璃厂 | 晚清 |
| 邵长蘅 | | 保安寺街 | 清康熙年间 |
| 邵大生 | | 粉房琉璃街 | 清雍正年间 |
| 邵积诚 | | 铁门 | 清末民国 |
| 邵晋涵 | | 南横街 | 清乾隆年间 |
| 邵斋焘 | | 虎坊桥 | 清代 |
| 申甫 | | 椿树三条胡同 | 清乾隆年间 |
| 沈朝初 | | 魏染胡同 | 清康熙年间 |
| 沈初 | 兰韵堂 | 孙公园 | 清乾隆年间 |
| 沈大令 | 接叶亭 | 烂缦胡同 | 清顺治康熙年间 |
| 沈德潜 | 寄园 | 教子胡同 | 清康熙至乾隆年间 |
| 沈方伯 | | 魏染胡同 | 清乾隆年间 |
| 沈涵 | | 长椿寺 | 清康熙年间 |
| 沈家本 | | 金井胡同 | 清末 |
| 沈庆生 | 接叶亭 | 烂缦胡同 | 清末民国 |
| 沈荣仁 | | 贾家胡同 | 清雍正乾隆年间 |
| 沈榕溪 | 寄园 | 教子胡同 | 清乾隆年间 |
| 沈栻 | | 将军教场胡同 | 清雍正乾隆年间 |
| 沈廷芳 | 接叶亭 | 烂缦胡同 | 清乾隆二年 |
| 沈锡晋 | | 韩家潭 | 清同治光绪年间 |
| 沈一揆 | | 后孙公园 | 清康熙年间 |
| 沈幼牧 | 接叶亭 | 烂缦胡同 | 清雍正乾隆年间 |
| 沈瑜庆 | | 烂缦胡同 | 清末民国 |
| 沈曾桐 | | 南横街 | 清末民国 |
| 沈曾植 | | 珠巢街 | 清光绪十年 |
| 沈宗畸 | | 后青厂 | 清末民国 |

| 人名 | 室名 | 位置 | 居住时间 |
|---|---|---|---|
| 施朝干 | | 海波寺街 | 清乾隆年间 |
| 施闰章 | | 铁门 | 清康熙年间 |
| 施闰章 | | 保安寺街 | 清康熙年间 |
| 史夔 | | 魏染胡同 | 清康熙年间 |
| 史贻直 | 广仁堂 | 烂缦胡同 | 清康熙年间 |
| 史贻直 | 听雨楼 | 丞相胡同 | 清康熙年间 |
| 宋荦 | | 永庆寺 | 清康熙年间 |
| 宋廷弼 | | 烂缦胡同 | 清乾隆年间 |
| 孙炳文 | | 后铁厂 | 民国 |
| 孙承泽 | 研山堂 | 孙公园 | 明末清初 |
| 孙墨佛 | | 延旺庙街 | 清末民国 |
| 孙星衍 | | 青厂胡同 | 清乾隆五十二年 |
| 孙星衍 | | 琉璃厂 | 清乾隆五十四年 |
| 孙星衍 | | 孙公园 | 清乾隆五十八年 |
| 孙雄 | | 西砖儿胡同 | 清末民初 |
| 孙翼谋 | | 煤市街 | 清道光年间 |
| 孙毓汶 | | 丞相胡同 | 清末 |
| 孙在丰 | | 丞相胡同 | 清康熙年间 |
| 孙致弥 | | 海波寺街 | 清康熙年间 |
| 孙致弥 | | 上斜街 | 清康熙二十八年 |
| 谈迁 | | 骡马市大街 | 清顺治年间 |
| 谭嗣同 | | 北半截胡同 | 清光绪年间 |
| 谭瑄 | | 虎坊桥 | 清康熙年间 |
| 汤右曾 | | 魏染胡同 | 清康熙年间 |
| 汤右曾 | | 西草厂胡同 | 清康熙年间 |
| 汤右曾 | 接叶亭 | 烂缦胡同 | 清康熙年间 |
| 汤右曾 | | 南半截胡同 | 清康熙年间 |
| 唐景崇 | | 芝麻街 | 清末民国 |
| 唐景崇 | | 将军教场胡同 | 清末民国 |
| 唐孙华 | | 孙公园 | 清康熙年间 |
| 陶大均 | | 南半截胡同 | 清末 |
| 陶澍 | | 上斜街 | 清嘉庆道光年间 |
| 陶正靖 | | 将军教场胡同 | 清雍正乾隆年间 |
| 陶正靖 | | 玉虚观 | 清雍正乾隆年间 |
| 田雯 | 方壶斋 | 青厂胡同 | 清康熙年间 |
| 田中仪 | | 将军教场胡同 | 清乾隆年间 |
| 屠倬 | 双藤书屋 | 米市胡同 | 清嘉庆年间 |
| 万承苍 | 紫藤轩 | 宣武门外 | 清雍正十一年 |
| 万光泰 | 青乳轩 | 杨梅竹斜街 | 清乾隆年间 |
| 万斯同 | 碧山堂 | 丞相胡同 | 清康熙年间 |
| 汪观 | | 铁门胡同 | 清顺治康熙年间 |
| 汪沆 | 接叶亭 | 烂缦胡同 | 清雍正乾隆年间 |
| 汪精卫 | | 永光寺中街 | 清末民国 |
| 汪漋 | 听雨楼 | 南半截胡同 | 清乾隆年间 |
| 汪懋麟 | 十三砚斋 | 宣武门右街 | 清顺治康熙年间 |
| 汪由敦 | 时晴书室 | 椿树三条胡同 | 清雍正乾隆年间 |
| 王宝田 | | 后铁厂 | 清光绪年间 |
| 王昶 | 寄园（闻思精舍） | 教子胡同 | 清乾隆二十五年至二十六年 |
| 王昶 | | 椿树胡同 | 清乾隆年间 |
| 王昶 | 蒲褐山房 | 法源寺 | 清乾隆年间 |
| 王昶 | | 烂缦胡同 | 清乾隆年间 |
| 王宸 | 寄园 | 下斜街教子胡同 | 清乾隆年间 |
| 王崇简 | 青箱堂 | 米市胡同 | 清初 |
| 王方川 | 迟云阁 | 梁家园胡同 | 清乾隆年间 |
| 王夫之 | | 官菜园上街 | 清初 |
| 王际华 | | 外廊营 | 清乾隆年间 |
| 王杰 | | 虎坊桥 | 清乾隆嘉庆年间 |
| 王茂荫 | | 校场头条 | 清道光咸丰年间 |
| 王鸣盛 | | 南横街 | 清乾隆年间 |
| 王念孙 | | 粉房琉璃街 | 清乾隆年间 |
| 王芑孙 | | 烂缦胡同 | 清乾隆年间 |
| 王仁堪 | | 下斜街 | 清末 |
| 王士祯 | | 保安寺街 | 清康熙二十八年 |
| 王士祯 | | 下斜街 | 清康熙十九年 |
| 王士祯 | | 米市胡同 | 清康熙二十九年 |
| 王士祯 | | 琉璃厂 | 清康熙年间 |
| 王世维 | 淳安馆 | 韩家潭 | 清乾隆年间 |
| 王式丹 | | 菜市口 | 清康熙年间 |
| 王嗣怀 | | 下斜街 | 清康熙十七年 |
| 王苏 | | 莲花寺湾 | 清乾隆嘉庆年间 |
| 王惕夫 | | 官菜园上街 | 清乾隆年间 |
| 王文韶 | | 烂缦胡同 | 清咸丰年间 |
| 王熙 | 怡园 | 南半截胡同 | 清顺治康熙年间 |
| 王相 | 松筠庵 | 下斜街 | 明正德嘉靖年间 |
| 王项龄 | 锡寿堂 | 烂缦胡同 | 清康熙年间 |
| 王延年 | | 李铁拐斜街 | 清雍正年间 |
| 王燕 | 忏园 | 增寿寺夹道 | 清顺治康熙年间 |
| 王又曾 | 青乳轩 | 杨梅竹斜街 | 清乾隆年间 |
| 王原 | 碧山堂 | 丞相胡同 | 清康熙年间 |

| 人名 | 室名 | 位置 | 居住时间 |
| --- | --- | --- | --- |
| 王原祁 | | 烂缦胡同 | 清康熙年间 |
| 王云冈 | | 海波寺街 | 清康熙年间 |
| 王正谊 | | 香厂路 | 清光绪年间 |
| 韦谦恒 | | 南半截胡同 | 清乾隆年间 |
| 韦谦恒 | | 南横街 | 清乾隆年间 |
| 魏源 | 藤阴书屋 | 烂缦胡同 | 清道光二年 |
| 文泰运 | | 龙泉寺 | 清乾隆年间 |
| 文悌 | | 龙爪槐 | 清末 |
| 文廷式 | | 粉房琉璃街 | 清光绪年间 |
| 翁方纲 | | 烂缦胡同 | 清乾隆嘉庆年间 |
| 翁方纲 | | 保安寺街 | 清乾隆嘉庆年间 |
| 翁同龢 | | 南横街 | 清末 |
| 吴保初 | | 下斜街 | 清末民国 |
| 吴道时 | | 保安寺街 | 民国 |
| 吴璜 | | 永光寺街 | 清乾隆年间 |
| 吴璟 | | 西草厂胡同 | 清康熙年间 |
| 吴璟 | | 珠巢街 | 清康熙年间 |
| 吴可读 | | 南横街 | 清末 |
| 吴省钦 | 晚红堂 | 孙公园 | 清乾隆年间 |
| 吴树堂 | | 南横街 | 清代 |
| 吴嗣爵 | | 南横街 | 清乾隆年间 |
| 吴嵩梁 | | 下斜街 | 清嘉庆道光年间 |
| 吴蔚光 | | 丞相胡同 | 清乾隆年间 |
| 吴锡麒 | | 下斜街 | 清乾隆嘉庆年间 |
| 吴锡麒 | 寄园 | 教子胡同 | 清乾隆嘉庆年间 |
| 吴锡麒 | | 兵马司前街 | 清乾隆嘉庆年间 |
| 吴襄 | 兰藻 | 魏染胡同 | 明末清初 |
| 吴应棻 | 东井书屋 | 宣武门街 | 清康熙年间 |
| 吴玉纶 | | 琉璃厂南夹道 | 清乾隆二十七年 |
| 吴爚文 | | 永光寺街 | 清雍正年间 |
| 吴仲之 | | 前青厂 | 明嘉靖年间 |
| 吴重熹 | | 将军教场胡同 | 清末 |
| 吴重熹 | | 金井胡同 | 清末 |
| 夏仁虎 | | 前青厂 | 民国 |
| 夏寿田 | | 潘家河沿 | 清光绪年间 |
| 夏曾佑 | | 贾家胡同 | 清末民国 |
| 谢阶树 | | 下斜街 | 清嘉庆道光年间 |
| 谢梦渔 | | 贾家胡同 | 晚清 |
| 谢墉 | | 悯忠寺街 | 清乾隆年间 |
| 谢章铤 | | 南横街 | 清光绪三年 |
| 徐宝善 | 壶园 | 米市胡同 | 清道光十五年至道光十六年 |
| 徐本 | | 外廊营 | 清康熙年间 |
| 徐秉义 | | 琉璃厂 | 清康熙年间 |
| 徐乾学 | 碧山堂 | 丞相胡同 | 清康熙年间 |
| 徐釚 | | 虎坊桥 | 清康熙年间 |
| 徐善 | 碧山堂 | 绳匠胡同 | 清康熙年间 |
| 徐石雪 | | 西太平胡同 | 民国 |
| 徐锡麟 | | 南半截胡同 | 清末 |
| 徐芗坡 | | 延寿寺街 | 清乾隆年间 |
| 徐旭龄 | | 下斜街 | 明末清初 |
| 徐旭龄 | 寄园 | 教子胡同 | 清康熙年间 |
| 徐致靖 | | 上斜街 | 清光绪年间 |
| 徐倬 | | 南半截胡同 | 清康熙年间 |
| 许铭伯 | | 南半截胡同 | 民国 |
| 许寿裳 | | 南半截胡同 | 民国 |
| 许宗衡 | | 丞相胡同 | 清咸丰同治年间 |
| 严家骧 | | 南半截胡同 | 民国 |
| 阎若璩 | 碧山堂 | 丞相胡同 | 清康熙年间 |
| 阎循琦 | | 虎坊桥 | 清乾隆年间 |
| 杨度 | | 丞相胡同 | 清末民国 |
| 杨继盛 | 松筠庵 | 下斜街 | 明嘉靖年间 |
| 杨健 | | 永光寺中街 | 不详 |
| 杨懋建 | | 永光寺西街 | 清道光十二年 |
| 杨梦符 | 双槐堂 | 烂缦胡同 | 清乾隆年间 |
| 杨锐 | | 丞相胡同 | 清光绪年间 |
| 杨深秀 | | 棉花六条胡同 | 清光绪二十四年 |
| 杨守敬 | | 虎坊桥 | 清同治年间 |
| 杨永芳 | 听雨楼 | 南半截胡同 | 清乾隆年间 |
| 杨中讷 | | 孙公园 | 清康熙年间 |
| 杨钟健 | | 南柳巷 | 民国 |
| 姚华 | | 烂缦胡同 | 清末民国 |
| 姚华 | | 西砖胡同 | 清光绪年间 |
| 姚文田 | | 铁门胡同 | 清乾隆嘉庆年间 |
| 姚学塽 | 水月庵 | 烂缦胡同 | 清嘉庆道光年间 |
| 叶大焯 | | 南横街 | 清末 |
| 叶继雯 | 古研山堂 | 后孙公园 | 清乾隆五年 |
| 叶名澧 | 风雨怀人馆 | 虎坊桥 | 清道光咸丰年间 |
| 叶盛章 | | 海波寺街 | 民国 |

| 人名 | 室名 | 位置 | 居住时间 |
|---|---|---|---|
| 叶燮 | | 官菜园上街 | 清乾隆年间 |
| 叶向高 | | 福州馆路 | 明万历年间 |
| 余绍宋 | | 西砖胡同 | 民国 |
| 俞樾 | | 北半截胡同 | 清末 |
| 喻培伦 | | 永光寺中街 | 清末 |
| 袁敦礼 | | 南横街 | 民国 |
| 袁复礼 | | 南横街 | 民国 |
| 袁同礼 | | 南横街 | 民国 |
| 岳钟琪 | | 阎王庙街 | 清雍正乾隆年间 |
| 迮云龙 | 接叶亭 | 烂缦胡同 | 清雍正乾隆年间 |
| 曾国藩 | | 南横街千佛庵 | 清道光二十年二月 |
| 曾国藩 | | 果子巷 | 清道光二十年六月至九月 |
| 曾国藩 | | 棉花六条胡同 | 清道光二十年 |
| 曾国藩 | | 丞相胡同 | 清道光二十一年八月 |
| 曾国藩 | | 报国寺 | 清道光二十六年 |
| 曾国藩 | | 南横街 | 清道光二十七年三月 |
| 曾国藩 | | 贾家胡同 | 清道光三十年四月 |
| 曾国藩 | | 关侯庙 | 清道光三十年十月 |
| 曾国荃 | | 法源寺 | 清咸丰年间 |
| 曾养甫 | | 丞相胡同 | 民国 |
| 曾毓隽 | | 阎王庙街 | 清乾隆年间 |
| 曾燠 | 烟梦坊 | 下斜街 | 清乾隆至道光年间 |
| 张百熙 | | 盆儿胡同 | 清同治年间 |
| 查礼 | | 煤市街 | 清乾隆年间 |
| 查礼 | | 宣南坊 | 清乾隆年间 |
| 查礼 | | 横街 | 清乾隆年间 |
| 查礼 | 接叶亭 | 烂缦胡同 | 清乾隆年间 |
| 查慎行 | | 琉璃厂 | 清康熙年间 |
| 查慎行 | 枣东书屋 | 魏染胡同 | 清康熙四十九年 |
| 查慎行 | | 上斜街 | 清康熙二十八年 |
| 查慎行 | | 城南道院 | 清康熙年间 |
| 查慎行 | | 南半截胡同 | 清康熙年间 |
| 查慎行 | | 槐树斜街 | 清康熙年间 |
| 查升 | | 琉璃厂 | 清康熙年间 |
| 查升 | | 西草厂胡同 | 清康熙年间 |
| 查嗣瑮 | | 上斜街 | 清康熙年间 |
| 查嗣瑮 | | 南半截胡同 | 清康熙年间 |
| 张大受 | | 椿树三条胡同 | 清康熙年间 |
| 张大受 | 寄园 | 下斜街 | 清康熙年间 |

| 人名 | 室名 | 位置 | 居住时间 |
|---|---|---|---|
| 张焘 | 寄园 | 教子胡同 | 清乾隆二十五年至二十六年 |
| 张集馨 | 时晴书室 | 椿树三条胡同 | 清道光十年 |
| 张集馨 | | 将军校场头条胡同 | 清道光十五年二月 |
| 张集馨 | | 北半截胡同 | 清道光咸丰年间 |
| 张际亮 | 松筠庵 | 下斜街 | 清道光年间 |
| 张謇 | | 下斜街 | 清末民国 |
| 张江裁 | | 烂缦胡同 | 清末民国 |
| 张鹏翀 | 接叶亭 | 烂缦胡同 | 清雍正年间 |
| 张鹏翀 | 寄园 | 教子胡同 | 清雍正乾隆年间 |
| 张鹏翀 | | 贾家胡同 | 清雍正乾隆年间 |
| 张若溎 | | 南横街 | 清乾隆年间 |
| 张惟寅 | | 骡马市大街 | 清乾隆年间 |
| 张维赤 | 新园 | 枣林街 | 清康熙年间 |
| 张问陶 | | 官菜园上街 | 清乾隆年间 |
| 张祥河 | | 东椿树胡同 | 清嘉庆年间 |
| 张心徵 | | 贾家胡同 | 民国 |
| 张埙 | | 烂缦胡同 | 清康熙年间 |
| 张尹 | | 琉璃厂 | 清乾隆五年 |
| 张元奇 | 知稼轩 | 老墙根 | 清末民国 |
| 张藻 | | 贾家胡同 | 清雍正乾隆年间 |
| 张照 | | 后铁厂 | 清康熙雍正年间 |
| 张之洞 | | 下斜街 | 清光绪三十年秋间 |
| 张子畏 | | 虎坊桥 | 清乾隆年间 |
| 章炳麟 | | 龙泉寺 | 民国 |
| 章汉翔 | 古藤书屋 | 海波寺街 | 清康熙年间 |
| 赵椿年 | | 米市胡同 | 清末民国 |
| 赵怀玉 | 古藤书屋 | 海波寺街 | 清乾隆五十八年八月 |
| 赵怀玉 | | 铁厂 | 清嘉庆年间 |
| 赵吉士 | 寄园 | 下斜街 | 清康熙年间 |
| 赵世炎 | | 后铁厂 | 民国 |
| 赵翼 | | 椿树三条胡同 | 清乾隆二十八年 |
| 赵俞 | | 孙公园 | 清康熙年间 |
| 赵中翰 | | 上斜街 | 清嘉庆道光年间 |
| 郑孝胥 | | 虎坊桥 | 清光绪二十四年 |
| 郑孝胥 | | 半截胡同 | 清末民国 |
| 郑珍 | | 樱桃斜街 | 清道光年间 |
| 周长发 | | 将军教场胡同 | 清雍正乾隆年间 |
| 周大枢 | | 虎坊桥 | 清乾隆年间 |

| 人名 | 室名 | 位置 | 居住时间 |
|---|---|---|---|
| 周宫端 | | 南半截胡同 | 清康熙年间 |
| 周家楣 | | 校尉营 | 清咸丰年间 |
| 周起渭 | | 北半截胡同 | 清康熙年间 |
| 周升桓 | | 珠巢街 | 清乾隆年间 |
| 周于礼 | 听雨楼 | 南半截胡同 | 清乾隆年间 |
| 周于礼 | 听雨楼 | 丞相胡同 | 清乾隆年间 |
| 周篔 | | 海波寺街 | 清康熙年间 |
| 周稚圭 | | 粉房琉璃街 | 清乾隆嘉庆年间 |
| 周稚圭 | | 珠巢街 | 清乾隆嘉庆年间 |
| 朱疆 | | 上斜街 | 清康熙年间 |
| 朱筠 | | 李铁拐斜街 | 清乾隆年间 |
| 朱寯瀛 | | 果子巷羊肉胡同 | 清末 |
| 朱轼 | | 煤市街 | 清康熙雍正年间 |
| 朱为弼 | | 永光寺中街 | 清嘉庆道光年间 |
| 朱彝尊 | 古藤书屋 | 海波寺街 | 清康熙二十三年至康熙二十八年 |
| 朱彝尊 | | 上斜街 | 清康熙二十八年 |
| 朱彝尊 | | 下斜街 | 清康熙二十八年二月 |
| 朱彝尊 | | 虎坊桥 | 清康熙年间 |
| 诸重光 | 寄园 | 教子胡同 | 清乾隆二十五年至二十六年 |
| 祝德麟 | | 魏染胡同 | 清乾隆嘉庆年间 |
| 祝德麟 | 接叶亭 | 烂缦胡同 | 清乾隆嘉庆年间 |
| 祝德麟 | | 宣南坊 | 清乾隆嘉庆年间 |
| 庄有恭 | | 后青厂 | 清乾隆年间 |
| 宗稷辰 | | 米市胡同 | 清道光十一年 |

# 庙　　会

| 名称 | 位置 | 年代 | 会期 |
|---|---|---|---|
| 慈仁寺庙会 | 斜街西、广宁门大街之北 | 清初－民国 | 初一、十五、二十五 |
| 大栅栏灯市 | 大栅栏 | 清－民国 | 正月十三至十七 |
| 都土地庙庙会 | 土地庙路西 | 清－民国 | 每月逢三 |
| 火神庙庙会 | 琉璃厂火神庙 | 清－民国 | 正月初一至十五 |
| 江南城隍庙庙会 | 南横街之东、先农坛西北 | 明－民国 | 清明、七月十五、十月初一 |
| 廊坊灯市 | 廊坊头条 | 清－民国 | 正月十三至十七 |
| 灵佑宫灯市 | 先农坛北灵佑宫旁 | 清初－民国 | 正月初八至十七 |
| 琉璃厂厂甸庙会 | 琉璃厂厂甸 | 清－民国 | 正月初一至十五 |
| 琉璃厂灯市 | 琉璃厂 | 清－民国 | 正月初八至十七 |
| 吕祖祠庙会 | 琉璃厂吕祖祠 | 清－民国 | 正月初一至十五 |
| 善果寺庙会 | 广安门内善果寺1号 | 清－民国 | 六月初五、初六 |
| 西河沿灯市 | 西河沿 | 清 | 正月十三至十六 |

# 香　　会

| 名称 | 位置 |
|---|---|
| 白纸坊公议助善太平文鼓 | 白纸坊 |
| 白纸坊神胆老会 | 白纸坊 |
| 白纸坊永寿长春太狮 | 白纸坊 |
| 长春会馆诚献茶烛会 | 小沙土园6号长春会馆 |

| 名称 | 位置 |
|---|---|
| 车耳营关帝庙遥吟俯畅圣会 | 正阳门外甘井胡同 |
| 车子营合义同善秧歌 | 车子营 |
| 公议乐善诚献粥茶会 | 广安门内南菜园 |
| 公议同善缝绽会 | 广安门大街洪洞会馆 |
| 公议心愿诚献茶瓢 | 校场小六条 |
| 公议心愿诚献围棹 | 教场口内 |
| 公议重整合义面茶老会 | 上斜街 |
| 广安门内南乐培园公议永善清茶会 | 广安门内南乐培园 |
| 合义面茶会 | 湿井胡同13号 |
| 黑窑厂公议助善开路 | 黑窑厂 |
| 虎坊桥万寿无疆秧歌 | 虎坊桥 |
| 老墙根炭机库李姓一人诚起心愿布尘会 | 老墙根炭机库 |
| 琉璃厂公议助善开路 | 琉璃厂 |
| 牛街同庆升平秧歌 | 牛街 |
| 前门外大沟沿公议心愿裱糊神堂佛殿窗户会 | 大沟沿 |
| 前门外西河沿永乐同春五虎少林棍 | 西河沿 |
| 前门外协资庙公议助善五虎棍 | 协资庙 |
| 四眼井孟处公议助善太狮 | 四眼井 |
| 同心长善清茶圣会 | 白纸坊 |
| 望山娘娘顶公议乐善会 | 南乐培园 |
| 西北涧圣母宫提灯乐善会 | 包头章胡同 |

| 名称 | 位置 |
|---|---|
| 西草厂同议乐善开路 | 西草厂 |
| 西草厂万寿无疆秧歌 | 西草厂 |
| 兴隆十八盘献粥茶老会 | 老墙根 |
| 宣武门外车子营西小市同心秉善檀香素烛会 | 车子营西小市 |
| 宣武门外火道口茶杓会 | 火道口 |
| 宣武门外教场公议心愿诚献围卓会 | 教场 |
| 宣武门外牛街教子胡同万代同春少林五虎棍 | 牛街教子胡同 |
| 宣武门外牛街五仕升平少林棍 | 牛街 |
| 议心善缘撢尘会 | 西小市 |
| 永安桥福缘善庆太狮 | 永安桥 |
| 永安桥公议助善秧歌 | 永安桥 |
| 永佑平安绳络老会 | 达智桥潮庆庵 |
| 右安门内高庙村秉心如意茶叶会 | 右安门内高庙村 |
| 玉虚观公议助善开路 | 老墙根8号玉虚观 |
| 枣林街同心长善清茶会 | 枣林街 |
| 正阳门外排子胡同万寿无疆亿寿双石 | 排子胡同 |
| 正阳门外五斗斋公议助善秧歌 | 五斗斋 |
| 正阳门外香厂万寿无疆秧歌 | 香厂 |
| 子孙万代粥茶路灯会 | 白纸坊 |

# 近代学校、教育机构·小　学

| 名称 | 曾用名 | 位置 | 变更时间 |
|---|---|---|---|
| 爱华小学 | | 福长街6号 | 1948 |
| 板章路小学 | 前外板章路小学 | 刷子市 | 1933.1 |
| | | (迁)*板章路6号 | 1934 |
| | 第十二区第一、二、三保国民学校 | | 1946.8 |
| 板章路短小 | | 前外板章路6号 | 1936.12 |
| | 并入灵佑宫简小 | | 1939.7 |
| 北京师范学院附属小学 | 北京高等师范附属小学 | 南新华街厂甸 | 1912.9 |
| | 北京高等师范附属国民、高等小学校 | | 1915.8 |
| | 北京师范大学附属小学 | | 1923.7 |
| | 北平师范大学附属第一小学校 | | 1931.4 |

*(迁)为校址迁移。

| 名称 | 曾用名 | 位置 | 变更时间 |
| --- | --- | --- | --- |
| | 北京师范学院附属小学 | | 1938.7 |
| | 第九区第七、十四保国民学校 | | 1947 |
| 丞相胡同简易小学 | 民众识字班 | 丞相胡同36号 | |
| | 十区区立丞相胡同简易小学 | | 1935.5 |
| | 并入米市胡同简小 | | 1939.7 |
| 丞相胡同民众学校 | | 丞相胡同11号 | 1935.8 |
| | | (迁)米市胡同44号 | 1936.8 |
| | 市立第二十七新民学校 | (迁)丞相胡同36号 | 1938.6 |
| | 丞相胡同民众学校 | | 1945.11 |
| | 北平市第十一区第九保国民学校 | | 1946 |
| | 北平市第三区第十二保第二国民学校 | (迁)船板胡同9号 | 1946.8 |
| 丞相胡同小学 | 外城女学传习所 | 丞相胡同33号 | 1906 |
| | 外城官立第一女子两等小学堂 | | 1910 |
| | 京师公立第一女子初高等小学校 | | 1912.8 |
| | 京师公立第三十四国民、第一女子高等小学校 | | 1915.8 |
| | 京师公立第三十四小学校 | | 1923 |
| | 市公立第三十四小学校 | | 1928 |
| | 市立第三十四小学校 | | 1930 |
| | 市立丞相胡同小学 | | 1934.1 |
| | 第十一区中心国民学校 | | 1946.8 |
| 崇德国民小学校 | | 李铁拐斜街 | |
| 初级小学堂 | | 南下洼龙泉寺 | 1906.6 |
| 春明小学 | | 宣武门大街102号 | 1938.1 |
| 达材小学校 | | 潘家河沿36号 | |
| 地内帘子库民众学校 | 市立第二十九民众学校 | 附设于板章路小学 | 1935 |
| | | (迁)南横街南堂子胡同 | 1935.1 |
| | | (迁)地内帘子库15号 | 1936.11 |
| | 市立第二十九新民学校 | | 1938.6 |
| | 地内帘子库民众学校 | | 1945.11 |
| | 第六区第八保国民学校 | | 1946.8 |
| 第十一区第十二保国民学校 | | 自新路 | |
| 第十一区第十九保第二国民学校 | | 下斜街 | |
| 福长街短小 | | 前外福长街五条1号清真寺 | 1936.6 |
| | 并入东四牌楼简易小学 | | 1939.7 |
| 福民小学 | 国军被服厂工人子弟学校 | 大外廊营甲19号 | 1946.8 |
| | 福民小学 | (迁)象坊桥大街115号 | 1947.5 |
| | | (迁)和外韩家潭15号 | |

| 名　　称 | 曾用名 | 位　　置 | 变更时间 |
|---|---|---|---|
| 福州馆前街短小 | | 福州馆前街丙4号 | 1936.1 |
| | 并入梁家园后身简小 | | 1939 |
| 感化胡同简易小学 | | | |
| | 并入十区区立下斜街简易小学 | | 1935.9 |
| 公立首善两等小学堂 | | 西河沿大宛试馆 | 1906.12 |
| 广安门大街短小 | 附设于广安门大街小学 | 广安门大街419号 | 1935.12 |
| | 京师公立第三十初等小学校 | | 1912.1 |
| | 京师公立第三十二国民学校 | | 1915.8 |
| | 京师公立第三十二小学校 | | 1923 |
| | 市公立第三十二小学校 | | 1928 |
| | 市立第三十二小学校 | | 1930 |
| | 市立广安门大街小学 | | 1934.1 |
| | 第十一区第四、五、六保国民学校 | | 1946.8 |
| 广安门大街简易小学 | | | |
| | 并入十区区立下斜街简易小学 | | 1935.9 |
| 广安门大街小学 | 顺天官立第一简易初等小学堂 | 广安门大街419号 | 1909.6 |
| | 并入宣外大街简小 | | 1939.7 |
| 广安门善果寺小学 | | 善果寺1号 | 1914 |
| | 外右三第一贫儿半日学校 | | 1916.3 |
| | 公安局立民众第二十六校 | | 1928 |
| | 广安门善果寺简易小学 | | 1936 |
| | 市立善果寺简小 | | 1939.7 |
| | 广安门善果寺小学 | | 1945.7 |
| | 第十一区第十九保国民学校 | | 1946.8 |
| | 第十一区第十九保第一国民学校 | | |
| 广安小学 | | 宣外醋章胡同24号 | 1948 |
| 广东小学校 | 私立广东小学校 | 宣外丞相胡同5号 | 1906 |
| | 京师私立广东初高等小学小学校 | | 1912 |
| | 京师私立广东国民、高等小学校 | | |
| | 广东小学校 | | |
| 贵州中学附设小学校 | | 南横街 | |
| | 京师私立贵州小学校 | | |
| 国民小学堂 | | 保安寺街 | 1905.9 |
| 国民小学堂 | | 张相公庙 | 1905.11 |
| 和外南横街短小 | 外右五第四贫儿半日学校 | 南横街25号 | 1916.3 |
| | 公安局立民众第三十二校 | | 1928 |
| | | （迁）南横街22号 | 1936.5 |
| 鸿文小学校 | | 广安门大街洪洞会馆 | |
| 虎坊桥短小 | | 虎坊桥大街50号 | 1935.12 |
| | 并入梁家园后身简小 | | 1939.7 |

| 名　　称 | 曾用名 | 位　　置 | 变更时间 |
| --- | --- | --- | --- |
| 虎坊桥简易小学 | 第八区区立小学 | 虎坊桥大街115号 | 1931 |
| | 八区虎坊桥简易小学 | | 1935.3 |
| | 市立虎坊桥简易小学 | | 1939.7 |
| 虎坊桥阡儿路简易小学 | 外右五第三贫儿半日学校 | 香厂阡儿路24号 | 1916.3 |
| | 公安局立民众第三十一校 | | 1928 |
| | 虎坊桥阡儿路简易小学 | | 1936 |
| | 并入虎坊桥简易小学 | | 1939.7 |
| 虎坊桥小学校 | 外城师范传习所 | 虎坊桥50号 | 1906.9 |
| | 外城官立第一两等小学堂 | | 1906.1 |
| | 京师公立第九初高等小学校 | | 1912.8 |
| | 京师公立第八国民、高等小学校 | | 1915.8 |
| | 京师公立第八小学校 | | 1923 |
| | 市公立第八小学校 | | 1928 |
| | 市立第八小学校 | | 1930 |
| | 市立虎坊桥小学校 | | 1934.1 |
| | 第九区第七、八、九保国民学校 | | 1946.8 |
| 华英学校 | | 永光寺西街15号 | |
| 怀幼第二学校 | | 酒醋局2号 | 1920 |
| | 并入怀幼小学 | | 1928 |
| 怀幼第三学校 | | 潘家河沿7号 | 1920 |
| | 并入怀幼小学 | | 1928 |
| 汇文大学附属第八国民学校 | | 靴子胡同 | |
| | 私立汇文第八小学校 | (迁)广安门外关厢 | |
| 汇文大学附属第六国民学校 | | 白纸坊枣林街 | |
| | 汇文第六国民学校 | | |
| 汇文大学附属第三国民学校 | | 正阳门外柴儿胡同 | |
| 汇文大学附属第四国民学校 | | 宣武门外大街铁门22号 | |
| | 汇文第四国民学校 | | |
| 惠公小学 | | 李铁拐斜街53号 | 1948 |
| 畿辅中学附设小学校 | | 宣武门大街 | |
| 江南城隍庙小学 | 十七、二十一坊合立小学 | 城隍庙街2号 | 1930 |
| | 区公所城隍庙小学 | | 1934.7 |
| | 十一区区立城隍庙简易小学 | | 1935.2 |
| | 市立江南城隍庙简易小学 | | 1936.7 |
| | 江南城隍庙小学 | | 1945.7 |
| 江苏小学校 | 江苏学堂 | 贾家胡同江震会馆 | 1906 |
| | 江苏中学附设小学校 | | 1912 |
| | 京师私立江苏小学校 | (迁)菜市口北半截胡同江苏馆 | 1914.5 |
| | 京师私立江苏国民、高等小学校 | | 1915.8 |

| 名　　称 | 曾用名 | 位　　置 | 变更时间 |
| --- | --- | --- | --- |
| | 旅京江苏学校 | | 1919.1 |
| | 江苏小学校 | | 1931 |
| 交通部北平电信局附小 | | 南新华街 | 1941.1 |
| 教子胡同短小 | | 教子胡同 | 1936.5 |
| | 并入老君地简小 | | 1939.7 |
| 洁如小学 | | 琉璃厂铁路膊胡同1号 | 1947.4 |
| 京师私立第八十国民学校 | 私塾 | 老墙根 | |
| | 京师私立第一二二初等小学 | | 1914.7 |
| | 京师私立第八十国民学校 | | 1915.8 |
| 京师私立第九十八国民学校 | 养蒙书屋 | 储子营52号 | |
| | 外城第四学区私立第十五小学堂 | | 1908 |
| | 私立兴华国民学校 | | |
| | 京师私立第九十八国民学校 | | 1915.12 |
| 京师私立第三十八国民学校 | 私塾 | 高爵街 | |
| | 外城第四学区私立第十四小学堂 | | 1908 |
| | 京师私立第六十四初等小学 | | 1913.6 |
| | 京师私立第三十八国民学校 | | 1915.8 |
| 京师私立第三十国民学校 | 瓯茗书屋 | 取灯胡同17号 | |
| | 外城第四学区私立第十二小学堂 | | 1908 |
| | 京师私立第一百初等小学 | | 1913.12 |
| | 京师私立第六十三国民学校 | | 1915.8 |
| | 京师私立第三十国民学校 | | 1918.3 |
| 京师私立第三十一国民学校 | 私塾 | 东南园14号 | 1913.12 |
| | 京师私立第一零二初等小学 | | |
| | 私立第六十四国民学校 | | 1915.8 |
| | 京师私立第三十国民学校 | | 1918.3 |
| | 京师私立第三十一国民学校 | | 1918.3 |
| 京师私立第五十九初等小学 | 私塾 | 牛街沙栏胡同 | |
| | 外城第四学区私立第二小学堂 | | 1908 |
| | 京师私立第五十九初等小学 | | 1912.1 |
| 京师私立第一百国民学校 | 私塾 | 醋章胡同6号 | 1908 |
| | 外城第四学区私立第十三小学堂 | | |
| | 私立建民国民学校 | | |
| | 京师私立第一百国民学校 | | 1915.12 |
| 京师私立第一百零三国民学校 | 私立广智国民学校 | | |
| | 京师私立第一百零三国民学校 | | 1916.3 |
| 京师私立第一二一初等小学 | 私塾 | 车子营 | |
| | 京师私立第一二一初等小学 | | 1914.7 |
| 京师私立第一零一初等小学 | 私塾 | 佘家胡同14号 | |
| | 京师私立第一零一初等小学 | | 1914 |

| 名　　称 | 曾用名 | 位　　置 | 变更时间 |
|---|---|---|---|
| 京师私立第一零一国民学校 | 私塾 | 樱桃斜街42号 | |
| | 私立新华国民学校 | | |
| | 京师私立第一零一国民学校 | | 1915.12 |
| | 私塾 | | |
| 京师私立女子国民、高等小学校 | 私立第一女子初等小学校 | 香炉营头条大沟沿 | 1913.8 |
| | 京师私立女子初高等小学校 | (迁)崇文门内方巾巷 | 1915.7 |
| | 京师私立女子国民、高等小学校 | | |
| 京师私立普育国民学校 | 私塾 | 西河沿200号 | |
| | 京师私立第五十七初等小学 | | 1912.1 |
| | 私立第三十四国民学校 | | 1915.8 |
| | 京师私立第二十八国民学校 | (迁)佘家胡同 | 1918.3 |
| | 京师私立普育国民学校 | (迁)皈子庙19号 | 1922 |
| 京师私立时宜国民学校 | 因才书屋 | 西草厂裘家街 | |
| | 外城第一学区私立第七小学堂 | | 1908 |
| | 京师私立第三十三初等小学堂 | | 1910 |
| | 京师私立第三十三初等小学 | | 1912.8 |
| | 私立第十九国民学校 | | 1915.8 |
| | 京师私立第十一国民学校 | | 1918.3 |
| | 京师私立时宜国民学校 | | 1922 |
| 京师私立新民初高等小学校 | | 正阳门外旃檀寺妞妞房 | |
| 京师私立豫章初高等小学校 | 私立豫章学校 | 琉璃厂八角琉璃井 | 1913.2 |
| | 京师私立豫章国民、高等小学校 | | |
| 京师私立浙江初等小学校 | | 下斜街全浙会馆 | |
| | 私立广东小学校 | | |
| 老君地小学 | 市立宣外老君地短小 | 老君地36号 | 1936.1 |
| | 老君地简小 | | 1939.7 |
| | 宣外老君地小学 | | 1945.7 |
| | 第十一区第十六、十七保国民学校 | | 1946.8 |
| | 老君地小学 | | 1949 |
| 黎明小学 | | 天桥西市场南街21号 | 1948.5 |
| 立粉房琉璃街简小 | | | |
| | 并入十一区城隍庙简易小学 | | 1935.1 |
| 梁家园短小 | 附梁家园简小内 | 梁家园21号 | 1937.1 |
| 梁家园后身小学校 | 外右二区第二贫儿半日学校 | 梁家园后身4号 | 1916.3 |
| | 公安局立民众第十九校 | | 1928 |
| | 梁家园后身简小 | | 1936 |
| | 梁家园后身小学校 | | 1945.7 |
| | 第九区第十、十一、十二保国民学校 | | 1946.8 |
| 梁家园简易小学 | 分安局立民众第二十校 | 梁家园22号 | |
| | 梁家园简易小学 | | 1936 |

| 名　称 | 曾用名 | 位　置 | 变更时间 |
|---|---|---|---|
| | 市立西四北石碑胡同简易小学 | (迁)西四石碑胡同8号 | 1938.4 |
| | 梁家园简小 | | 1938 |
| | 并入梁家园小学为分校 | | 1939 |
| 梁家园小学 | 宛平模范两等小学堂 | 西安门内西什库 | 1904.6 |
| | | (迁)梁家园2号 | 1908.12 |
| | 宛平两等小学堂 | | 1909 |
| | 京师公立第二十九初高等小学校 | | 1912.1 |
| | 京师公立第十九国民、高等小学校 | | 1915.8 |
| | 京师公立第十九小学校 | | 1924.2 |
| | 市公立第十九小学校 | | 1928 |
| | 市立第十九小学校 | | 1930 |
| | 市立梁家园小学 | | 1934.1 |
| | 第九区中心国民学校 | | 1946.8 |
| 灵佑宫小学 | 外城师范传习所 | 虎坊桥50号 | 1906.9 |
| | 外右五区地方公立国民、高等小学校 | | 1915.8 |
| | 附外右五第一贫儿半日学校 | | 1916.3 |
| | 外右五区地方公立国民学校 | | |
| | 附第三十五民众学校 | | 1919 |
| | 公安局立民众第三十五校 | | 1928 |
| | 公安局立第三十五简易小学 | | 1934.2 |
| | 公安局立第二十三简易小学 | (迁)灵佑宫2、3号 | 1936.2 |
| | 前外灵佑宫简易小学 | | 1936.5 |
| | 市立灵佑宫小学 | | 1946 |
| | 第十二区第九、十、十一保国民学校 | | 1946.8 |
| | 公安局立第三十校 | | 1928 |
| | 公安局立第三十简易小学 | | 1934 |
| | 市立永定门大街短小 | (迁)永定门大街90号 | 1936.4 |
| | 永定门大街简小 | | 1939.7 |
| | 第十二区第十二、十三保国民学校 | | 1946.8 |
| 旅京安徽公学高等小学校 | 京师私立安徽中学附设小学校 | 后孙公园 | |
| | 旅京安徽公学高等小学校 | | |
| 美以美会初等女小学校其六 | | 西草厂椿树胡同 | |
| 美以美会初等女小学校其七 | | 白纸坊枣林街 | |
| 米市胡同小学 | 短小 | 北半截胡同38号 | 1936.1 |
| | 市立宣外米市胡同短小 | (迁)米市胡同19号 | 1937.1 |
| | 米市胡同简小 | (迁)米市胡同38号 | 1939.7 |
| | 米市胡同小学 | | 1945.7 |
| | 第十一区第十、十一、十二保国民学校 | | 1946 |
| | 米市胡同小学 | | 1949 |
| 明德小学校 | 明德国民学校 | 裘家街28号 | |

| 名称 | 曾用名 | 位置 | 变更时间 |
| --- | --- | --- | --- |
| | 明德小学校 | | |
| 模范主日学校 | | 小沙土园20号 | |
| 慕贞初等小学校 | 慕贞女子小学校其二 | 枣林前街22号 | |
| | 慕贞初等小学校 | | |
| 慕贞小学 | 慕贞女子小学校其一 | 东椿树胡同 | |
| | 慕贞小学 | (迁)教厂二条4号后门 | |
| 穆成小学 | | 福长街四条1号 | 1948.1 |
| 穆化小学 | | 牛街礼拜寺南沟 | 1948.7 |
| 南堂子胡同短小 | | 南堂子胡同大中里5号 | 1936.5 |
| | 并入江南城隍庙简小 | | 1939.7 |
| 牛街小学校 | 京师清真第一两等小学堂 | 牛街王老师傅胡同9号 | 1908.8 |
| | 京师公立第三十一初高两等小学堂 | | 1912.1 |
| | 京师公立第二十国民、高等小学校 | | 1915.8 |
| | 京师公立第二十小学校 | | 1923 |
| | 市公立第二十小学校 | | 1928 |
| | 市立第二十小学校 | | 1930 |
| | 市立牛街小学校 | | 1934.1 |
| | 第十一区第十五保第一国民学校 | | 1946.8 |
| | 糖房胡同简小 | | 1940 |
| | 糖房胡同小学 | | 1945.7 |
| | 北平市第十一区第十五保第二国民学校 | | 1946.8 |
| | 糖房胡同小学 | | 1949 |
| | 第十一区第十五保第二国民学校 | | |
| 培幼小学校 | 培幼小学校 | 西河沿五斗斋3号 | 1929.1 |
| 盆儿胡同小学 | 市立盆儿胡同短小 | 盆儿胡同甲12号 | 1938.1 |
| | 宣外万寿西宫简易小学 | (迁)万寿西宫甲5号 | 1939.8 |
| | 第十一第七、八、九保国民学校 | | 1946.8 |
| | 盆儿胡同小学 | | 1949 |
| 普育小学校 | 普育国民学校 | 李铁拐斜街37号 | |
| | 普育小学校 | (迁)北极庵1号 | |
| 启贤小学校 | | 铺陈市38号 | |
| 阡儿路简易小学 | 第十一区区立简易识字班 | 阡儿路25号五圣庵 | 1930 |
| | 十一区分所区国民补习班 | | 1934.9 |
| | 十一区区立阡儿路简易小学 | | 1935.8 |
| | 阡儿路简小分校 | | 1936 |
| | 并入江南城隍庙简易小学 | | 1939.7 |
| 清真公立第四初等小学堂 | | 教子胡同 | 1909.7 |
| | 并入京师公立第三十一初高两等小学校 | | 1912.9 |
| 清真小学校 | | 豆腐巷14号 | |
| | | (迁)三合园19号 | |

| 名　称 | 曾用名 | 位　置 | 变更时间 |
| --- | --- | --- | --- |
| 求实小学校 | 京师私立求实国民学校 | 贾家胡同39号 | |
| | 求实小学校 | | |
| 仁民路短小 | 附设于灵佑宫简小 | 灵佑宫2号 | 1936.1 |
| | 并入灵佑宫简小 | | 1939.7 |
| 日新两等小学堂 | | 板章胡同 | 1905.4 |
| 荣德小学 | | 麻线胡同48号 | 1948 |
| 三圣观短小 | 附设于三圣观小学 | 右安门内大街47号 | 1935.12 |
| 三圣观小学校 | 京师公立第一初等学堂 | 右安门后身37号 | 1908.4 |
| | 京师公立第二十五初等小学校 | | 1912.8 |
| | 京师公立第三十国民学校 | | 1915.8 |
| | 京师公立第四十一小学校 | | 1923 |
| | 市公立第四十一小学校 | | 1928 |
| | 市立第四十一小学校 | | 1930 |
| | 市立三圣观小学校 | | 1934.1 |
| | 第十一区第十三、十四保国民学校 | | 1946.8 |
| 沙栏胡同简易小学 | 外四区平民学校 | 牛街沙栏胡同21号 | 1914.2 |
| | 外右四第三女贫儿半日学校 | | 1916.3 |
| | 公安局立民众第二十七校 | | 1928 |
| | 市立第十三简易小学 | | |
| | 市立牛街沙栏胡同简易小学 | | 1936 |
| | 市立沙栏胡同简小 | | 1939.7 |
| 善果寺短小 | | 善果寺1号 | 1936 |
| | 并入善果寺简小 | | 1939.7 |
| 尚义女子师范附属小学 | 京师私立尚义女子师范附属小学 | 下斜街四眼井 | 1913.4 |
| | 京师私立尚义女子师范附属国民、高等小学 | | |
| | 尚义女子师范小学部 | 储库营 | |
| 市立和外琉璃厂小学校 | 美以美会小学 | 小沙土园17号 | 1937.9 |
| | 私立汇文第五小学 | | 1938 |
| | 市立和外琉璃厂小学校 | | 1942.1 |
| | 私立汇文第五小学 | | 1945.10 |
| 市立灵佑宫小学 | 外右五区地方自治国民学校 | 灵佑宫2号 | 1912.8 |
| | 外右五第一贫儿半日学校 | | 1916.3 |
| | 第三十五民众学校 | | 1919 |
| | 公安局立民众第三十五校 | | 1928 |
| | 公安局立第三十五简易小学 | | 1934.2 |
| | 公安局立第二十三简易小学 | | 1936.2 |
| | 前外灵佑宫简易小学 | | 1936.5 |
| | 市立灵佑宫小学 | | 1946 |

| 名　　称 | 曾用名 | 位　　置 | 变更时间 |
|---|---|---|---|
| 市立宣武门大街小学校 | 汇文大学附属第三高等小学校 | 宣武门大街63号 | 1916 |
| | 北京汇文第三小学 | | 1923 |
| | 私立汇文第三小学校 | | 1931.1 |
| | 市立宣武门大街小学校 | | 1942.1 |
| | 私立汇文第三小学 | | 1946 |
| 收养二局附设初等小学堂 | | 梁家园 | 1906.7 |
| 私立博艺小学 | | 东四六条月牙胡同乙18号 | 1930.9 |
| | | (迁)裘家街5号 | |
| 私立成德小学校 | 私塾 | 教场小五条 | |
| | 外城第四学区私立第一小学堂 | | 1907 |
| | 京师私立第十五初等小学堂 | | 1909 |
| | 京师私立第十五初等小学校 | | 1912 |
| | 私立第八国民学校 | | 1915.8 |
| | 京师私立第四十二国民学校 | | 1918 |
| | 京师私立成德国民学校 | (迁)教场小六条45号 | 1922.1 |
| | 私立成德小学校 | 老墙根51号 | |
| 私立第六十五国民学校 | 私塾 | 龙源寺夹道2号 | 1913.12 |
| | 京师私立第一零三初等小学 | | |
| | 私立第六十五国民学校 | | 1915.8 |
| 私立第四国民学校 | 冠英书屋 | 延寿寺街 | |
| | 外城第一学区私立第二小学堂 | | 1908 |
| | 京师私立第九初等小学堂 | | 1909 |
| | 京师私立第九初等小学校 | | 1912.8 |
| | 私立第四国民学校 | | 1915.8 |
| 私立第一女子中学附设小学校 | 私立第一女子中学附设小学校 | 南横街 | 1913.1 |
| | 京师私立第一女子中学附设国民、高等小学校 | | |
| 私立法源小学 | 法源寺民众学校 | 法源寺前街1号 | 1928 |
| | 私立法源小学 | | 1937.1 |
| 私立广育国民小学 | 京师私立第十初等小学堂 | 琉璃厂小沙土园广育堂 | 1909.7 |
| | 京师私立第十初等小学校 | | 1912.8 |
| | 私立广育国民小学 | | 1915 |
| 私立闺范国民学校 | | 西草厂裘家街 | 1913.2 |
| | 私立闺范国民学校 | | 1915.12 |
| 私立九思小学校 | 裕蒙书屋 | 兵部街钦天监 | 1901 |
| | 内城第二学区私立第八小学堂 | | 1908 |
| | 京师私立第四十三初等小学 | | 1912.11 |
| | 私立第二十四国民学校 | | 1915.8 |
| | 京师私立第十四国民学校 | | 1918.3 |

| 名　　称 | 曾用名 | 位　　置 | 变更时间 |
| --- | --- | --- | --- |
| | 京师私立九思国民学校 | | 1922 |
| | 京师私立九思小学校 | | 1923.8 |
| | | (迁)南横街73号 | 1928 |
| | 私立九思小学校 | | 1929.2 |
| | | (迁)东四九条 | 1939 |
| | | (迁)麒麟碑胡同8号 | 1946 |
| | | (迁)福长街 | 1948.9 |
| 私立立华第一小学校 | 私立立华小学校 | 广安门大街71号 | 1937.9 |
| | 私立立华第一小学校 | | 1948.4 |
| 私立龙泉孤儿院小学校 | 私立孤儿院初等小学校 | 南下洼龙泉寺7号 | 1906 |
| | 孤儿院私立国民学校 | | |
| | 京师私立龙泉孤儿院国民学校 | | |
| | 私立龙泉孤儿院小学校 | | |
| 私立民铎小学 | | 大外廊营26号 | 1948.8 |
| 私立民立国民学校 | 私立民立初等小学校 | 东珠市口冰窖厂 | 1913.3 |
| | 私立民立国民学校 | | |
| | 民立新民国民学校 | (迁)李铁拐斜街56号 | |
| 私立明德小学校 | 私立明德小学校 | 东南园头条16号 | 1933.8 |
| | | (迁)东北园29号 | 1934.5 |
| | | (迁)汾州营7号 | 1937.11 |
| | | (迁)大耳胡同乙19号 | |
| 私立明伦小学校 | 私塾 | 梁家园东夹道 | 1909 |
| | 京师私立第五十八初等小学 | | 1912.1 |
| | 京师私立第三十五国民学校 | (迁)正阳门外兴盛寺街 | 1915.8 |
| | 京师私立第十六国民学校 | (迁)南柳巷51号 | 1918.3 |
| | 京师私立明伦国民学校 | | 1922 |
| | 私立明伦小学校 | | |
| 私立普育小学 | | 天宁寺 | 1948 |
| 私立普照小学 | | (迁)烂缦胡同莲花寺 | 1943.2 |
| 私立启迪小学校 | 启迪书屋 | | |
| | 外城第四学区私立第七小学堂 | 照阳胡同 | 1908 |
| | 京师私立第三十九初等小学堂 | | 1910 |
| | 京师私立第三十九初等小学校 | (迁)香厂南河沿七圣庙 | 1912 |
| | 私立第二十二国民学校 | | 1915.8 |
| | 京师私立第五十一国民学校 | | 1918 |
| | 京师私立启迪国民学校 | | 1922.1 |
| | 京师私立启迪小学校 | | 1923.8 |
| | | (迁)先农坛市场后聚星里 | 1927 |
| | 私立启迪小学校 | | 1928 |
| 私立日新初高等小学校 | | 板章胡同 | |

| 名　称 | 曾用名 | 位　置 | 变更时间 |
|---|---|---|---|
| 私立三忠小学 | | 上斜街17号 | 1942.8 |
| 私立尚实小学校 | 私塾 | 东北园关帝庙 | 1909 |
| | 京师私立第九十九初等小学 | | 1913.12 |
| | 京师私立第六十二国民学校 | | 1915.8 |
| | | (迁)佘家胡同2号 | 1916 |
| | 京师私立第十七国民学校 | | 1918.3 |
| | 京师私立尚实国民学校 | | 1922 |
| | 私立尚实小学校 | | |
| 私立四维小学校 | 养正书屋 | 虎坊桥西太平巷 | 1902 |
| | 外城第四学区私立第八小学堂 | | 1908 |
| | 京师私立第四十初等小学堂 | | 1910 |
| | 京师私立第四十初等小学 | (迁)虎坊路15号 | 1912 |
| | 私立第二十三国民学校 | | 1915.8 |
| | 京师私立第十三国民学校 | | 1918.3 |
| | 京师私立四维国民学校 | | 1922 |
| | 私立四维小学校 | (迁)虎坊路20号 | 1931 |
| 私立文化小学 | | 羊肉胡同 | 1947.7 |
| 私立务本小学校 | 启蒙书塾 | 潘家河沿弥陀庵 | 1902 |
| | 外城第四学区私立第三小学堂 | | 1908 |
| | 京师私立第三十八初等小学堂 | | 1910 |
| | 京师私立第三十八初等小学 | | 1912 |
| | | (迁)南横街南堂子胡同16号 | 1914 |
| | 私立第二十一国民学校 | | 1915.8 |
| | 京师私立第十二国民学校 | | 1918.3 |
| | 京师私立务本国民学校 | | 1922 |
| | 京师私立务本小学校 | | 1923.8 |
| | 私立务本小学校 | | 1928 |
| 私立西北第一小学 | 清真中学附属小学 | 糖房胡同26号 | 1929.3 |
| | 私立西北第一小学 | | 1931.7 |
| | | (迁)牛街30号 | |
| 私立益新小学校 | | 煤市街小马神庙13号 | 1916.1 |
| 私立幼幼小学校 | | 延寿寺街三眼井10号 | 1913.9 |
| | 私立幼幼女子小学校 | | 1914.9 |
| | 私立幼幼国民学校 | | |
| | 京师私立幼幼女子两等小学校 | | |
| | 幼幼小学校 | | |
| 私立育文小学 | | 米市胡同14号 | 1940.8 |
| 私立振华女子国民学校 | | 棉花下七条5号 | 1918.7 |
| 私立振育小学 | 民众学校 | 糖房胡同24号 | |

| 名　称 | 曾用名 | 位　置 | 变更时间 |
|---|---|---|---|
| | 私立振育小学 | | 1931.9 |
| 私立正心小学校 | 私立建华小学 | 西砖胡同 | 1913 |
| | 京师私立第一百三十二初等小学校 | | 1915.3 |
| | 私立第九十国民学校 | | 1915.8 |
| | 京师私立第五十二国民学校 | | 1918.12 |
| | 京师私立正心国民学校 | | |
| | 私立正心小学校 | | |
| 私立正宗小学校 | 私塾 | 铺陈市观音庵 | 1901 |
| | 私立育英国民学校 | | 1912.2 |
| | 京师私立第九十七国民学校 | | 1917.2 |
| | 京师私立第三十三国民学校 | (迁)储子营56号 | 1918.3 |
| | 京师私立正宗国民学校 | | 1922.11 |
| | 京师私立正宗小学校 | | 1923.9 |
| | 私立正宗小学校 | | 1928 |
| | | (迁)福长街二条36号 | |
| | | (迁)煤市街小马神庙13号 | 1916.01 |
| 私立中才小学 | 私立中才小学 | 麻刀胡同3号 | 1927.3 |
| | 并入西北第一小学 | | 1931.7 |
| 私立中央小学校 | 私立中央女学校(附设中央蒙养园内) | 西砖胡同36号 | 1912.8 |
| | 私立中央国民学校 | | |
| | 京师私立中央女学校 | | |
| | 私立中央小学校 | | |
| 私立铸新小学校 | 私塾 | 南池子普渡寺前巷16号 | 1912.6 |
| | 京师私立第九十七初等小学 | | 1913.12 |
| | 京师私立第六十国民学校 | | 1915.8 |
| | 京师私立第十八国民学校 | | 1918.3 |
| | 私立铸新国民学校 | | 1922 |
| | 京师私立铸新小学校 | | 1923.8 |
| | 私立铸新小学校 | | 1929 |
| | | (迁)广安门大街414号 | 1948.2 |
| | 私立铸新第一小学 | | |
| 四川女学堂 | | 四川营 | 1906.4 |
| 嵩云小学 | | 达智桥19号 | 1947.9 |
| 糖房胡同小学 | 宣外糖房胡同短小 | 糖房胡同24号 | 1936.5 |
| | 糖房胡同简小 | | 1940 |
| | 糖房胡同小学 | | 1945.7 |
| | 北平市第十一区第十五保第二国民学校 | | 1946 |
| | 糖房胡同小学 | | 1949 |
| 天桥西沟旁简小分校 | 外左四第二贫儿半日学校 | 左安门大街玉清观 | 1916.3 |

| 名称 | 曾用名 | 位置 | 变更时间 |
| --- | --- | --- | --- |
| | 外左四区第四半日学校 | | |
| | | (迁)灵佑宫 | |
| | 公安局立民众第二十九校 | | 1928 |
| | 天桥西沟旁简小分校 | | 1934 |
| | 并入永定门大街简小 | | 1939.7 |
| 天桥西沟旁简易小学 | 外左五第三贫儿半日学校 | 西利市营10号 | 1913.8 |
| | 外左四区第一半日学校 | | |
| | | (迁)天桥坛西沟 | |
| | 公安局立民众第二十八校 | | 1928 |
| | 天桥西沟旁简易小学 | | 1936 |
| | 并入灵佑宫简易小学 | | 1939.7 |
| 铁门简小 | | 铁门 | 1934 |
| | 并入米市胡同简小 | | 1939.7 |
| 同成小学 | | 大马神庙18号 | 1948 |
| 外城第四学区私立第九小学堂 | 育才小学 | 延旺庙街 | |
| | 外城第四学区私立第九小学堂 | | 1908 |
| 外城第四学区私立第六小学堂 | 私塾 | 厨子营 | |
| | 外城第四学区私立第六小学堂 | | 1908 |
| 外城第四学区私立第十小学堂 | 私塾 | 广安门大街河东会馆 | |
| | 外城第四学区私立第十小学堂 | | 1908 |
| 外城第四学区私立第十一小学堂 | 私塾 | 永定门外三元宫 | |
| | 外城第四学区私立第十一小学堂 | | 1908 |
| 外城第四学区私立第四小学堂 | 私塾 | 粉房琉璃街響鼓庙 | |
| | 外城第四学区私立第四小学堂 | | 1908 |
| 外城第四学区私立第五小学堂 | 私塾 | 粉店口 | |
| | 外城第四学区私立第五小学堂 | | 1908 |
| 外城第一学区私立第八小学堂 | 青云书屋 | 取灯胡同 | |
| | 外城第一学区私立第八小学堂 | | 1908 |
| 外城第一学区私立第九小学堂 | 有恒书屋 | 西茶食胡同 | |
| | 外城第一学区私立第九小学堂 | | 1908 |
| 外城第一学区私立第三小学堂 | 闻新书屋 | 五道庙街 | |

| 名　　称 | 曾用名 | 位　　置 | 变更时间 |
|---|---|---|---|
| | 外城第一学区私立第三小学堂 | | 1908 |
| 外城第一学区私立第四小学堂 | 爨秀书屋 | 石头胡同 | |
| | 外城第一学区私立第四小学堂 | | 1908 |
| 外城第一学区私立第五小学堂 | 私塾 | 棉花上六条 | |
| | 外城第一学区私立第五小学堂 | | 1908 |
| 外城第一学区私立第一小学堂 | 私塾 | 麻线胡同 | |
| | 外城第一学区私立第一小学堂 | | 1908 |
| | 并入宛平模范两等小学堂 | | 1908 |
| 外右二区第一贫儿半日学校 | | 博兴胡同 | 1916.3 |
| 外右三区地方公立初等小学校 | | 广安门大街河东馆 | 1910 |
| | 外右三区地方公立国民学校 | | |
| 外右四第二贫儿半日学校 | | 糖房胡同 | 1916.3 |
| 外右四第四贫儿半日学校 | | 陈家胡同 | 1916.3 |
| 外右四第一贫儿半日学校 | | 法源寺后街 | 1916.3 |
| 外右五区地方公立初等小学校 | 外右五区地方公立初等小学校 | 灵佑宫3号 | 1910 |
| | 外右五区地方公立国民学校 | | 1915.8 |
| 外右五区地方公立高等小学校 | | 灵佑宫 | |
| 外右五区地方公立国民学校 | 外右五区地方公立初等小学校 | 灵佑宫3号 | 1910 |
| | 外右五区地方公立国民学校 | | |
| 外右一区第二贫儿半日学校 | | 西河沿 | 1916.3 |
| 外右一区第一贫儿半日学校 | | 大宏庙 | 1916.3 |
| 宛平私立小学堂 | | 教子胡同 | 1906.3 |
| 万寿西宫简易小学 | 市立盆儿胡同短小 | 盆儿胡同甲12号 | 1938.1 |
| | 改为宣外万寿西宫简易小学 | (迁)万寿西宫甲5号 | 1939.8 |
| | 第十一区第七、八、九保国民学校 | | 1946.8 |
| | 市立宣外米市胡同短小 | (迁)米市胡同19号 | 1937.1 |
| | 改为米市胡同简小 | (迁)米市胡同38号 | 1939.7 |
| | 米市胡同小学 | | 1945.7 |
| | 第十一区第十、十一、十二保国民学校 | | 1946 |
| | 米市胡同小学 | | 1949 |
| | 改中横街小学 | (迁)中兵马街16号 | 1956 |
| 务本小学校 | | 教厂头条6号 | |
| 西便门短小 | | 西便门内杨道庙12号 | 1935.11 |

| 名　　称 | 曾用名 | 位　　置 | 变更时间 |
| --- | --- | --- | --- |
| | 并入善果寺简小 | | 1939.7 |
| 西便门小学校 | 外城官立第二两等小学堂 | 西便门内杨道庙6号 | 1906.1 |
| | 京师公立第十初高等小学校 | | 1912.8 |
| | 京师公立第九国民、高等小学校 | | 1915.8 |
| | 京师公立第九小学校 | | 1923 |
| | 市公立第九小学校 | | 1928 |
| | 市立第九小学校 | | 1930 |
| | 市立西便门小学校 | | 1934.1 |
| | 第十一区第二十保国民学校 | | 1946.8 |
| 西河沿短小 | 前外西河沿短小 | 西河沿五斗斋3号 | 1935.12 |
| | 并入梁家园后身简小 | | 1939.7 |
| 西直门内后英房胡同民众学校 | | 龙泉寺孤儿院 | 1934.8 |
| | | (迁)太仆寺街罗贤胡同18号 | 1936.8 |
| | 市立第三十二新民学校 | | 1938.6 |
| | | (迁)西直门后英房胡同16号 | |
| | 西直门内后英房胡同民众学校 | | 1945.11 |
| | 北平市第四区第十五保第二国民学校 | | 1946.8 |
| 香厂路简易小学 | 十一区区立香厂路简易小学 | 香厂路26号 | 1934 |
| | 并入虎坊桥简易小学 | | 1939.7 |
| 丞相胡同短小 | | 丞相胡同 | 1935.12 |
| 宣外大街简易小学 | 十区区立第一简易小学 | 菜市口 | |
| | 十区区立宣外大街简易小学 | (迁)宣外大街121号 | 1935.3 |
| | 市立宣外大街简易小学 | | 1939.7 |
| 宣外丁家胡同短小 | | 丁家胡同30号 | 1936.6 |
| | 并入南郊西红门短小 | | 1939.7 |
| 宣外老墙根短小 | | 老墙根15号 | 1936.4 |
| | 并入宣外下斜街简小 | | 1939.7 |
| 宣外上斜街小学 | 宣外上斜街小学 | 上斜街36号 | 1935.6 |
| | 宣外上斜街短小 | | 1935.12 |
| | 并入宣外下斜街简小 | | 1939.7 |
| | 第十一区第一、二、三保国民学校 | | 1946.8 |
| 宣外下斜街小学 | 十区区立下斜街简易小学 | 下斜街90号 | 1935.9 |
| | 市立宣外下斜街简小 | | 1939.7 |
| | 宣外下斜街小学 | | 1945.7 |
| | 第十一区第十八、十九保国民学校 | | 1946.8 |
| 永定门大街简小 | 外右五第二贫儿半日学校 | 永定门内东坛根24号 | 1916.3 |
| | 公安局立第三十校 | | 1928 |
| | 公安局立第三十简易小学 | | 1934 |
| | 市立永定门大街短小 | (迁)永定门大街90号 | 1936.4 |

| 名　称 | 曾用名 | 位　置 | 变更时间 |
|---|---|---|---|
| | | (迁)永定门大街甲70号 | |
| | 永定门大街简小 | | 1939.7 |
| | 第十二区第十二、十三保国民学校 | | 1946.8 |
| 幼幼蒙养园小学校 | 附设于幼幼蒙养园内 | 宣武门大街53号 | |
| 育才学校小学部 | | 先农坛 | |
| 育生小学 | | 烂缦胡同48号 | |
| 育正小学校 | 训迪学校 | 东四牌楼演乐胡同 | |
| | 内城第一学区私立第十五小学堂 | | 1908 |
| | 私立育正国民学校 | (迁)狮子店11号 | |
| | 京师私立第九十九国民学校 | | 1915.12 |
| | 育正小学校 | | |
| 育志国民学校 | | 铁门74号 | |
| 正阳门大街小学校 | 汇文大学附属第二高等小学校 | 西珠市口 | 1913.9 |
| | | (迁)正阳门大街158号 | 1914 |
| | 北京汇文第二小学 | | 1924.1 |
| | 私立汇文第二小学校 | | 1930.7 |
| | 市立正阳门大街小学 | | 1942.1 |
| 正义小学 | | 骡马市大街137号 | 1947.7 |
| 知达小学校 | | 粉房琉璃街43号 | |
| 至善小学校 | | 广安门大街220号 | |
| 中央印刷厂北平厂同人子弟小学 | | 白纸坊中央印刷厂 | 1947.06 |

## 近代学校、教育机构·中　学

| 名　称 | 曾用名 | 位　置 | 变更时间 |
|---|---|---|---|
| 安徽中学 | 安徽公立中学堂 | 后孙公园 | 1906 |
| | 京师私立安徽中学校 | | 1912 |
| | 旅京安徽中学校 | | 1914 |
| | 北平私立安徽中学校 | | 1929 |
| 北京高等师范学校附属中学 | 五城中学堂 | 琉璃厂 | 1901 |
| | 北京高等师范学校附属中学 | | 1912 |
| | 北京师范大学附属中学 | | 1928.6 |
| | 北平师范大学附属中学南校 | | 1934.8 |
| | 北京师范学院附属中学 | | 1938.1 |
| | 北师大附中 | | 1945 |
| 北京市私立定一中学校 | | | 1937 |
| | 一院 | 后孙公园5号 | 1939 |
| | 二院 | 德内李广桥西口袋胡同 | |

| 名称 | 曾用名 | 位置 | 变更时间 |
| --- | --- | --- | --- |
| | | （迁）德内果子市1号 | |
| 成达中学 | 京师私立正志中学 | 广安门大街71号 | 1915 |
| | 成达中学 | （迁）阜成门外驴市口 | 1920.2 |
| | | （迁）中南海怀仁堂东四所 | |
| | 并入国立回民学院 | | 1949 |
| 春明女子中学校 | 京师私立春明公学 | 西四大酱坊胡同44号 | 1923 |
| | 春明公学女校 | | |
| | | （迁）宣外大街102号 | 1928 |
| | 全闽春明女子中学校 | | 1931.11 |
| 滇学堂 | | 珠巢街 | 1906 |
| 福建中学校 | | 宣武门大街 | 1907.3 |
| 广东学堂 | | 广安门大街71号 | 1906 |
| 广西学堂 | | 北柳巷广西会馆 | 1907.11 |
| 贵州中学校 | | 南横街 | |
| 湖北公立江汉学堂 | | 永光寺西街 | 1906 |
| 怀幼中学校 | | 潘家河沿 | 1919 |
| | | （迁）东厂胡同 | |
| 江苏中学 | 江苏公立学堂 | 贾家胡同江震会馆 | 1906 |
| | 私立江苏中学 | | 1912 |
| | | （迁）北半截胡同 | 1914 |
| 京师公立浙学堂 | | 下斜街全浙会馆 | 1906 |
| 京师私立第一女子中学 | | 南横街 | 1913 |
| 京师私立育德中学校 | | 宣武门外 | 1917 |
| | | （迁）西直门内南小街井儿胡同 | 1919 |
| 京师私立中央女学校 | | 西砖胡同 | |
| 陕甘中学校 | | 保安寺街 | 1908 |
| 私立北京弘文公学 | | 上斜街37号 | 1926 |
| | | （迁）烂漫胡同九间房 | 1924 |
| 私立群化中学校 | | 西河沿186号 | 1928 |
| 私立商育中学 | 私立商育中学 | 香厂万明路18号 | 1947.3 |
| 私立嵩云初级中学 | 豫学堂 | 炸子桥19号 | 1905 |
| | 豫人私立法政专门学校 | | 1912 |
| | 京师私立河南中学校 | | 1918.8 |
| | 私立嵩云初级中学 | | 1934.1 |
| | 并入市立第十四中学 | | 1951 |
| 私立五三中学 | 私立五三初级中学 | 石附马大街21号 | 1929.7 |
| | | （迁）魏染胡同 | |
| | | （迁）丰盛胡同乙22号 | |
| | 北平五三中学 | | 1932 |
| | 北京明德中学 | | 1937 |

| 名　称 | 曾用名 | 位　置 | 变更时间 |
| --- | --- | --- | --- |
| | 私立五三中学 | | 1945 |
| 私立西北中学校 | 清真中学 | 牛街30号 | 1928.8 |
| | 北平私立西北中学 | | 1934 |
| | 并入国立回民学院 | | 1949 |
| 私立惜阴中学 | | 八角琉璃井3号 | 1947.8 |
| 私立中华中学校 | | 南柳巷15号 | 1931.9 |
| | | (迁)和平门内北新华街35号 | 1934 |
| | 并入北师大附中 | | 1949 |
| 四川公立学堂 | | 芝麻街 | 1898 |
| | | (迁)皮库营 | |
| 香山慈幼院第五校 | | 下斜街感化院2号 | 1922 |
| 燕冀初级中学 | 顺直小学 | 宣武门大街64号 | 1898 |
| | 畿辅学堂 | | 1900 |
| | 畿辅中学堂 | | 1906 |
| | 京师私立畿辅中学 | | 1912.11 |
| | 私立燕冀中学校 | | 1928 |
| | 燕冀初级中学 | | 1930.3 |
| 育华中学女校 | | 广安门大街 | 1930 |
| 育华中学校 | 私立育华初级中学 | 大茶叶胡同 | 1930 |
| | 育华中学校 | | 1931.12 |
| | | (迁)广安门大街71号 | |
| 豫章初级中学 | 豫章学堂 | 八角琉璃井4号 | 1903 |
| | 豫章商业学校 | | 1918 |
| | 私立豫章中学校 | | 1924 |
| | 豫章初级中学 | | 1930.3 |
| 直隶官立中学堂 | | 上斜街 | 1906 |
| 志成中学校 | 北京志成中学校 | 机织卫三号 | 1923 |
| | | (迁)储库营 | 1927.1 |
| | 志成中学校 | | 1931.4 |
| | 私立新生中学 | | 1949 |

## 近代学校、教育机构·大　学

| 名　称 | 曾用名 | 位　置 | 变更时间 |
| --- | --- | --- | --- |
| 北京女子师范大学 | 京师女子师范学堂 | 八角琉璃井 | 1908 |
| | | (迁)石附马大街 | 1910 |
| | 北京女子师范学校 | | 1912 |
| | 女子高等师范学校 | | 1919 |
| | 国立北京女子师范大学 | | 1924 |

| 名称 | 曾用名 | 位置 | 变更时间 |
|---|---|---|---|
| | 北平大学第二师范学院 | | 1928.11 |
| | 北平大学女子师范学院 | | 1929 |
| | 北平师范大学第二部(文学院) | | 1931.2 |
| | 国立北平师范学校分校 | | 1946.1 |
| | 北平师范大学分校 | | 1948.11 |
| | 北京师范大学分校 | | 1949.1 |
| 北京人艺戏曲专门学校 | 北京人艺戏曲专门学校 | 南横街 | 1922 |
| 北京师范大学 | 京师大学堂师范馆 | 景山东街马神庙 | 1902 |
| | 京师大学堂优级师范科 | | 1904 |
| | 京师优级师范学堂 | (迁)南新华街 | 1908 |
| | 北京高等师范学校 | | 1912 |
| | 国立北京师范大学 | | 1923 |
| | 京师大学师范部 | | 1927 |
| | 北平大学第一师范学院 | | 1928.11 |
| | 国立北京师范大学 | | 1929.8 |
| | 北平师范大学第一部(理学院) | | 1931.2 |
| | 国立北平师范学校 | | 1946.1 |
| | 北平师范大学 | | 1948.11 |
| | 北京师范大学 | | 1949 |
| 北京师范大学教育学院 | 北京师范大学教育学院 | 广安门大街 | 1931.7 |
| 北京通才商业专门学校 | 北京通才商业专门学校 | 广安门大街 | 1920.1 |
| | 并入畿辅大学 | | 1927 |
| 北平大学医学院 | 京师大学堂学医实业馆 | 后门内太平街民房 | 1903.3 |
| | | (迁)八角琉璃井 | 1904 |
| | 国立北京医学专门学校 | | 1912 |
| | 国立北京医科大学 | | 1924 |
| | 北平大学医学院 | | 1928.11 |
| 国立北京师范学院(伪) | | 南新华街 | 1938.3 |
| | 合组为北京师范大学 | | 1941.11 |
| 河北训政学院 | | 广安门 | 1930 |
| 教育部立师资讲肄馆(伪) | | 南新华街 | 1938.2 |
| 京华美术专门学校 | 京华美术专门学校 | 中南海 | 1924 |
| | | (迁)锦什坊街大麻线胡同8号 | 1925.9 |
| | | (迁)后孙公园5号 | 1934 |
| 民国学院 | 私立民国大学 | 储库营四川会馆 | 1917.4 |
| | | (迁)宣武门内太平湖 | 1923.5 |
| | 民国学院 | | 1930.11 |
| 南方大学京校 | 南方大学京校 | 法源寺后身 | 1924.4 |
| 西学馆 | 西学馆 | 琉璃厂 | 1897.2 |
| | 通艺学堂 | | 1897.12 |
| 医学院 | 北京大学医学院 | 后孙公园 | 1938.3 |
| 中国医药专门学校 | 中国医药专门学校 | 教场胡同四条 | 1925.7 |

# 近代学校、教育机构·其　　他

| 名　称 | 曾用名 | 位　置 | 变更时间 |
|---|---|---|---|
| 北京区本部附属日语学校 | | 法源寺后街2号 | 1938.3 |
| 北京市当业公会附设日语传习所 | | 西柳树井大街59号旁门 | 1937.1 |
| 北京市第二十新民学校 | | 石头胡同94号 | 1939 |
| 北京市立第二十七新民学校 | 市立第二十七民众学校 | 米市胡同44号 | 1935 |
| | 北京市立第二十七新民学校 | | 1938 |
| | 北京市立第二十七新民学校 | 丞相胡同36号 | 1942 |
| | 市立丞相胡同民众学校 | | 1945 |
| | 北平市第十一区第九保国民学校 | | 1946 |
| | 北平市第三区第十三保第二国民学校 | (迁)船板胡同9号 | |
| 北京市立第三新民学校 | 第三民众学校 | 牛街寿刘胡同26号 | 1935 |
| | 北京市立第三新民学校 | | 1938 |
| | 北京市立第三新民学校 | (迁)牛街穆家胡同6号 | 1942 |
| | 北京市立实验新民学校 | (迁)石头胡同94号 | 1938 |
| 北京私立全瑞幼稚园 | | 宣武门大街53号 | 1921.3 |
| 北京英文学校 | 私立英文学校 | 山西街11号 | 1915.5 |
| | 北京英文学校 | | |
| 北师大附属第一小学幼稚班 | 国立女子师范学校附属蒙养园 | 东铁匠胡同 | 1915.8 |
| | | (迁)石驸马大街79号 | 1922.9 |
| | 北师大附属第一小学幼稚班 | (迁)南新华街20号 | 1936 |
| 北师大学生主办群化预备学校 | | 南新华街北师大 | 1925.7 |
| 慈济第七民众学校 | | 下斜街 | 1929 |
| 慈济第一民众学校 | | 善果寺 | 1929 |
| 法源寺平民学校 | | 法源寺 | 1929 |
| 广德华文打字科补习学校 | | 和内半壁街4号 | 1939.2 |
| | | (迁)南新华街后河沿52号 | |
| 国立高等师范学校附设徒弟补习班 | | 琉璃厂 | |
| 教会私立美以美会英文夜学校 | | 宣武门大街美以美会福音堂 | |
| 京师公立第二公众补习学校 | | 南新华街琉璃厂土地庙 | 1913.7 |
| | | (迁)西草厂胡同 | 1919 |
| 京师模范演讲所附设公众补习学校 | 公立模范讲习所附设公众补习学校 | 虎坊桥东 | |
| | 京师模范演讲所附设公众补习学校 | | |
| 竞成补习日语学校 | 附于竞成职业补习学校 | 柳树井大街21号 | 1938.4 |
| 竞新英文补习学校 | | 宣武门大街157号 | 1946.7 |
| 黎明语学会第二院 | | 梁家园甲1号 | 1937.8 |
| 联青民众学校 | | 上斜街37号 | 1935 |
| 乔治学校 | 附于乔治打字科职业补习学校 | 香炉营头条59号 | 1938.9 |
| 全国佛教总会龙华慈善救济总会第一民众学校 | | 善果寺 | 1929 |
| 日语专修馆 | | 棉花胡同14号 | 1938.3 |
| 市立第八初级日语学校 | 附于虎坊桥小学 | 虎坊桥50号 | 1941.2 |
| 市立第二职业补习学校 | 社会局惠工学校 | 梁家园门牌22号 | 1929 |
| | 市立第二职业补习学校 | | 1935 |
| 市立第四初级日语学校 | 附于第四新民教育馆内 | 宣武门大街193号 | 1939.2 |

| 名　称 | 曾用名 | 位　置 | 变更时间 |
| --- | --- | --- | --- |
| 市立第四民众学校 | 京都市立第四平民学校 | 梁家园 | 1919 |
| | 市立第四民众学校 | | 1928 |
| | 北京市市立第四新民学校 | | 1938 |
| 私立慈明女子补习学校 | | 琉璃厂祝家胡同 | |
| 私立方明女子职业补习学校 | | 万明路1号 | 1934.1 |
| 私立富连成社民众识字班 | | 虎坊桥80号 | 1932.9 |
| 私立工业传习所 | | 校场三条胡同 | |
| 私立国英女子职业传习所 | | 丞相胡同 | 1933.1 |
| | | (迁)米市胡同44号 | 1936.8 |
| 私立济生民众学校 | | 五圣庙 | 1929 |
| 私立家庭化学工艺社 | | 宣武门内头发胡同12号 | 1928.8 |
| | | (迁)校场大六条7号 | |
| 私立竞成女子职业学校 | 北京第一女子职业学校 | 西城机织卫 | 1914.5 |
| | | (迁)赶驴市 | 1920.7 |
| | 北京竞成女子职业学校 | (迁)校场四条24号 | 1924 |
| | | (迁)南锣鼓巷甲111号 | 1936.5 |
| 私立民铎工读学校 | | 大外廊营26号 | 1932 |
| 私立乔治打字科职业补习学校 | | 香炉营头条59号 | 1930.5 |
| 私立日语簿记讲习所 | 簿记专门学校 | 棉花上七条7号 | 1922.9 |
| | 私立日语簿记讲习所 | | 1937.1 |
| 私立树成打字科职业补习学校 | | 达智桥9号 | 1939.7 |
| | | (迁)宣武门大街193号 | |
| 私立文化补习学校 | | 果子巷羊肉胡同 | 1932 |
| 私立业勤补习学校 | | 棉花上七条7号 | 1938.2 |
| 私立益世国剧学校 | | 烂缦胡同九间房2号 | 1938.1 |
| 私立英文学校 | 渐逵英文学校 | 崇外花市火神庙 | 1925.1 |
| | 私立英文学校 | (迁)西草厂52号 | |
| 私立英文夜学校 | | 笤帚胡同24号 | 1926.1 |
| 私立玉杰女子职业学校 | 北京女子缝纫讲习所 | 西河沿 | 1917 |
| | | (迁)南长街46号 | 1919.2 |
| | 北京女子职业学校 | | 1923.8 |
| | 私立玉杰女子职业学校 | | 1929 |
| 私立中国通背拳术专门研究社 | | 西河沿201号 | 1938.2 |
| 私立中央蒙养园 | | 西砖胡同36号 | 1911.8 |
| 私立注音字母传习所 | | 宣武门大街 | |
| 私立铸新幼稚园 | | 米市胡同31号 | 1948.8 |
| 外城妇女宣抚班附属日语学校 | | 后孙公园7号 | 1937.1 |
| 务实补习学校 | | 西河沿197号 | |
| 新中日语学校 | | 油房胡同10号 | 1938.5 |
| 永光寺中街幼稚园 | 市立宣外永光寺中街幼稚园 | 永光寺中街7号 | 1935.8 |
| | 永光寺中街幼儿园 | | 1949 |
| 医专学生会平民学校 | | 琉璃厂八角琉璃井 | |
| 幼龄蒙养园 | | 宣武门大街 | |
| 育才华文打字科职业补习学校 | | 椿树上三条17号 | 1939.4 |
| 中国新民佛教青年会日语学院 | | 西柳树井41号 | 1938.6 |
| 倬章补习学校 | | 香炉营六条9号 | |

# 近代新闻出版业·报　　刊

| 名　　称 | 报社位置 | 发行所位置 | 印刷所位置 | 创办日期 |
| --- | --- | --- | --- | --- |
| 爱国白话报 | 西草厂 | 茶儿胡同14号 | 不详 | 1935.6 |
| 白话共和画报 | 琉璃厂观音阁 | 琉璃厂观音阁 | 琉璃厂观音阁 | 1912.4 |
| 白话国华报 | 不详 | 南柳巷永兴寺 | 铁老鹳庙 | 1913.12 |
| 白话国民报 | 北柳巷 | 不详 | 不详 | 1906.12 |
| 白话国强报 | 东椿树胡同,海北寺街20号,棉花上六条13号* | 南柳巷,汾洲营西头8号 | 不详 | 1918.1 |
| 白话捷报 | 南柳巷,北柳巷,魏染胡同 | 不详 | 不详 | 1913.8.3 |
| 白话新闻 | 宣武门外大街 | 宣武门外大街 | 琉璃厂京华印报处 | 1913.2 |
| 白话治报 | 西草厂45号 | 西草厂45号 | 同昌印刷局 | 1922.1 |
| 北方日报 | 西河沿50号 | 西河沿50号,南柳巷永兴寺 | 不详 | 1932.12 |
| 北京爱国早报 | 不详 | 南柳巷永兴寺 | 五道庙同益印刷局 | 1923.10.14 |
| 北京白话报(1)** | 南柳巷,铁门 | 不详 | 不详 | 1917.7 |
| 北京白话报(2) | 大外廊营 | 不详 | 不详 | 1918.6 |
| 北京报 | 西砖胡同 | 南柳巷 | 西砖胡同华言印刷局 | 1919.1 |
| 北京报 | 大外廊营 | 不详 | 不详 | 1926 |
| 北京大陆报 | 大外廊营 | 大外廊营 | 广安门大街撷华印书局 | 1922.8.1 |
| 北京大同报(中央大同报) | 琉璃厂土地祠 | 不详 | 不详 | 1908.11 |
| 北京大同日报 | 琉璃厂土地祠 | 不详 | 不详 | 1908.3.27 |
| 北京公报 | 梁家园西夹道4号 | 不详 | 不详 | 1925.2.22 |
| 北京共和民报 | 海北寺街 | 不详 | 不详 | 不详 |
| 北京共和日报 | 南柳巷 | 南柳巷 | 西河沿50号顺天时报馆 | 1912.5.16 |
| 北京国民新报 | 不详 | 南柳巷 | 魏染胡同国声印字馆 | 1913.11 |
| 北京画报(1) | 羊肉胡同北京女报馆 | 不详 | 不详 | 1906.5.23 |
| 北京画报(2) | 南柳巷17号 | 南柳巷17号 | 南柳巷17号中华石印局 | 1921.6.15 |
| 北京画报(3) | 南柳巷永兴寺 | 南柳巷永兴寺 | 南柳巷永兴寺 | 1913.2 |
| 北京京津新报 | 米市胡同44号 | 米市胡同44号 | 大井胡同永明印书局 | 1912.7.10 |
| 北京民立报 | 丞相胡同 | 丞相胡同 | 丞相胡同 | 1913.4 |
| 北京民强报 | 潘家河沿 | 椿树上三条28号 | 不详 | 1914 |
| 北京民权报 | 五道庙 | 五道庙 | 五道庙 | 1917.1.3 |
| 北京民任报 | 永光寺 | 永光寺 | 嘎哩胡同中央新闻社印刷所 | 1913.4 |
| 北京民治报 | 不详 | 潘家河沿 | 潘家河沿 | 1913.2 |
| 北京明报 | 不详 | 永兴寺 | 五道庙同益印刷局 | 1922.12 |
| 北京女报(1) | 羊肉胡同 | 不详 | 不详 | 1905.8.20 |
| 北京女报(2) | 梁家园西夹道4号 | 不详 | 不详 | 1925.2.22 |

*凡报社或发行所有多处地址者,表中一并列出。

**凡同名报刊,以序号区别。

| 名　　称 | 报社位置 | 发行所位置 | 印刷所位置 | 创办日期 |
|---|---|---|---|---|
| 北京平报 | 丞相胡同53号 | 丞相胡同53号 | 骡马市大街华国印刷局 | 1919.9.10 |
| 北京日报 | 琉璃厂西门 | 铁老鹳庙聚兴报房 | 不详 | 1907.8 |
| 北京日日新闻 | 米市胡同 | 米市胡同 | 京华印书局 | 1912.4.18 |
| 北京商报 | 骡马市大街 | 骡马市大街 | 同益印书局 | 1912.4.18 |
| 北京商业日报 | 取灯胡同 | 不详 | 不详 | 1916 |
| 北京时报(1) | 海北寺街20号 | 海北寺街20号,南柳巷永兴寺 | 不详 | 1922.1.5 |
| 北京时报(2) | 琉璃厂西门 | 不详 | 不详 | 1907 |
| 北京时事报 | 粉房琉璃街73号 | 粉房琉璃街73号 | 五道庙同益印刷局 | 1924.9.15 |
| 北京实业报 | 不详 | 西河沿 | 琉璃厂宣元堂 | 1916.9 |
| 北京通俗日报 | 丞相胡同52号 | 丞相胡同52号 | 丞相胡同明明印刷局 | 1921.9.1 |
| 北京晚报 | 校场三条18号 | 校场三条18号 | 三眼井撷华印刷局 | 1920.7.1 |
| 北京新报 | 西水园后坑,铁门 | 不详 | 不详 | 1909.2 |
| 北京新报 | 潘家河沿 | 不详 | 不详 | 不详 |
| 北京新社会报 | 棉花头条1号 | 棉花头条1号 | 不详 | 1922.5.10 |
| 北京新闻报(1) | 虎坊桥48号 | 虎坊桥甲48号 | 新闻社印刷部 | 1924.9 |
| 北京新闻报(2) | 不详 | 南柳巷永兴寺 | 三眼井撷华印书局 | 1918.1.22 |
| 北京醒世画报 | 樱桃斜街 | 不详 | 不详 | 1909.1 |
| 北京舆论报 | 香炉营四条39号 | 香炉营四条39号 | 大沙土园文益印刷局 | 1921.9.20 |
| 北京自强报 | 海北寺街9号 | 海北寺街9号 | 宣武门外大街群益印刷局 | 1922.11.4 |
| 北平民治报 | 潘家河沿30号 | 不详 | 不详 | 1932.2.11 |
| 北平商报 | 宣武门外大街 | 不详 | 不详 | 不详 |
| 北平时报 | 宣武门外大街56号 | 不详 | 不详 | 1946.2.11 |
| 北平小报 | 蔡家胡同 | 不详 | 不详 | 1935 |
| 北平战干日报 | 南新华街5号 | 不详 | 不详 | 1945.10.10 |
| 北洋报 | 椿树上三条1号 | 椿树上三条1号 | 西砖胡同 | 1918.7.15 |
| 北洋日报(1) | 西河沿144号 | 西河沿144号 | 海北寺街同昌印刷局 | 1924.9 |
| 北洋日报(2) | 大外廊营 | 不详 | 不详 | 1918 |
| 北洋时报 | 魏染胡同 | 南柳巷永兴寺 | 羊肉胡同新闻印刷局 | 1920.4.15 |
| 财政经济丛刊 | 永光寺西街7号 | 永光寺西街7号 | 广安门大街工艺局 | 1924.5 |
| 灿星画报 | 不详 | 南柳巷永兴寺 | 廊坊三条裕源印刷公司 | 1916.7.30 |
| 茶余录 | 不详 | 方壶斋10号 | 海北寺街同昌印刷局 | 1923.5.12 |
| 朝报 | 宣武门外大街58号 | 不详 | 不详 | 1928.7.25 |
| 潮报 | 延旺庙街37号 | 不详 | 不详 | 1936.12.28 |
| 晨报(1) | 丞相胡同4号 | 不详 | 不详 | 1918.12.1 |
| 晨报(2) | 宣武门外大街181号 | 不详 | 不详 | 不详 |
| 晨钟报 | 丞相胡同 | 丞相胡同 | 丞相胡同 | 1916.8.15 |
| 成报 | 永光寺西街8号湖北会馆 | 永光寺西街8号湖北会馆 | 万源夹道同益印刷局 | 1921.5.1 |
| 成报 | 珠巢街6号 | 不详 | 不详 | 1929.11.2 |
| 诚报 | 海北寺街19号 | 不详 | 不详 | 1933.2.25 |

| 名　称 | 报社位置 | 发行所位置 | 印刷所位置 | 创办日期 |
| --- | --- | --- | --- | --- |
| 持平报 | 李铁拐斜街 | 不详 | 不详 | 1911 |
| 刍言报 | 五道庙 | 不详 | 不详 | 1910 |
| 春明新报 | 裘家街34号 | 裘家街34号 | 大沙土园文益印刷局 | 1924.4.7 |
| 春明月报 | 香炉营四条20号 | 香炉营四条20号 | 广安门大街和济印刷局 | 1923.9 |
| 从新报 | 西北园后坑 | 南柳巷永兴寺 | 西砖胡同5号华言印刷局 | 1919.1 |
| 大白话报 | 校场三条4号 | 校场三条4号 | 梁家园文益印书局 | 1921.3.24 |
| 大陆报 | 大安澜营 | 不详 | 不详 | 1911 |
| 大陆报晓报 | 大外廊营 | 不详 | 不详 | 1918.6 |
| 大陆日报(1) | 梁家园西夹道 | 梁家园西夹道 | 魏染胡同明新印字局 | 1913.4 |
| 大陆日报(2) | 万源夹道4号 | 不详 | 不详 | 1913.7.12 |
| 大陆日报晨刊 | 西河沿146号 | 西河沿146号 | 头发胡同光裕里潮报印刷所 | 1924.1 |
| 大声报 | 十间房11号 | 十间房11号 | 五道庙同益印刷局 | 1920.5.15 |
| 大同民报 | 烂缦胡同63号 | 不详 | 不详 | 1946.2.21 |
| 大统一日报 | 香炉营头条21号 | 香炉营头条21号 | 五道庙同益印书局 | 1921.12.1 |
| 大西北日报 | 西南园23号 | 西南园23号 | 万源夹道武学社印刷局 | 1921.12.1 |
| 大亚洲报 | 五道庙 | 不详 | 不详 | 1911 |
| 大义报 | 不详 | 南柳巷永兴寺25号 | 虎坊桥华国印书局 | 1920.5.2 |
| 大舆日报 | 羊肉胡同19号 | 羊肉胡同19号 | 排子胡同国权报印刷所 | 1923.8.25 |
| 大中报 | 香炉营五条8号 | 香炉营五条8号 | 琉璃厂宣元阁 | 1916.10.10 |
| 大中国报 | 不详 | 海北寺街20号 | 南新华街同益印刷局 | 1923.10.20 |
| 大中华民国日报 | 大安澜营 | 不详 | 不详 | 不详 |
| 大中华自治公报 | 不详 | 南柳巷永兴寺 | 西砖胡同华言印字局 | 1921.3.18 |
| 党鉴报 | 不详 | 羊肉胡同31号奉新北馆 | 丞相胡同民立报馆印刷部 | 1913.9 |
| 导报 | 梁家园甲1号 | 不详 | 不详 | 1929 |
| 道心报 | 校场小六条58号 | 校场小六条58号 | 西草厂96号一真中外印字局 | 1921.4.10 |
| 德邮晚报 | 棉花胡同五条19号 | 棉花胡同五条19号 | 前孙公园夹道昭明印刷所 | 1925.6 |
| 帝国日报 | 五道庙堂子胡同 | 不详 | 不详 | 1909.10.12 |
| 帝国新闻报 | 琉璃厂 | 不详 | 不详 | 不详 |
| 帝京新闻 | 李铁拐斜街 | 不详 | 不详 | 1910.5.18 |
| 丁已杂志 | 不详 | 香炉营头条 | 梁家园富华印刷馆 | 1917.2.20 |
| 定一日报 | 西河沿 | 不详 | 不详 | 不详 |
| 东南日报 | 椿树下头条11号 | 椿树下头条11号 | 万源夹道文益印刷局 | 1921.10.1 |
| 都报 | 不详 | 南柳巷21号 | 五道庙同益印书局 | 1916.9 |
| 都报 | 烂缦胡同内箭杆胡同 | 烂缦胡同内箭杆胡同 | 西草厂胡同一真印字行 | 1919.9 |
| 都门日报 | 魏染胡同47号 | 魏染胡同47号 | 京师警察厅习艺所 | 1918.3.21 |
| 多闻日报 | 南柳巷 | 不详 | 不详 | 1919.6 |
| 铎声报(1) | 西河沿182号 | 西河沿182号 | 梁家园后身3号富华印刷局 | 1919.7.5 |
| 铎声报(2) | 椿树二条 | 不详 | 不详 | 不详 |
| 儿童白话报 | 太平桥3号 | 太平桥3号 | 后孙公园夹道文益印刷局 | 1922.10.1 |

| 名　　称 | 报社位置 | 发行所位置 | 印刷所位置 | 创办日期 |
|---|---|---|---|---|
| 二十世纪新闻(1) | 樱桃斜街 | 不详 | 不详 | 1911 |
| 二十世纪新闻(2) | 不详 | 储库营5号四川会馆 | 琉璃厂华盛印刷局 | 1916.10.15 |
| 法律周刊 | 不详 | 广安门大街京师工艺厂 | 广安门大街96号北京和济印刷局 | 1923.5 |
| 法言报 | 协资庙 | 协资庙 | 排子胡同博文印书局 | 1916.11.28 |
| 法政日报 | 铁老鹳庙 | 铁老鹳庙 | 魏染胡同法轮印字局 | 1913.2 |
| 锋声 | 椿树上二条甲20号 | 不详 | 不详 | 1919.8 |
| 富报 | 不详 | 南柳巷 | 排子胡同国权报印刷所 | 1913.8 |
| 富国报 | 西河沿佘家胡同 | 西河沿佘家胡同 | 西河沿50号顺天时报馆 | 1912.5.12 |
| 富教日报 | 南横街19号 | 南横街19号 | 丞相胡同内大井胡同2号永明印刷局 | 1921.7 |
| 富强新报 | 不详 | 梁家园富华印刷局 | 梁家园富华印刷局 | 1916.9 |
| 赓言日报 | 麻线胡同 | 麻线胡同 | 梁家园富华印刷所 | 1916.8.26 |
| 工报 | 北半截胡同9号 | 北半截胡同9号 | 西茶食胡同永华印刷局 | 1925.6.10 |
| 公论实报 | 北柳巷 | 不详 | 不详 | 1910.8 |
| 公论周报 | 南柳巷50号 | 南柳巷50号 | 南兵马司北岔武学社印刷局 | 1921.5.10 |
| 公民日报 | 米市胡同 | 米市胡同 | 三眼井博文印书局 | 1916.7 |
| 公言报(1) | 魏染胡同 | 魏染胡同 | 琉璃厂华盛印刷局 | 1916.9.1 |
| 公言报(2) | 兵马司后街16号 | 兵马司后街16号 | 五道庙同益印书局 | 1916.9.1 |
| 共和报(1) | 米市胡同 | 米市胡同 | 丰源印书局 | 1912.3.24 |
| 共和报(2) | 不详 | 南柳巷永兴寺 | 虎坊桥都门印刷局 | 1913.1 |
| 共和民报 | 北柳巷 | 北柳巷 | 取灯胡同北京印刷局 | 1921.1.21 |
| 共和实业浅说报 | 香炉营五条 | 香炉营五条 | 香炉营五条 | 1912.4.21 |
| 官话政报 | 北柳巷 | 不详 | 不详 | 宣统年间 |
| 官话注音字母报 | 宣武门外大街53号徽州馆 | 不详 | 不详 | 不详 |
| 官书局报 | 米市胡同 | 不详 | 不详 | 1896 |
| 官书局报 | 不详 | 铁老鹳庙 | 不详 | 不详 |
| 光华报 | 琉璃厂 | 琉璃厂 | 香饵胡同 | 1911.12.12 |
| 光华日报 | 宣武门外大街214号 | 不详 | 不详 | 1945.8.17 |
| 国报(1) | 北柳巷 | 不详 | 不详 | 1909.1 |
| 国报(2) | 北柳巷36号 | 北柳巷36号 | 琉璃厂京华印报处 | 1913.4 |
| 国风报 | 宣武门外大街 | 不详 | 不详 | 1911.3 |
| 国风日报(1) | 麻线胡同8号 | 麻线胡同8号 | 梁家园富华印刷所 | 1916.7.26 |
| 国风日报(3) | 南柳巷 | 不详 | 不详 | 1911.2 |
| 国光新闻 | 延旺庙街 | 北柳巷 | 不详 | 1911.8 |
| 国华报 | 不详 | 万源夹道 | 海北寺街同昌印刷局 | 1912.5.1 |
| 国民公报(1) | 延寿寺街许家大门,永光寺西街7号 | 南柳巷永兴寺 | 不详 | 1928.12.8 |
| 国民公报(2) | 后铁厂 | 不详 | 不详 | 1910.8.24 |
| 国民公报(3) | 宣武门外大街180号 | 宣武门外大街180号 | 五道庙同益印刷所 | 不详 |

| 名　　称 | 报社位置 | 发行所位置 | 印刷所位置 | 创办日期 |
|---|---|---|---|---|
| 国民日报 | 不详 | 前青厂 | 五道庙街同益印书局 | 1914.2 |
| 国民新报 | 延寿寺街30号 | 延寿寺街30号 | 未英胡同45号燕京印刷局 | 1925.8.25 |
| 国民新闻 | 魏染胡同 | 不详 | 不详 | 1922.9 |
| 国权报 | 排子胡同 | 不详 | 不详 | 不详 |
| 国是报 | 潘家河沿 | 南柳巷永兴寺 | 樱桃斜街天兴印字局 | 1913.9 |
| 国学萃编 | 前青厂周家大院3号 | 不详 | 不详 | 1908.2 |
| 河北民国日报 | 南新华街 | 不详 | 不详 | 1928.7 |
| 鸿闻拔萃月刊 | 不详 | 南柳巷永兴寺 | 琉璃厂华盛印书局 | 1916.12 |
| 华报 | 小安澜营二条5号 | 小安澜营二条5号 | 虎坊桥华国印书局 | 1918.7.1 |
| 华字汇报 | 果子巷内羊肉胡同，铁老鹳庙 | 不详 | 不详 | 1905.5.18 |
| 黄报 | 宣武门外大街56号 | 宣武门外大街56号 | 宣武门外大街群益印刷局 | 1921.9.10 |
| 黄钟日报 | 西草厂 | 西草厂 | 西草厂 | 1913.1 |
| 彙报 | 琉璃厂宣元阁 | 不详 | 不详 | 1912.1.24 |
| 甲寅日刊 | 万源夹道 | 万源夹道，樱桃斜街，南柳巷永兴寺 | 棉花八条华国印刷局 | 1917.1.28 |
| 甲寅周刊 | 西河沿217号 | 西河沿217号 | 西河沿京津印刷局 | 1925.7 |
| 甲子报 | 南新华街吉祥头条2号 | 南新华街吉祥头条2号 | 万源夹道同益印刷局 | 1924.7.1 |
| 建国日报 | 保安寺街21号 | 保安寺街21号 | 五道庙新华街同益印刷局 | 1925.1.10 |
| 交通日报 | 达智桥8号 | 达智桥8号 | 宣武门外大街永和印刷局 | 1925.7 |
| 捷报 | 西茶食胡同30号 | 西茶食胡同30号 | 西南园国新印刷局 | 1924.4.15 |
| 解放 | 方壶斋9号 | 南柳巷永兴寺 | 不详 | 1945.2.22 |
| 今晚报 | 麻线胡同12号 | 麻线胡同12号 | 五道庙同益印书局 | 1924.5 |
| 金融日报 | 不详 | 西草厂胡同 | 海北寺街同昌印刷局 | 1917.2 |
| 金台风趣报 | 魏染胡同 | 魏染胡同 | 魏染胡同明新印字局 | 1913.4 |
| 金台组报 | 琉璃厂西门 | 不详 | 不详 | 1905.12.6 |
| 进展月刊 | 宣武门外大街 | 不详 | 不详 | 不详 |
| 京报(1) | 三眼井38号 | 不详 | 不详 | 1918.1 |
| 京报(2) | 五道庙17号 | 铁老鹳庙 | 不详 | 1907.3.28 |
| 京报快刊 | 魏染胡同35号 | 不详 | 不详 | 1935.1 |
| 京潮报 | 校场头条10号 | 校场头条10号 | 万源夹道同益印书局 | 1919.6.1 |
| 京都日报 | 樱桃斜街 | 不详 | 不详 | 不详 |
| 京都新报 | 宣武门外大街194号 | 宣武门外大街194号 | 五道庙同益印刷局 | 1924.8 |
| 京国新报 | 兵马司前街 | 不详 | 不详 | 1921.3 |
| 京沪日报 | 铁老鹳庙21号 | 铁老鹳庙21号 | 西砖胡同华言印字馆 | 1919.6.1 |
| 京华日报(1) | 孙公园1号 | 孙公园1号 | 海北寺街同昌印刷局 | 1916.11 |
| 京华日报(2) | 不详 | 旧刑部街56号，南柳巷永兴寺 | 五道庙同益印书局 | 1916.11.1 |
| 京话报 | 琉璃厂工艺局 | 不详 | 不详 | 1901.9.8 |
| 京话日报 | 五道庙 | 不详 | 不详 | 1904.8.16 |

| 名　　称 | 报社位置 | 发行所位置 | 印刷所位置 | 创办日期 |
|---|---|---|---|---|
| 京畿报 | 兵马司后街17号 | 兵马司后街17号 | 梁家园后身3号富华印刷局 | 1920.6.10 |
| 京津解颐录 | 不详 | 椿树下头条7号 | 海北寺街同昌印刷局 | 1924.3 |
| 京津日报 | 琉璃厂西门 | 不详 | 不详 | 1911.1 |
| 京津时报(1) | 小沙土园 | 不详 | 不详 | 不详 |
| 京津时报(2) | 樱桃斜街 | 不详 | 不详 | 1910.5.10 |
| 京师公报 | 后铁厂 | 不详 | 不详 | 宣统年间 |
| 京师教育界 | 西河沿 | 西河沿 | 琉璃厂共和印刷局 | 1916.8.6 |
| 京张白话晚报 | 魏染胡同 | 魏染胡同 | 魏染胡同明新印字局 | 1913.2 |
| 京张吁报 | 大沙土园 | 大沙土园 | 大沙土园 | 1912.3.24 |
| 京兆晨报 | 臧家桥 | 不详 | 不详 | 1911 |
| 京兆日报 | 南柳巷 | 不详 | 不详 | 1917.1 |
| 京兆日报 | 不详 | 南柳巷永兴寺 | 梁家园富华印刷馆 | 1917.2.2 |
| 京兆晚报 | 臧家桥23号 | 臧家桥23号 | 西河沿撷华印书局 | 1924.5.15 |
| 京兆新报 | 不详 | 南柳巷永兴寺 | 魏染胡同公记印字馆 | 1918.6.9 |
| 经世日报 | 西河沿45号 | 不详 | 不详 | 1946.7.29 |
| 荆门周刊 | 不详 | 椿树胡同下三条5号 | 不详 | 1924.2 |
| 菊侪画报 | 不详 | 南柳巷永兴寺 | 南柳巷永兴寺 | 1917.7 |
| 觉报 | 上斜街 | 上斜街 | 上斜街 | 1916.10.10 |
| 觉醒画报 | 不详 | 南柳巷永兴寺 | 南柳巷永兴寺 | 1917.6 |
| 黎明报 | 延旺庙街38号 | 延旺庙街38号,南柳巷永兴寺 | 大沙土园5号文益印刷局 | 1922.12.15 |
| 玲珑 | 宣武门外大街194号 | 不详 | 不详 | 1923.6.9 |
| 陆海军月报 | 大沙土园5号 | 大沙土园5号 | 丞相胡同明明印刷局 | 1918.4 |
| 每日新闻 | 琉璃厂 | 琉璃厂 | 海北寺街同昌印刷局 | 1916.8.21 |
| 每周评论 | 米市胡同64号 | 不详 | 不详 | 1918.12.22 |
| 美国联合报 | 椿树胡同 | 不详 | 不详 | 不详 |
| 蒙边日报 | 椿树上三条1号 | 椿树上三条1号 | 西草厂一真印字局 | 1919.5.1 |
| 民报(1) | 后孙公园2号 | 后孙公园2号 | 不详 | 1921.5 |
| 民报(2) | 不详 | 五道庙 | 樱桃斜街天新印书局 | 1913.1 |
| 民报夕刊 | 后孙公园2号 | 后孙公园2号 | 后孙公园2号明星印书局 | 1921.9.1 |
| 民铎报 | 不详 | 南柳巷永兴寺 | 大沙土园文益印刷局 | 1921.3 |
| 民风日报 | 棉花上六条16号 | 棉花上六条16号 | 万源夹道同益印刷局 | 1921.5.1 |
| 民福报(1) | 南柳巷 | 不详 | 不详 | 1918.11 |
| 民福报(2) | 米市胡同44号 | 不详 | 不详 | 1921.3 |
| 民国公报 | 永光寺西街 | 不详 | 不详 | 不详 |
| 民和报(1) | 小魏染胡同 | 小魏染胡同 | 梁家园富华印书局 | 1920.5 |
| 民和报(2) | 不详 | 铁老鹳庙 | 取灯胡同北京印刷局 | 1919.5 |
| 民和报(3) | 永兴寺 | 不详 | 不详 | 1919.5 |
| 民生报 | 大外廊营 | 大外廊营 | 五道庙同益印书局 | 1917.1 |
| 民声报 | 前孙公园东夹道2号 | 前孙公园东夹道2号 | 大沙土园文益印刷局 | 1919.6.1 |

| 名　　称 | 报社位置 | 发行所位置 | 印刷所位置 | 创办日期 |
|---|---|---|---|---|
| 民视报 | 不详 | 大安澜营 | 不详 | 1912.1 |
| 民视报(1) | 八角琉璃井 | 不详 | 不详 | 1911.1 |
| 民视报(2) | 桐梓胡同 | 不详 | 不详 | 1911 |
| 民苏日报 | 东南园 | 东南园 | 琉璃厂共和印刷局 | 1916.8 |
| 民新日报 | 海北寺街27号 | 海北寺街27号 | 取灯胡同北京印刷局 | 1924.12 |
| 民言报(1) | 北极庵 | 北极庵 | 三眼井撷华书局 | 1916.9.1 |
| 民言报(2) | 铁门17号，西茶食胡同28号 | 不详 | 不详 | 1936.12.15 |
| 民言日报 | 宣武门外大街58号 | 不详 | 不详 | 1929 |
| 民业日报 | 樱桃斜街102号 | 不详 | 不详 | 1919.1 |
| 民治报 | 不详 | 樱桃斜街华兴旅馆 | 皮库胡同内务部习艺印刷科 | 1923.2.5 |
| 民治日报(1) | 汾州营7号 | 汾州营7号 | 海北寺街同昌印刷局 | 1919.2.20 |
| 民治日报(2) | 不详 | 大宏庙 | 五道庙口同益印书局 | 1917.2.20 |
| 民主报 | 椿树二条 | 椿树二条 | 椿树二条 | 1912 |
| 乃报 | 西珠市口 | 西珠市口 | 益泰公司 | 1912.4.19 |
| 平报(1) | 板章胡同 | 不详 | 不详 | 1912.11 |
| 平报(2) | 不详 | 广慧寺东夹道，南柳巷永兴寺 | 杨梅竹斜街中华印刷局 | 1921.8.1 |
| 平报(3) | 不详 | 虎坊桥 | 不详 | 1913 |
| 平报(4) | 虎坊桥 | 不详 | 不详 | 不详 |
| 平民报 | 烂缦胡同 | 烂缦胡同 | 取灯胡同北京印刷局 | 1921.10.10 |
| 平民公报 | 烂缦胡同63号 | 不详 | 不详 | 1921.11 |
| 平民日报(1) | 不详 | 南柳巷永兴寺 | 梁家园富华印刷馆 | 1918.2 |
| 平民日报(2) | 不详 | 西草厂85号 | 魏染胡同国民新闻印刷部 | 1923.9.5 |
| 启蒙画报 | 五道庙 | 不详 | 不详 | 1902.6 |
| 启明日报 | 孙公园1号 | 孙公园1号，南柳巷永兴寺 | 不详 | 1917.6.17 |
| 侨务旬刊 | 不详 | 李铁拐斜街47号 | 广安门大街法轮印字局 | 1921.4.1 |
| 清议报 | 湿井胡同 | 不详 | 不详 | 1909 |
| 清真周刊 | 牛街109号 | 牛街109号 | 梁家园后身富华印刷所 | 1921.1.1 |
| 全国商会联合会报 | 廊坊头条 | 廊坊头条 | 万源夹道文益印刷局 | 1916.1 |
| 全民报 | 宣武门外大街193号 | 不详 | 不详 | 1927.8 |
| 群报(1) | 香炉营头条2号 | 香炉营头条2号 | 棉花八条华国印刷局 | 1917.2.15 |
| 群报(2) | 不详 | 南柳巷永兴寺 | 西草厂一真印字局 | 1920.3 |
| 群报(3) | 前孙公园31号 | 琉璃厂永兴寺 | 五道庙同益印字馆 | 1920.12.1 |
| 群强报(1) | 樱桃斜街 | 不详 | 不详 | 1909 |
| 群强报(2) | 铁老鹳庙 | 铁老鹳庙 | 骡马市大街 | 1912.5.26 |
| 群言报 | 烂缦胡同24号 | 烂缦胡同24号，南柳巷17号中华派报社 | 五道庙同益印刷局 | 1923.1 |
| 仁民报 | 后青厂3号 | 后青厂3号 | 海北寺街同昌印刷局 | 1922.1.1 |
| 日日新闻 | 永光寺中街 | 永光寺中街 | 永光寺中街 | 1913.5 |
| 日新白话报 | 琉璃厂东北园 | 琉璃厂东北园 | 协通印字馆 | 1912.3.28 |

| 名　称 | 报社位置 | 发行所位置 | 印刷所位置 | 创办日期 |
| --- | --- | --- | --- | --- |
| 日新画报 | 南柳巷永兴寺 | 南柳巷永兴寺 | 南柳巷中华石印局 | 1918.7 |
| 日知报 | 下斜街 | 不详 | 不详 | 不详 |
| 日知小报 | 椿树下二条，西草厂胡同 | 不详 | 不详 | 1915.1 |
| 商报 | 宣武门外大街 | 不详 | 不详 | 不详 |
| 商业白话报 | 不详 | 大安南营9号 | 五道庙同益印书局 | 1916.10.1 |
| 商业日报(1) | 取灯胡同 | 取灯胡同 | 取灯胡同北京印刷局 | 1920.10.26 |
| 商业日报(2) | 魏染胡同4号 | 不详 | 不详 | 1920 |
| 商业日报(3) | 方壶斋2号 | 方壶斋2号 | 宣武门外大街光明印刷所 | 1925.12 |
| 商业日报(4) | 不详 | 南柳巷永兴寺 | 取灯胡同北京印刷局 | 1923.4.1 |
| 商业日报(5) | 北火扇胡同 | 不详 | 不详 | 1909 |
| 上海时事报 | 宣武门外大街 | 不详 | 不详 | 不详 |
| 上海新闻报 | 梁家园 | 不详 | 不详 | 不详 |
| 少年日报 | 粉房琉璃街49号 | 粉房琉璃街49号 | 国会街光明印刷局 | 1924.7 |
| 社会鉴报 | 粉房琉璃街 | 粉房琉璃街 | 五道庙街 | 1913.11 |
| 社会日报 | 棉花头条1号 | 不详 | 不详 | 1922.5.1 |
| 社会周刊 | 不详 | 丞相胡同23号 | 大井胡同2号永明印刷局 | 1924.3 |
| 神京星期报 | 西茶食胡同英济堂 | 西茶食胡同英济堂 | 梁家园富华印刷馆 | 1917.1.8 |
| 升报 | 袭家街 | 不详 | 不详 | 不详 |
| 时言报 | 潘家河沿47号 | 潘家河沿47号 | 丞相胡同明明印刷局 | 1919.3.15 |
| 时言报 | 铁老鹳庙6号 | 不详 | 不详 | 1930.12.12 |
| 实报 | 宣武门外大街56号 | 不详 | 不详 | 1919.10.4 |
| 实话 | 宣武门外大街181号 | 不详 | 不详 | 1920.3 |
| 实录报 | 不详 | 魏染胡同 | 魏染胡同国声印字馆 | 1913.9 |
| 实事白话报(1) | 铁老鹳庙20号 | 不详 | 不详 | 1918.8.1 |
| 实事白话报(2) | 南柳巷50号 | 琉璃厂宣元阁 | 琉璃厂宣元阁 | 1917.2.20 |
| 实业启民报 | 永光寺西街 | 永光寺西街 | 琉璃厂宣元阁 | 1912.3.24 |
| 世界新闻 | 永光寺中街3号 | 永光寺中街3号 | 广安门大街96号撷华印刷局 | 1921.9 |
| 守真日报 | 西草厂胡同 | 西草厂胡同 | 西河沿50号顺天时报馆 | 1912.4.18 |
| 顺天时报 | 西河沿50号 | 不详 | 不详 | 1930.3.27 |
| 顺直日报(1) | 棉花下二条10号 | 棉花下二条10号，南柳巷 | 五道庙南口同益印刷局 | 1922.11.15 |
| 顺直日报(2) | 粉房琉璃街30号 | 粉房琉璃街30号 | 五道庙同益印刷局 | 1923.1 |
| 太平日报 | 保安寺街 | 保安寺街 | 协通印刷局 | 1921.5.22 |
| 太阳周报 | 校场三条 | 校场三条 | 共和印刷局 | 1916.11.15 |
| 谭风录 | 不详 | 隆福寺，南柳巷永兴寺 | 海北寺同昌印刷局 | 1924.9.6 |
| 天民报 | 永光寺西街 | 不详 | 不详 | 1912.5 |
| 铁道时报(1) | 南新华街 | 不详 | 不详 | 不详 |
| 铁道时报(2) | 椿树上三条5号 | 椿树上三条5号 | 万源夹道文益印刷局 | 1921.2 |
| 通报 | 不详 | 铁老鹳庙 | 八角琉璃井民视报馆 | 1912.3.31 |
| 统一晚报 | 不详 | 南柳巷永兴寺 | 镇江胡同北京日报馆印刷所 | 1924.10.10 |

| 名　　称 | 报社位置 | 发行所位置 | 印刷所位置 | 创办日期 |
|---|---|---|---|---|
| 图解白话日报 | 南柳巷17号 | 南柳巷17号 | 南柳巷中华印书局 | 1918.7 |
| 图说画报 | 椅子圈4号 | 椅子圈4号 | 南柳巷永兴寺 | 1921.7.15 |
| 外交日报 | 校场二条2号 | 校场二条2号 | 万源夹道文益印刷局 | 1921.3.15 |
| 万国公报 | 米市胡同18号南海会馆 | 不详 | 不详 | 不详 |
| 微言杂志 | 兵马司3号 | 兵马司3号 | 海北寺街亚东制版印刷局 | 1918.4 |
| 惟一日报 | 香炉营头条16号 | 香炉营头条16号 | 取灯胡同北京印刷局 | 1918.7.5 |
| 维纳丝日报 | 西河沿191号 | 西河沿191号 | 宣武门外大街光明印刷局 | 1924.8.1 |
| 维新画报 | 西草厂东椅子圈4号 | 西草厂东椅子圈4号 | 琉璃厂端华石印局 | 1921.1 |
| 文化报 | 小沙土园 | 不详 | 不详 | 1928 |
| 文艺杂志 | 不详 | 铁老鹳庙8号聚兴报房 | 镇江胡同北京日报社 | 1921.8.1 |
| 闻日报 | 不详 | 南柳巷永兴寺 | 五道庙同益印刷局 | 1919.6 |
| 武德杂志 | 不详 | 香炉营头条 | 永光寺街国民新闻报印刷所 | 1913.2 |
| 西北半月刊 | 下斜街1号中华西北协会 | 下斜街1号中华西北协会 | 杨梅竹斜街公记印刷局 | 1924.2 |
| 西北日报 | 琉璃厂万源夹道6号 | 琉璃厂万源夹道6号 | 骡马市大街虎坊桥东都门印字局 | 1920.6.2 |
| 曦光报 | 校场三条4号 | 不详 | 不详 | 1932.2.25 |
| 戏剧报 | 椿树下三条甲8号 | 不详 | 不详 | 1938 |
| 戏剧新报 | 不详 | 琉璃厂万源夹道 | 海北寺街同昌印刷局 | 1917.2.16 |
| 戏剧新闻 | 骡马市大街 | 南柳巷永兴寺 | 五道庙同益印刷局 | 1914.7.21 |
| 现代日报 | 南柳巷 | 不详 | 不详 | 不详 |
| 宪报 | 广安门大街 | 广安门大街 | 广安门大街法轮印刷局 | 1919.5 |
| 宪报 | 达智桥 | 不详 | 不详 | 不详 |
| 宪法新闻 | 不详 | 香炉营五条8号 | 魏染胡同明新印字局 | 1913.4 |
| 宪政日报 | 头发胡同6号 | 头发胡同6号，南柳巷永兴寺 | 西河沿撷华印书局 | 1924.6.20 |
| 小报 | 宣武门外大街 | 宣武门外大街 | 虎坊桥陆军编辑局 | 1913.2 |
| 小公报 | 南柳巷50号，香炉营五条 | 南柳巷50号 | 西草厂一真印字局 | 1919.3.1 |
| 小京报 | 琉璃厂小沙土园11号 | 不详 | 不详 | 1924.3 |
| 小民报 | 果子巷羊肉胡同 | 不详 | 不详 | 1921.1.6 |
| 小说周报 | 西河沿128号中外小说租阅社 | 西河沿128号中外小说租阅社 | 海北寺街30号同昌印刷局 | 1922.1.4 |
| 小小 | 永光寺中街12号，棉花头条6号 | 不详 | 不详 | 1925.1.13 |
| 新北京报(1) | 大沙土园5号 | 大沙土园5号 | 丞相胡同明明印刷局 | 1918.2.1 |
| 新北京报(2) | 宣武门外大街214号 | 不详 | 不详 | 1931.10.10 |
| 新北京晚报 | 方壶斋3号 | 方壶斋3号，南柳巷永兴寺 | 取灯胡同北京印刷局 | 1925.6 |
| 新北平报 | 宣武门外大街 | 不详 | 不详 | 不详 |
| 新晨报 | 丞相胡同4号 | 不详 | 不详 | 1928.8.5 |
| 新春秋报与副刊 | 西河沿145号 | 西河沿145号 | 万源夹道文益印刷局 | 1924.6 |
| 新丛报 | 宣武门外永光寺 | 宣武门外永光寺 | 廊坊三条魁华印字馆 | 1913.4 |

| 名　称 | 报社位置 | 发行所位置 | 印刷所位置 | 创办日期 |
|---|---|---|---|---|
| 新华报 | 南柳巷永兴寺街 | 南柳巷永兴寺 | 延寿寺街三眼井国权报社印刷所 | 1913.2 |
| 新华日报(1) | 香炉营头条 | 不详 | 不详 | 不详 |
| 新华日报(2) | 校场二条5号 | 校场二条5号 | 大沙土园文益印刷局 | 1920.5.15 |
| 新京报 | 西河沿五斗斋3号 | 西河沿五斗斋3号 | 西砖胡同华言印刷局 | 1918.6.1 |
| 新民报(1) | 方壶斋 | 不详 | 不详 | 1946.4.4 |
| 新民报(2) | 不详 | 潘家河沿 | 文益印刷局 | 1917.7 |
| 新民报(3) | 琉璃厂街 | 不详 | 不详 | 1911 |
| 新民国报 | 海北寺街 | 海北寺街，南柳巷永兴寺 | 海北寺街同昌印刷局 | 1920.8 |
| 新少年画报 | 不详 | 南柳巷永兴寺 | 廊坊三条新华印书馆 | 1913.9 |
| 新社会日报 | 不详 | 延寿寺街30号 | 魏染胡同明新印字局 | 1913.4 |
| 新神洲报 | 潘家河沿 | 潘家河沿 | 海北寺街同昌印刷局 | 1916.8 |
| 新生报 | 丞相胡同6号 | 不详 | 不详 | 1946.3.29 |
| 新时报 | 琉璃厂西门150号 | 琉璃厂西门150号 | 五道庙西同益印刷局 | 1925.6 |
| 新世界日报 | 不详 | 五道庙同益印书局 | 五道庙同益印书局 | 1918.2.1 |
| 新晚报 | 棉花下七条3号 | 棉花下七条3号 | 取灯胡同北京印刷局 | 1921.8 |
| 新闻日报 | 小马神庙17号 | 小马神庙17号 | 丞相胡同明明印刷局 | 1921.10.10 |
| 新新日报 | 宣武门外大街199号 | 不详 | 不详 | 1925.3.16 |
| 新兴中报 | 北柳巷 | 北柳巷 | 取灯胡同北京印刷局 | 1917.2.28 |
| 新震旦日报 | 不详 | 南柳巷永兴寺 | 海北寺街同昌印刷局 | 1916.8 |
| 新中国报(1) | 樱桃斜街 | 不详 | 不详 | 1912.9 |
| 新中国报(2) | 南柳巷 | 南柳巷 | 琉璃厂西门华盛印书局 | 1916.9.18 |
| 新中国杂志 | 不详 | 琉璃厂上海时报分馆 | 财政部印刷局 | 1919.5.1 |
| 新中华报(1) | 西河沿50号 | 不详 | 不详 | 1928.11 |
| 新中华报(2) | 魏染胡同 | 魏染胡同 | 魏染胡同 | 1912.5.25 |
| 新中华报(3) | 山西街 | 山西街 | 西门印字局 | 1912.5.21 |
| 新中华报(4) | 贯家胡同35号 | 贯家胡同35号 | 五道庙同益印书局 | 1923.7.20 |
| 兴中日报 | 椿树下头条 | 椿树下头条 | 棉花八条华国印书局 | 1915.11 |
| 星报 | 孙公园16号 | 不详 | 不详 | 1922.2.6 |
| 醒钟日报 | 铁门9号 | 铁门9号 | 南横街大川淀亲学印刷局 | 1921.12 |
| 璇宇日报 | 八宝甸 | 八宝甸 | 西砖胡同华言印刷所 | 1916.10.15 |
| 选报 | 铁老鹳庙聚兴报房 | 不详 | 不详 | 不详 |
| 亚报 | 烂缦胡同70号 | 烂缦胡同70号 | 报章胡同36号新共和印刷局 | 1923.7 |
| 亚东新报 | 粉房琉璃街 | 不详 | 不详 | 1912 |
| 亚东新闻 | 方壶斋10号 | 方壶斋10号 | 西砖胡同华言印刷局 | 不详 |
| 亚陆日报 | 西砖胡同 | 西砖胡同 | 西砖胡同华言印字局 | 1918.4.28 |
| 亚细亚日报(1) | 大安南营 | 大安南营 | 五道庙文益印刷局 | 1916.7 |
| 亚细亚日报(2) | 李铁拐斜街 | 李铁拐斜街 | 同益印刷局 | 1912.3.10 |
| 言中报 | 永光寺西街18号 | 不详 | 不详 | 1920.12 |

| 名　　称 | 报社位置 | 发行所位置 | 印刷所位置 | 创办日期 |
| --- | --- | --- | --- | --- |
| 言中日报 | 五斗斋5号 | 五斗斋5号 | 梁家园后身富华印刷所 | 1920.11.1 |
| 燕都报 | 裘家街,南柳巷,香炉营二条3号 | 南柳巷永兴寺 | 不详 | 1921.5.1 |
| 燕风报 | 西草厂 | 不详 | 不详 | 1919.6 |
| 燕京报 | 南柳巷永兴寺 | 不详 | 不详 | 不详 |
| 燕京画报 | 棉花九条天仙庵 | 棉花九条天仙庵 | 西草厂胡同一真印刷局 | 1920.5.1 |
| 燕京时报 | 虎坊桥64号白衣庵 | 虎坊桥64号白衣庵 | 八角琉璃井京华印报处 | 1912.4 |
| 燕京新闻报 | 不详 | 南柳巷永兴寺 | 魏染胡同明新印字馆 | 1913.1 |
| 一报 | 后孙公园11号 | 后孙公园11号 | 五道庙20号同益印字馆 | 1923.3 |
| 益民报 | 校场小六条 | 不详 | 不详 | 不详 |
| 益世报 | 新华街 | 不详 | 不详 | 1915.10.10 |
| 益智画报 | 不详 | 南柳巷永兴寺 | 南柳巷永兴寺 | 1913.2 |
| 瀛寰日报 | 香炉营头条5号 | 香炉营头条5号 | 海北寺街同昌印刷局 | 1916.8.14 |
| 影剧周刊 | 大安澜营13号 | 大安澜营13号 | 西河沿271号京津印刷局 | 1924.7 |
| 忧乐杂志 | 广安门大街21号扬州会馆 | 广安门大街21号扬州会馆 | 广安门大街21号扬州会馆 | 1920.12 |
| 游戏日报 | 南柳巷50号 | 南柳巷50号 | 取灯胡同北京印刷局 | 1921.8.1 |
| 游戏新报 | 百顺胡同 | 不详 | 不详 | 1912 |
| 游戏新报 | 不详 | 南柳巷永兴寺 | 梁家园富华印刷局 | 1916.8 |
| 牖民白话报 | 不详 | 赶驴市22号闻喜会馆 | 赶驴市22号闻喜会馆 | 1912.3.31 |
| 又新日报 | 宣武门外大街62号,李铁拐斜街47号 | 南柳巷永兴寺 | 不详 | 不详 |
| 张维日报 | 不详 | 椿树下头条5号 | 虎坊桥华国印书局 | 1918.4 |
| 真报 | 八角琉璃井 | 不详 | 不详 | 不详 |
| 震报 | 大安澜营 | 大安澜营 | 西南园华新印刷局 | 1924.1.7 |
| 正报(1) | 裘家街乙37号 | 不详 | 不详 | 1934.8 |
| 正报(2) | 宣武门外大街148号 | 宣武门外大街148号 | 五道庙同益印刷局 | 1923.12.10 |
| 正报晚刊 | 潘家河沿28号 | 潘家河沿28号 | 潘家河沿28号 | 1923.9.14 |
| 正言报 | 李铁拐斜街74号 | 李铁拐斜街74号 | 梁家园东夹道富华印刷所 | 1919.5.15 |
| 正阳日报 | 潘家河沿 | 不详 | 不详 | 不详 |
| 正义报 | 西草厂88号 | 西草厂88号 | 撷华印刷局 | 1919.1.15 |
| 正义日报 | 西草厂24号 | 不详 | 不详 | 1921.3 |
| 正谊报 | 西草厂 | 不详 | 不详 | 不详 |
| 正宗爱国报 | 小马神庙 | 不详 | 不详 | 1906.11.16 |
| 卮言日报 | 不详 | 大宏庙 | 棉花八条华国印刷局 | 1916.9.5 |
| 卮言日出报 | 大安澜营 | 大栅栏兴隆街23号,南柳巷永兴寺 | 大宏庙广益印书局 | 1916.12.15 |
| 直报 | 永光寺中街6号 | 永光寺中街6号 | 琉璃厂西南园8号共和印书局 | 1923.4.6 |
| 指津日报 | 东北园 | 不详 | 不详 | 1917.5 |
| 治报 | 西草厂45号 | 西草厂45号 | 同昌印刷局 | 1922.1 |

| 名　称 | 报社位置 | 发行所位置 | 印刷所位置 | 创办日期 |
|---|---|---|---|---|
| 中报(1) | 梁家园14号 | 不详 | 不详 | 不详 |
| 中报(2) | 宣武门外北极庵17号 | 不详 | 不详 | 不详 |
| 中报(3) | 烂缦胡同70号 | 不详 | 不详 | 1923.11 |
| 中国妇人会小杂志 | 珠巢街 | 不详 | 不详 | 1907.3.14 |
| 中国公报(1) | 永光寺中街5号 | 永光寺中街5号 | 海北寺街同昌印刷局 | 1918.3.1 |
| 中国公报(2) | 南柳巷永兴寺 | 南柳巷永兴寺 | 大安南营 | 1913.5 |
| 中国民报(1) | 北柳巷19号 | 北柳巷19号 | 琉璃厂万源夹道同益印刷局 | 1923.3.15 |
| 中国民报(2) | 不详 | 果子巷羊肉胡同，南柳巷永兴寺 | 不详 | 1920.7.1 |
| 中国女人会小杂志 | 珠巢街廖氏卫生院 | 不详 | 不详 | 1907.3 |
| 中国商会联合会会报 | 不详 | 珠市口 | 丞相胡同文益印刷局 | 1913.9 |
| 中国统一报 | 不详 | 金井胡同6号 | 米市胡同神工印刷局 | 1924.8.10 |
| 中国晚报 | 不详 | 校场三条19号 | 报章胡同新共和印刷局 | 19223.6.10 |
| 中华报 | 五道庙 | 不详 | 不详 | 1904.12.7 |
| 中华电报新闻 | 五道庙23号 | 不详 | 不详 | 1916.11 |
| 中华日报(1) | 樱桃斜街 | 不详 | 不详 | 不详 |
| 中华日报(2) | 南柳巷永兴寺 | 南柳巷永兴寺 | 爱国报馆 | 1912.4 |
| 中华新报 | 棉花八条7号 | 棉花八条胡同7号 | 琉璃厂万源夹道同益印刷局 | 1918.9 |
| 中外纪闻 | 后孙公园12号安徽会馆 | 不详 | 不详 | 不详 |
| 中央日报(1) | 琉璃厂大沙土园 | 不详 | 不详 | 1908.4.1 |
| 中央日报(2) | 烂缦胡同内七井胡同 | 烂缦胡同内七井胡同 | 棉花八条华国印刷局 | 1916.11.25 |
| 中原日报 | 李铁拐斜街 | 李铁拐斜街 | 梁家园富华印刷所 | 1916.12.26 |
| 中直报 | 南横街 | 不详 | 不详 | 1907.1 |
| 忠言报 | 不详 | 西草厂95号 | 玉皇庙街华新印字馆 | 1916.9.20 |
| 自强浅说报 | 虎坊桥 | 虎坊桥 | 魏染胡同国声印字馆 | 1913.8 |
| 自由晚报 | 不详 | 西珠市口31号潞安会馆 | 西茶食胡同恩光印刷局 | 1923.7.15 |
| 自治日刊 | 方壶斋10号 | 方壶斋10号 | 万源夹道文益印刷局 | 1922.1 |
| 自治周报 | 不详 | 棉花上六条1号 | 甘面胡同知新社印刷所 | 1921.5.1 |
| 尊闻日报(1) | 香炉营头条5号 | 香炉营头条5号 | 海北寺街同昌印刷局 | 1916.11.5 |
| 尊闻日报(2) | 保安寺街2号 | 保安寺街2号 | 五道庙同益印刷局 | 1922.11 |
| 尊闻日报3 | 李铁拐斜街 | 不详 | 不详 | 1911 |

## 近代新闻出版业·杂　　志

| 名　称 | 位　置 | 创办日期 |
|---|---|---|
| 池州旅京学会会刊 | 施家胡同28号青阳会馆池州旅京学会 | 1925.1 |
| 巴县留京学生会会报 | 米市胡同66号重庆会馆巴县留京学生会 | 1923.8 |

| 名　称 | 位　置 | 创办日期 |
|---|---|---|
| 北辰(月刊) | 东南园头条10号北辰杂志社 | 1948.1.5 |
| 北晨评论 | 丞相胡同4号 | 1931.1.12 |

| 名称 | 位置 | 创办日期 |
|---|---|---|
| 北京法政学杂志(月刊) | 丞相胡同30号潮州会馆 | 1911.7.10 |
| 北京高等师范学校周报 | 北京高等师范学校 | 1917.12 |
| 北京师大附中校友会会刊 | 北京师范大学附属中学校友会 | 1924.10.10 |
| 北京时事画报 | 五斗斋时事画报馆 | 1907.5 |
| 北平安徽中学校刊 | 后孙公园北平安徽中学校 | 1932.1 |
| 北平大学医学院半月刊 | 后孙公园国立北平大学医学院 | 1928.12.16 |
| 北平儿童周报 | 潘家河沿55号北平儿童周报社 | 1932.12.11 |
| 北平民报副刊 | 后孙公园2号 | 1929.6.20 |
| 北平师范大学校务汇刊 | 师范大学出版课汇报股 | 1930.9 |
| 丙寅杂志(月刊) | 烂缦胡同49号丙寅杂志社 | 1926.12 |
| 尝试(月刊) | 南半截胡同4号 | 1949.2.21 |
| 潮州留京学会年刊 | 丞相胡同30号潮州会馆 | 1923.4 |
| 晨报副刊 | 丞相胡同4号 | 1921.10.12 |
| 创作(半月刊) | 虎坊桥87号 | 1945.9.18 |
| 春明两周刊 | 春明女校国文学会 | 1929.5.6 |
| 春望(月刊) | 杨梅竹斜街 | 1933.3 |
| 村治月刊 | 大安澜营12号村治月刊社 | 1929.3.15 |
| 寸心杂志(月刊) | 西草厂山西街12号寸心杂志社 | 1917.1 |
| 重庆中校旅外同学总会会报 | 米市胡同66号重庆会馆 | 不详 |
| 大华周报 | 杨梅竹斜街15号大华周报社 | 1945.10.13 |
| 大理院判决录 | 琉璃厂华盛印书局 | 1913 |
| 电气协会杂志(月刊) | 琉璃厂电话局 | 1912.12.1 |
| 丁巳杂志(月刊) | 香炉营头条丁巳杂志社 | 1917.2.20 |
| 东北(月刊) | 东北大学学生自治会编辑部 | 1936.7 |
| 东北大学校刊(半周刊) | 东北大学校 | 1931.4.19 |
| 东北学生军旬刊 | 广安门大街 | 1931.12 |
| 东大月刊 | 北平东北大学学生自治会 | 1948.10.10 |
| 佛化(半月刊) | 宣武门外大街红楼中央刻经院 | 1933.1.1 |
| 干干(半月刊) | 佘家胡同8号 | 1933.10.16 |
| 赣民月刊 | 西茶食胡同15号 | 1925.10.31 |
| 公论(半月刊) | 金井胡同9号公论报社 | 1913.6.1 |
| 光华周刊 | 宣武门外大街224号光华日报社 | 1945.9.18 |
| 广东留平学会年刊 | 南横街26号粤东会馆 | 1930 |
| 国粹汇刊 | 南横街27号 | 1945.9.23 |
| 国际 | 丞相胡同4号晨报社 | 1923 |
| 国剧画报 | 虎坊桥45号 | 不详 |
| 国民新报副刊 | 延寿寺街30号国民新报社 | 不详 |
| 国学丛刊(双月刊) | 琉璃厂保古斋 | 1911 |
| 国语周刊 | 西北园9号师范大学 | 1925.6.14 |
| 海波 | 校场头条12号 | 不详 |
| 化育 | 感化胡同2号感化学校 | 1928.1.20 |
| 荒岛(半月刊) | 储库营甲5号 | 1928.4.1 |
| 回教(月刊) | 广安门内大街100号中国回教总联合会华北联合总部 | 1938.4.1 |
| 回教周报 | 广安门内大街100号 | 1940.7.15 |
| 回协(月刊) | 广安门大街100号中国回教协会北平分会 | 1947.3.25 |
| 回族青年(月刊) | 小寺街28号伊斯兰学友会 | 1933 |
| 冀星(半月刊) | 铁门71号 | 不详 |
| 甲寅周刊 | 宣武门外大街200号 | 1925.7.28 |
| 监狱杂志 | 姚家井 | 1929.11 |
| 建设旬刊 | 劝业场建设图书馆 | 1929.3.1 |
| 讲坛 | 煤市街39号 | 不详 |

| 名称 | 位置 | 创办日期 |
|---|---|---|
| 交通丛报(月刊) | 西砖胡同法源寺 | 1914 |
| 教育短波(周刊) | 厂后门3号 | 1934.6.10 |
| 教育改造(月刊) | 西河沿甲201号 | 1937.3.1 |
| 教育与常识 | 北京高等师范学校 | 1920.6.20 |
| 今日透视(半月刊) | 西河沿167号今日社 | 1937.1.1 |
| 今文选(半月刊) | 大外郎营31号今文选社 | 1934.7.15 |
| 京报(汇订本) | 铁老鹳庙北京聚兴报房 | 1887 |
| 京报(日刊) | 铁老鹳庙北京聚兴报房 | 1881 |
| 京报副刊(日刊) | 三眼井38号 | 1924.12.5 |
| 京大附中校友会会刊 | 厂甸京大附中校友会 | 1925 |
| 京话日报 | 五道庙西路 | 1904.8.16 |
| 京师第一监狱旬刊 | 京师第一监狱 | 1921.7.31 |
| 京师总商会月报 | 京师总商会月报编辑处 | 1919.1 |
| 经济新报(月刊) | 琉璃厂178号 | 1936.12.5 |
| 精进月刊 | 厂后门2号 | 1945.11.5 |
| 剧刊 | 韩家潭14号 | 1933.9.1 |
| 科学知识(月刊) | 小安澜营头条 | 1946.5.1 |
| 孔社杂志(月刊) | 南半截胡同孔社杂志发行部 | 1913.12 |
| 孔子哲学月刊 | 丞相胡同13号孔子哲学月刊社 | 1937.1.20 |
| 狂风(月刊) | 前铁厂2号 | 1927.3.1 |
| 括苍杂志(季刊) | 佘家胡同8号括苍学社 | 1923.12.10 |
| 乐群杂志(月刊) | 达智桥 | 1918.7.20 |
| 黎明(月刊) | 广安门内大街100号 | 1936.12.1 |
| 理论与创作 | 宣武门外东北大学 | 1934.6 |
| 缦云(月刊) | 厂甸师大附中内 | 1928.10.15 |
| 梅县留京学会会刊 | 香炉营头条 | 1926.6 |
| 民报副刊 | 后孙公园2号 | 1925.8.5 |
| 女子白话旬报 | 前青厂武阳馆夹道女子白话报社 | 1912.10.21 |
| 平泸通讯 | 延旺庙街33号四川泸州四邑旅平同乡会 | 1948 |
| 启蒙画报(月刊) | 五道庙 | 1902.5 |
| 浅说画报(日刊) | 铁老鹳庙 | 不详 |
| 茄(周刊) | 后铁厂1号 | 1929.1 |
| 清真学理译著 | 教子胡同清真寺 | 1916.2.20 |
| 劝世文刊 | 贾家胡同50号 | 不详 |

| 名称 | 位置 | 创办日期 |
|---|---|---|
| 热声(半月刊) | 山西街2号 | 1946.1.31 |
| 人物月刊 | 杨梅竹斜街北平民社人物月刊社 | 1936.5.15 |
| 三民半月刊 | 西河沿186号 | 不详 |
| 山东杂志(半月刊) | 校场头条7号山左馆 | 1908.1 |
| 陕西杂志 | 宣武门外大街79号关中北馆陕西公益协进会 | 1922.12.18 |
| 商业(月刊) | 西珠市口54号市商会 | 不详 |
| 商业旬刊 | 西珠市口54号市商会 | 1938.8.20 |
| 社会公论(周刊) | 西茶食胡同25号社会公论社 | 1933.9 |
| 生春红(三日刊) | 棉花头条1号 | 1925.6.6 |
| 生计(旬刊) | 南横街法律书报社 | 1912.12.1 |
| 师大附中校友会会刊 | 厂甸 | 不详 |
| 师大史学丛刊 | 南新华街北平国立师范大学 | 1931.6.6 |
| 时代文化(月刊) | 杨梅竹斜街大东书局 | 1931.9 |
| 时风月刊 | 椿树上三条28号 | 1947.6.1 |
| 时轮 | 琉璃厂189号 | 不详 |
| 时事月报 | 宣武门外大街199号 | 1921.2.15 |
| 实报半月刊 | 宣武门外大街56号 | 1935.10.16 |
| 世风杂志(月刊) | 西砖胡同32号世风杂志社 | 1921.2 |
| 世界语出版界(季刊) | 上斜街15号中国世界语书社 | 1933.6 |
| 市县行政研究 | 潘家河沿甲28号市县行政研究月刊社 | 1943.8.1 |
| 说丛 | 校场头条31号 | 1917.3 |
| 飕风(月刊) | 西河沿167号 | 1935.11 |
| 体专校刊 | 先农坛体专学校 | 1939.5 |
| 通才商学杂志 | 广安门内大街 | 1924.5 |
| 通俗医事月刊 | 后孙公园7号 | 1919.10.10 |
| 通俗周刊 | 南柳巷50号实事白话报馆内 | 1919.2 |
| 同德杂志(月刊) | 排子胡同同德杂志社 | 1917.5.1 |
| 微言杂志(半月刊) | 兵马司中街 | 1918.5.16 |
| 文艺杂志 | 铁老鹳庙聚兴报房 | 1921.9.15 |
| 武德杂志(月刊) | 香炉营头条 | 1913.1 |
| 西北春秋 | 杨梅竹斜街公记印书局 | 不详 |

| 名　　称 | 位　　置 | 创办日期 |
| --- | --- | --- |
| 西北风(半月刊) | 校场五条35号西北风半月刊社 | 1946.7.1 |
| 西北学生 | 牛街西北中学校西北中学学生自治会 | 1936.12.20 |
| 西南风半月刊 | 校场头条3号云南旅平学会 | 1935.5.25 |
| 戏剧报 | 西草厂49号 | 不详 |
| 戏剧丛刊 | 虎坊桥45号 | 1932.1.8 |
| 戏剧周刊 | 三眼井38号京报社 | 1924.12.8 |
| 现代中国(半月刊) | 西河沿145号快闻社 | 1932.1.1 |
| 宪法日刊汇订 | 达智桥 | 1910.5.9 |
| 宪法新闻 | 香炉营五条 | 1913.4.13 |
| 向道半月刊 | 米市胡同63号 | 1935.10.1 |
| 小说周报 | 南柳巷小说周报社 | 1939.2.18 |
| 小学生短波 | 西河沿甲201号 | 1936.10.5 |
| 小雅(双月刊) | 烂缦胡同41号小雅诗社 | 1936.6 |
| 新晨报副刊(日刊) | 宣武门外大街181号 | 不详 |
| 新风周报 | 西琉璃厂甲101号 | 1945.10.5 |
| 新光明周刊 | 三眼井33号 | 1945.9.30 |
| 新会留平学会季刊 | 永光寺西街1号 | 1929.12.1 |
| 新纪元星期报 | 羊肉胡同 | 1912.9.18 |
| 新进月刊 | 老墙根17号 | 1941.11.30 |
| 新漓潮 | 北柳巷 | 1923.4.10 |
| 新生(周刊) | 山西街2号 | 1945.10.17 |
| 新声(日刊) | 南柳巷 | 1925.8.25 |
| 新云(月刊) | 山西街2号 | 1928.1 |
| 新云南(月刊) | 校场头条3号 | 1932.1 |
| 新中国(月刊) | 琉璃厂西门150号 | 1919.5.15 |
| 新中华报副刊 | 西河沿50号 | 1928.11.24 |
| 学府旬刊 | 烂缦胡同74号 | 1947.3.21 |
| 学汇(月刊) | 魏染胡同29号国风日报社 | 1922.1 |
| 学会生活 | 校场头条3号 | 1934.6 |
| 亚东丛报(月刊) | 前青厂武阳馆西夹道 | 1912.11 |
| 言治(季刊) | 米市胡同17号北洋法政学会 | 1917.4.1 |

| 名　　称 | 位　　置 | 创办日期 |
| --- | --- | --- |
| 盐政杂志(月刊) | 樱桃斜街 | 1912.12.15 |
| 养蜂月刊 | 宣武门外大街214号 | 1930.4.10 |
| 夜光(月刊) | 山西街2号 | 1927.5.1 |
| 医光汇刊 | 后孙公园7号 | 1930.2 |
| 医事月刊 | 后孙公园国立医学校 | 1923.11.15 |
| 益世报初步周刊 | 北京师大二院初步社 | 1931.3.22 |
| 友声 | 北柳巷广西学堂广西省立第二中学留京同学会 | 不详 |
| 友声(季刊) | 后青厂广西三馆梧州中学留京同学会 | 1917.6.1 |
| 育华月刊 | 广安门内大街71号北平育华中学校，北皇城根20号北平育华中学女校 | 1933.11.10 |
| 云岭 | 校场头条3号云南旅平学会 | 1948.9.1 |
| 云南旅京学会会刊(年刊) | 校场头条 | 1920.3 |
| 云南旅平学会季刊 | 校场头条3号云南旅平学会 | 1934.4.20 |
| 震宗报月刊 | 福长街五条3号 | 不详 |
| 政治周刊 | 校场头条37号 | 1926.7.9 |
| 直说(周刊) | 烂缦胡同35号直说周刊社编辑部 | 1934.11.24 |
| 中国回教总联合会年报 | 广安门内大街100号 | 1939.2.7 |
| 中国科学(月刊) | 大耳胡同14号北平中国科学杂志社 | 1945.11.16 |
| 中国人(半月刊) | 西河沿176号 | 1936.12.16 |
| 中华(半月刊) | 烂缦胡同中华杂志社 | 1913.7.16 |
| 中华民国医学会汇报 | 后孙公园7号中华民国医学会 | 1941.7 |
| 中华全国商会联合会会报(月刊) | 丞相胡同商会联合会会报社 | 1913.10.1 |
| 庄言旬刊 | 米市胡同迩报馆 | 不详 |
| 尊经社讲演汇刊 | 宣武门外大街56号实报社 | 1936.5.15 |

## 近代新闻出版业·通　讯　社

| 名　称 | 位　置 | 创办日期 |
| --- | --- | --- |
| 北方通讯社 | 莲花寺湾 | 不详 |
| 大陆通讯社 | 海北寺街 | 1928 |
| 电报通讯社 | 琉璃厂东南园路北1号 | 1914.4 |
| 电闻通讯社 | 宣武门外大街 | 不详 |
| 国光通讯社 | 宣武门外大街 | 不详 |
| 进化通讯社 | 烂缦胡同 | 不详 |
| 经济通讯社 | 茶儿胡同 | 1924.6 |
| 快乐通讯社 | 西草厂 | 不详 |
| 民信通讯社 | 樱桃斜街 | 不详 |
| 民舆通讯社 | 宣武门外大街 | 不详 |
| 启明通讯社 | 丞相胡同 | 不详 |
| 时间通讯社 | 宣武门外大街 | 不详 |
| 统一通讯社 | 下斜街 | 1921.1 |
| 新民通讯社 | 椿树上三条 | 1930 |
| 新闻编译社 | 珠巢街 | 1918.7 |
| 燕平通讯社 | 八宝甸 | 不详 |
| 正闻通讯社 | 小西南园 | 不详 |
| 致中通讯社 | 前门外西河沿 | 不详 |
| 中国通讯社 | 大安澜营 | 1925 |

## 近代新闻出版业·印　刷　所

| 名　称 | 位　置 |
| --- | --- |
| 北京印刷局 | 取灯胡同 |
| 博文印书局 | 排子胡同 |
| 第一监狱印刷所 | 姚家井京师第一监狱 |
| 都门印字局 | 骡马市大街虎坊桥 |
| 恩光印刷局 | 西茶食胡同 |
| 法轮印字局 | 魏染胡同 |
| 富华印刷所 | 梁家园后身 |
| 公记印字馆 | 魏染胡同 |
| 共和印刷局 | 琉璃厂西南园8号 |
| 光明印刷局 | 宣武门外大街136号 |
| 广益印书局 | 大宏庙 |
| 国权报印刷所 | 排子胡同 |
| 国声印字馆 | 魏染胡同 |
| 和济印刷局 | 广安门大街96号 |
| 华国印书局 | 虎坊桥 |
| 华国印刷局 | 棉花八条 |
| 华盛印刷局 | 琉璃厂西门 |
| 华新印刷局 | 琉璃厂玉皇庙 |
| 华言印刷局 | 西砖胡同路西5号 |
| 京华印报处 | 琉璃厂琉璃井 |
| 京津印刷局 | 西河沿路南271号 |
| 明新印字局 | 魏染胡同 |
| 明星印刷所 | 后孙公园2号 |
| 亲学印刷局 | 南横街大川淀 |
| 群益印刷局 | 达智桥 |
| 神工印刷局 | 米市胡同 |
| 天兴印字局 | 杨梅竹斜街 |
| 同昌印刷局 | 海北寺街32号 |
| 同新印刷局 | 西南园23号 |
| 同益印刷局 | 五道庙20号 |
| 同舟印刷社 | 粉房琉璃街堂子胡同 |
| 文益印刷局 | 丞相胡同 |
| 文益印刷局 | 万源夹道大沙土园 |
| 撷华书局 | 三眼井 |
| 撷华印书局 | 广安门大街96号 |
| 新华印书馆 | 廊坊三条 |
| 新闻印刷局 | 延寿寺街羊肉胡同 |
| 亚东制版印刷局 | 海北寺街 |
| 一真印字局 | 西草厂96号 |
| 永华印刷局 | 西茶食胡同 |
| 永明印书局 | 大井胡同2号 |
| 裕源印刷公司 | 廊坊三条 |
| 昭明印刷所 | 前孙公园夹道 |
| 中华石印局 | 南柳巷17号 |
| 中华印刷局 | 杨梅竹斜街 |

## 宣南戊戌维新史迹

| 名称 | 位置 | 年代 |
|---|---|---|
| 安徽会馆强学会及《中外纪闻》 | 孙公园 | 1895 |
| 保川会 | 不详 | 1895 |
| 保浙会 | 不详 | 1895 |
| 福建会馆闽学会 | 宣武门外大街 | 1895 |
| 赣宁会馆《时务报》京师派报处 | 西珠市口赣宁馆 | 1897 |
| 关学会 | 不详 | 1895 |
| 贵州会馆(保国会) | 樱桃斜街 | 1898 |
| 康有为寓所 | 上斜街 | 1898 |
| 莲花庵刘光第、杨锐寄柩处 | 烂缦胡同西小巷 | 1898 |
| 林旭寓所 | 储库营 | 1898 |
| 刘光第寓所(1) | 绳匠胡同 | 1888 |
| 刘光第寓所(2) | 绳匠胡同 | 1893 |
| 浏阳会馆谭嗣同寓所 | 北半截胡同 | 1895 |
| 六君子遇难处 | 菜市口 | 1898 |
| 南海会馆康有为、康广仁寓所 | 米市胡同 | 1888、1895 |
| 《时务报》等北京发行处 | 琉璃厂土地祠 | 1897 |
| 四川会馆蜀学会 | 储库营 | 1898 |
| 松筠庵及谏草堂公车上书活动处 | 炸子桥 | 1895 |
| 嵩云草堂强学会、保国会 | 炸子桥 | 1895、1898 |
| 陶然亭张元济等聚会处 | 陶然亭 | 1896 |
| 通艺学堂 | 琉璃厂 | 1897 |
| 闻喜会馆杨深秀寓所 | 赶驴市 | 1898 |
| 夏曾佑寓所 | 贾家胡同 | 1894 |
| 新会会馆梁启超寓所 | 粉房琉璃街 | 1894 |
| 徐致靖寓所 | 上斜街 | 1898 |
| 杨锐寓所 | 绳匠胡同 | 1898 |
| 粤东新馆保国会 | 南横街 | 1895 |
| 云南会馆保滇会、滇学会 | 珠巢街 | 1895 |

## 民国商业·店铺

| 名称 | 位置 | 从业时间 |
|---|---|---|
| 宝大号 | 西椿树胡同27号 | 民国 |
| 宝古斋 | 琉璃厂东街239号 | 清光绪初期 |
| 宝华馨 | 福长街三条11号 | 民国 |
| 宝晋斋 | 琉璃厂东街13号 | 清代 |
| 宝兴成记 | 贾家胡同8号 | 民国 |
| 便宜坊 | 米市胡同 | 清乾隆年间 |
| 博古斋 | 琉璃厂东街247号 | 清咸丰年间 |
| 步瀛斋 | 大栅栏 | 民国 |
| 长生源 | 宣外大街72号 | 民国 |
| 长顺号水记 | 广安门大街302号 | 民国 |
| 长兴厚 | 寿长街三条 | 民国 |
| 长兴隆 | 黑窑厂67号 | 民国 |
| 成记栈 | 白纸坊5号 | 民国 |
| 崇德米庄 | 太平桥甲42号 | 民国 |
| 春发永 | 天农市场60号 | 民国 |
| 翠文阁 | 东琉璃厂58号 | 清代 |
| 翠珍斋 | 琉璃厂西街17号 | 民国 |
| 大成 | 虎坊路28号 | 民国 |
| 大成号 | 下斜街甲21号 | 民国 |
| 大丰米庄 | 骡马市大街53号 | 民国 |

| 名　　称 | 位　　置 | 从业时间 |
|---|---|---|
| 大和恒 | 西柳树井26号 | 民国 |
| 大和恒面粉公司 | 西珠市口 | 民国 |
| 大和行 | 广安大街321号 | 民国 |
| 大顺号 | 梁家园3号 | 民国 |
| 大有恒顺记 | 东经路42号 | 民国 |
| 大有庆 | 公平市场63号 | 民国 |
| 戴月轩湖笔徽墨店 | 琉璃厂东街30号 | 民国 |
| 得鑫号 | 窑台48号 | 民国 |
| 德丰成 | 三府菜园23号 | 民国 |
| 德海龙 | 南横街68号 | 民国 |
| 德聚碾房 | 虎坊桥大街23号 | 民国 |
| 德利长 | 广安门大街322号 | 民国 |
| 德隆厚 | 天桥西沟16号 | 民国 |
| 德庆和 | 腊竹芯丙40号 | 民国 |
| 德庆隆 | 达智桥27号 | 民国 |
| 德庆生 | 华岩路5号 | 民国 |
| 德庆永 | 校场口20号 | 民国 |
| 德庆源 | 天桥南大街38号 | 民国 |
| 德润成 | 广安门大街505号 | 民国 |
| 德寿堂中药店 | 珠市口西大街175号 | 民国 |
| 德顺成 | 教子胡同5号 | 民国 |
| 德顺碾房 | 北火扇15号 | 民国 |
| 德泰号 | 南横街13号 | 民国 |
| 德兴长 | 广安门大街267号 | 民国 |
| 德兴隆 | 太平桥70号 | 民国 |
| 德兴顺 | 火道口20号 | 民国 |
| 德兴顺 | 西便门大街20号 | 民国 |
| 德兴裕 | 西河沿4号 | 民国 |
| 德义成公记 | 果子巷44号 | 民国 |
| 德源隆 | 延寿寺街49号 | 民国 |
| 鼎新昌 | 观音寺街57号 | 民国 |
| 东和成 | 广安西里17号 | 民国 |
| 东增隆记 | 南横街36号 | 民国 |
| 恩泰祥 | 福长街三条3号 | 民国 |
| 恩元居 | 煤市街20号 | 民国初期 |
| 恩元居 | 留守街13号 | 民国 |
| 恩元居 | 煤市街20号 | 民国初期 |
| 发记米庄 | 煤市街72号 | 民国 |
| 丰记 | 白纸坊15号 | 民国 |
| 丰泽园 | 珠市口 | 民国 |

| 名　　称 | 位　　置 | 从业时间 |
|---|---|---|
| 福成行 | 校场四条14号 | 民国 |
| 福和号 | 延寿寺街78号 | 民国 |
| 福和局 | 骡马市大街76号 | 民国 |
| 福和兴生记 | 骡马市大街71号 | 民国 |
| 福记 | 校厂口6号 | 民国 |
| 福利面粉厂 | 广安门大街509号 | 民国 |
| 福升号 | 自新路甲32号 | 民国 |
| 福生局 | 骡马市大街11号 | 民国 |
| 福胜昌 | 车子营49号 | 民国 |
| 福盛东永记 | 右安门大街21号 | 民国 |
| 福盛祥 | 帐垂营1号 | 民国 |
| 福顺利鸿记 | 福长街三条丙7号 | 民国 |
| 福顺祥 | 骡马市大街113号 | 民国 |
| 福顺兴 | 铁门65号 | 民国 |
| 福泰 | 南横街53号 | 民国 |
| 福兴德同记 | 腊竹芯甲3号 | 民国 |
| 福兴和 | 广安大街399号 | 民国 |
| 福兴恒 | 琉璃厂东门2号 | 民国 |
| 福兴面粉厂 | 广安门大街413号 | 民国 |
| 福兴裕 | 骡马市大街21号 | 民国 |
| 福源德 | 大外廊营26号 | 民国 |
| 福源粮店 | 纸巷子8号 | 民国 |
| 福云楼肉食店 | 粮食店街25号 | 清光绪二十三年(1897) |
| 福增祥 | 公平市场112号 | 民国 |
| 复记米庄 | 天桥南大街29号 | 民国 |
| 复隆号 | 掌扇胡同10号 | 民国 |
| 复兴成 | 南横街6号 | 民国 |
| 复兴成和记 | 天桥南大街25号 | 民国 |
| 复兴城 | 寿长街丁16号 | 民国 |
| 复兴和 | 粉房琉璃街132号 | 民国 |
| 复兴隆永记 | 天桥大街12号 | 民国 |
| 复兴义春记 | 南横街85号 | 民国 |
| 富聚号 | 大宏庙13号 | 民国 |
| 富聚西栈 | 佘家胡同1号 | 民国 |
| 富兴和 | 延寿寺街97号 | 民国 |
| 公大制粉厂 | 西城根27号 | 民国 |
| 公德兴 | 自新路10号 | 民国 |
| 公兴泰 | 南横街7号 | 民国 |
| 公兴祥 | 三眼井43号 | 民国 |

| 名　　称 | 位　　置 | 从业时间 |
| --- | --- | --- |
| 公兴裕 | 骡马市大街163号 | 民国 |
| 公义局 | 骡马市大街154号 | 民国 |
| 公益成 | 兵马司后街9号 | 民国 |
| 观复斋 | 琉璃厂西街192号 | 民国 |
| 广林记 | 留学路 | 民国 |
| 广泰号 | 南横街115号 | 民国 |
| 广兴号成记 | 南堂子胡同7号 | 民国 |
| 广兴粮店 | 南横街32号 | 民国 |
| 广源号 | 永安路1号 | 民国 |
| 桂馨斋 | 铁门 | 民国 |
| 合丰义 | 三庙街甲16号 | 民国 |
| 和发厚兴记 | 赵锥子胡同4号 | 民国 |
| 和丰成 | 延寿寺街1号 | 民国 |
| 和记号 | 广安门大街188号 | 民国 |
| 和泰号 | 华岩路27号 | 民国 |
| 和兴长 | 仁民路 | 民国 |
| 和兴成 | 广安门大街27号 | 民国 |
| 和义功 | 广安门大街260号 | 民国 |
| 河北银钱局 | 西河沿 | 民国 |
| 鹤年堂 | 广安门大街7号 | 明代、清代 |
| 亨得利钟表店 | 大栅栏15号 | 民国 |
| 亨通号 | 广安门大街221号 | 民国 |
| 亨通米庄 | 平安里5号 | 民国 |
| 亨义永和记 | 杨梅竹斜街32号 | 民国 |
| 亨源号 | 报国寺前街21号 | 民国 |
| 恒昌米庄 | 南横街32号 | 民国 |
| 恒发永 | 福长街二条5号 | 民国 |
| 恒泰昌 | 达子营甲3号 | 民国 |
| 恒泰精米厂 | 李铁拐斜街甲62号 | 民国 |
| 恒泰龙 | 达智桥25号 | 民国 |
| 宏聚祥 | 果子巷33号 | 民国 |
| 宏元茂 | 西河沿23号 | 民国 |
| 虹光阁 | 琉璃厂西街161号 | 民国 |
| 鸿成兴 | 延寿寺街10号 | 民国 |
| 鸿成永 | 骡马市大街227号 | 民国 |
| 鸿大东记 | 南横街55号 | 民国 |
| 鸿兴成记 | 黑窑厂7号 | 民国 |
| 鸿兴号 | 牛街33号 | 民国 |
| 鸿兴楼 | 北纬路1号 | 民国 |
| 厚德福饭庄 | 大栅栏 | 清代 |

| 名　　称 | 位　　置 | 从业时间 |
| --- | --- | --- |
| 厚生号 | 甄家胡同甲5号 | 民国 |
| 华丰号 | 南半截胡同3号 | 民国 |
| 华兴号 | 延寿寺街29号 | 民国 |
| 华兴泰 | 西河沿83号 | 民国 |
| 槐荫山房 | 琉璃厂东街69号 | 清咸丰年间 |
| 汇通号 | 储子营42号 | 民国 |
| 惠丰号 | 福长街二条 | 民国 |
| 惠中饭店 | 西柳树井 | 民国 |
| 慧丰堂饭庄 | 观音寺胡同 | 民国 |
| 集庆号兴记 | 西椿树胡同5号 | 民国 |
| 集泉永 | 天桥西沟旁29号 | 民国 |
| 锦泰磨坊 | 太平桥 | 民国 |
| 晋源永鸿记 | 后河沿4号 | 民国 |
| 精益眼镜公司 | 观音寺 | 清代 |
| 景华成 | 城隍庙街32号 | 民国 |
| 九生号 | 贾家胡同7号 | 民国 |
| 久安制粉厂 | 北小栅栏3号 | 民国 |
| 聚宝兴 | 上斜街甲5号 | 民国 |
| 聚丰号川记 | 前孙公园22号 | 民国 |
| 聚丰永 | 菜市口26号 | 民国 |
| 聚丰永 | 太平桥74号 | 民国 |
| 聚茂魁 | 宣外大街1号 | 民国 |
| 聚庆斋饽饽铺 | 大栅栏 | 清代 |
| 聚泰行 | 陕西巷二条5号 | 民国 |
| 聚增福 | 南横街35号 | 民国 |
| 俊兴成 | 老君地外36号 | 民国 |
| 烤肉刘 | 虎坊桥 | 民国 |
| 魁昌德 | 南横街125号 | 民国 |
| 魁发德 | 果子巷43号 | 民国 |
| 魁顺兴 | 铁门62号 | 民国 |
| 魁元兆记 | 广安门大街436号 | 民国 |
| 李福寿笔店 | 骡马市大街 | 民国 |
| 利丰合 | 上斜街4号 | 民国 |
| 梁记 | 西茶食胡同5号 | 民国 |
| 两益轩饭店 | 广安门大街210号 | 民国 |
| 留香大饭店 | 李铁拐斜街 | 民国 |
| 六必居酱菜园 | 粮食店街3号 | 明代、清代 |
| 龙盘永 | 广安门大街140号 | 民国 |
| 龙源兴 | 延寿寺街14号 | 民国 |
| 隆记 | 东经路乙35号 | 民国 |

| 名称 | 位置 | 从业时间 |
| --- | --- | --- |
| 隆记米庄 | 前孙公园11号 | 民国 |
| 隆茂米庄 | 菜市口34号 | 民国 |
| 隆祥 | 福长街五条庚3号 | 民国 |
| 隆义兴 | 陕西巷乙22号 | 民国 |
| 隆源永 | 五道庙13号 | 民国 |
| 马聚源帽店 | 大栅栏27号 | 清代 |
| 茂盛兴 | 牛街119号 | 民国 |
| 美味斋 | 广安门大街11号 | 民国 |
| 明泉永 | 腊竹芯乙34号 | 民国 |
| 内联升鞋店 | 大栅栏34号 | 清代 |
| 谦祥益绸布店 | 珠宝市5号 | 民国 |
| 乾聚东 | 虎坊路59号 | 民国 |
| 乾泰昌 | 广安门大街158号 | 民国 |
| 乾义面粉公司 | 西城根35号 | 民国 |
| 清华池 | 珠市口西大街29号 | 清光绪三十一年(1905) |
| 清秘阁 | 琉璃厂西街161号 | 清代 |
| 庆号号 | 城隍庙街22号 | 民国 |
| 庆记号 | 李铁拐斜街80号 | 民国 |
| 庆云堂 | 琉璃厂东街29号 | 清光绪年间 |
| 屈臣氏西药房 | 大栅栏 | 民国 |
| 全聚泳 | 西草厂110号 | 民国 |
| 劝业场 | 廊房头条17号 | 清光绪三十一年(1905) |
| 人和号 | 李铁拐斜街34号 | 民国 |
| 仁恒厚 | 铺陈市51号 | 民国 |
| 仁记米庄 | 虎坊桥大街77号 | 民国 |
| 仁生利 | 椿树下头条4号 | 民国 |
| 荣宝斋 | 琉璃厂西街19号 | 清康熙十一年(1672) |
| 荣春号 | 粉房琉璃街乙103号 | 民国 |
| 荣合长 | 老墙根10号 | 民国 |
| 瑞蚨祥绸布店 | 大栅栏5号 | 清光绪年间 |
| 瑞生号 | 大保吉巷27号 | 民国 |
| 瑞生祥 | 留学路66号 | 民国 |
| 瑞兴粮店 | 虎坊路66号 | 民国 |
| 瑞增祥 | 腊竹芯乙49号 | 民国 |
| 三合永 | 潘家河沿16号 | 民国 |
| 三和号 | 大沟沿7号 | 民国 |
| 三和祥 | 华安市场12号 | 民国 |
| 三盛永 | 十间房8号 | 民国 |
| 三阳面粉厂 | 西便门南大道甲1号 | 民国 |
| 三义店 | 施家胡同 | 清光绪年间 |
| 三义合 | 三庙街2号 | 民国 |
| 胜利粮店 | 晋太高庙20号 | 民国 |
| 盛源永 | 自新路6号 | 民国 |
| 史善朋竹琴社 | 南新华街46号 | 民国 |
| 四义德 | 西茶食胡同46号 | 民国 |
| 松筠阁 | 琉璃厂东街106号 | 清光绪年间 |
| 泰和成 | 公平市场丙99号 | 民国 |
| 泰山号 | 铁门61号 | 民国 |
| 泰山永公记 | 帐垂营58号 | 民国 |
| 泰山泳 | 李铁拐斜街75号 | 民国 |
| 泰山泳 | 教子胡同30号 | 民国 |
| 天德祥 | 兵马司前街9号 | 民国 |
| 天发祥 | 西柳树井14号 | 民国 |
| 天福泰 | 福长街头条21号 | 民国 |
| 天和成 | 广安门大街206号 | 民国 |
| 天和泰 | 福长街二条34号 | 民国 |
| 天蕙斋鼻烟铺 | 大栅栏 | 清同治十年(1871) |
| 天聚永 | 天桥西沟旁31号 | 民国 |
| 天利成 | 福长街二条24号 | 民国 |
| 天庆增合记 | 永安路 | 民国 |
| 天生成 | 校场口32号 | 民国 |
| 天顺吉 | 南柳巷2号 | 民国 |
| 天顺庆记 | 北纬路丁1号 | 民国 |
| 天顺祥 | 牛街80号 | 民国 |
| 天兴米庄 | 臧家桥1号 | 民国 |
| 天兴泰 | 延寿寺街15号 | 民国 |
| 天义公 | 永安路56号 | 民国 |
| 天义生记 | 校蔚营17号 | 民国 |
| 天元永信记 | 广安门大街172号 | 民国 |
| 天增成 | 校厂口9号 | 民国 |
| 天增祥 | 南横街34号 | 民国 |
| 天增永 | 白纸坊38号 | 民国 |
| 通古斋 | 琉璃厂东街56号 | 民国 |
| 通顺福记 | 广安门大街500号 | 民国 |
| 同发号新记 | 粉房琉璃街108号 | 民国 |

| 名　称 | 位　置 | 从业时间 |
|---|---|---|
| 同和祥兴记 | 西茶食胡同 3 号 | 民国 |
| 同和轩饭庄 | 大栅栏 43 号 | 民国 |
| 同记米庄 | 寿长街二条乙 4 号 | 民国 |
| 同仁堂 | 大栅栏 24 号 | 清代 |
| 同泰兴 | 广安门大街 352 号 | 民国 |
| 同兴和 | 白纸坊 19 号 | 民国 |
| 同兴利 | 南横街 14 号 | 民国 |
| 同兴隆 | 西河沿 56 号 | 民国 |
| 同义成源记 | 前门大街 98 号 | 民国 |
| 同义德 | 太平桥 17 号 | 民国 |
| 同义号 | 天桥南大街 33 号 | 民国 |
| 同义和 | 右安门大街 32 号 | 民国 |
| 同义兴 | 广安门大街 176 号 | 民国 |
| 同义永 | 槐柏树街丁 5 号 | 民国 |
| 同义永 | 永安路西街 10 号 | 民国 |
| 同益兴 | 广安门大街 434 号 | 民国 |
| 同益轩饭庄 | 门框胡同 15 号 | 民国 |
| 同玉厚 | 陕西巷 36 号 | 民国 |
| 万成米庄 | 煤市街 54 号 | 民国 |
| 万春永 | 广安门大街 53 号 | 民国 |
| 万丰号 | 牛街 26 号 | 民国 |
| 万和号 | 广安门大街 282 号 | 民国 |
| 万聚厚 | 广安门大街 407 号 | 民国 |
| 万聚祥 | 上斜街 46 号 | 民国 |
| 万隆号 | 南横街 4 号 | 民国 |
| 万盛号 | 城隍庙街 29 号 | 民国 |
| 万兴隆 | 广安门大街 443 号 | 民国 |
| 万裕长 | 福长街三条丁 5 号 | 民国 |
| 万裕源德记 | 西草厂 38 号 | 民国 |
| 万源永 | 醋章胡同 4 号 | 民国 |
| 万钟号 | 南新华街 20 号 | 民国 |
| 王记 | 储库营 4 号 | 民国 |
| 王记米庄 | 窑台 4 号 | 民国 |
| 王致和南酱园 | 延寿寺街 23 号 | 民国 |
| 文奎堂 | 琉璃厂西街 34 号 | 清代 |
| 文盛斋 | 琉璃厂东街 | 清代 |
| 西隆玉 | 李铁拐斜街 100 号 | 民国 |
| 西泰元 | 广安门大街 115 号 | 民国 |
| 西永隆 | 十间房 34 号 | 民国 |
| 仙保长马记 | 广安门大街 283 号 | 民国 |
| 祥发义 | 右安门大街 27 号 | 民国 |
| 祥聚德 | 袁家街 14 号 | 民国 |
| 祥顺成 | 晋太高庙 15 号 | 民国 |
| 祥顺永 | 车子营 60 号 | 民国 |
| 祥兴成 | 果子巷 7 号 | 民国 |
| 祥义号绸缎店 | 大栅栏 | 民国 |
| 协成号 | 窑台街 3 号 | 民国 |
| 协丰成 | 南新华街 78 号 | 民国 |
| 协茂德庆记 | 菜市口 7 号 | 民国 |
| 协茂盛 | 菜市口 13 号 | 民国 |
| 协顺成 | 保吉路 2 号 | 民国 |
| 协泰米庄 | 延旺庙街 70 号 | 民国 |
| 协泰玉 | 报国寺前街甲 15 号 | 民国 |
| 新昶 | 魏染胡同 17 号 | 民国 |
| 新记 | 西市场大街 41 号 | 民国 |
| 新生号 | 南横街 118 号 | 民国 |
| 新盛号 | 自新路丙 13 号 | 民国 |
| 新盛泰隆记 | 南纬路丙 1 号 | 民国 |
| 鑫记米庄 | 广安门大街 406 号 | 民国 |
| 信德成 | 香厂路 24 号 | 民国 |
| 信生裕米庄 | 粉房琉璃街乙 103 号 | 民国 |
| 信泰成 | 菜市口 27 号 | 民国 |
| 信泰成 | 贾家胡同 53 号 | 民国 |
| 信远斋 | 琉璃厂西街 105 号 | 清咸丰年间 |
| 兴隆米庄 | 虎坊桥大街 119 号 | 民国 |
| 兴隆栈义记 | 宣外大街 180 号 | 民国 |
| 雪香斋 | 西观音寺 | 民国 |
| 杨记号 | 牛街 23 号 | 民国 |
| 窑台茶馆 | 陶然亭公园 | 清代 |
| 一得阁 | 琉璃厂东街 44 号 | 清同治四年(1865) |
| 一利公 | 西市场南街甲 21 号 | 民国 |
| 义成号 | 先农坛根 43 号 | 民国 |
| 义大号 | 报国寺前街 26 号 | 民国 |
| 义丰号 | 十间房 12 号 | 民国 |
| 义和号 | 南横街 107 号 | 民国 |
| 义和永 | 永安路 45 号 | 民国 |
| 义记米庄 | 李铁拐斜街甲 12 号 | 民国 |
| 义隆长 | 南横街 132 号 | 民国 |
| 义生福 | 羊肉胡同 26 号 | 民国 |

| 名称 | 位置 | 从业时间 |
|---|---|---|
| 义生合 | 报国寺17号 | 民国 |
| 义盛隆厚记 | 禄长街乙6号 | 民国 |
| 义增达 | 广安门大街428号 | 民国 |
| 亿元德 | 先农市场41号 | 民国 |
| 益昌号 | 南横街6号 | 民国 |
| 益丰米庄 | 西草厂42号 | 民国 |
| 肄雅堂 | 琉璃厂东街104号 | 民国 |
| 永安茶庄 | 西珠市口大街2号 | 民国 |
| 永安旅店 | 西河沿街36号 | 民国 |
| 永安米面庄 | 永安路西街17号 | 民国 |
| 永昌茂 | 三庙街18号 | 民国 |
| 永大面粉厂 | 赵锥子胡同71号 | 民国 |
| 永丰泰 | 南横街39号 | 民国 |
| 永丰文记 | 烂缦胡同22号 | 民国 |
| 永丰祥 | 天桥市场中街14号 | 民国 |
| 永合芳 | 范家胡同丙3号 | 民国 |
| 永华米厂 | 仁民路11号 | 民国 |
| 永茂恒裕记 | 宣外大街8号 | 民国 |
| 永茂米庄 | 万明路1号 | 民国 |
| 永盛德 | 广安门大街289号 | 民国 |
| 永盛厚 | 广安门大街228号 | 民国 |
| 永顺号 | 广安门大街278号 | 民国 |
| 永顺号 | 板章胡同40号 | 民国 |
| 永泰隆 | 大外廊营26号 | 民国 |
| 永泰栈 | 驴驹胡同4号 | 民国 |
| 永新行 | 果子巷51号 | 民国 |
| 永兴成 | 盆儿胡同1号 | 民国 |
| 永兴号 | 储子营22号 | 民国 |
| 永兴栈 | 广安门大街240号 | 民国 |
| 永义隆 | 王广福斜街7号 | 民国 |
| 永义兴 | 前兴隆街甲1号 | 民国 |
| 永裕粮店 | 宣外大街88号 | 民国 |
| 泳福鸿记 | 广安门大街287号 | 民国 |
| 余成行 | 粉房琉璃街15号 | 民国 |
| 雨华馨 | 骡马市大街 | 民国 |
| 雨华馨 | 铜法寺14号 | 民国 |
| 钰成米庄 | 保吉路旁1号 | 民国 |
| 钰生长 | 公平市场101号 | 民国 |
| 裕丰成 | 西琉璃厂141号 | 民国 |
| 裕和成 | 南横街40号 | 民国 |
| 裕顺兴丰记 | 广安门大街乙353号 | 民国 |
| 裕兴成公记 | 椿树下头条5号 | 民国 |
| 裕兴成信记 | 帐垂营甲36号 | 民国 |
| 元记栈 | 铺陈市甲84号 | 民国 |
| 元顺成林记 | 丞相胡同61号 | 民国 |
| 元兴堂饭庄 | 虎坊路18号 | 民国 |
| 源昌永合记 | 前门大街120号 | 民国 |
| 源丰厚 | 西柳树井39号 | 民国 |
| 源丰隆 | 虎坊桥大街109号 | 民国 |
| 源茂恒 | 大沟沿30号 | 民国 |
| 远东饭店 | 李铁拐斜街90号 | 民国 |
| 月盛斋 | 前门大街3号 | 清代 |
| 韵古斋 | 琉璃厂东街232号 | 清代 |
| 增顺永 | 留学路32号 | 民国 |
| 增源东 | 西柳树井32号 | 民国 |
| 张一元茶庄 | 大栅栏22号 | 民国 |
| 肇新茶庄 | 骡马市大街 | 民国 |
| 珍福坊 | 陕西巷40号 | 民国 |
| 祯源馆 | 杨梅竹斜街 | 民国 |
| 正大号 | 上斜街7号 | 民国 |
| 正泰 | 报国寺前街5号 | 民国 |
| 志成全记 | 白纸坊后街44号 | 民国 |
| 致美斋饭庄 | 粮食店街17号 | 民国初年 |
| 致祥米庄 | 西柳树井24号 | 民国 |
| 致中和 | 福长街五条丁6号 | 民国 |
| 中国书店 | 琉璃厂东街115号 | 民国 |
| 中兴栈 | 香炉营东横街2号 | 民国 |
| 忠兴厚 | 天桥西市场中街丙18号 | 民国 |

## 民国商业·商　会

| 名称 | 位置 | 年代 |
|---|---|---|
| 报夫工会 | 椿树上三条 | 民国 |
| 菜业同业公会 | 南半截胡同 | 民国 |
| 茶庄同业公会 | 小椿树胡同17号 | 民国 |
| 当业同业公会 | 西珠市口 | 民国 |

| 名称 | 位置 | 年代 |
| --- | --- | --- |
| 电料同业公会 | 骡马市聚魁店 | 民国 |
| 饭庄同业公会 | 李铁拐斜街 | 民国 |
| 黑白炭同业公会 | 西珠市口公茂炭厂 | 民国 |
| 金店同业公会 | 廊房头条3号 | 民国 |
| 粮麦杂货栈公会 | 西便门车站 | 民国 |
| 炉房同业公会 | 珠宝市 | 民国 |
| 陆陈同业公会 | 南横街堂子胡同 | 民国 |
| 旅店同业公会 | 椿树胡同17号 | 民国 |
| 骡马同业公会 | 小马神庙米面工会 | 民国 |
| 煤油洋广货公会 | 湿井胡同9号 | 民国 |
| 米面同业公会 | 小马神庙9号 | 民国 |
| 棉花同业公会 | 广安门大街 | 民国 |
| 染业同业公会 | 观音寺街 | 民国 |
| 西药同业公会 | 大栅栏屈臣氏药房 | 民国 |
| 靴鞋同业公会 | 煤市街全盛斋 | 民国 |
| 羊肉同业公会 | 粮食店隆三元 | 民国 |
| 照相馆同业公会 | 石头胡同 | 民国 |
| 纸烟同业公会 | 煤市街37号 | 民国 |

## 金　融　业·典当业、保险业

| 名称 | 位置 | 创办年代 |
| --- | --- | --- |
| 宝丰当 | 南横街18号 | 民国 |
| 宝盛当 | 宣武门外大街65号 | 民国 |
| 宝通当 | 茶食胡同 | 1913年前 |
| 长城产物保险股份有限公司北平分公司 | 廊房头条 | 1943 |
| 承善当 | 南柳巷 | 1913年前 |
| 德成当 | 西柳树井43号 | 1900 |
| 德聚当 | 孙公园 | 1931 |
| 鼎盛当 | 协资庙4号 | 1939 |
| 丰聚当 | 广安门内351号 | 1905 |
| 福和当 | 煤市街38号 | 1905 |
| 福源当 | 西河沿205号 | 民国 |
| 公兴当 | 陕西巷 | 1913年前 |
| 广恒当 | 宣武门大街 | 1913年前 |
| 广源当 | 孙公园 | 1913年前 |
| 国裕当 | 米市胡同30号 | 1923 |
| 合元当 | 北柳巷 | 1913年前 |
| 和盛当 | 骡马市大街67号 | 1911 |
| 和兴当 | 五道庙 | 1913年前 |
| 恒德当 | 顺治门大街228号 | 清光绪年间 |
| 横昌当 | 北堂子胡同甲2号 | 民国 |
| 红源当 | 王广福斜街 | 1913年前 |
| 惠盛当 | 西柳树井甲15号 | 1910 |
| 惠通当 | 宣外大街113号 | 1933 |
| 聚通当 | 炭儿胡同 | 1913年前 |
| 谦和当 | 宣武门外大街 | 1918年前 |
| 仁泽当 | 南横街 | 1912年前 |
| 四和当 | 南横街 | 1913年前 |
| 太平洋水火保险股份有限公司北平分公司 | 西河沿 | 1946 |
| 天丰当 | 永光寺中街 | 民国 |
| 天聚当 | 宣外大街23号 | 民国 |
| 天泰当 | 南柳巷42号 | 1909 |
| 天元当 | 五道庙34号 | 1937 |
| 同聚当 | 彰宜门大街491号 | 1883 |
| 同义当 | 板章胡同4号 | 1902 |
| 同源当 | 延寿寺街11号 | 清宣统年间 |
| 万成当 | 烂面胡同61号 | 1897 |
| 万年当 | 南柳巷3号 | 民国 |
| 万盛当 | 驴驹胡同 | 1927 |
| 万兴当 | 骡马市大街67号 | 民国 |
| 新丰产物保险股份有限公司北平代理处 | 廊房头条 | 1946 |
| 兴盛当 | 西珠市口 | 1913年前 |
| 阳盛当 | 骡马市大街67号 | 1911 |
| 亿源当 | 王广福斜街 | 1918年前 |
| 永丰当 | 米市胡同 | 1913年前 |
| 裕丰当 | 永定门内 | 1912年前 |
| 志成当 | 樱桃斜街25号 | 1910 |

# 金　融　业·银号、钱庄

| 名　称 | 位　置 | 创办年代 | 名　称 | 位　置 | 创办年代 |
|---|---|---|---|---|---|
| 宝丰炉房 | 珠宝市 | 清末民初 | 华昌银号 | 煤市街67号 | 1920 |
| 宝丰盛银号总号 | 施家胡同19号 | 1869 | 华成银号总号 | 珠宝市25号 | 1940 |
| 宝恒祥号 | 西河沿 | 1897 | 华丰银号 | 排子胡同 | |
| 宝善源银号 | 珠宝市 | 1904 | 华茂银号 | 施家胡同18号 | 1921 |
| 宝生银号北平分号 | 掌扇胡同19号 | 1926 | 华通银号 | 钱市胡同 | 1940 |
| 长兴钱庄 | 施家胡同16号 | 1931 | 华威银行 | 施家胡同 | |
| 春和银号北平分号 | 廊房头条37号 | 1939 | 华元银号 | 珠宝市 | 1916 |
| 大新钱号 | 施家胡同 | 1923 | 汇昌银号总号 | 西河沿291号 | 1929 |
| 大信银号 | 掌扇胡同30号 | 1921 | 积昌银号 | 廊房二条 | 1926 |
| 大中银号 | 掌扇胡同30号 | 1919 | 积昌银号总号 | 廊房三条26号 | 1926 |
| 德成号银钱店 | 北火扇 | 清末民初 | 集成银号 | 施家胡同 | |
| 德润兴钱庄 | 珠宝市3号 | 1908 | 济通钱庄 | 钱市4号 | 1934 |
| 德森厚银钱店 | 观音寺 | 1900 | 济通银号总号 | 珠宝市18号 | 1934 |
| 鼎丰银号 | 施家胡同 | 1938 | 金华银号总号 | 掌扇胡同甲19号 | 1941 |
| 鼎丰银号总号 | 廊房头条37号 | 1937 | 金台银号 | 掌扇胡同26号 | 1912 |
| 福成银号 | 云居寺12号 | 1924 | 晋汇丰银号总号 | 掌扇胡同1号 | 1947 |
| 福华兑换所 | 延寿寺街31号 | 1920 | 聚德新记银号 | 西河沿29号 | 1934 |
| 福利银号总号 | 西河沿3号 | 1939 | 聚德新记银号总号 | 西河沿293号 | 1934 |
| 福生银号 | 煤市街27号 | 1931 | 聚盛源银号 | 珠宝市 | 清末民初 |
| 福生银号总号 | 施家胡同9号 | 1931 | 聚义银号总号 | 珠宝市30号 | 清末明初 |
| 福顺德钱庄 | 王皮胡同12号 | | 开源银号 | 廊房头条 | 1916 |
| 福顺德银行 | 王皮胡同52号 | 1944 | 开源银号总号 | 观音寺98号 | 1940 |
| 复大银号 | 施家胡同 | 1920 | 立丰银号总号 | 施家胡同15号 | 1941 |
| 复丰银号 | 施家胡同25号 | 民国初年 | 丽丰厚钱铺 | 西河沿 | 1916 |
| 广瑞银号 | 施家胡同17号 | 1938 | 启明新记银号北平分号 | 施家胡同10号 | 1935 |
| 广信银号 | 小马神庙5号 | 1941 | 谦兴银号 | 施家胡同25号 | 1947 |
| 广裕号 | 西河沿 | | 谦兴银号总号 | 珠宝市43号 | 1923 |
| 恒盛号银钱店 | 珠宝市 | 1902 | 乾德号银钱店 | 琉璃厂东门 | 清末民初 |
| 恒泰银号北平分号 | 掌扇胡同17号 | 1937 | 乾德号银钱店 | 虎坊桥 | 1905 |
| 恒兴银号 | 西河沿274号 | 1933 | 乾泰号 | 西河沿 | 1896 |
| 恒兴银号总号 | 廊房头条29号 | 1947 | 乾云生银钱店 | 西河沿 | 1907 |
| 恒义银号 | 廊房二条 | 1913 | 庆成银号 | 施家胡同15号 | 1913 |
| 恒源永银号 | 排子胡同12号 | 1923 | 庆祥瑞银钱店 | 煤市街 | 1895 |
| 宏兴银号 | 施家胡同4号 | 1924 | 全聚厚炉房 | 钱市 | 1909 |
| 鸿丰银号 | 杨梅竹斜街 | 1905 | 全聚厚银号总号 | 钱市 | 清光绪初年 |
| 鸿庆裕银号总号 | 廊房头条42号 | 1931 | 泉通银号 | 施家胡同 | |
| 厚德新记银号总号 | 西河沿293号 | 1934 | 仁昌银号总号 | 观音寺65号 | 1947 |

| 名称 | 位置 | 创办年代 |
|---|---|---|
| 仁昌银号总号 | 西河沿 | 1860 |
| 仁兴公银号 | 施家胡同 | 1912 |
| 荣长厚银号总号 | 廊房二条 90 号 | 1947 |
| 瑞华和记银号 | 廊房头条 74 号 | 1924 |
| 三聚源银号总号 | 施家胡同 14 号 | 1946 |
| 三益兴银钱店 | 珠宝市 | 1914 |
| 华丰盛银号 | 排子胡同 | 1923 年前 |
| 太原仁发公银号北平分号 | 观音寺 98 号 | 1946 |
| 泰增兑换所 | 大齐家胡同 | 民国初年 |
| 天昌厚银号 | 施家胡同 | 1923 |
| 天成号 | 五道庙 | 1902 |
| 天和号 | 珠宝市 | |
| 天津大信源银号北平分店 | 骡马市大街 | 1941 |
| 天津大信源银号北平分号 | 取灯胡同 17 号 | 1939 |
| 天津广瑞银号北平分号 | 施家胡同 17 号 | 1938 |
| 天津华丰银号北平分号 | 排子胡同 | 1921 年前 |
| 天津华丰银号北平分号 | 马神庙 14 号 | 民国 |
| 天津裕昌厚银号北平分号 | 施家胡同 14 号 | 1939 |
| 天津肇兴银号北平分号 | 杨梅竹斜街甲 128 号 | 1941 |
| 天利银号 | 炭儿胡同 | 1916 |
| 天兴号银钱店 | 廊房头条 | 1912 |
| 通源号银钱店 | 西河沿 | 1904 |
| 同长发银号总号 | 杨梅竹斜街 | 1920 |
| 同成银号 | 西河沿 | 1919 年前 |
| 同盛银号总号 | 杨梅竹斜 100 号 | 1942 |
| 同元祥银号 | 施家胡同 | 1901 |
| 同元祥银号总号 | 珠宝市 31 号 | 1901 |
| 同源祥银号 | 珠宝市 | |
| 同源银号 | 施家胡同 | 1905 |
| 同源银号 | 掌扇胡同 | 1905 |
| 万聚银号 | 珠宝市 | 清末民初 |
| 万源恒银号 | 大齐家胡同 | 1901 |
| 祥和号银钱店 | 廊房二条 | |
| 祥顺兴银号 | 珠宝市 8 号 | 1917 |
| 信成记银号总号 | 施家胡同 11 号 | 1947 |

| 名称 | 地址 | 创办年代 |
|---|---|---|
| 信诚银号 | 廊房头条 29 号 | 1933 |
| 信康银钱店 | 施家胡同 14 号 | 1911 |
| 信康银钱店 | 大栅栏 | |
| 信裕银号 | 珠宝市 7 号 | 1939 |
| 义昌银号 | 施家胡同 | 1912 |
| 义昌源银号 | 珠宝市 43 号 | 1920 |
| 义合银号 | 施家胡同 14 号 | |
| 义聚升银号 | 杨梅斜街 | 1916 |
| 义隆银号总号 | 观音寺 88 号 | 1939 |
| 义生钱庄 | 廊房二条 34 号 | 民国 |
| 义生银号 | 施家胡同 15 号 | 1947 |
| 义生银号总号 | 小马神庙甲 17 号 | 1929 |
| 义顺银号 | 施家胡同 | |
| 亿顺银号 | 施家胡同 3 号 | 1900 |
| 益恒银号 | 廊房二条 | 1908 |
| 永泰成银号 | 廊房二条 54 号 | 1901 |
| 永泰成银号 | 廊房二条 60 号 | 1936 |
| 永泰成银号总号 | 廊房头条 47 号 | 1901 |
| 余大昌银号 | 煤市街 27 号 | 1927 |
| 余大亨银号 | 煤市街 27 号 | 1920 |
| 余大亨银号 | 施家胡同 | 1930 |
| 裕昌银号 | 掌扇胡同 | 1924 |
| 裕长厚银号总号 | 珠市口 77 号 | 1913 |
| 裕华银号 | 廊房二条 10 号 | 1920 |
| 裕康银号 | 煤市街 | 1912 |
| 裕生银号 | 煤市街 | 1912 |
| 裕兴中银号总号 | 施家胡同 7 号 | 1947 |
| 裕源银号 | 煤市街 41 号 | 1896 |
| 裕源银号 | 王皮胡同 | |
| 源利银号总号 | 西河沿 29 号 | 1931 |
| 肇通银号 | 西河沿 | 1923 |
| 正通银号总号 | 西河沿 | 1917 |
| 中裕银号总号 | 珠宝市 43 号 | 1939 |
| 中原证券交易所 | 西河沿 196 号 | 民国 |
| 中源银号总号 | 西河沿 | 1929 |

# 金融业·银行

| 名称 | 位置 | 创办年代 |
| --- | --- | --- |
| 大同银行 | 前门大街29号 | 1946 |
| 国华银行 | 西河沿17号 | 民国 |
| 河北省银行 | 施家胡同 | 1930 |
| 华北工商银行北平前外支行 | 西柳树井65号 | 民国 |
| 华侨实业银行 | 西河沿21号 | 民国 |
| 华威银行 | 施家胡同 | 民国 |
| 积生银行 | 施家胡同6号 | 1942 |
| 交通银行 | 西河沿17号 | 1908 |
| 金城银行北平南城办事处 | 西河沿 | 民国 |
| 聚兴诚银行 | 煤市街 | 民国 |
| 聚义银行 | 前门大街29号 | 1944 |
| 蒙疆银行北平分行 | 廊房头条 | 民国 |
| 同德银行 | 施家胡同11号 | 1944 |
| 新华信托储蓄银行 | 廊房头条8号 | 1914 |
| 信诚银行 | 廊房头条29号 | 1942 |
| 盐业银行 | 西河沿11号 | 1912 |
| 正太银行 | 大栅栏58号 | 民国 |
| 殖边银行 | 施家胡同 | 民国 |
| 中华懋业银行 | 西河沿198号 | 民国 |
| 中南银行 | 西河沿37号 | 1922 |

# 天桥·店铺

| 名称 | 位置 |
| --- | --- |
| 扒羔摊 | 公平市场 |
| 白记理发馆 | 公平市场 |
| 白文光茶馆 | 公平市场 |
| 宝恒煤铺 | 福长街头条33号 |
| 宝筑馨油盐店 | 福长街三条11号 |
| 爆肚石 | 西市场 |
| 爆肚王 | 西市场 |
| 冰水摊 | 公平市场 |
| 茶馆 | 西市场东街 |
| 茶座 | 福长街 |
| 炒肝摊 | 公平市场 |
| 车技小老黑儿 | 公平市场 |
| 车摊 | 公平市场 |
| 陈天辉字画 | 福长街 |
| 成衣铺 | 西市场西街 |
| 程记饭铺 | 公平市场 |
| 程记饭铺 | 公平市场 |
| 迟记饭铺 | 公平市场 |
| 崇德木厂 | 公平市场98号 |
| 春发永油盐店 | 先农市场 |
| 春华阁茶馆 | 公平市场56号 |
| 春华园茶社 | 公平市场 |
| 春记油盐店 | 西市场西街47号 |
| 春明园饭馆 | 公平市场45号 |
| 崔立成小器作 | 天桥西沟旁27号 |
| 大兵黄 | 福长街 |
| 大饼摊 | 公平市场 |
| 大德恒 | 西市场中街丙18号 |
| 大金牙焦金池 | 公平市场 |
| 大有恒油房 | 福长街三条甲5号 |
| 大有油盐店 | 公平市场63号 |
| 大中铁工厂 | 福长街四条甲1号 |
| 刀子杨 | 西市场 |
| 道德堂 | 先农市场 |
| 得意轩 | 福长街头条 |
| 德成估衣庄 | 西市场大街9号 |
| 德记茶馆 | 公平市场46号 |
| 德记理发 | 福长街 |
| 德记照相 | 城南商场 |
| 德隆厚油盐粮店 | 天桥西沟旁甲16号 |

| 名　称 | 位　置 |
|---|---|
| 德隆轩茶馆 | 公平市场 49 号 |
| 德升棚铺 | 公平市场 75 号 |
| 德盛茂旧货铺 | 西市场东街 2 号 |
| 东福顺牛肉铺 | 福长街二条 30 号 |
| 东海理发 | 惠元市场戊 1 号 |
| 东震记茶庄 | 西市场西街 54 号 |
| 豆腐脑白 | 西市场 |
| 豆汁舒 | 西市场 |
| 豆汁薛 | 先农市场 |
| 杜级饭铺 | 西市场西街 49 号 |
| 杜记烧饼 | 西市场西街 |
| 杜云华相命馆 | 华安市场 |
| 堆房 | 天桥西沟旁 28 号 |
| 多一士相命馆 | 西市场 |
| 二愣子 | 公平市场 |
| 二义轩饭馆 | 福长街 |
| 二友轩茶社 | 西市场南街 |
| 二友轩坤书馆 | 公平市场 6 号 |
| 翻洗礼帽 | 先农市场 |
| 饭铺 | 公平市场 63 号 |
| 饭摊 | 西市场东街 |
| 饭摊 | 天桥西沟旁 |
| 福昌煤铺 | 公平市场乙 99 号 |
| 福成煤油 | 西市场大街 |
| 福典店 | 福长街三条乙 5 号 |
| 福海居茶馆 | 西市场中街 3 号 |
| 福聚粮栈 | 福长街三条 37 号 |
| 福六茶馆 | 福长街头条 |
| 福顺成集货铺 | 西市场西街丙 86 号 |
| 福顺煤铺 | 西市场中街 18 号 |
| 福源典集货铺 | 西市场西街 89 号 |
| 福源号 | 天桥西沟旁 16 号 |
| 福增祥杂货铺 | 公平市场 112 号 |
| 辅成客店 | 公平市场 |
| 复兴货栈 | 福长街三条 43 号 |
| 富增号皮带铺 | 天桥西沟旁 8 号 |
| 公记料器厂 | 福长街头条 22 号 |
| 公平市场 | 公平市场 |
| 狗熊程 | 公平市场 |
| 估衣 | 西市场大街 15 号 |
| 估衣 | 西市场大街 17 号 |
| 估衣 | 西市场大街 18 号 |
| 估衣 | 西市场大街甲 21 号 |
| 估衣 | 西市场大街丙 21 号 |
| 估衣 | 西市场大街 21 号 |
| 估衣 | 西市场大街 38 号 |
| 估衣铺 | 西市场东街 |
| 沽丰厚估衣 | 西市场中街乙 13 号 |
| 古记茶馆 | 西市场东街 |
| 谷记煤铺 | 西市场 |
| 瓜子摊 | 公平市场 |
| 关顺朋竹板书 | 福长街 |
| 灌肠摊 | 先农市场 |
| 罐肉米粉 | 福长街 |
| 广生堂 | 公平市场 47 号 |
| 广兴斋点心铺 | 公平市场 61 号 |
| 果子赵 | 福长街头条 |
| 海典永军衣庄 | 西市场南街 33 号 |
| 韩记茶馆 | 公平市场 |
| 合顺小店 | 公平市场 64 号 |
| 合顺轩茶馆 | 天桥西沟旁 2 号 |
| 何记炸鱼 | 公平市场 |
| 和生粮房 | 西市场中街 16 号 |
| 和生粮房 | 西市场中街 16 号 |
| 和兴成 | 天桥西沟旁 22 号 |
| 饹饹摊 | 公平市场 |
| 恒昌 | 西市场中街丁 13 号 |
| 鸿兴店 | 公平市场甲 117 号 |
| 华康号鞋料庄 | 天桥西沟旁 10 号 |
| 滑稽大鼓 | 西市场 |
| 回民饭馆 | 西市场东街 |
| 汇春号油盐店 | 惠元市场 26 号 |
| 馄饨铺 | 公平市场 |
| 吉顺成百货店 | 西市场西街 37 号 |
| 吉兴货栈 | 福长街三条 43 号 |
| 架冬瓜 | 西市场 |
| 嫁妆铺 | 西市场东街 |
| 嫁妆铺 | 西市场东街 |
| 金记袜厂 | 西市场西街 71 号 |
| 金右杂技场 | 公平市场 |

| 名　　称 | 位　　置 |
| --- | --- |
| 晋金泉酒馆 | 公平市场 |
| 镜框铺 | 西市场东街 |
| 镜框铺 | 西市场东街 |
| 酒饭铺 | 福长街 |
| 酒铺 | 公平市场 |
| 旧帛书摊市 | 公平市场 |
| 旧货 | 西市场中街 |
| 旧货摊 | 先农市场 |
| 旧货摊 | 西市场东街 |
| 客店 | 公平市场 |
| 孔记饭铺 | 天桥西沟旁甲29号 |
| 快相 | 公平市场 |
| 快相 | 西市场 |
| 劳工收留所 | 先农市场 |
| 老豆腐摊 | 公平市场 |
| 老鼠王卦摊 | 福长街 |
| 老倭瓜 | 西市场 |
| 梨园 | 公平市场117号 |
| 黎明小学 | 西市场南街甲21号 |
| 理发馆 | 先农市场 |
| 利昌眼镜行 | 西市场西街癸37号 |
| 联丰号 | 天桥西沟旁3号 |
| 临时经租处 | 公平市场 |
| 刘记饭铺 | 公平市场43号 |
| 刘记鞋铺 | 西市场西街 |
| 隆茂兴煤铺 | 公平市场79号 |
| 禄香园 | 公平市场 |
| 麓康牙馆 | 西市场南街30号 |
| 落子馆 | 西市场东街 |
| 马记饭铺 | 西市场南街13号 |
| 馒头铺 | 公平市场 |
| 帽徽张 | 西市场南街 |
| 帽子铺 | 西市场西街 |
| 煤铺 | 福长街 |
| 美雅轩 | 先农市场 |
| 孟宪章饭铺 | 西市场中街 |
| 米号铺 | 福长街二条24号 |
| 面茶杨 | 公平市场 |
| 妙先知命馆 | 公平市场 |
| 明远堂 | 西市场西街75号 |

| 名　　称 | 位　　置 |
| --- | --- |
| 木器家具 | 西市场东街 |
| 南来顺 | 西市场 |
| 南耀昌 | 华安市场 |
| 鸟市 | 天桥西沟旁 |
| 浓香园酒馆 | 福长街 |
| 皮匠 | 公平市场111号 |
| 复兴电料行 | 福长街头条29号 |
| 棋摊 | 公平市场 |
| 汽车行 | 三角市场 |
| 汽水厂 | 中和商场1号 |
| 谦和祥袜子铺 | 西市场西街85号 |
| 清林居小店 | 天桥西沟旁14号 |
| 清香居饭馆 | 福长街40号 |
| 庆隆茶庄 | 先农市场 |
| 屈记烧饼铺 | 西市场西街 |
| 全家福 | 福长街 |
| 泉泰永估衣铺 | 天桥西沟旁甲8号 |
| 荣华店 | 公平市场甲56号 |
| 荣华店 | 公平市场115号 |
| 荣华馨油盐店 | 公平市场甲81号 |
| 荣三元羊肉铺 | 天桥西沟旁丁16号 |
| 荣升客店 | 城南商场9号 |
| 荣知号麻铺 | 西市场西街52号 |
| 肉皮饭铺 | 公平市场 |
| 肉铺 | 西市场西街95号 |
| 如利泉洗衣局 | 城南商场8号 |
| 瑞成小店 | 公平市场甲84号 |
| 瑞生祥煤铺 | 西市场中街甲18号 |
| 瑞兴成估衣庄 | 天桥西沟旁7号 |
| 瑞云茶社 | 福长街头条 |
| 赛活驴 | 福长街 |
| 三合店小店 | 公平市场甲65号 |
| 三合永花生铺 | 公平市场丁100号 |
| 三田瓷庄 | 天桥西沟旁28号 |
| 三义轩茶馆 | 福长街三条丙5号 |
| 烧饼 | 福长街三条6号 |
| 甡甡号皮带铺 | 天桥西沟旁甲9号 |
| 生生堂 | 公平市场甲100号 |
| 石家饭铺 | 西市场中街5号 |
| 试力小摊 | 先农市场 |

| 名称 | 位置 | 名称 | 位置 |
|---|---|---|---|
| 顺居饭馆 | 公平市场39号 | 镶牙馆 | 西市场大街甲59号 |
| 顺兴铁厂 | 公平市场80号 | 祥聚公点心铺 | 先农市场 |
| 私立天桥清真寺复成小学 | 福长街四条1号 | 小吃摊 | 公平市场 |
| 宋记茶社 | 公平市场 | 蝎子油 | 福长街 |
| 苏记铁铺 | 公平市场78号 | 协丰 | 西市场大街14号 |
| 孙五茶馆 | 公平市场 | 鞋铺 | 西市场 |
| 泰和成油盐店 | 公平市场丙99号 | 鞋摊 | 西市场西街 |
| 摊商群 | 西市场东街 | 新华浴室 | 西市场东街 |
| 糖李 | 福长街 | 新升木厂 | 公平市场99号 |
| 天福太米粮店 | 福长街头条21号 | 新盛理发馆 | 西市场南街36号 |
| 天华园茶社 | 公平市场 | 新药池浴塘 | 西市场大街12号 |
| 天巨永米粮店 | 天桥西沟旁31号 | 修理厂 | 中和商场2号 |
| 天新劈柴厂 | 福长街三条甲5号 | 许记理发铺 | 西市场 |
| 天新园澡堂 | 天桥西沟旁12号 | 旋粉摊 | 公平市场 |
| 天益和酒馆 | 西市场中街戊18号 | 羊肉铺 | 福长街 |
| 天源酒店 | 福长街二条20号 | 羊霜肠摊 | 公平市场 |
| 铁铺 | 公平市场 | 杨记烧饼铺 | 公平市场118号旁门 |
| 同昌号补带厂 | 公平市场甲76号 | 杨铁嘴 | 先农市场 |
| 同德煤厂 | 公平市场81号 | 一利公粮店 | 西市场南街甲21号 |
| 同发祥估衣铺 | 城南商场29号 | 义成袜子铺 | 西市场西街37号 |
| 同福泰铜铁铺 | 天桥西沟旁甲26号 | 义电碘酒铺 | 西市场西街1号 |
| 同乐轩 | 西市场 | 义和轩茶馆 | 公平市场53号 |
| 同义成估衣铺 | 天桥西沟旁甲20号 | 义记羊肉铺 | 福长街二条甲28号 |
| 外兴成羊肉铺 | 福长街三条甲28号 | 义明铺产 | 福长街三条甲17号 |
| 万合成洋货铺 | 西市场西街81号 | 义生和洋货庄 | 西市场西街76号 |
| 万恒斋鞋铺 | 天桥西沟旁甲33号 | 义生货栈 | 公平市场99号 |
| 万聚鞋行 | 西市场西街15号 | 义顺轩饭馆 | 福长街36号 |
| 万盛祥木场 | 公平市场81号 | 永德油局 | 公平市场乙99号 |
| 万顺理发馆 | 西市场西街3号 | 永巨福皮带行 | 天桥西沟旁乙8号 |
| 万源泰煤油庄 | 公平市场乙81号 | 永利居饭庄 | 西市场东街 |
| 王记馆铺 | 公平市场40号 | 永明仁记粮栈 | 公平市场119号 |
| 王记饺子馆 | 公平市场 | 永生茶社 | 公平市场 |
| 王子诊相命馆 | 先农市场 | 永生茶庄 | 福长街头条 |
| 魏记茶馆 | 公平市场 | 永生厚画玻璃 | 福长街二条29号 |
| 温记饭铺 | 公平市场 | 永盛理发 | 公平市场 |
| 文兴和古玩铺 | 天桥西沟旁5号 | 永盛轩茶馆 | 公平市场甲61号 |
| 文义和挂货铺 | 天桥西沟旁乙17号 | 永顺轩茶馆 | 公平市场54号 |
| 五金 | 西市场中街 | 永泰木板 | 天桥西沟旁34号 |
| 武术开石 | 公平市场 | 油盐店 | 中和商场3号 |
| 西华轩 | 西市场西街 | 于凤海干货 | 公平市场 |

| 名　称 | 位　置 |
| --- | --- |
| 玉三元烧饼铺 | 西市场西街 92 号 |
| 玉兴盛 | 天桥西沟旁乙 12 号 |
| 源聚永挂货铺 | 天桥西沟旁 27 号 |
| 源顺和油盐店 | 公平市场 |
| 云义号估衣铺 | 天桥西沟旁甲 17 号 |
| 杂项 | 西市场中街 |
| 炸糕安 | 福长街 |
| 张八茶馆 | 西市场 |
| 张宝森大正琴 | 先农市场 |
| 张公道刀剪铺 | 福长街头条 |
| 兆奎铅丝网厂 | 西市场中街 |
| 赵金科茶馆 | 西市场 |
| 振记酒铺 | 西市场西街 98 号 |

| 名　称 | 位　置 |
| --- | --- |
| 振兴隆桌椅铺 | 天桥西沟旁乙 16 号 |
| 志强号羊肉铺 | 西市场西街 4 号 |
| 中乐戏院 | 公平市场甲 61 号 |
| 中兴饭馆 | 公平市场 |
| 中兴号煤铺 | 惠元市场 26 号 |
| 忠德厚估衣铺 | 西市场大街 57 号 |
| 忠义木厂 | 公平市场 99 号 |
| 重生诊疗所 | 公平市场 7 号 |
| 状元楼肉铺 | 西市场东街 |
| 坠子馆 | 先农市场 |
| 宗记鞋铺 | 西市场 |
| 租书铺 | 先农市场 |

## 天　桥·戏　院

| 名　称 | 位　置 |
| --- | --- |
| 丹桂戏院 | 公平市场 |
| 德盛轩戏院 | 公平市场 |
| 红楼戏院 | 西市场大街 |
| 华安戏院 | 福长街二条 |
| 华兴戏院 | 福长街二条 |
| 吉祥戏院 | 公平市场 |
| 魁华戏院 | 西市场大街 |
| 升平戏院 | 西市场大街 |

| 名　称 | 位　置 |
| --- | --- |
| 天乐戏剧院 | 公平市场 |
| 万盛轩戏院 | 公平市场 55 号 |
| 小蓬莱戏院 | 公平市场 |
| 小桃园戏院 | 公平市场 |
| 小小戏院 | 西市场西街 79 号 |
| 新民影院 | 公平市场 |
| 振先戏院 | 西市场大街 |
| 中乐戏院 | 公平市场 |

## 天　桥·艺人活动和居住场所

| 名　称 | 位　置 |
| --- | --- |
| 宝善林 | 公平市场 |
| 蔡金波 | 公平市场 |
| 曹鹏飞 | 公平市场 |
| 陈荣启 | 福长街二条 |
| 陈荫荣 | 福长街二条 |
| 段兴云 | 福长街 |
| 高凤山 | 公平市场 |
| 关顺贵 | 福长街 |
| 关顺鹏 | 公平市场 |

| 名　称 | 位　置 |
| --- | --- |
| 关学曾 | 公平市场 |
| 韩金铎 | 公平市场 |
| 侯宝林 | 公平市场 |
| 胡老道 | 公平市场 |
| 姜铁生 | 福长街 |
| 蓝武贵 | 公平市场 |
| 老李桂云 | 公平市场 |
| 李德奎 | 先农市场 |
| 李继有 | 福长街 |

| 名　　称 | 位　　置 |
|---|---|
| 李万兴 | 福长街头条 |
| 李耀轩 | 先农市场 |
| 连阔如 | 福长街头条 |
| 梁益鸣 | 公平市场 |
| 刘德智 | 公平市场 |
| 刘淑惠 | 福长街头条 |
| 刘湘涛 | 先农市场 |
| 刘醒民 | 福长街 |
| 刘玉林 | 公平市场 |
| 罗沛林 | 公平市场 |
| 马元凯 | 先农市场 |
| 彭素海 | 福长街 |
| 品正三 | 公平市场 |
| 沈友三 | 福长街 |
| 孙宝才 | 公平市场 |
| 孙呈海 | 公平市场 |
| 陶湘九 | 福长街 |
| 王才良 | 公平市场 |
| 王杰魁 | 公平市场 |
| 魏喜奎 | 公平市场 |
| 小老黑 | 公平市场 |
| 新凤霞 | 西市场西街 |
| 辛稳立 | 福长街 |
| 徐云川 | 先农市场 |
| 杨俊峰 | 福长街 |
| 杨清波 | 公平市场 |
| 姚俊英 | 公平市场 |
| 云里飞 | 福长街 |
| 张宝华 | 公平市场 |
| 张宝忠 | 公平市场 |
| 赵连升 | 公平市场 |
| 赵连喜 | 公平市场 |
| 真珠钻 | 公平市场 |
| 朱国良 | 公平市场 |
| 朱国全 | 公平市场 |
| 朱国勋 | 公平市场 |
| 朱纪文 | 公平市场 |

## 天　桥·医疗保健

| 名　　称 | 位　　置 |
|---|---|
| 陈福忠诊所 | 西市场西街 |
| 陈济平牙馆 | 西市场东街 |
| 重生诊所 | 西市场 |
| 虫子杨 | 福长街 |
| 春华永牙铺 | 西市场东街13号 |
| 东方牙铺 | 西市场东街16号 |
| 东海升牙馆 | 西市场中街 |
| 东海兴镶牙馆 | 西市场中街8号 |
| 度新华牙铺 | 西市场东街8号 |
| 冯德贵牙馆 | 西市场东街 |
| 孚中诊疗所 | 西市场西街8号 |
| 高国珍牙馆 | 西市场东街 |
| 高尚勤牙馆 | 西市场东街 |
| 广生堂 | 公平市场 |
| 贺普仁诊所 | 西市场西街7号 |
| 黑驴拔牙 | 福长街 |
| 瘊子王诊所 | 公平市场 |
| 华成牙铺 | 西市场东街36号 |
| 黄显卿牙馆 | 西市场东街 |
| 健民牙铺 | 西市场东街30号 |
| 今是镶牙铺 | 西市场西街乙37号 |
| 今是牙馆 | 公平市场 |
| 金回回膏药铺 | 西市场东街 |
| 金鉴堂 | 公平市场 |
| 金牛药社 | 西市场南街 |
| 聚和成镶牙铺 | 城南商场23号 |
| 兰伯杨牙馆 | 西市场大街 |
| 李德元牙馆 | 先农市场 |
| 李望明眼科 | 公平市场 |
| 李子衡药社 | 公平市场 |
| 亮光明眼药 | 先农市场 |
| 刘鸿奇药房 | 先农市场 |

| 名　　称 | 位　　置 |
|---|---|
| 刘鸣奎牙馆 | 先农市场 |
| 刘庆云眼药 | 先农市场 |
| 刘仁恒牙馆 | 西市场大街 |
| 刘文忠牙馆 | 福长街头条 |
| 娄云善治脚 | 先农市场 |
| 芦树刚牙馆 | 西市场东街 |
| 麓康牙馆 | 西市场南街30号 |
| 乾益堂药铺 | 西市场中街丁18号 |
| 瑞华牙铺 | 西市场东街6号 |
| 瑞生牙铺 | 西市场东街甲35号 |
| 尚一堂药铺 | 先农市场 |
| 生牙铺 | 西市场大街27号 |
| 王荣昆牙馆 | 西市场 |
| 王树林牙馆 | 西市场东街 |

| 名　　称 | 位　　置 |
|---|---|
| 王兴汉牙馆 | 西市场东街 |
| 五洲牙馆 | 西市场中街9号 |
| 西欧牙馆 | 西市场东街 |
| 信记牙馆 | 先农市场 |
| 信记牙馆东号 | 福长街头条 |
| 癣药刘 | 先农市场 |
| 杨荣牙馆 | 西市场东街 |
| 于向昌牙馆 | 西市场东街 |
| 张和兴牙馆 | 西市场东街 |
| 张志茹牙馆 | 西市场东街 |
| 振东牙馆 | 西市场大街 |
| 治脚孟 | 先农市场 |
| 钟文远牙馆 | 先农市场 |

## 手工业和近代工业

| 名　　称 | 位　　置 | 创办年代 |
|---|---|---|
| 北大铁工厂 | 广安大街 | 1924 |
| 北德顺铁工厂 | 广安大街 | 1920 |
| 北京和济印刷局 | 广安门大街96号 | 民国 |
| 北京铁工厂 | 香厂路20号 | 1930 |
| 北京印刷局 | 取灯胡同11号 | 民国 |
| 北洋家庭制药社 | 云居寺24号 | 民国 |
| 博文印书局 | 排子胡同 | 民国 |
| 晨光毛巾工厂 | 三庙街23号 | 1928 |
| 初启造纸厂 | 南线阁 | 民国 |
| 纯记铁工厂 | 香厂路 | 1928 |
| 大昌电机染厂 | 魏染胡同19号 | 1922 |
| 大昌铁工厂 | 玉虚观 | 1928 |
| 大光明玻璃工厂 | 龙泉寺 | 民国 |
| 大华陶瓷厂 | 南线阁 | 1942 |
| 大陆造胰厂 | 博兴胡同19号 | 1920 |
| 大象烟草公司 | 老墙根 | 民国 |
| 大业印刷局 | 虎坊桥87号 | 1922 |
| 大众烟厂 | 校场五条39号 | 民国 |
| 刀铺 | 麻刀胡同 | 清代 |
| 德记铁厂 | 香厂路丙4号 | 民国 |
| 德日新皮厂 | 南华东里1号 | 民国 |

| 名　　称 | 位　　置 | 创办年代 |
|---|---|---|
| 德顺合铁工厂 | 老墙根 | 1930 |
| 第一监狱印刷所 | 姚家井京师第一监狱 | 民国 |
| 都门印字局 | 虎坊桥 | 民国 |
| 恩光印刷局 | 西茶食胡同 | 民国 |
| 二合刀铺 | 上斜街 | 清代 |
| 法轮印字局 | 魏染胡同 | 民国 |
| 凤记铁厂 | 公平市场丙2号 | 不详 |
| 福昌织布厂 | 丞相胡同 | 1928 |
| 福盛公水烟公司 | 菜园六条4号 | 1929 |
| 福信成毛厂 | 校尉营3号 | 民国 |
| 福兴面粉厂 | 广安门大街 | 民国 |
| 福兴铁工厂 | 虎坊桥55号 | 1920 |
| 复大制针厂 | 校场五条30号 | 民国 |
| 复兴铁工厂 | 帐垂营20号 | 1928 |
| 富华印刷所 | 梁家园后身 | 民国 |
| 富庆隆铁工厂 | 香厂路 | 1921 |
| 工艺厂 | 广安门大街 | 民国 |
| 公大成得记铁粉厂 | 西城根28号 | 民国 |
| 公记料器工厂 | 福长街头条23号 | 1928 |
| 公记印刷局 | 杨梅竹斜街 | 民国 |
| 公记印字馆 | 魏染胡同 | 民国 |

| 名称 | 位置 | 创办年代 |
| --- | --- | --- |
| 恭记铁厂 | 下斜街40号 | 民国 |
| 共和印刷局 | 琉璃厂 | 民国 |
| 光明印刷局 | 宣武门大街136号 | 民国 |
| 广安木厂 | 广安里乙9号 | 民国 |
| 广纶织布厂 | 城隍庙街 | 1929 |
| 广兴铁工厂 | 广安大街 | 1929 |
| 广益印书局 | 大宏庙 | 民国 |
| 桂馨斋酱园 | 骡马市大街 | 清代 |
| 国权报印刷所 | 排子胡同 | 民国 |
| 国声印字馆 | 魏染胡同 | 民国 |
| 和记铁工厂 | 窑台2号 | 1917 |
| 黑窑厂 | 窑台 | 明代 |
| 恒盛水厂 | 果子巷26号 | 民国 |
| 鸿昌毛厂 | 棉花五条14号 | 民国 |
| 鸿兴煤场 | 广安门大街66号 | 民国 |
| 华昌制版局 | 李铁拐斜街 | 民国 |
| 华达铁工厂 | 宣武门大街170号 | 1924 |
| 华东染织厂 | 龙泉寺乙3号 | 民国 |
| 华国印书局 | 虎坊桥 | 民国 |
| 华国印刷局 | 棉花八条 | 民国 |
| 华盛铁厂 | 铁门4号 | 1910 |
| 华盛印书局 | 琉璃厂西门 | 民国 |
| 华通铁工厂 | 永安路19号 | 1923 |
| 华新印刷局 | 琉璃厂玉皇庙 | 民国 |
| 华言印刷局 | 西砖胡同5号 | 民国 |
| 惠型富记铁工厂 | 老墙根 | 1930 |
| 火药局 | 白纸坊街 | 清代 |
| 济安堂 | 杨梅竹斜街 | 明代 |
| 建华造胰厂 | 烂缦胡同72号 | 民国 |
| 胶房 | 粉房琉璃街 | 清代 |
| 金城药厂 | 裘家街14号 | 民国 |
| 京华印报处 | 八角琉璃井 | 民国 |
| 京华印书局 | 南新华街甲37号 | 1908 |
| 京津印刷局 | 西河沿271号 | 民国 |
| 久信针厂 | 取灯胡同5号 | 1916 |
| 聚隆织布厂 | 沙栏胡同30号 | 民国 |
| 聚生织布厂 | 潘家河沿 | 1928 |
| 聚泰号 | 宣武门大街 | 清代 |
| 开源毛毯厂 | 烂缦胡同84号 | 1907 |
| 孔家砂锅店 | 上斜街 | 民国 |

| 名称 | 位置 | 创办年代 |
| --- | --- | --- |
| 魁华印字馆 | 廊坊三条 | 民国 |
| 老便宜坊 | 米市胡同 | 清代 |
| 老华记糖厂 | 小川淀13号 | 民国 |
| 丽泉汽水厂 | 三庙前街甲1号 | 民国 |
| 利昌同记木厂 | 西经路 | 不详 |
| 利华毛厂 | 广安门大街 | 民国 |
| 利民织染厂 | 棉花上七条 | 民国 |
| 刘家粉房 | 粉房琉璃街 | 明代 |
| 琉璃窑厂 | 琉璃厂 | 明代 |
| 六必居 | 粮食店街 | 1530 |
| 隆和木厂 | 福长街甲4号 | 民国 |
| 明华号新记汽水厂 | 西珠市口58号 | 民国 |
| 明明印刷局 | 丞相胡同4号 | 民国 |
| 明新印字局 | 魏染胡同 | 民国 |
| 明星印书局 | 后孙公园2号 | 民国 |
| 南大洋行 | 公平市场 | 民国 |
| 泥人张 | 赶驴市 | 清代 |
| 亲学印刷局 | 大川淀 | 民国 |
| 群益印刷局 | 达智桥 | 民国 |
| 染房 | 西便门大街 | 不详 |
| 仁和补带厂 | 永安路102号 | 民国 |
| 荣林铁工厂 | 香厂路 | 1917 |
| 瑞记鬃毛厂 | 广安门大街171号 | 民国 |
| 三合木厂 | 樱桃斜街 | 民国 |
| 三和铁工厂 | 西柳树井35号 | 1923 |
| 三盛合铁工厂 | 宣武门大街100号 | 1929 |
| 三阳面粉厂 | 西便门南大道甲1号 | 1920 |
| 神工印刷局 | 米市胡同 | 民国 |
| 圣若瑟铁补工厂 | 椿树胡同22号 | 民国 |
| 世界药社 | 劝业场142号 | 民国 |
| 手工皮毛作坊 | 蜡烛芯 | 民国 |
| 手工造纸作坊 | 白纸坊 | 清代 |
| 双合盛啤酒厂 | 南观音寺 | 1915 |
| 顺和铁工厂 | 西柳树井22号 | 1921 |
| 顺记铁工厂 | 虎坊路47号 | 1929 |
| 顺兴段记石厂 | 永安路 | 不详 |
| 四维铁工厂 | 宣武门大街79号 | 1929 |
| 宋家鞋铺 | 大栅栏 | 明代 |
| 孙朝华铁工厂 | 虎坊路51号 | 1929 |
| 泰丰铁工厂 | 虎坊路52号 | 1929 |

| 名称 | 位置 | 创办年代 |
|---|---|---|
| 泰兴罐头厂 | 铜法寺 | 民国 |
| 天成铁工厂 | 南下洼8号 | 1930 |
| 天诚印刷厂 | 南新华街甲68号 | 民国 |
| 天华粉笔厂 | 西河沿176号 | 1915 |
| 天津造胰工厂 | 菜园12号 | 1904 |
| 天锡福织布厂 | 粉房琉璃街 | 1919 |
| 天兴印字局 | 杨梅竹斜街 | 民国 |
| 天兴造酒工厂 | 北半截13号 | 民国 |
| 天增铁工厂 | 香厂路丁20号 | 1929 |
| 同昌印刷局 | 海北寺街31号 | 民国 |
| 同顺成铁工厂 | 香厂路辛20号 | 1930 |
| 同新印刷局 | 西南园23号 | 民国 |
| 同益印刷局 | 五道庙 | 民国 |
| 同舟印刷社 | 堂子胡同 | 民国 |
| 万合铁工厂 | 铁门14号 | 1908 |
| 万兴毛厂 | 广安东里19号 | 民国 |
| 王麻子刀剪铺 | 宣武门大街 | 清代 |
| 文楷斋印刷局 | 琉璃厂258号 | 1904 |
| 文岚簃书局 | 樱桃斜街 | 民国 |
| 文益印刷局 | 丞相胡同 | 民国 |
| 文益印刷局 | 大沙土园 | 民国 |
| 文元斋升记 | 小沙土园7号 | 不详 |
| 五胜水胶工厂 | 帐垂营 | 民国 |
| 西鹤年堂 | 菜市口 | 明代 |
| 惜薪司南厂 | 老墙根 | 明代 |
| 先施公司 | 观音寺 | 民国 |
| 线铺 | 菜市口 | 明代 |
| 香山慈幼院所属工厂 | 感化胡同 | 民国 |
| 祥顺公织布厂 | 烂缦胡同 | 1930 |
| 撷华印书局 | 广安门大街96号 | 民国 |
| 新昌铁工厂 | 仁民路甲2号 | 1929 |
| 新华印书馆 | 廊坊三条 | 民国 |
| 新明补胶带厂 | 广安门大街252号 | 民国 |
| 新闻印刷局 | 羊肉胡同 | 民国 |
| 信成织袜工厂 | 西市场西街73号 | 1929 |
| 信远铁工厂 | 香厂路 | 1927 |
| 兴华制革厂 | 德朋沟义善里3号 | 民国 |
| 兴记铁工厂 | 宣武门大街171号 | 1921 |
| 兴艺铁工厂 | 广安大街 | 1929 |
| 雅观斋 | 杨梅竹斜街 | 明代 |
| 亚东制版印刷局 | 海北寺街31号 | 民国 |
| 燕京地毯厂 | 菜园子1号 | 1916 |
| 一真印字局 | 西草厂96号 | 民国 |
| 贻来年铁工厂 | 西便门内后大坑 | 民国 |
| 胰子坊 | 三眼井 | 清代 |
| 颐泉居 | 三庙大院 | 不详 |
| 义发祥毛厂 | 韩家潭43号 | 民国 |
| 义兴泰铁工厂 | 广安大街 | 1917 |
| 永安铁工厂 | 永安路29号 | 1929 |
| 永大和记面粉厂 | 寿长二条乙4号 | 民国 |
| 永发隆染厂 | 虎坊桥头条13号 | 民国 |
| 永发铁工厂 | 广安大街 | 1930 |
| 永孚制革厂 | 北纬路甲1号 | 民国 |
| 永和铁工厂 | 广安大街 | 1929 |
| 永华印刷局 | 西茶食胡同 | 民国 |
| 永明印书局 | 大井胡同 | 民国 |
| 永增被服厂 | 太平街60号 | 民国 |
| 玉泰成铁工厂 | 南新华街59号 | 1910 |
| 裕昌织布工厂 | 石虎胡同20号 | 1911 |
| 裕源印刷公司 | 廊坊三条 | 民国 |
| 元隆军装厂 | 门框胡同16号 | 民国 |
| 源丰铁工厂 | 高庙13号 | 1929 |
| 月盛斋 | 骡马市大街 | 清代 |
| 张家包头铺 | 包头章胡同 | 明代 |
| 张家醋坊 | 醋章胡同 | 清代 |
| 昭明印刷所 | 前孙公园夹道 | 民国 |
| 赵家锥子铺 | 赵锥子胡同 | 明代 |
| 振兴铁工厂 | 香厂路壬20号 | 1930 |
| 振兴织袜厂 | 西市场西街66号 | 1929 |
| 织业工厂 | 三眼井13号 | 1927 |
| 志成纺织厂 | 三教寺乙9号 | 民国 |
| 中福洋铁行 | 铁门53号 | 民国 |
| 中国桐油制造厂 | 牛街 | 民国 |
| 中华化学工厂 | 西经路14号 | 民国 |
| 中华石印局 | 南柳巷17号 | 民国 |
| 中华印刷局 | 杨梅竹斜街 | 民国 |
| 中央印制厂北平厂 | 白纸坊街1号 | 清末民国 |
| 中原铁厂 | 老墙根2号 | 民国 |
| 祝三毛厂 | 乐培园29号 | 民国 |
| 濯灵厂 | 白纸坊街 | 清代 |

# 牛　街

| 名　称 | 位　置 | 年　代 |
|---|---|---|
| 报国寺 | 报国寺前街 | 明代 |
| 北平市第十一区第十五保第一国民学校 | 王老师傅胡同 | 民国 |
| 步军统领南营菜市口汛守备衙门 | 牛街 | 清代 |
| 曹慈工厂 | 输入胡同 | 民国 |
| 大成小学 | 教子胡同 | 民国 |
| 道士观 | 石羊胡同 | 不详 |
| 德顺成 | 教子胡同 | 民国 |
| 东礼拜寺 | 教子胡同 | 清代 |
| 豆汁店 | 牛街 | 民国 |
| 伏魔寺 | 牛街西南 | 清乾隆十五年(1750)前 |
| 福长永油坊 | 广安门大街 | 民国 |
| 福兴和 | 广安门大街 | 民国 |
| 福兴面粉厂 | 广安门大街 | 民国 |
| 甘肃会馆 | 教子胡同 | 清代 |
| 广安门小学 | 广安门大街 | 民国 |
| 鸿兴号 | 牛街 | 民国 |
| 厚生号 | 甄家胡同 | 民国 |
| 湖北义地 | 法源寺前街 | 清代 |
| 湖南义地 | 麻刀胡同 | 清代 |
| 回教师范学堂 | 牛街 | 民国 |
| 回民义地 | 穆家胡同 | 不详 |
| 简易小学 | 甄家胡同 | 民国 |
| 江苏义地 | 甄家胡同 | 清代 |
| 轿子店 | 牛街 | 民国 |
| 教养局 | 小寺街 | 民国 |
| 教子胡同短期小学 | 教子胡同 | 民国 |
| 京师私立第五十九初等小学 | 沙栏胡同 | 民国 |
| 景忠庙 | 法源寺前街 | 清代 |
| 静宁寺 | 法源寺前街 | 清代 |
| 聚宝源牛羊铺 | 牛街 | 民国 |
| 魁元兆记 | 广安门大街 | 民国 |
| 礼拜寺 | 牛街 | 元明 |
| 刘历义园 | 南横街西口 | 不详 |
| 刘宅坟地 | 南横街西口 | 不详 |
| 卢凤义园 | 牛街南口 | 清代 |
| 马掌铺 | 牛街南口 | 民国 |
| 茂盛兴 | 牛街 | 民国 |
| 穆家胡同民众学校 | 穆家胡同 | 民国 |
| 南横街二小 | 南横街西口 | 民国 |
| 南横街一小国民小学堂 | 南横街西口圣安寺 | 民国 |
| 年记糕点铺 | 牛街 | 民国 |
| 派出所 | 小寺街 | 民国 |
| 派出所 | 沙栏胡同 | 民国 |
| 乾静庵 | 牛街西南 | 不详 |
| 清真公立第四初等小学堂 | 教子胡同 | 民国 |
| 清真女寺 | 寿刘胡同 | 1925 年 |
| 清真中学附属第一小学 | 堂子胡同 | 民国 |
| 圣安寺 | 南横街西口 | 金代 |
| 圣恩寺 | 广安门大街 | 唐代 |
| 市立第三民众学校 | 寿刘胡同 | 民国 |
| 水神庵 | 吴家桥头条 | 清乾隆十五年(1750)前 |
| 私立改良初级小学堂 | 沙栏胡同 | 民国 |
| 私立培新小学 | 教子胡同 | 民国 |
| 私立中才小学 | 麻刀胡同 | 民国 |
| 私立铸新小学 | 广安门大街 | 民国 |
| 太平庵 | 老君地 | 清乾隆十五年(1750)前 |
| 泰山永 | 教子胡同 | 民国 |
| 天顺祥 | 牛街 | 民国 |
| 天主教广安门堂 | 广安门大街 | 民国 |
| 同兴义 | 广安门大街 | 民国 |
| 土地庙 | 下斜街 | 明代 |
| 驼房工会 | 糖房胡同 | 民国 |
| 外右四区第二贫儿半日学校 | 周家胡同 | 民国 |
| 宛平私立小学堂 | 教子胡同 | 民国 |
| 万丰号 | 牛街 | 民国 |

| 名称 | 位置 | 年代 |
|---|---|---|
| 万聚厚 | 广安门大街 | 民国 |
| 万兴隆 | 广安门大街 | 民国 |
| 文具店 | 牛街 | 民国 |
| 西北中学 | 广安门大街 | 民国 |
| 西北中学一附小 | 牛街 | 民国 |
| 西泰元 | 广安门大街 | 民国 |
| 鑫记米庄 | 广安门大街 | 民国 |
| 鸭子马 | 牛街 | 民国 |
| 杨记号 | 牛街 | 民国 |
| 义增达 | 广安门大街 | 民国 |
| 永庆寺 | 教子胡同 | 民国 |
| 玉器佘家 | 牛街 | 民国 |
| 玉器张家 | 牛街 | 民国 |
| 玉器赵家 | 沙栏胡同 | 民国 |
| 陨阳会馆 | 教子胡同 | 清代 |
| 曾公祠 | 教子胡同 | 不详 |

# 明、清、民国时期官署及官办机构

| 名称 | 位置 | 年代 |
|---|---|---|
| 北京电力工区(日) | 城根路北 | 日占时期 |
| 北京电汽段信号工区(日) | 城根路北 | 日占时期 |
| 北京检车段前门分段(日) | 城根路北 | 日占时期 |
| 北京警务段前门派出所 | 城根路北1号 | 日占时期 |
| 北京市自治事务第八区分所 | 虎坊桥大街115号 | 日占时期 |
| 北平电信局 | 厂甸1号 | 民国 |
| 北平市公共体育场 | 先农坛 | 民国 |
| 北平市立医院 | 万明路8号 | 民国 |
| 步军统领南营菜市口汛守备衙门 | 牛街 | 清代 |
| 步军统领南营西河沿汛守备衙门 | 后铁厂 | 清代 |
| 步军统领南营西珠市口都司衙门 | 四川营 | 清代 |
| 步军统领南营游击衙门 | 广安门大街 | 清代 |
| 步军统领右营广安门汛守备衙门 | 广安门关厢 | 清代 |
| 步军统领右营游记衙门 | 广安门关厢 | 清代 |
| 财政部印刷局 | 白纸坊街1号 | 清末民国 |
| 财政局第三稽征所 | 厂甸13号 | 民国 |
| 财政局南郊稽征所 | 广安门关厢178号 | 民国 |
| 长芦盐务署盐警大队第十一小队 | 双槐树27号 | 日占时期 |
| 城南公园事务所 | 先农坛 | 民国 |
| 第十一自治区分所 | 板章路 | 民国 |
| 第十自治区分所 | 丞相胡同 | 民国 |
| 第四派出所 | 广安门关厢9号 | 民国 |
| 第一监狱 | 姚家井 | 清末民国 |
| 电报局 | 虎坊桥 | 清末 |
| 都察院北城吏目衙门 | 椿树上三条 | 清代 |
| 都察院北城正指挥衙门 | 铁门 | 清代 |
| 都察院西城吏目衙门 | 西便门南大街 | 清代 |
| 都察院西城正指挥衙门 | 广安门大街 | 清代 |
| 都察院中城副指挥衙门 | 西珠市口 | 清代 |
| 都察院中城正指挥衙门 | 鷂儿胡同 | 清代 |
| 堆子 | 右安门后身 | 清代 |
| 工务局第二工区署 | 永安路 | 民国 |
| 工务局工程一队 | 永安路 | 民国 |
| 工艺局工艺厂 | 广安门大街 | 民国 |
| 河北第九炼硝厂 | 南下洼子8号 | 日占时期 |
| 火药局 | 白纸坊南 | 清代 |

| 名称 | 位置 | 年代 |
| --- | --- | --- |
| 妓女检治所附设收容所 | 梁家园 | 民国 |
| 济良所 | 梁家园 | 民国 |
| 检验妓女事务所 | 万明路8号后门 | 民国 |
| 教养局、工艺厂、社会局救济院劳工部 | 小寺街4号 | 清末民国 |
| 京师工巡捐局 | 玉皇庙 | 清代 |
| 京师模范监狱 | 自新路街20号 | 清末民国 |
| 京绥路广安站 | 南观音寺14号 | 民国 |
| 警察四队 | 鷂儿胡同3号 | 民国 |
| 警察四队一、二分队 | 鷂儿胡同35号 | 民国 |
| 警察五队广安门驻守所 | 广安门大街275号 | 民国 |
| 警察五队西便门驻守所 | 西便门杨道庙1号 | 民国 |
| 警察五队西缺口驻守所 | 西缺口3号 | 民国 |
| 警察五队右安门驻守所 | 右安门大街6号 | 民国 |
| 警钟台 | 南新华街 | 民国 |
| 劳工协会(日) | 香厂路9号 | 日占时期 |
| 琉璃厂衙门 | 琉璃厂 | 明代 |
| 南城兵马司衙门 | 南横街 | 清代 |
| 栖留所 | 西河沿 | 不详 |
| 栖留所 | 储子营 | 民国 |
| 乞丐收容所 | 广安关厢97号 | 民国 |
| 前门支邦警备队(日) | 城根路北 | 日占时期 |
| 清代校场 | 姚家井 | 清代 |
| 日本警察外城派出所(日) | 骡马市大街89号 | 日占时期 |
| 绳厂 | 琉璃厂 | 明代 |
| 四译馆 | 杨梅竹斜街 | 清代 |
| 坛庙管理处 | 先农坛 | 民国 |
| 炭厂 | 琉璃厂 | 明代 |
| 铁厂 | 琉璃厂 | 明代 |
| 瓦厂 | 琉璃厂 | 明代 |
| 外城巡警厅 | 铺陈市 | 民国 |
| 外二区警署 | 后孙公园 | 民国 |
| 外四区警署 | 广安门大街54号 | 民国 |
| 外五区警察局 | 板章路 | 民国 |
| 外五区警署 | 仁民路 | 民国 |
| 卫生局妓女检治所附设收容所 | 骡马市大街14号 | 民国 |
| 卫生局清洁第八班 | 云居寺30号 | 民国 |
| 卫生局十一清洁班 | 黑窑厂47号旁门 | 民国 |
| 西城正指挥衙门 | 广安门大街 | 清代 |
| 惜薪司南厂 | 老墙根 | 明代 |
| 镶蓝旗营房 | 西便门南大道 | 清代 |
| 行刑场 | 感化胡同 | 民国 |
| 巡警教练所 | 先农坛 | 民国 |
| 烟酒统税分局广安门稽征所 | 广安门大街甲271号 | 民国 |
| 烟酒统税分局西便门稽征所 | 西便门大街2号 | 民国 |
| 烟酒统税分局右安门稽征所 | 右安门东马道1号 | 民国 |
| 盐警第二分队十一小队 | 窑台32号 | 日占时期 |
| 右二区警察局 | 石头胡同 | 民国 |
| 右五区警察局 | 南横街 | 民国 |
| 右一区警察局 | 西柳树井 | 民国 |
| 侦缉总队 | 鷂儿胡同2号 | 民国 |
| 中国北京宪兵第三大队 | 西柳树井大街28号 | 日占时期 |
| 中央军事审判处宪兵第三大队 | 西柳树井大街28号 | 日占时期 |
| 中央印制厂北平厂 | 白纸坊 | 民国 |
| 濯灵厂 | 白纸坊 | 清代 |
| 自治事务第八区分所 | 虎坊桥 | 民国 |

# 医疗、慈善、消防机构

| 名　称 | 位　置 | 创办年代 |
| --- | --- | --- |
| 安平水局 | 琉璃厂土地庙 | 清咸丰八年 |
| 百善堂暖厂 | 梁家园 | 清同治十一年 |
| 半施医院 | 南新华街61号 | 民国 |
| 北城米厂 | 方壶斋 | 清代 |
| 北城栖流所 | 西河沿 | 清代 |
| 北京公善养济院 | 南下洼子6号 | 清光绪三十年 |
| 北京恒善总社南分社 | 南下洼 | 民国十二年 |
| 北京利仁养济院 | 南横街38号 | 清光绪三十二年 |
| 北京贫儿院售品所 | 天桥市场 | 民国 |
| 北京医学专门学校附设诊察所 | 后孙公园 | 民国三年 |
| 北平恒善总社第二家庭工厂 | 西便门营房 | 民国十九年 |
| 北平恒善总社第七家庭工厂 | 法源寺前街 | 民国二十年 |
| 北平市各慈善团体联合会第二收容所 | 报国寺 | 民国二十四年 |
| 北平市立医院 | 香厂仁民路 | 民国二年 |
| 蚕桑局 | 大李纱帽胡同 | 清光绪七年 |
| 长椿寺粥厂 | 土地庙斜街 | 清咸丰四年十月 |
| 成善水局 | 保安寺街关帝庙 | 清同治十三年十二月 |
| 崇效寺粥厂 | 枣林街 | 清同治十年十月 |
| 德寿堂中药店 | 虎坊桥 | 民国 |
| 法源寺粥厂 | 砖儿胡同 | 清代 |
| 公善堂暖厂 | 龙泉寺 | 清代 |
| 公义水局 | 煤市街 | 清咸丰三年 |
| 共和医院 | 后青厂1号 | 民国 |
| 官医院 | 梁家园慎业里 | 清光绪三十二年 |
| 广仁善堂 | 烂缦胡同 | 清光绪六年 |
| 广育善堂 | 琉璃厂沙土园 | 清乾隆年间 |

| 名　称 | 位　置 | 创办年代 |
| --- | --- | --- |
| 鹤年堂 | 菜市口 | 明代 |
| 华欧大药房 | 观音寺 | 民国 |
| 华英药房 | 观音寺 | 民国 |
| 教养院 | 教子胡同 | 清末 |
| 警察局乞丐收容所 | 广安门外关厢97号 | 民国 |
| 警钟台 | 南新华街 | 民国二十二年 |
| 李百揆医院 | 宣武门外大街58号 | 民国二十年一月 |
| 龙泉孤儿院 | 南下洼子 | 清光绪三十二年 |
| 龙泉寺粥厂 | 龙泉寺 | 清代 |
| 勉善善堂厂 | 王子坟 | 清嘉庆初年 |
| 南城贫民暖厂 | 广安门外观音寺 | 民国十二年 |
| 南城贫民暖厂 | 万明路1号 | 民国十五年 |
| 牛痘局 | 琉璃厂 | 清同治年间 |
| 牛痘局 | 小李纱帽胡同 | 清同治初年间 |
| 普济善堂 | 广安门外观音寺 | 清代 |
| 屈臣氏西药房 | 观音寺 | 民国 |
| 仁民医院 | 香厂仁民路 | 民国元年 |
| 世界红十字会中华总会收容所 | 施家胡同 | 民国 |
| 世界红卍字会中华总会收容所 | 龙泉寺 | 民国二十二年 |
| 世界红卍字会中华总会收容所 | 广安门外观音寺 | 民国二十六年 |
| 收还魂字纸局 | 白纸坊崇效寺 | 清光绪八年 |
| 首善教养院 | 梁家园 | 民国 |
| 首善医院 | 宣武门外大街 | 民国初年 |
| 寿福寺粥厂 | 梁家园 | 清乾隆年间 |
| 顺天医院 | 李铁拐斜街78号 | 民国 |
| 同爱医院 | 万明路30号 | 民国 |
| 同仁水局 | 牛街口外广安寺 | 清咸丰十一年 |
| 同仁堂 | 大栅栏 | 清代民国 |
| 同善水局 | 大李纱帽胡同火神庙 | 清同治十三年正月 |

| 名　称 | 位　置 | 创办年代 |
|---|---|---|
| 同心水局 | 菜市口 | 清同治十年十二月 |
| 外城官医院特别养病室 | 南新华街 | 清宣统至民国 |
| 五族教养院 | 下斜街 | 民国 |
| 西博济堂 | 观音寺 | 民国 |
| 西城米厂 | 教子胡同 | 清代 |
| 西城栖流东所 | 宣武门外玉虚观 | 清代 |
| 香山慈幼院职工学校 | 上斜街 | 民国 |
| 兴善水局 | 骡马市大街 | 清咸丰七年九月 |
| 恤嫠所 | 沙土园广育堂 | 清道光年间 |
| 义善水会 | 大栅栏 | 清末民国 |
| 永光寺饭厂 | 青厂 | 清顺治七年 |
| 永和医院 | 虎坊桥 48 号 | 民国 |
| 育婴局 | 梁家园西大院 | 清光绪元年 |
| 育婴局 | 梁家园 | 清光绪元年 |
| 圆通观粥厂 | 南横街 | 清道光五年 |
| 悦生善堂 | 皮库胡同 | 清嘉庆二十三年 |
| 志韶医院 | 南横街 146 号 | 民国 |
| 治平水会 | 观音寺 | 清末民国 |
| 中城米厂 | 鷂儿胡同 | 清代 |
| 中城栖流所 | 厨子营 | 清代 |
| 中西药房 | 观音寺 | 民国 |
| 中亚医院 | 大李纱帽胡同 20 号 | 民国 |
| 忠义总局 | 大李纱帽胡同 | 清代 |
| 中英药房 | 观音寺 | 民国 |
| 中原医院 | 虎坊桥大街 42 号 | 民国十八年十月 |
| 粥厂 | 南横街 38 号 | 清末 |
| 资善水局 | 广安门大街 | 清光绪三年十月 |
| 资善善堂 | 广安门大街 | 清光绪三年十月 |

# 近代建筑

| 名　称 | 位　置 | 建造年代 |
|---|---|---|
| 宝丰盛银号 | 施家胡同 24 号 | 1912 |
| 宝恒祥金店 | 廊房头条 15 号 | 清 – 民国 |
| 北京客栈 | 粮食店街 61 号 | 清 – 民国 |
| 北京商会 | 珠市口西大街 32 号 | 1942 |
| 财政部印刷厂二门 | 白纸坊街路南 | 清末民初 |
| 财政部印刷厂洋员住宅楼 | 白纸坊街路南 | 清末民初 |
| 财政部印刷厂主楼 | 白纸坊街路南 | 清末民初 |
| 茶馆 | 天桥西市场 | 民国 |
| 茶室 | 王皮胡同 10 号 | 清 – 民国 |
| 茶室 | 王皮胡同 18 号 | 清 – 民国 |
| 茶室 | 韩家胡同 22 号 | 清 – 民国 |
| 茶室 | 东壁营胡同 8 号 | 清 – 民国 |
| 茶室 | 百顺胡同 49 号 | 清末民初 |
| 茶室 | 小百顺胡同 8 号 | 清 – 民国 |
| 茶室 | 小力胡同 27 号 | 清 – 民国 |
| 茶室(聚宝茶室) | 朱茅胡同 9 号 | 清 – 民国 |
| 茶室(临春楼) | 朱家胡同 45 号 | 清末民初 |
| 茶室(泉升楼) | 小力胡同 5 号 | 清 – 民国 |
| 城南商场 | 福长街 | 1930 |
| 城南游艺园 | 永安路 | 民国 |
| 春华楼 | 五道庙 | 清 – 民国 |
| 大昌帽店 | 廊房二条 58 号 | 1910 |
| 大中银号 | 掌扇胡同 | 1919 |
| 丹桂戏院 | 天桥市场 63 号 | 民国 |
| 德寿堂药店 | 珠市口西大街 75 号 | 1934 |
| 东方饭店 | 万明路 | 民国 |
| 东升平浴池 | 杨梅竹斜街 | 清 – 民国 |
| 福生银号 | 施家胡同 | 1931 |
| 冯国璋祠 | 保安寺街 | 民国 |
| 富连成社 | 珠市口西大街 250 号 | 民国 |
| 广瑞银号 | 施家胡同 28 号 | 1938 |
| 工艺品陈列所 | 南新华街 | 1905 |
| 估衣铺 | 天桥西市场大街 11 号 | 民国 |

| 名称 | 位置 | 建造年代 |
| --- | --- | --- |
| 亨得利钟表店 | 观音寺街 | 1930 |
| 后河沿清真礼拜寺 | 顺河巷甲23号 | 民国 |
| 集成银号 | 施家胡同22号 | 民国 |
| 妓女检疫所 | 骡马市大街 | 民国 |
| 交通银行北平支行 | 西河沿街9号 | 1931 |
| 教养院 | 小寺街42号 | 民国 |
| 金城银行南城办事处 | 西河沿街29号 | 民国 |
| 晋和祥 | 观音寺街 | 清－民国 |
| 京报馆 | 魏染胡同30、32号 | 清－民国 |
| 京华印书局 | 南新华街177号 | 1920 |
| 京师工巡捐局 | 南新华街 | 清末 |
| 京师模范监狱大门 | 育新街47号 | 1911 |
| 京师模范监狱房 | 育新街47号 | 1911 |
| 京师模范监狱接待室 | 育新街47号 | 1911 |
| 京师模范监狱所 | 育新街47号 | 1911 |
| 京师模范监狱中央事务楼 | 育新街47号 | 1911 |
| 京师优级师范学堂附小 | 南新华街20号 | 1914 |
| 九江会馆 | 珠市口西大街 | 清－民国 |
| 开明戏院 | 珠市口西大街58号 | 1914 |
| 李达三宅 | 广安门内大街299号 | 1927 |
| 李万春宅 | 北大吉巷22号 | 民国 |
| 联勤总部修械所 | 南纬路 | 民国 |
| 粮食店第十旅店 | 粮食店街73－77号 | 清－民国 |
| 留香大饭店 | 李铁拐斜街 | 清－民国 |
| 潞安会馆 | 珠市口西大街 | 清－民国 |
| 旅店 | 粮食店街40号 | 民国初年 |
| 旅店 | 樱桃斜街 | 民国 |
| 马元龙药铺 | 杨梅竹斜街 | 清－民国 |
| 煤市街第二旅馆 | 煤市街75号 | 清末民初 |
| 牛街礼拜寺浴室 | 牛街礼拜寺 | 清－民国 |
| 启明银号 | 施家胡同 | 1935 |
| 谦祥益绸布店 | 廊房头条11号 | 1915 |
| 谦祥益门市部 | 珠宝市街 | 1915 |
| 谦兴银号 | 施家胡同10号 | 1947 |
| 青云阁 | 观音寺街 | 1918 |
| 清真礼拜寺 | 礼拜寺胡同 | 清－民国 |
| 庆乐戏院 | 大栅栏 | 清－民国 |
| 劝业场 | 廊房头条17号 | 1918 |

| 名称 | 位置 | 建造年代 |
| --- | --- | --- |
| 仁钱会馆 | 珠市口西大街 | 清－民国 |
| 荣丰恒煤油庄 | 煤市街138号 | 1910 |
| 瑞蚨祥 | 大栅栏5号 | 1901 |
| 瑞蚨祥西鸿记 | 大栅栏33号 | 清末 |
| 三角市场 | 天桥市场斜街 | 民国 |
| 三聚源银号 | 施家胡同 | 1946 |
| 陕西巷云吉班 | 陕西巷52号 | 清末 |
| 陕西巷茶馆 | 陕西巷67号 | 清－民国 |
| 商店 | 南新华街175号 | 清－民国 |
| 商店 | 西河沿街91号 | 清－民国 |
| 商店 | 大栅栏西街21号 | 清末民初 |
| 商店 | 大栅栏西街37号 | 清末民初 |
| 商店 | 大栅栏西街43号 | 清末民初 |
| 商店 | 大栅栏西街45号 | 清末民初 |
| 商店 | 前孙公园胡同32号 | 清－民国 |
| 商店 | 大力胡同 | 清末民初 |
| 商店 | 棕树斜街83号 | 清－民国 |
| 商店 | 煤市街113号 | 清－民国 |
| 商店 | 煤市街90号 | 清－民国 |
| 商店 | 留学路58号 | 民国 |
| 商店 | 廊房头条19号 | 清－民国 |
| 商店 | 宣武门外大街201号 | 清－民国 |
| 商品陈列所 | 下斜街 | 清－民国 |
| 商务印书馆 | 琉璃厂西街36号 | 1922 |
| 慎业里住宅群 | 慎业里胡同 | 民国 |
| 师范大学 | 南新华街15号 | 1922 |
| 师范大学图书馆 | 南新华街15号 | 1922 |
| 石头胡同茶室 | 石头胡同62号 | 清－民国 |
| 双合盛五星汽水啤酒厂 | 南观音寺 | 1915－1920 |
| 水心亭 | 天桥南大街 | 民国 |
| 书茶社 | 天桥市场33号 | 1940 |
| 四面钟 | 禄长街头条 | 民国 |
| 泰丰楼饭庄东楼 | 煤市街33号 | 清末 |
| 泰丰楼饭庄西楼 | 煤市街 | 清末 |
| 谭鑫培故居 | 李铁拐斜街 | 清－民国 |
| 天乐戏院 | 天桥市场113号 | 民国 |
| 天元市场 | 福长街二条 | 民国 |
| 同福居饭庄 | 大李纱帽胡同 | 清末民初 |
| 同元祥银号 | 施家胡同9号 | 民国 |

| 名　　称 | 位　　置 | 建造年代 |
|---|---|---|
| 外城官医院 | 香厂路 | 民国初年 |
| 王士祯故居 | 西太平胡同 | 清－民国 |
| 吴德泰茶庄 | 骡马市大街 | 清－民国 |
| 西庆仁堂药店 | 珠市口西大街248号 | 民国 |
| 先农市场 | 永安路 | 民国 |
| 祥义号绸缎店 | 大栅栏1号 | 1910 |
| 新丰楼 | 万明路 | 民国 |
| 新世界商场 | 万明路 | 民国 |
| 新市区板章里商住楼 | 板章路11－23号 | 1917－1920 |
| 新市区大森里住宅 | 华仁路 | 民国 |
| 新市区华康里住宅 | 华严路 | 1915－1918 |
| 新市区居仁里住宅 | 居仁里 | 1915－1918 |
| 新市区仁寿路商住楼 | 仁寿路 | 民国 |
| 新市区泰安里住宅 | 仁寿路 | 1915－1918 |
| 新市区万明路商住楼 | 万明路1－9号 | 民国初年 |
| 新市区香厂路商住楼 | 香厂路45－51号 | 1917－1920 |
| 鑫利福 | 珠宝市街47号 | 清－民国 |
| 荀慧生故居 | 山西街甲13号 | 民国 |
| 盐业银行北平分行 | 西河沿街7号 | 1925 |
| 一品香澡堂 | 王广福斜街 | 民国 |
| 宜昌会馆 | 虎坊桥大街 | 清－民国 |
| 贻来牟 | 王皮胡同 | 清－民国 |
| 怡香院 | 陕西巷 | 清末 |
| 越中先贤祠 | 虎坊桥大街 | 清－民国 |
| 余大亨银号 | 施家胡同26号 | 1920 |
| 育华中学 | 广安门内大街 | 民国 |
| 裕丰烟铺 | 大栅栏17号 | 1920 |
| 裕兴中银号 | 施家胡同11号 | 民国 |
| 源通厚银号 | 廊房二条 | 1925 |
| 远东饭店 | 李铁拐斜街 | 民国 |
| 阅微草堂 | 虎坊桥大街 | 清－民国 |
| 掌扇胡同第三旅馆 | 掌扇胡同 | 清－民国 |
| 中国饭店 | 珠市口西大街25号 | 1925 |
| 中和戏院 | 粮食店 | 清－民国 |
| 中华电影院 | 天桥市场 | 民国 |
| 中央卫生研究院 | 南纬路 | 民国 |
| 中原证券交易所 | 西河沿街196号 | 民国初年 |
| 珠市口基督教堂 | 前门大街129号 | 1921 |
| 住宅 | 米市胡同21号 | 清末民初 |
| 住宅 | 南半截胡同2号 | 清－民国 |
| 住宅 | 三井胡同32号 | 清－民国 |
| 住宅 | 山西街14号 | 清－民国 |
| 住宅 | 西草厂街70号 | 清－民国 |
| 住宅 | 西砖胡同68号 | 清－民国 |
| 住宅 | 烂缦胡同59号 | 清－民国 |
| 住宅 | 杨梅竹斜街31号 | 清－民国 |
| 住宅 | 椿树上三条2号 | 清－民国 |
| 住宅 | 东北园胡同51号 | 清－民国 |
| 住宅 | 东北园胡同91号 | 清－民国 |
| 住宅 | 达智桥胡同89号 | 清－民国 |
| 铸新中学 | 北线阁 | 民国 |

# 历代墓葬

| 名　　称 | 位　　置 | 年　　代 |
|---|---|---|
| 艾罕默德、尔麻顿的尼墓 | 牛街礼拜寺 | 元代 |
| 北城新义地(1) | 里仁街 | 清－民国 |
| 北城新义地(2) | 毛家胡同 | 清－民国 |
| 北城义地 | 姚家井 | 清－民国 |
| 大保坟 | 椿树馆 | 清代 |
| 登莱胶寄骨所 | 南线阁 | 清－民国 |
| 登莱义园公所 | 南线阁 | 清－民国 |
| 福清义地 | 虎坊桥 | 清代 |
| 福州义园 | 珠巢街 | 清代 |
| 高君宇墓 | 陶然亭 | 民国 |
| 观音院义地 | 南菜园 | 清－民国 |
| 官义地 | 三庙街 | 清－民国 |
| 广西义地 | 槐柏树 | 清－民国 |
| 贵州义地 | 老君地 | 清－民国 |
| 汉墓 | 姚家井 | 汉代 |
| 河南义地 | 毛家胡同 | 清－民国 |
| 湖北义园 | 南横街西口 | 清－民国 |
| 湖南义地 | 麻刀胡同 | 清－民国 |

| 名　称 | 位　置 | 年　代 |
| --- | --- | --- |
| 回民义地 | 羊肉胡同 | 清－民国 |
| 吉安义园 | 乐培园 | 清－民国 |
| 吉州义园 | 南王子坟 | 清－民国 |
| 江苏义地 | 老君地 | 清－民国 |
| 江苏义地 | 龙泉寺 | 清－民国 |
| 江西义地 | 南樱桃园 | 清－民国 |
| 焦家坟 | 北樱桃园 | 清－民国 |
| 金墓 | 先农坛北京育才中学 | 金代 |
| 泾县义地 | 虎坊路 | 清代 |
| 枯骨亭 | 下斜街横胡同 | 清－民国 |
| 梨园义地 | 珠营 | 民国 |
| 辽李内贞墓 | 琉璃厂 | 辽代 |
| 辽墓 | 先农坛北京玻璃四厂 | 辽代 |
| 刘历义园 | 南横街西口外 | 清－民国 |
| 刘宅坟地 | 万寿西宫 | 民国 |
| 琉璃厂辽墓 | 琉璃厂 | 辽代 |
| 庐凤义园 | 北樱桃园 | 清－民国 |
| 明代太监墓群 | 善果寺 | 明万历年间 |
| 明董太监墓 | 牛街南口 | 明正德元年(1506) |
| 明太监魏真墓 | 南王子坟 | 明正德年间 |
| 南城义地 | 右安门后身 | 清－民国 |
| 南枣义园(北) | 广安门大街 | 清代 |
| 南枣义园(南) | 广安门大街 | 清代 |
| 平水义园 | 广安门外大街 | 清－民国 |
| 全浙广谊分园 | 北线阁 | 清－民国 |
| 全浙广谊园 | 报国寺东夹道 | 清－民国 |
| 全浙义地 | 善果寺 | 清－民国 |
| 泉郡义地 | 虎坊路 | 清代 |
| 赛金花墓 | 陶然亭 | 民国 |
| 山东登莱胶义地 | 南王子坟 | 清－民国 |
| 山东登莱胶义地 | 老君地 | 清－民国 |
| 山西义地 | 老君地 | 清－民国 |
| 石评梅墓 | 陶然亭 | 民国 |
| 蜀义园 | 三庙街 | 清－民国 |
| 四川义地 | 北线阁 | 清－民国 |
| 四川义园 | 四川营 | 清代 |
| 四明义地 | 郭家井 | 清－民国 |
| 唐何数墓 | 太平桥 | 唐代 |
| 唐墓 | 先农坛汽车修配厂 | 唐代 |
| 唐墓 | 先农坛3401厂 | 唐代 |
| 唐墓群 | 广安门外 | 唐代 |
| 唐汝南郡夫人周氏墓 | 马连道 | 唐代 |
| 唐肖公夫人侯氏墓 | 甘石桥 | 唐代 |
| 唐薛府君墓 | 姚家井 | 唐代 |
| 外城总厅义地 | 南下洼 | 清代 |
| 瓮棺墓群 | 南王子坟 | 西汉 |
| 西汉墓 | 姚家井 | 西汉 |
| 西汉瓮棺墓群 | 广安门大街 | 西汉 |
| 西晋义园 | 槐柏树 | 清－民国 |
| 先农坛墓群 | 先农坛 | 汉至元代 |
| 先农坛墓群 | 先农坛南部 | 汉唐辽金元 |
| 先农坛唐墓 | 先农坛 | 唐代 |
| 扬州义地 | 儒福里 | 清－民国 |
| 扬州义地 | 姚家井 | 清－民国 |
| 宜昌义地 | 柏树馆 | 清－民国 |
| 元明时期覆砖墓 | 天宁寺东 | 元明 |
| 云南义园 | 闷葫芦罐 | 清－民国 |
| 枣强义地 | 枣林前街 | 清－民国 |
| 战国墓(1) | 枣林前街 | 战国 |
| 战国墓(2) | 北樱桃园 | 战国 |
| 赵家坟 | 南樱桃园 | 清－民国 |
| 赵家坟 | 姚家井 | 清－民国 |
| 浙绍扩义园 | 善果寺 | 清－民国 |
| 浙绍同义园 | 闷葫芦罐 | 清－民国 |
| 中城义地 | 南线阁 | 清－民国 |
| 醉郭墓 | 陶然亭 | 民国 |

# 后 记

岳升阳

大约八年前，我参加宣武区黄宗汉先生主持的国家社会科学基金课题《宣武区历史文化研究》，那时北京大学历史地理研究中心开始进行《北京历史地图集》第三集的编辑工作，这是侯仁之先生主编的第三部《北京历史地图集》，它主要反映北京历史上的政治、经济、军事、文化和社会生活等方面的内容，是《北京历史地图集》第一集的延续和深化。黄先生得知这一情况后，马上联想到宣南，提出请侯先生主编一本《北京宣南历史地图集》的设想。这一想法得到了侯先生的支持，于是宣武区政府出资，开始了《北京宣南历史地图集》（以下简称《图集》）的编辑工作。

黄先生最初的想法十分简单，只要把《北京历史地图集》第一集和正在编辑的第三集中有关宣武区的部分拿出来，集结成册就可以了，但实际运作起来却不是这样简单。宣武区只是北京市内的一个小区，总面积不到20平方公里，旧城部分只有约16平方公里，它对于地图分辨率和内容详细程度的要求和《北京历史地图集》是不一样的，如果只把《北京历史地图集》的有关部分原样套用过来，将无法体现宣南地区的许多文化内容，故《图集》的分辨率和详细程度必须高于《北京历史地图集》。于是，我们根据宣武区的历史文化特点，另行设计了《图集》的体例和内容。

宣南地区的面积虽然不大，但在北京城的历史上却是一块独特的地域。它既是北京城的起源地，又是北京最早建都的地方。它经历过城池与郊野的轮回，见证过城池的兴衰和王朝的更迭，是北京具有2000多年以上历史的城市区域。它身处城墙之内，却包含了城市边缘带的特征，分布有郊游场所和农田、果园景观。

宣南最独特的发展时期在清代，清人的“旗民分治”使宣南成为汉族士大夫的汇集之所，也是全国举子们三年一聚的地方。康乾之世，在此一隅之地，学人、文人聚集之密集，人数之众多，天下无出其右，一时成为学术之中心、文学之重镇。各地士人将祖籍地的学术倾向、文学流派带至京师，在此交流、碰撞，融会贯通，再借京师的平台，登高而呼，影响及于全国，体现出京师文化的汇聚性和辐射性。

宣南狭小的空间，给士人活动带来便利。士人活动常表现出群体的特性，既有以乡谊为纽带的地域群体，也有超越乡谊的志趣群体，它不但在官场政治中发挥着微妙作用，而且深刻地影响着学术研究与文学创作，成为我们打开许多历史玄机的钥匙。历史地图可以提供直观的空间图像，帮助我们探索士人活动的奥秘。

清朝后期，内忧外患，天子脚下的这片土地，给那些忧国的士人提供了感受时事之变的场所，激发出改革的志向。戊戌维新是中国近代史上石破天惊的大事件，事件中士人活动的中心就在宣南，这里曾是戊戌维新史迹最集中的地方。辛亥前后，宣南成为北方报业的中心，新文化思潮在此涌动，同时它也是北京近代教育发展最早的区域。

宣南作为戏曲中心的历史可上溯至金元之际，而以近代最为辉煌。宣南还是北京商业和金融业的中心，有著名的商业街和金融街。商业活动推动了近代建筑的兴建，宣南出现了以香厂为代表的西洋式规划街区。这里还有北京最大的少数民族聚居区和最古老的礼拜寺。

丰富的历史文化内涵，决定了《图集》的信息量要大，承载的内容要多样，既要有宏观的表达，也要有微观的刻画，以求在有限的空间中用地图勾勒出宣南历史文化的大致脉络。

《图集》中除了少量体现政区的附图外，其余主图都是新设计绘制的。在这些图中尽可能地体现出学术研究的新成果，以及近些年来的野外调查成果。《战国、汉代蓟城遗迹分布图》中增添了近年来野外调查的成果。《唐幽州城郊图》绘出了城外乡的分布。《金中都城图》根据近年来的研究成果和调查资料，对个别城门位置做了调整。新设计的《明代北京城址变迁图》已应用于北京规划展。《清乾隆十五年宣南图》是依据乾隆十五年《京城全图》，在1∶5000地形图上绘制而成的。《民国商业分布图》增加了商业用地的表达。《香会图》则表达了民俗的内容。《历史时期河道、坑塘分布图》体现了几十年来的研究成果，以及我们近些年来的调查所得。

《牛街图》从街道建筑的层面入手，描绘出一个街区的细微形态。

《图集》中还有一些宣南所特有的内容，如《近代新闻出版业分布图》《天桥图》《宣南戊戌维新史迹图》《戏曲、曲艺史迹分布图》《1935年大栅栏、观音寺商业街图》《大栅栏地区金融业分布图》《香厂图》等。其中，《近代新闻出版业分布图》中不但标出了报馆和发行所，还标出了印刷所。《1935年大栅栏、观音寺商业街图》《1947年琉璃厂商业街图》作为《民国商业分布图》的附图，选择特定年代，标出了每一栋房屋和房屋中店铺的名称。

《图集》中的大比例尺图是依据20世纪50年代的1∶5000地形图并参照民国时期出版的1∶5000地图绘制而成的，图的角度与地形图相一致，以利于使用。

《图集》是城市局部区域历史地图绘制上的一次尝试，把图绘制到何种精细程度，设置哪些图目都无前车之鉴，故虽经努力，仍不免有遗憾之处。城市文化中可用图来表达的内容还很多，有的事先没有想到，有的想到了而未能做出来，有的做到一半而半途放弃。例如《金中都宫殿图》，今人虽绘制有不同版本，却都不尽理想。我们也做了尝试，虽然小有新意，却无法全部绘出，只好作罢。

在《图集》的编绘过程中，侯仁之先生给予了热情的鼓励和认真的指导，本《图集》就是按照侯先生的一贯思想编辑的，仅在局部观点上做了些微调整。

北京市宣武区委区政府对本《图集》的编辑工作给予了高度重视和大力支持，区委书记唐大生同志，区委副书记、区长王刚同志非常关心《图集》的研究、出版工作，并亲自作序。区委常委、宣传部长丁力同志多次主持召开会议，给予具体指导和帮助。区委宣传部和区档案馆的同志们给予具体协调和帮助，花费了大量心血。北京市档案馆给予了热情支持，提供了珍贵史料。北京市古代建筑研究所、北京市测绘设计研究院给予了慷慨的支持和帮助。中国人民大学戴逸教授为《图集》撰写了序言。学苑出版社孟白社长对《图集》的出版给予了大力的支持。在此一并表示感谢。

最后要特别提到的是黄宗汉先生，他虽身患癌症，却依然十分关心《图集》的编辑出版工作，没有他的大力帮助和热情支持，本《图集》是出不来的。

2008年11月20日

**图书在版编目（CIP）数据**

北京宣南历史地图集／侯仁之，岳升阳主编．
－北京：学苑出版社，2008.12
ISBN 978-7-5077-3181-1

Ⅰ.北… Ⅱ.①侯… ②岳…. Ⅲ.历史地图－北京市－地图集
Ⅳ.K992.6

中国版本图书馆CIP数据核字（2008）第178155号

**《北京宣南历史地图集》**

**主　编**
侯仁之　岳升阳
**项目主持**
中共北京市宣武区委宣传部　北京市宣武区档案馆

**责任编辑**：刘　涟　杨　雷　韩　鹏
**装帧设计**：徐道会
**出版发行**：学苑出版社
**社　　址**：北京市丰台区南方庄2号院1号楼　100079
**网　　址**：www.book001.com
**电子信箱**：xueyuan@public.bta.net.cn
**印　　刷**：河北新华印刷一厂
**开本尺寸**：787×1092　1/8
**印　　张**：30
**版　　次**：2008年12月北京第1版
**印　　次**：2008年12月北京第1次印刷
**印　　数**：0001－2500册
**定　　价**：850.00元

ISBN 978-7-5077-3181-1
9 787507 731811 >
定价：850.00元